北京市哲学社会科学"十一五"规划重点项目
北京市社会科学院重大课题

北 京 专 史 集 成

主 编 王 岗

北京宗教史

本书主编　郑永华

人民出版社

《北京专史集成》课题组成员

总顾问：刘牧雨

总策划：戚本超

主　编：王　岗

特聘学术顾问（以姓氏笔划为序）：王钟翰、陈高华、
林甘泉、赵其昌、徐苹芳、曹子西、龚书铎、蔡美彪、
戴　逸

名誉顾问：陈之昌

执行策划：王　岗、李宝臣、刘仲华、章永俊

编委会主任：李宝臣

编　委：王　玲、尹钧科、阎崇年、王灿炽、吴建雍、
于德源、李宝臣、孙冬虎、袁　熹、王　岗、吴文涛、
郑永华

分卷主编：（见各卷）

课题组成员：王　岗、尹钧科、吴建雍、于德源、李宝臣、
袁　熹、邓亦兵、孙冬虎、吴文涛、何　力、郑永华、
刘仲华、张雅晶、赵雅丽、章永俊、何岩巍、许　辉、
张艳丽、董　焱、王建伟

课题组特邀成员：张　泉、齐大芝、赵志强、徐丹俍、
李建平、韩　朴、谭烈飞、马建农、姚　安、邓瑞全、
郗志群、宋卫忠等

本书主编：郑永华

本书撰稿人员（以姓氏笔划排序）：王　岗、张艳丽、
何岩巍、郑永华、赵雅丽

序

北京的历史文化，源远流长，博大精深，是中华民族优秀传统文化的结晶。北京市社会科学院历史研究所自成立以来，就一直从事北京历史文化的研究工作，30年来，在全所科研人员的共同努力之下，取得了一些北京历史文化研究成果，其中，又以曹子西先生主编的《北京通史》为代表，在学术界和社会上都产生了较好的影响。而《北京通史》的问世，又为进一步深入研究北京历史文化奠定了一个较为坚实的基础。

2006年，北京市社会科学院的领导对北京历史文化的研究工作加大扶持力度，提出把《北京专史集成》列入院科研重大课题，使得我院的北京历史文化研究从整体上进入了一个新的阶段。在此之前，历史研究所的科研人员已经开始对北京专史进行研究，如王玲女士撰写有《北京与周围城市关系史》，尹钧科先生撰写有《北京郊区村落发展史》，于德源先生撰写有《北京农业经济史》，吴建雍等人合写有《北京城市生活史》、《北京城市发展史》，等等，这些专史的问世把北京历史文化的研究逐步引向深入。但是，要想形成一套体系完备的专史研究系列，显然仅仅依靠个人的研究力量是不够的，必须组成一支力量相对强大的科研队伍，才能够完成系列专史研究的繁重工作。

正是在这种情况下，北京市社会科学院领导组织历史研究所的全体科研人员对《北京专史集成》课题进行了认真的论证。特别是课题总顾问刘牧雨院长和课题总策划戚本超副院长对课题中研究项目的编写原则和立项次序都给予了精心指导。经过论证，初步确定了《北京专史集成》课题的第一批研究项目，即：

1. 北京政治史； 2. 北京经济史；

3. 北京农业史； 4. 北京手工业史；

5. 北京商业史； 6. 北京军事史；

7. 北京文化史； 8. 北京文学史；

9. 北京美术史； 10. 北京学术史；

11. 北京著述史； 12. 北京戏剧史；

13. 北京风俗史； 14. 北京考古史；

15. 北京民族史； 16. 北京宗教史；

17. 北京佛教史； 18. 北京道教史；

19. 北京伊斯兰教史； 20. 北京基督教史；

21. 北京教育史； 22. 北京城市发展史；

23. 北京建筑史 24. 北京园林史；

25. 北京陵寝史； 26. 北京地理学史；

27. 北京交通史； 28. 北京城市生活史；

29. 北京建置沿革史； 30. 北京对外交流史：

31. 北京水利史； 32. 北京饮食史；

33. 北京服饰史； 34. 北京环境变迁史；

35. 北京音乐史； 36. 北京名胜史。

这些研究项目，只是北京专史庞大体系中的一小部分，今后随着科研工作的不断深入，专史的项目也会不断增加。《北京专史集成》经过历史研究所论证之后，院领导又组织全院的专家学者对这个重大课题进一步加以论证，并且提出了很好的意见，对专史的撰写工作有很大帮助。

《北京专史集成》中的每部专史的容量，视其内容的多少，大致在30万字左右，有些内容较多的，字数可以多一些，反之，则会少一些。各部专史的时间跨度，一般始于远古，迄于新中国建立。有些部专史在撰写过程中，时间会有所下延。如《北京建置沿革史》，必须延续到新中国建立之后，才能够对今天北京政区的沿革状况有全面的叙述。各部专史的地域范围，也不是严格局限在今天的北京政区，而是根据不同朝代政区划分的变化而随之变化，如汉唐时期的幽州，辽代的南京析津府，金代的中都大兴府，元代的大都路，明清时期的北京顺天府，等等。政区范围的大小虽然会不断变化，但是其核心地区仍然是今天的北京。

《北京专史集成》的撰写，有很多难以处理的地方。例如，"专"和"史"的关系。"专"是指专门、专业，如在《北京宗教史》中，"专"是指宗教或是宗教学，而"史"则是指在北京历史上曾经发生或是出现过的、与宗教有关系的事件或人物，当然也包括相关的典制。如在《北京宗教史》中，我们所研究的佛教史，主要的着眼点不仅仅是在北京地区的禅宗、律宗、净土宗等佛教流派的发展、变化，更重要的，是着眼于这些佛教流派所产生的社会影响、其代表人物的社会活动、历代统治者和社会各界对这些宗教派别的态度，以及由此而产生的重要宗教事件，等等。我们认为，要想处理好"专"与"史"的关系，一方面，要掌握相关专业的基础知识；另一方面，又要对当时的历史状况有准确的认识，掌握宗教之外的政治、经济、文化等各方面的历史资料。只有这样，我们才能够正确认识不同历史时期宗教产生、发展和兴衰的变化历程。其他专史的撰写工作也是如此。

再如，"全国"和"地方"的关系，换言之，即"全局"和"区域"的关系。在北京成为全国的政治和文化中心之前，所有的北京史都是"地方史"，其所产生的历史影响也有着明显的"区域"性质。但是，当北京成为全国首都之后，在北京发生的许多史事除了具有"地方"和"区域"的性质之外，又具有了"全国"或是"全局"影响的特质。如"戊戌变法"、"五四运动"等，其影响范围之广，影响力之持久，显然不是局限在北京地区的。此外，由于北京的统治中心地位，有些发生在其他区域（甚至国外）的重大历史事件，也会对北京产生巨大的影响。如近代史上的"鸦片战争"、"太平天国运动"、"辛亥革命"，这些重大事件的始发地虽都不在北京，但其对北京的巨大影响甚至超过了在北京地区发生的一些事件。因此，如何处理好"全局"与"局部"的关系，在北京历史文化研究中确实是一个难度很大的问题。

《北京专史集成》课题立项后，得到了学术界和相关领导的大力支持。首先，是有一批德高望重的著名史学前辈在年事很高、工作繁忙的情况下，热情支持本课题的研究工作，慨然担任特聘学术顾问，并且对北京专史的撰写工作提出了珍贵的指导意见；有些史学前辈还在百忙之中审阅了部分书稿的内容。其次，是北京市哲学社会科学规划办公室的陈之昌主任和李建平副主任对本课题的重视，使《北京专史集成》得以被列为市社科规划重点课题。再次，本课题的出版工作得到了人民出版社领导的大力支持，在出版经费较少的情况下，得以立项出版。特别是资深历史学编审张秀平女士和诸多编辑人员，认真审阅全部书稿，并且提出了许多宝贵的修改意见，为各部专史的出版付出了辛勤的劳动。

北京市社会科学院历史研究所的一批批老专家学者们为北京历史文化的研究奠定了较好的基础，他们的退休对北京文史研究带来了一些影响。但是，许多已经退休的老专家仍然坚持工作在科研第一线，笔耕不辍。《北京专史集成》中的一些项目就是以他们作为骨干带领年轻同志完成的。一批批青年学子陆续来到所里，他们在科研能力上尚需锻炼，在学术见识上亟待积累，但是，他们有朝气，有吃苦耐劳的干劲，有新的更加开阔的视野，假以时日，他们在《北京专史集成》研究中的成果将会越来越多。我相信，在院领导的大力支持下，在社会各界的热心帮助下，在历史研究所全体新、老科研人员的共同努力下，持之以恒，《北京专史集成》将会为北京历史文化研究不断增添新的科研成果，为首都的社会发展和文化建设不断做出新贡献。

值此北京市社会科学院建院 30 周年、《北京专史集成》开始出版之际，是为之序。

王岗

2008 年 10 月

前　言

　　在当代人们的生活中，宗教是一个既陌生又熟悉，既神秘又普通的事物。不论你走到哪里，繁华的都会、偏僻的小镇，还是深山老林之中，都会发现有一些宗教建筑。透过这些宗教建筑，我们可以看到，不同时代人们宗教信仰的变化，不同民族民众宗教文化的特色，以及超越时代、超越种族的全人类的神圣情感，等等。迄今为止，在遍布世界的各个国家、城市、乡镇，还很少见到没有宗教建筑的地方。由此即可看出，从古到今宗教在人们生活中所占有的重要地位。

　　在中国古代，宗教的产生和发展有着与西方完全不同的历程。首先，是政治权力对宗教神权有着强大的支配力量。在先秦时期，天子的权力至高无上，秦汉以后，皇权则具有支配一切的力量。其次，是伦理道德与宗教信仰在社会上都有着巨大的作用，有时宗教的发展还要借助伦理道德的影响。再次，中国传统农耕文化的强大力量对本土宗教和外来宗教的发展也产生了很大的影响，多种宗教并存局面的形成就是这种影响的结果。

　　早在先秦时期，中国就形成了一整套中央集权的政治框架，作为这套集权框架基础的是宗法制和分封制。秦始皇统一中国之后，更是把这套中央集权的政治体制推向了极致，除了宗法制和分封制之外，又增加了郡县制。在如此严密的政治框架控制之下，宗教要想得到发展，必须付出极大的代价。代价之一，就是对以皇权为标志的政治权力的妥协，承认政治权力对宗教神权的控制。特别是在中国这个多种宗教并存的社会中，每个宗教派别都希望得到至高无上的政治权力的认同与支持，才能够在与其他宗教派别的斗争中占

1

据优势地位。在中国历史上发生的多次大规模宗教冲突中，哪种宗教派别得到政府的支持，哪种宗教就会在冲突中获胜。

中华民族是一个特别重视家庭和亲情的民族，因此，也就特别重视维系家庭关系的伦理道德观念。"孝"道不仅在家庭中，而且在社会上都占有极为重要的地位。甚至有的封建统治者竟然提出要以"孝"道治理天下，由此亦可看出伦理道德观念在人们的社会关系中是占有十分重要地位的。不论是本土产生的宗教（如道教），还是从国外传进来的宗教（如佛教、伊斯兰教和基督教），如果其教义与中国传统的伦理道德观念发生冲突，它在社会上的传播必然会受到极大影响。佛教在初入中国之时，因其教义与中华民族的传统伦理观念发生冲突，故而受到社会各界的排斥，直到其教义中融入了中国的伦理观念，换言之，在其宗教教义向中国传统伦理观念妥协之后，才得到更多人们的崇奉。

在中国传统文化中，"和而不同"是一个层次极高的哲学理念，得到绝大多数中国百姓的认同。这个理念在宗教方面的反映，就是多种宗教派别的并存。例如，广大百姓在崇奉佛教的同时，并不排斥道教等其他宗教派别的活动，甚至有些百姓同时崇奉多个宗教派别。对于这种中国所特有的宗教现象，许多西方学者无法理解，甚至得出了在中国没有真正意义上的宗教信徒的结论。显然，用西方文化理念来观察中国的文化现象，难免会有偏颇之处。对于中国人的宗教观念究竟应该如何认识，如何评价，必须要以中国传统文化作为大的社会背景，如果离开了这个大的社会背景，认识和评价也就难免有偏颇之处。外来宗教向中国传统文化妥协，是其在社会上得到广泛发展的一个重要前提。

在北京地区，早在北京猿人生活的遗迹之中，有关的考古专家就曾发现有过原始宗教的痕迹。而作为比较成熟的宗教，其产生和传入几乎是在同一个时期，本土产生的宗教是道教，东汉末年的燕赵地区农民大起义就是借助了道教的力量。而到了晋代初年（有些文献记载是在汉代），从外地传入燕地的佛教也已经在社会上产生了较大的影响。在此后相当长的一段时期里，北京地区活跃的仍然是佛教与道教。直到辽金元时期，藏传佛教、伊斯兰教和基督教才陆续传入北京地区。少数民族统治者对各种宗教所采取的宽容态度，应该是各宗教派别有了很大发展的一个重要原因。

辽金元时期，乃是北京历史发展的一个十分关键的时期。在政治上，这里经历了从割据政权陪都变为割据政权首都、再变为全国一统王朝首都的历程，使北京地区的政治地位有了极大的提高。随着北京政治地位的提高，其在宗教界的影响也变得越来越重要。任何一个宗教派别要想扩大自己在社会上的影响，必须要在统治中心开展活动，因此，从辽代开始，北京地区的宗教活动场所就在不断增加，一直到清代，达到了巅峰状态。而各个宗教派别的著名领袖人物，也汇集到京城来，围绕在封建统治者周围，开展各种宗教活动。宗教场所的不断增加，宗教领袖人物的频繁活动，使得北京逐渐成为全国最著名的宗教活动中心。

明清时期，与前代有所不同的，是封建统治者对各种宗教派别的活动加以控制，管理得越来越严密。在这种情况下，宗教派别的发展带有了越来越浓厚的政治色彩，这一点，我们通过藏传佛教领袖人物与封建帝王的关系即可看出。在元代，每当新的帝王在即位之前，都要请藏传佛教的领袖人物帝师为其受戒。帝王即位之后，还要派一位少年出家为僧，作为自己的替身。到了明代，帝王即位之后虽然还要找一位出家的替身，却把藏传佛教领袖人物的帝师身份取消了，即位时也不再请他们受戒了。而到了清代，藏传佛教的领袖人物虽然与元代一样，都是封建统治者巩固边疆统治的重要助手，但是，达赖和班禅的相互制约与活佛转世制度都变成了政治权术，使清朝政府能够更加有效地控制藏传佛教的势力。

清末民初的北京，是传统宗教派别，如佛教和道教趋于衰落的时期，其活动场所（如寺庙和道观）往往被社会各界占用兴办学校，有些宗教建筑则因缺乏经费修缮而破败不堪了，还有些寺产被典卖而变成了民居。与此同时，随着西方列强对中国的政治、经济侵略日甚一日，西方的宗教势力，如天主教和基督教等，也在逐渐扩大其对社会各界的影响，成为许多社会名流崇奉的对象。但是，西方人种与中国人种的差异，西方文化与中国传统文化的隔阂，以及西方宗教所具有的强烈排他性，都对西方宗教在中国的广泛传播产生了不利的影响，天主教和基督教只能在很小的范围内开展活动，而没能像本土的宗教道教和已经"汉化"的佛教那样得到社会的普遍认同。

还有一些学者认为，中国传统的儒家学说也是一种宗教，被称之为儒教。在历史上，其开山鼻祖孔子被封为神，建有庙、塑有像，岁时举行祭祀典礼，甚至还有自己的经典与教条，和佛教、道教有着许多相同之处。如果说，天下的僧人都是佛教的信徒，天下的道士都是道教的信徒，那么，天下的儒生就都是儒教的信徒。这就牵扯到一些很复杂的问题，其一，宗教信仰与宗教仪式哪个更重要？其二，信仰的宗教性与非宗教性的本质区别在哪里？其三，宗教偶像的人化与非人化和人的偶像化有何本质区别？就第一个问题而言，许多人都会认为宗教信仰比宗教仪式更重要，因为信仰是核心，仪式是表象。但是，我们会问，如果宗教活动没有仪式行吗？我们又会问，每个僧人和道士（或者说是所有的宗教徒众）都有纯粹的宗教信仰吗？答案是什么？谁能够解释清楚这些问题，谁又能够理解我们提问的目的到底何在呢？

在此值得一提的，是人们对民间信仰的研究。在中国古代，人们对民间神灵的崇拜与祭祀是普遍存在的，其活动场所主要是坛庙与祠祀，如天坛、地坛、社稷坛，关公庙、财神庙、城隍庙，等等。通过坛庙活动，人们祈求各种神祇带来好运，避免灾祸。在这一点上，是与其进入寺院、道观的祈求行为完全一致的。祈求的结果"灵"与"不灵"，也就是说神祇的威力究竟有多大，是很难印证的，但是，大多数人们却往往会认同"灵"的结果，而不去追究"不灵"的结果，遂导致有些神祇的威望变得越来越高，社会影响越来越大，形成的崇拜信仰越来越普遍。

对有些神祇而言，众多百姓是十分敬畏的，却没有权力加以祭祀，如对于天神地祇而言，只有封建帝王才有权力举行祭祀仪式。即使他不亲自主持仪式，也要委派手下重要大臣代行祭祀天地的活动，不得有丝毫的马虎。对于这种神祇的祭祀，包含着帝王与普天之下千百万民众的共同利益，因为天神如果带来"风调雨顺"，百姓有了好的农业收成，不仅自己的生活得到保障，政府的财政收入也会得到保障。但是，祭祀天神的权力却只能够由帝王来行使。

由此不难看出，人们通过民间信仰所祭祀的神祇，与其日常生活有着极为密切的联系，真实反映出人们迫切的生活需求。凡是个人能力所无法解决的生活需求，就会通过对相关神灵的祈祷来获得精神上的支持。某一社会阶层人们的共同生活需求得不到满足，就会祈求共同的神灵，于是就产生了行业神祇的崇拜。因此，民间信仰所反映出来的宗教因素，乃是人们现实生活最生动的写照。我们在研究北京宗教史时，这一部分内容是应该给予足够重视的。

人们在研究宗教历史文化的时候，难免要涉及宗教与科学的关系问题。许多人都认为，宗教的产生与科学的不发达状况有着直接的关系。如人们对天神的崇拜，是与其对宇宙的无知联系在一起的。又如人们对今生与来世的认识，则是与其对精神、物质的构成无知联系在一起的。但是，历史发展到了 21 世纪的今天，科学有了极大的进步，宗教却并没有因此而衰落甚至消亡，依然十分活跃。在这种情况下，人们将如何认识宗教与科学的关系呢？笔者认为，宗教与科学是两个完全不同的范畴，科学的发展可以使人们更加客观地认识世界，但是，宗教信仰本身不是科学，因此，宗教问题也就不可能用科学的方法加以解决。宗教属于文化的范畴，宗教信仰问题只能用文化的发展加以解决。

王岗

记于 2010 年 8 月

目　录

第二篇　北京道教史

第三篇　北京伊斯兰教史

概　述

　　宗教是世界上较为普遍的社会现象，有着悠久的历史，并在政治、军事、文化、经济、民族等多个方面产生过极其巨大而深远的影响。马克思在批判宗教是"颠倒了的世界观"的同时，即深刻指出："宗教是这个世界的总的理论，是它的包罗万象的纲要，它的具有通俗形式的逻辑，它的唯灵论的荣誉问题，它的狂热，它的道德约束，它的庄严补充，它借以求得慰藉和辩护的普遍根据。"[1]这一论述，也适合于中国传承数千年之久的传统社会。任继愈先生曾说到："我们从中华民族传统文化的整体来看，佛道两教的文化与儒家传统文化同样重要，同样影响着中华民族的文化生活、家庭生活、社会生活以及政治生活。佛教道教的影响，其深远影响当不在儒家经史子集之下。三教交互融摄，构成唐宋以来中国千余年来的文化总体。"[2]一般而言，儒释道为中国传统文化之三足，长期的融合与发展造就了三者在中国传统文化整体中我中有你、你中有我不可分割的密切关系。儒释道之间往往是多元并存，功能互补，离开其中任何一方或对其中一个方面缺乏了解，都势必影响到对中国文化精神及其历史演进的整体把握。陈寅恪先生就说过："凡新儒家之学说，几无不有道教，或与道教有关之佛教为之先导"。鲁迅所说的"中国的根柢全在道教"，虽然是从消极方面着眼，但由此也可见道教对中国传统社会影响之大。可以说，在某些方面，宗教史研究具有不可替代的独特作用。顾颉刚先生在《古史辨》自序中断言，如果我们想知道我们民族的信仰和思想，《道藏》比儒学的正统经典《十三经》就"要重要得多"。因此，加强宗教史研究，对于繁荣学术，深化诸如哲学、历史学、社会学、民族学、文化学等社会科学、人文科学的研究，都有重要作用。

对于具有三千多年建城史、近九百年建都史的北京而言，有关宗教史的研究，就更为重要。自金中都以来，北京从华北地区的地域中心，一跃而成为全国的政治、军事与文化中心。作为金、元、明、清等最后几个封建王朝的都城，八百多年以来，由于统治阶级的大力提倡与尊崇，北京城内外释、道等宗教的寺庙曾随处可见，伊斯兰教、基督宗教也先后在此生根发芽，民间以宗教性活动为主的庙会更是比比皆是。可以说，各种传统宗教的内容，已经融入北京社会生活的各个层面，成为其历史传统文化中不可分割的组成部分。不仅如此，由于历史上以及现实中所处独特的政治、文化中心地位，北京的宗教生活与宗教工作，在全国占据着极其重要的位置。加强北京宗教史研究，对于我们进一步深化北京史的研究和全国宗教史的研究、挖掘首都传统文化内涵，甚至对建设东方特色的国际化大都市、充分展现北京独特的人文魅力，都会产生十分重要的作用。

因此，北京宗教史是北京历史研究中不可或缺的重要组成部分。有鉴于此，北京社科院、历史所领导将《北京宗教史》纳入"北京专史"首批研究计划之中，希望能对北京历史上的宗教及信仰现象作一总体概述，为将来对各种宗教进行深入细致的专题研究奠定初步基础。经过酝酿与讨论，本书分为佛教、道教、伊斯兰教、基督教、其他信仰五篇，既包括各种制度化的宗教，也尽量将其他影响较大的信仰现象纳入关注范围，力图较为全面地反映北京历史上宗教生活的各个层面，对目前正在兴起的学术热点有所回应。关注时间始于先秦时期，迄于中华人民共和国建立，基本涵盖中国古代、近现代社会各个阶段各种在北京发生、发展、演变与传播的重要宗教现象的历史过程。所述地域，以目前的北京政区范围为基本参照，照顾各个朝代的政区沿革，适当扩大。总体而言，历史上北京的各种宗教与信仰的概略情况如下。

一、佛教

佛教产生于古印度，在大约公元一世纪前后传入中国。就全国范围而言，汉、魏为中国佛教的始传期，南北朝为确立期，隋、唐以至宋、元、明、清为兴盛期，而到清末民初则转入衰败期。以北京地区的佛教而言，则在唐及五代以前尚处于初兴阶段，历辽、金、元三代始有进一步发展，至明、清而趋于繁盛，至清末民初日趋衰落。北京佛教的发展，虽与全国之进程有所联系，亦因所处的特殊地位，有其自身之特色。

　　两汉之际佛教东传之初，佛教在中国的影响甚微，尚未见到传入燕地的准确记载。晋代嘉福寺（即广为人知的潭柘寺）为燕地已知流传有绪的最早佛寺，但没有确切的建寺年代。北魏至隋唐五代时期，北京地区有了一些寺庙建造的具体记载，著名僧侣的活动越来越多，在佛教界和社会上的影响越来越大，显示出佛教在北京地区初始发展阶段的巨大潜力。

　　在这个时期，北京地区虽然是处在远离中央政府的地区，却也受到全国政局变化的影响，特别是宗教界重大事件的影响。如在魏晋至隋唐时期发生在北方的"三武一宗灭佛"事件的影响。中原地区佛教与道教之间的大规模宗教冲突，使佛教的宗教势力遭到极大损害，但这不仅没有削弱北京地区的佛教发展，反而起了促进作用。隋唐之际的高僧静琬到北京房山开始刊刻石佛经，就是很好的例证。

　　在这个时期，由于北京地区还没有成为全国宗教活动的中心，故而许多燕地僧人都纷纷出走，到长安（今陕西西安）、洛阳等政治、文化中心开展活动，有的甚至远至西域求学佛法，对中国佛学的发展都产生了深远的影响。与此同时，有些中原地区的著名僧侣为了扩大佛教的社会影响，也前来燕地讲授佛学，对北京地区的佛教发展产生了直接的促进作用。这种北京地区与中原各地的佛教文化交流活动，乃是当时比较普遍的文化现象。

　　到了辽代，北京地区的佛教发展进入了一个新的阶段。由于契丹统治者对于佛教的尊崇十分狂热，而燕京又是辽朝的文化中心，故而这里的佛教出现了第一次的飞跃发展。契丹统治者建寺，契丹贵族们也建寺，汉族士大夫建寺，汉族百姓也建寺，再加上前朝留下的诸多寺庙，使得燕京出现了寺庙林立的局面。有些契丹贵族舍身出家，许多百姓将子女送入寺庙出家为僧尼，表明佛教的发展在北京地区已经有了普遍的社会基础。

　　在这个时期，有两个问题值得注意。第一，是契丹统治者不仅仅对佛教极为尊崇，而且开始对佛学产生极大兴趣，从而产生了一些研究佛学的著述。如我们目前所见到的辽代文献中，就保留了一些十分珍贵的记录。通过这些文献我们不难看出，契丹统治者们对佛教的一些基本常识已经有了较为深入的了解。

　　第二，是辽代的佛教发展与南面的宋朝开始分离。在宋、辽对峙时期，双方不仅仅是政治和军事上的对抗，而且是文化上的阻隔时期，宋朝统治者对辽朝采取了文化封锁政策，宗教封锁也是文化封锁的一个重要方面。因此，辽朝在自身佛教独自发展的情况下，利用唐代留下来的佛学基础，组织辽朝境内的佛教高僧们刊刻了与宋朝《大藏经》不同版本的辽朝《大藏经》，被后人称之为《契丹藏》。由此可见，在宋、辽对峙时期，以北京为中心的辽代佛教界与宋代佛教界一起为中国古代佛教文化的发展作出了应有的贡献。

到了金代，北京地区的佛教继续发展，特别是海陵王营建中都城之后，这里在成为整个北方地区的政治和文化中心的同时，也成为了宗教活动的中心。在这种情况下，金中都的佛教继续保持了兴盛的发展趋势，寺庙数量有增无减，僧侣人数越来越多，佛教的影响越来越大，许多中原地区的著名僧侣也都纷纷前来中都城展开活动。其中，最有典型意义的事情，是山西女尼自己筹措刊刻了一部《大藏经》，并且将其运送到金中都城来，后人将其称之为"赵城金藏"。这件事情表明，当时的整个金朝佛教界都是把中都城作为佛教活动中心的。

与此前辽代不同的是，金朝统治者对佛教的尊崇没有辽朝统治者那样狂热，而是更多了一些审慎的态度。典型的事例，是金海陵王曾经杖责尊崇佛教的大臣。这件事情并不是表现出金海陵王反对佛教的发展，而是体现出金朝统治者在皇权至上和佛教势力扩张之间所应有的政治态度，就是要突出皇权、压制佛教的势力扩张。此后的金世宗、金章宗等人虽然都尊奉佛教，却一直没有像契丹统治者那样的狂热，由此也表现出了在这一点上他们更多接受传统儒家学说的文化倾向。

到了元代，北京地区的佛教发展再度出现飞跃发展，主要表现在以下几个方面。首先，是蒙古统治者对佛教的极为尊崇，其狂热程度超过了以往历代的封建统治者，甚至每位蒙古帝王在即位之前都先要请佛教高僧为其受戒。这种封建统治者对佛教的尊崇为佛教在社会上进一步扩张其势力营造了一个良好的政治环境。许多朝廷中的大臣们都曾经对蒙古帝王的佞佛行为加以指责和谏言，却很少能够起到作用。

其次，是皇家寺院的大规模营建。因为蒙古统治者狂热地尊崇佛教，故而每位帝王在即位之后都要大兴土木，建造一座甚至多座皇家寺庙。这个典制始于元世祖，一直延续到元朝的灭亡。如元世祖建造的大圣寿万安寺，其藏式大白佛塔一直保存到今天，仍然是北京佛教艺术的经典之作。皇家寺庙的营建，又带来了寺院经济的恶性膨胀，给当时的社会财富造成巨大浪费。

再次，是藏传佛教首次传入北京地区。在元朝建立之前，藏传佛教主要是在青藏高原传播和发展，随着蒙古国势力的不断扩张，加强了青藏高原与中原地区的联系，再加上蒙古统治者对佛教的狂热尊崇，遂使藏传佛教也随之进入北京地区。值得注意的是，蒙古统治者对藏传佛教的尊崇除了宗教因素之外，又包含了十分明确的政治因素，也就是要充分利用藏传佛教在青藏地区的重要影响来为巩固元朝的统治服务。为此，元朝政府专门设置了宣政院，由藏传佛教的领袖人物加以管理，从而把西藏及其周围地区直接与中央联系起来。

在元代，还有一点是值得注意的，是北京城垣的变迁所带来的寺庙的兴废。元世祖决定把北京（时称燕京）作为全国的都城之后，在辽金城池的东北面又兴建了一座新的都城，并称之为大都城。新城建好之后，旧城日渐荒芜，许多辽金时期盛极一时的寺庙都随之荒废了，到了明代，除了个别寺庙仍然维持香火外，大多数寺庙人们已经难觅其踪了。

到了明代，封建统治者基本上延续了前代的宗教政策，仍然鼓励佛教发展。虽然每位帝王在即位之前不再请高僧为其受戒，但是在即位之后却要选一位幼童作为替身，出家为僧。而且，明太祖在即位之前曾经做过僧人，明成祖对于佛教也曾经下工夫加以研究，他手下功臣姚广孝也是一代高僧。明武宗甚至自称"法王"，则是其极端崇奉佛教的荒唐表现。

明代佛教的发展还有一个显著的特点，就是权倾朝野的大宦官们成为扶持佛教势力扩张的一股主要力量。在北京城内外，由宦官们建造的寺庙随处可见，就连宦官们"办公"的场所也往往建有寺庙。这些宦官们既无家庭，也无后代，故而有权有钱却无用处，修建寺庙在他们看来无疑是最好的结局之一，为他们的"来世"多积一些阴德，也算是心理上的一种平衡吧。

在这个时期，藏传佛教仍然活跃在北京地区，但是，其政治作用已经远远不如元代了。作为藏传佛教的领袖人物被取消了"帝师"的封号，明朝统治者对于从不同地区前来的藏传佛教高僧，分别封以不同"法王"的尊号，加以尊崇。这种分而治之的办法并没有取得预期的效果，反而使北京城的藏僧人数猛增，成为真正意义上的一股宗教势力，但元代藏僧所拥有的政治特权在明代已经很难见到了。

到了清代，北京地区的佛教发展大致维持了明代的规模。其一，是清代的封建专制政治达到了中国古代历史的巅峰，在宗教方面的反映也是如此。在清朝统治者们的眼中，不仅广大臣民是他们的"奴才"，就连宗教界人士，当然包括"有道"高僧，也不过是他们的"奴才"而已。他们在屡兴文字大狱的同时，也对佛教界的"是非"加以裁定，充分显示出皇权至高无上的专制观念。在这种局面下，清朝统治者们利用宗教的影响以巩固其统治的做法可以说是最成功的，活佛转世与金瓶掣签的有机结合，使得蒙、藏等边疆地区保持了较长时期的政治稳定。

在这个时期，明代建造的寺庙大多数都保存了下来，清朝统治者对于京城的寺庙控制十分严密，僧侣的人数受到严格限制，佛教活动的次数也受到很大限制。当然，清朝统治者沿袭前代统治者们的惯例，自己也建造了一批寺庙，其特点是，新建的皇家寺庙主要都被放在了皇家园林之中，并且与整座园林融为一体，成为园林中的一个十分重要的组成部分，而在这些皇家寺庙中的佛事活动是与民间相互隔绝的。

到了清朝末年，受到西方列强侵略的影响，政府诸事维新，民众要求变法，社会日益动荡不安，佛教也受到很大冲击，信奉者日减，社会赞助的日常经费也越来越少，许多寺庙开始靠出卖寺产来维持生计，也有一些寺庙被公众强行占据，兴办新式学校。北京地区的寺庙数量由此而锐减，到了民国年间，佛教衰颓的趋势仍在继续，成为一种社会潮流。

值得注意的是，在这个时期，力图扭转佛教颓势的主力已经不是寺庙里面的高僧，而是仍然信奉佛教的社会名流们，也就是人们称之为居士的名流。许多有社会影响的佛教活动，皆是在名流居士的倡议下举行的。一方面，佛教界的生存失去了统治者的大力资助，受的影响最大；另一方面，佛教学说的发展也走到了尽头，缺少了新的活力。再加上社会长期处于动荡之中，广大民众也很难有多余的资金来施舍给寺庙，更加剧了佛教的衰颓之势，由此而一蹶不振。

二、道教

道教是中国土生土长的制度化宗教。虽然道教内部认为其始出于西蜀地区，但先秦以来的神仙传说与方士活动，以及东汉末年盛极一时的太平道，可能对道教的酝酿与传播也产生过非常重要的影响。其时燕国境内是神仙传说产生与流传的主要地区，并产生过许多著名的方士，如《史记》中提到的宋毋忌、正伯侨、充尚等都是燕人。秦国统一之后，又有燕人卢生奉命为秦始皇求仙人不死之药。到西汉元鼎、元封之际，燕齐方士"言有神仙祭祀致福之术者以万数"。而当张角以太平道在冀州等地起事之后，幽州（即今北京）的民众很快响应，并一举袭杀幽州刺史郭勋与太守刘卫，可见广阳地区的黄巾军不仅颇有战斗力，其规模或抑颇为可观。

　　当太平道被镇压下去后，建安二十年（215 年）曹操降服张鲁政权，五斗米道从此在中原地区流衍传播，并发展成为道教的正宗——天师道。沿至魏晋南北朝时期，鉴于天师道日益分化，道教内部开始着手"清整"，其中北方以寇谦之为代表。寇谦之（365—448 年），字辅真，冯翊万年人，自称上谷昌平著姓寇恂之第十三世孙。他修道成功之后，以太上老君的名义颁布《云中音诵新科之诫》，猛烈抨击五斗米道的旧法，创立了所谓的"新天师道"。寇谦之以异姓即位天师的做法，打破了巴蜀以来张氏世袭天师的惯例，开启了新的道统传授制度。此后一段时间内，新天师道在北魏境内俨然成为"国教"，臻于极盛。他针对道教种种弊端所进行的改革，对于北方道教的发展有着十分重要的意义，而对于幽州道教的发展，或抑不无积极影响。尤其是到了隋唐时期，道教进一步得到统治者的扶持，李唐王室更是着意利用社会上流传甚广的政治谶纬，尊奉道教教主李老君为始祖，道教也受到特别的优待，与朝廷建立了长达三百余年的密切关系。后来对北京道教发展影响最为深远的天长观，即创建于唐代崇道最甚的唐玄宗时期。

　　金元时代是北京道教的大发展时期，也是该地道教在全国地位迅速上升的关键时期。在此期间，河北地区新生的三个道教支派——太一教、真大道教与全真教先后传入北京，南方的正一教也开始北传，并在全国产生了重要影响。其中道士萧抱珍于金天眷年间创立的太一教，是三个新道教中成立最早的。太一教以符箓、祈禳为民众治病救灾，在华北地区得到较快传播，引起了当政者的注意。金世宗曾将太一教二祖萧道熙召至燕京，住持于天长观内说法，轰动一时。三祖萧虚寂亦如其师一样曾在天长观掌教传道，并与金廷及地方大员保持密切联系，从而为太一教在燕京的发展提供了良机。但太一教的鼎盛，是在元初五祖萧居寿时期。他在大都深得元世祖信重，其教亦以大都、汲县两地为核心，一度遍及整个江北地区。

　　真大道教的创始人为山东乐陵人刘德仁，其教义以真常慈俭来追求清静无为，其实是吸收了儒、释两教对道教所做的改革，在一定程度上体现出三教合流的倾向。真大道教在河北一带发展起来后，刘德仁被金世宗召至燕京，亦被安置于天长观内。但金末真大道教似曾出现过较为严重的危机，直到五祖郦希成方得中兴，并得到代金而起的元统治者的垂青，在燕京修建了天宝宫。此后真大道教继续发展，当八祖岳德文在位时，与元廷建立了较为密切的关系，在大都上层社会中产生了很大影响。

　　全真教则是三个"新道教"中唯一流传下来并不断发扬光大的支

派。全真教创始于王重阳，但使教势大行的却是其弟子丘处机。金廷曾征召"全真七子"中的王重阳、丘处机、刘长生等人至燕京，并有所赏赐，由此维持了全真教在金代的发展。后来蒙元势力迅速崛起，丘处机婉拒金、南宋之征，而远赴成吉思汗"雪山之召"，从而为全真教在元初的发展打下了良好基础。丘处机"西游"回到燕京后，元廷将旧金行宫赏给丘处机，改名万安宫，又改天长观为长春宫，命其执掌道教一切事务，全真教在燕京称雄一时。丘处机辞世之后，其弟子在长春宫东侧为之营建"处顺堂"以藏遗蜕，此即后来道教中赫赫有名的"白云观"之前身。

全真教在大都的迅速发展，逐步引发了与儒教、佛教之间的矛盾。元初释道之辩以全真教的落败告终，从此全真教势力开始衰落，逐渐与真大道教、太一教等大略相类，而从江南北上的正一教，反而逐渐超乎其上。当第四十代天师张宗演应召入觐时，随行弟子张留孙得到元世祖赏识，"留侍阙下"。张留孙在大都主持各种斋醮仪式，并创立了正一玄教，大得元廷信用，为之建有崇真万寿宫。张留孙在元廷中的地位以及在大都各界的影响，都大大超过远居江南的天师。此后，又有吴全节等道士继主其事，所营建的东岳庙不仅成为元大都正一玄教的重要场所，对明清时期正一教在北京的延续也有着重要作用。

明清以后，道教诸宗派逐渐归于正一、全真两大派别之下。作为都城所在地，北京道教虽继续保持其在全国道教中的独特地位，但也摆脱不了整个道教日趋衰落之大势。明代北京舞台上道教的主角，已由元代的"群雄争竞"，变为正一教的"一枝独秀"。明帝崇道多以祈禳及方术为主，因而擅长其技的正一道士深受明廷宠重。道士邵元节被加封为一品，并授以礼部尚书，死后又追赠为"少师"。接替邵元节之位的道士陶仲文更得明廷异恩，"得宠二十年"，"并拜三孤"。这对明代北京道教的发展产生了深远影响，正一派由此占据了道教的主导地位，而全真教则出现了二百余年的漫长衰隐，连全真教的祖庭之一白云观，也被正一道士占持。

这一景象直到满人入主中原后方得改观。清初全真道士王常月抓住鼎革换代的契机，北赴京师，据说很快得到了清世祖的推重，"奉旨主讲白云观"，全真龙门派开始肇兴。此后白云观经朝廷多次修葺，而被视为道教"显宗"的龙门派，在全国的影响也迅速扩大。但总体而言，清代对道教的信用与扶持大大低于明朝，其中乾隆年间贬抑天师的种种举措，对道教两派在北京的传播与发展都产生了消极的效果。因而此前雍正帝对龙虎山道士娄近垣的宠重，以及清末高仁峒住持白云观时期之"兴盛"，均不过道教衰落大势中的昙花一现而已。

进入民国以后，由于国家政治中心的迁移，以及时代精神之变化，再加上日本侵略势力的介入，北京道教沉沦的历史进程有不断加剧的趋势。民国初立，白云观住持陈明霦等人曾在北京发起成立"中央道教总会"，但很快凋落。此后知识界开始对道教进行批判，作为新文化运动中心的北京尤为激烈，鲁迅、钱玄同、陈独秀等人即为代表。到1928 年，南京国民政府又颁布"神祠废除标准"。在此背景下，北京不少道庙宫观大受影响，或被人强占，或被迫改为学校等公益场所，或受到勒索刁难。至沦陷时期，北京道教以地安门外火神庙住持田子久最为活跃，由其主持的"华北道教总会"曾为配合日伪而举行过"祈祷和平"、"悼念中日阵亡将士"、"祝祷东亚共荣"等卖国活动，但受到一些白云观道士的抵制。随着积怨不断加深，至1946 年冬，白云观住持安世霖被人活活烧死。北京道教因而一蹶不振，直到中华人民共和国建立之后，方有机会翻开其历史的新页。

三、伊斯兰教

伊斯兰教在七世纪初产生于阿拉伯半岛。在 610 年，穆罕默德得到安拉的启示，宣布自己是安拉的使者和先知，开始创立和传播伊斯兰教，并逐渐形成一套完备的制度。伊斯兰教的经典包括《古兰经》和圣训。《古兰经》是伊斯兰教的根本经典。圣训包括穆罕默德本人及其弟子及再传弟子的言论和行为。伊斯兰教有六大基本信仰、五项功修、三大节日。六大基本信仰即信真主、信天使、信使者、信经典、信后世和信前定。五项功修即念功、礼功、课功、斋功和朝功。五功概括了穆斯林的基本义务、习俗和信仰。伊斯兰教节日很多，是穆斯林宗教活动的重要组成部分。其中，开斋节即肉孜节，是伊斯兰教的重大节日，因此又被称为"大尔迪"。宰牲节即古尔邦节，是伊斯兰教又一重大节日，又被称为"小尔迪"。圣纪是伊斯兰教三大节日之一，是伊斯兰教创始人穆罕默德诞辰和逝世的纪念日。伊斯兰教的基本信仰、功修和节日为广大穆斯林所遵从，北京地区的穆斯林也不例外。

伊斯兰教创立后不久，就传入了中国。伊斯兰教传入中国的具体年代，长期以来众说纷纭，至今尚未定论。概括起来，有下述五种说法：隋开皇中说、唐武德中说、唐贞观初说、唐永徽二年说、8 世纪初说。多数学者赞成唐永徽二年说。关于伊斯兰教何时传入北京，目前学术界对此观点并不一致，一部分学者坚持北宋至道二年或辽统和十四年（996年）说。一部分学者坚持元初说。从历史文献来看，宋辽时期北部中国与西域各国的往来十分频繁。辽代的最高统治者还经常到南京（今北京）来，并且在此多次会见回鹘使者。所以，应该说，在辽代穆斯林来北京地区是有可能的，北京地区有信仰伊斯兰教的穆斯林居住也是可能的。当然，北京伊斯兰教较大规模地传入和发展，还是在元代。

回回在元朝建立和巩固过程中发挥了很大的作用，他们的政治地位很高。这客观上为伊斯兰教创造了一个有利的发展环境。伊斯兰教在元代有了较大的发展，得到广泛传播。穆斯林是伊斯兰教传播和发展的载体，元代北京地区穆斯林的大增是伊斯兰教发展的一个重要标志。元时，穆斯林人口迅速增多，形成"元时回回遍天下"的局面，北京地区也是如此。元代穆斯林政治地位优越，统治者实行兼容并蓄的宗教政策，伊斯兰教取得较大发展，清真寺得以广泛建立。可以想见，作为元朝首都，北京地区一定会有敕建的清真寺。但是由于年代久远，寺址无存，缺乏足够的证据，目前对元代北京地区的清真寺情况尚不十分清楚。但学术界一般认为锦什坊清真寺、东直门二里庄清真寺、安定门二条法明寺均为元代所建。

明代是北京地区伊斯兰教发展的一个特殊时期。统治者对伊斯兰教实行既宽容又限制的两手政策。北京地区伊斯兰教在这种社会环境下，清真寺的建立、穆斯林人口的增长、宗教管理与明朝政府的宗教政策都有很大关系。"清真"、"礼拜"、"普寿"、"法明"四大官寺的赐建是明代北京地区清真寺的一大特点。清真寺的兴建与回回将领驻军有关，这是明代北京地区清真寺的又一特点。明代，北京地区穆斯林人口构成发生变化，这一方面是元代北京地区穆斯林自身繁衍的结果。另一方面南方穆斯林的北迁壮大了北京地区穆斯林的队伍。总体而言，在明朝时期北京地区的穆斯林已经比较多了。到明朝中叶以后，在北京城区及附近的地区形成了一些比较大的回族聚居区。成书于嘉靖三十九年（1560年）的《京师五城坊巷胡同集》留下了许多与伊斯兰教有关的北京胡同名称。如：西城阜财坊白帽胡同、白回回胡同、金城坊的金城坊胡同、水车胡同、礼拜寺、羊市口、羊毛胡同，河槽西坊的回回厂，咸宜坊的羊肉胡同；南城白纸坊的牛肉胡同、羊肉胡同、礼拜寺（即牛街礼拜寺），崇北坊的羊肉胡同、唐刀儿胡同，正西坊的羊肉胡同；北城发祥坊的三保老爹胡同（因郑和居此地而得名）；中城大时雍坊的牛肉胡同、安富坊的杨刀儿胡同等。这些胡同记录与北京地区穆斯林的居住，与伊斯兰教的发展有很大关系。

清代是北京地区伊斯兰教发展史上的一段重要时期。清朝统治者对伊斯兰教的基本政策是"齐其政而不易其俗"，这在一定程度上有利于伊斯兰教在北京乃至全国各地的传播和发展。清代北京地区清真寺的分布格局呈现出与前代不同的特点。清初实行的分城居住政策，使得穆斯林居住区域扩展，清代反倒成为伊斯兰教发展的一个重要时期。清代北京地区清真寺数量多，分布广，向外城扩展。同时，清代也是伊斯兰教文化发展的一个重要时期。北京地区的教礼之争不断，发展到清朝时期尤甚。比较著名的如：康熙三十八年（1699 年）的连独之争，康熙五十五年至五十七年（1716—1718 年）的看月之争等。

辛亥革命推翻了清王朝的封建专制统治，建立了中华民国。孙中山坚持民族平等，主张五族共和，在新形势下，北京伊斯兰教继续发展，掀起了一股兴办新式学校、创办伊斯兰教文化团体和报刊、派遣留学的热潮。民国时期以前，回族的文化教育以经堂教育为主，社会文化教育几乎没有。但传统的经堂教育已经不能适应社会不断发展的需要，几乎与中国社会隔绝。所以，只有建立新式学校，采取新的教育形式，才能提高回族的文化素质，振兴回族，发展伊斯兰教。民国时期，北京地区兴建了大量回文学校，留学之风也随之兴起，这是伊斯兰教育发展史的一件大事。虽然大多数学校存在的时间并不长，规模也不大，但它在当时的进步意义却不容忽视。清真女寺的兴建也是民国时期北京伊斯兰教发展的一大特色。民国时期，北京地区修建的清真寺不多，清真女寺的兴建是这一时期的一大特色。它们虽然规模不大，设施也不完善，但数量很多，居全国清真女寺之首，而且对全国各地清真女寺的兴建起了很大的倡率作用。民国时期伊斯兰教得到了一定的发展，但同时，侮教事件的不断发生也表明，只有在中国共产党的领导下，建立人民自己当家作主的新中国，伊斯兰教才有可能真正得到发展，穆斯林才能真正受到尊重。

四、基督教

世界三大宗教之一的基督教的重要一支天主教很早就传入北京地区。天主教，又称公教，基督教三大派别之一。音译加特力教，意译公教。我国学术界根据明末耶稣会传教士的翻译，称之为天主教。罗马天主教的得名取自中国一句古语"至高莫若天，至尊莫若主"。学术界一般认为基督教产生后不久就传入了罗马帝国，在基督教传入罗马的两百多年时间里，一直被当作异端遭到严厉的镇压。不过，311 年罗马帝国颁布了宽容敕令，宣布"基督徒只要不作犯罪的事"，便不再予以追究。不久罗马皇帝取缔了异教，基督教则成为了国教。476 年，罗马帝国分裂为东西两部分，东西帝国在政治、社会、语言、文化传统等方面的差异，影响了基督教，在其形成初期，就逐渐分成以罗马为中心的拉丁语派和以君士坦丁堡为中心的希腊语派。东西两派为教会最高权力和教义等问题长期争论，终至 1054 年正式分裂。东派强调自己的正统性，称为正教，西派强调自己的普世性，称为公教。公教即天主教在中世纪曾深入影响西欧社会的政治、经济、伦理、法律、学术、文化、教育和艺术等各个领域，成为无所不在的精神力量。直到 16 世纪宗教改革运动兴起，从中又分裂出与罗马教廷脱离关系的新教（抗罗宗）各派。

据相关史料记载，天主教在元代的大都已经有较为广泛的活动，方济各会士孟德高维诺甚至在大都建立了教堂。元代灭亡后，天主教也在中国销声匿迹。两百年后耶稣会士利玛窦等人再次将天主教传入中国。北京地区传教士和信徒的数量自明代后期到清代中期有显著的增长。不过，清朝后来的禁教政策对北京天主教的打击甚重，直到第二次鸦片战争后教禁解除，这一情况才有所缓和。1860 年北京条约的签署为基督宗教在华的传播扫清了障碍。天主教来华传教士数量剧增，北京作为清王朝统治的中心，成为欧洲天主教势力极为重视的地区。从此之后直到民国初年，虽然其间历经义和团运动的沉重打击，传教士以及教徒的数量仍然有很大增长，天主教会成为一支在北京社会生活中颇有影响的力量。

几乎伴随着北京条约的签署，基督新教也传入了北京。所谓"基督新教"是指因反对 16 世纪罗马教宗的绝对权威而从天主教会内部分裂出来的教派。它们本身没有统一的领导和严格的组织，但是在反对罗马天主教会方面具有一些共同之处。例如，基督新教不接受教皇管束，不承认教皇宣扬的某些教义，不遵从玛丽亚为圣母，不塑圣像以进行崇拜活动，对新旧约的某些章节的理解与天主教不同；此外，基督新教在圣事方面也较之天主教会更为简单，其神职人员可以结婚。以上种种构成了基督新教区别于天主教的主要特点。基督新教的出现与马丁路德有着十分重要的关系。他原是天主教修士，于 1517 年发布《九十五条论纲》，认为教宗出售赎罪券是一种罪恶。此后他又提出作为一个基督徒，最为重要的是"因信称义"而不是盲目遵守教规。此后，欧洲各地出现了许多新教教派，以后又传播到北美等地。

在天主教向世界各地大规模传教时，基督新教还没有建立自己的传教组织。到了 18、19 世纪，欧洲和美国纷纷成立差会，开始了向亚非拉各国传教的历程。因其自身与民族国家精神的结合，基督新教比起天主教来更加重视世俗的利益，正像刘小枫所言："晚清时期入华的基督教根本就不再是对于世俗御世的正当性法权没有兴趣的大公主义，而是携带马基雅维里主义和卢梭注意的新教主义"。这也使得新教组织与其本国政府的关系比起天主教来要紧密得多，他们往往更加重视经济、教育、科技等方面的利益，遭到了中国士人的嘲讽。虽然新教初入北京时影响很弱，不论传教士的人数还是信徒数量均无法与天主教相比，但是，新教传教士的传教手段非常丰富，所以他们在较短的时间内发展了大量的信徒。

除了天主教和基督新教外，俄国东正教早在中俄雅克萨之战后就在北京建立了自己的组织。不过，俄国沙皇政府一直将它作为刺探中国情报的机构，所以从传教角度来看北京东正教传教团的活动是失败的。

五、其他信仰

除了上述道教、佛教、伊斯兰教、基督教等狭义上的宗教之外，北京还有众多的信仰现象。它们虽然不能称为严格意义上的"宗教"，但同样有浓厚的信仰内容，亦有广大的信众。

北京地区其他信仰，主要包括与原始宗教有关的范畴如自然崇拜、祖先崇拜等，也包括与儒学圣道有关的各种信仰及其他俗神信仰，以及明清时期盛行于民间社会的秘密教门。凡天地日月、皇天后土、五岳五镇、江河湖海、日月星辰、风雨云雷、社神稷神、列祖列宗、帝王功臣、先哲贤良、关帝财神、门户灶井、狐黄蛇鼠等，皆在崇祀之列。

自然崇拜属于原始宗教范畴。自然崇拜中最高层次是天体天象崇拜。同时，天赋予帝王以统治万民的权力，故古代敬天并把祭天作为重要政治活动，北京天坛即是体现。其次是对厚德载物的大地的崇拜，北京地坛即是祭祀"皇地祇神"的场所。嘉靖九年又建造了日坛和月坛以示对照临万物的日月之神的尊崇。

原始先民由于对土地的自然崇拜而产生了社神信仰，北京社稷坛即为王朝政权与国家的象征。由于古代中国以农业为本，因而建坛祭祀先农、山川、神祇、太岁诸神，以示尊重农耕。明成祖迁都北京初，即在南郊修建坛庙以祭祀先农、山川、太岁等，作为祭祀先农、山川、太岁诸神及举行藉田典礼之所。

　　祖先崇拜亦产生于原始宗教。北京成为帝都后，祖先信仰与祭祀在国家政治与社会生活中重要性更加突出，北京的太庙即是体现。明清两代每逢新皇帝登极，或有亲政、大婚、上尊号、徽号、万寿、册立等，均须告祭太庙。祖先崇拜也是北京民间信仰与官方祭典最多发生重叠的部分，祭祖有庙祭、家祭、墓祭等方式，每月初一、十五，每逢春节从农历腊月三十到正月初五，家家户户接祖、祭拜和送祖。这种与祖先象征性的团聚在清明、立夏、端午、六月六、七月半、中秋、重阳、冬至等也要重复。祭拜祖先成为广大民众宗教信仰和日常生活的核心。对于帝王而言，还要祭祀历代帝王，因为他们代表着一种治统的承继。至清代，京师历代帝王庙共入祀帝王 188 位，功臣名将 80 位。

　　北京作为帝都，儒教信仰与崇拜尤为突出。北京历史上出现的少数民族政权如辽、金及元朝、清朝都是少数民族，尽管政权更迭，但这些非汉族的统治者由于逐渐接受了儒教文化传统，亦尊孔子为圣人。元世祖定都北京后，建宣圣庙，遣使祭祀孔子，孔子封号累加为"大成至圣文宣王"。明代孔庙遍布，清代时孔庙祭祀鼎盛。清亡后孔庙续修，民国五年竣工，成为仅次于曲阜孔庙的第二大孔庙。北京作为科举考试中心，文人士子萃聚，文昌帝君崇拜兴盛。元仁宗延祐三年敕封张亚子为"辅元开化文昌司禄宏仁帝君"，为士子虔诚奉祀。京师帽儿胡同的文昌帝君庙，每逢二月初三文昌帝君神诞之日，遣大臣往祭。士人举子则聚集在文昌帝君庙宇祭祀祈福，举行文昌会。光绪末年废科举，文昌信仰受到限制，民国初年文昌帝君祀典废停。出于神道设教的目的，北京圣贤崇拜也很突出，如北京历代王庙中将历代功臣名将、贤臣配祀历代帝王庙可视为圣贤崇拜的最高礼仪，此外还有祭祀国家功臣祠如昭忠祠、贤良祠，还有为数众多的先贤祠供奉忠臣义士，如北京文天祥祠。

　　旧京俗神信仰中关帝信仰最为深远而普及。关羽一生忠义勇武，宋代以后统治者屡加褒奖，元文宗时，累封"显灵威勇武安英济王"、"齐天护国大将军"。明成祖永乐年间，关羽列入国家祭典，五月十三日遣太常寺官往祭。清朝关帝信仰达到鼎盛，关羽的封号长达 26 字，即"忠义神武灵佑仁勇威显护国保民精诚绥靖翊赞宣德关圣大帝"，关羽由"侯而王，王而帝，帝而圣，圣而天，褒封不尽，庙祀无垠"，被称为"武王"、"武圣人"，与"文王"、"文圣人"孔子并立。清代北京关帝庙众多，香火鼎盛。此外，由于旧京富商巨贾、手工业者荟萃，因此行业神、祖师神、保护神信仰突出，东岳庙供奉民间行业神的殿宇即达三十余座。每值祖师诞辰等日，各行会皆至东岳庙祖师爷面前祭祀酬神。行业保护神以关圣帝君最为显赫，各种庙宇与会馆神殿中关帝、财神、火神、鲁班、文昌、天后等众神林立。旧京民间还供奉守护神如关公、财神、门神、灶神、喜神、路头神、星神、观音等，以财神崇拜和信仰最为普遍。

旧京乡间五大仙门信仰也很普遍。"五大仙"，包括狐仙（狐狸）、黄仙（黄鼠狼）、白仙（刺猬）、柳仙（蛇）、灰仙（老鼠），俗称"狐黄白柳灰"。供奉五大仙牌位，需心怀敬畏，必须称"爷"，恭敬避让，不可伤害。清代宫廷则以萨满信仰与祭祀最为独特。乾隆十二年七月下诏编纂《满州祭神祭天典礼》，把满族民间的萨满信仰通过宫廷典礼的形式固定下来。清代宫廷萨满祭祀地点一在坤宁宫，有常祭、月祭、报祭、立杆大祭。朝祭神祇有释迦牟尼、观世音菩萨、关圣帝君，夕祭神为萨满信仰中的自然神、祖先神以及英雄神等。坤宁宫在堂子不祭之时安放诸神，以便皇帝朝夕亲祭。二在堂子，专门祭天或出师告祇、祭马神、田苗神。清代宫廷萨满祭祀禁忌颇多，并限制在宫廷、堂子和宗室各姓家中，汉族官员和一般百姓不参加。堂子祭祀在乾隆时地位渐失，坤宁宫祭祀则延续到清末。

秘密教门则是以下层民众为主形成的信仰性非法结社组织，盛行于中国封建社会后期。虽然北京历史上很早就存在着秘密教门孳生蔓延的浓厚土壤，但相关记载却较为少见，直到进入明清以后，北京地区的秘密教门方风行一时，有的还产生了重大影响。明清时期活跃于北京地区、影响较大的有罗教、闻香教、弘阳教、西大乘教、天理教等。其中罗教发源于密云，是明清时期一个极其重要的秘密教门，被学界视为明代中叶以后"新兴宗教"的代表。罗教经典《五部六册》后来多次刊刻，几乎成为各秘密教门通用的宝卷。而清代嘉庆年间的天理教，则直接进攻紫禁城，导演了一场"汉唐宋明未有"的"癸酉之变"，造成了广泛的影响。进入民国以后，北京秘密教门在合适社会土壤的刺激下，转化成为会道门组织，其中最著名的有一贯道、九宫道、理门、同善社等。它们在北京极力与各种力量发生关系，大肆扩展。到1950年，仅一贯道就在北京建立了中等以上道坛1300多个，家庭佛坛、佛堂不计其数，道徒总数近20万，几乎占到北京城内总人口的十分之一。可以说，民国年间北京会道门信徒之多，活动之频繁，影响之大，超过了历史上的任何时期。

注释:

（1）马克思:《〈黑格尔法哲学批判〉导言》,《马克思恩格斯选集》第 1 卷,第 1 页。

（2）任继愈:《〈道藏提要〉序》,《道藏提要》第 2—3 页。

第一篇　北京佛教史

　　作为世界三大宗教之一的佛教，源自西土。秦汉以来，始向东传，达于中原。初建寺宇于都邑，以传其法；继译梵典为经藏，而树其宗派。繁衍渐广，信奉者众。魏晋南北朝时，政局纷乱，争战连年，而佛教蔓延之势不衰，自中原扩展到江南。南朝行之未久，即趋大盛，其势反而更甚于北方。隋、唐一统天下，东、西二京，佛法复炽。边塞之域，亦已遍及。通都大邑，僻地村落，靡不建寺。达官显贵，农工商贩，尽皆敬佛。遂与儒、道二教分庭抗礼，而成鼎足之势。金末人元好问曾评之曰："佛法之入中国，至梁而后大，至唐而后固。寺无定区，僧无限员，四方万里，根结磐互。地穷天下之选，寺当民居之半。而其传特未空也。"[1] 虽然元好问本人没有能够看到此后元明清各代佛教发展的情况，但是，他的概括及预言是准确的。

　　在中国古代，由于受到农耕生产的影响，形成了血缘关系与地缘关系并重的社会结构。这种结构所强化的人际交往关系是以伦理与行政并重的，从而削弱了宗教信仰在社会结构中的地位与作用，因此，在先秦时期中华主体文明的形成过程中，只是在"学术百家"中保留了一些原始宗教的因素，而没有能够形成独立的宗教派别。正是有了这种"先天不足"，故而到了汉代，佛教遂从西域传入中原。此后不久，中原地区也产生了中国传统文化自己的宗教派别——道教。有些人认为，中国道教的产生，是受到佛教传入的影响。这种看法虽然可以算是一家之言，但是，佛教与道教毕竟是两回事，其间的差异是非常大的。

　　汉唐时期，是中国古代历史发展的重要时期，也是佛教在中国得到广泛传播的重要时期。一方面，这种外来的宗教开始被越来越多的民众所熟悉，并且逐渐得到了人们的认同。抵触心理的消失，是其广泛传播的社会前提。在这个时期有一个值得关注的现象，就是儒家政治人物对佛教态度的变化。当佛教刚刚传入中原之时，儒家政治人物对其采取的是激烈反对的态度，也就是说，他们把佛教视为一种对社会危害极大的"邪教"，必欲除之而后快。这其中，又掺杂有道教产生以后对佛教的排斥。然而，儒家与道教虽然同是排斥佛教，其目的是完全不一样的。及佛教在社会广泛传播之时，儒家的排斥态度依然没有改变，这一点通过几次大规模的"灭佛"活动即可看出。

然而，随着佛教在中国的发展变化，特别是其吸收了大量的儒家道德伦理学说到佛教的典籍和戒律之中，儒学家们对佛教的排斥态度也开始发生变化，"异端"的观点虽然仍是被大多数政治家们放在口头上，但是，已经有一部分著名学者开始和僧侣们加强交往，甚至成为了挚友。这种情况的出现，是在魏晋至隋唐五代时期，正如许多学者都使用的一个词，中国佛教开始产生了"本土化"的现象。在这个时期，儒、释、道三教之间的关系不是很稳定，经常出现相互之间的矛盾冲突，历史上著名的"三武一宗灭佛"事件就是在这个时期发生的。但是，三教之间在相互矛盾冲突的同时，也开始了相互之间的融合。

在北京地区，佛教的发展有其明显的脉络可寻。汉唐时期，这里作为边防重镇，佛教的传入和发展与中原地区、特别是长安及洛阳等文化中心区域相比，不论从僧侣的人数、寺庙的数量、信奉佛教的民众等方面而言，都有着较大的差距。唐代以后，由于宋辽、宋金之间的长期政治分裂及军事对抗，直接影响到佛教的发展，特别是燕地佛教与中原及江南佛教界的文化交流。在这个时期，由于契丹和女真统治者对佛教的尊崇，使得燕地佛教得到了很大发展，缩小了与中原和江南地区的差距。到了元明清时期，北京成为全国的政治和文化中心，佛教的发展也进入鼎盛时期，几乎所有佛教派别的领袖人物，都要在这里开展佛教活动，许多北京的寺庙，其政治规格之高、建筑规模之大，皆为全国之冠。从清朝末年开始，随着国力的衰退，佛教的发展也受到极大影响，日趋衰败，这种衰败趋势一直延续到民国时期。

佛教在中国的五大宗教中，发展时间最长，活动场所（以寺庙为主）最多，信徒最广，社会影响也最大。而且自元代以来，北京又成为佛教活动中心，因此，对北京佛教史的研究，就具有了特别重要的意义。本篇内容，是以中国历史发展的各个阶段为主线，向读者展示佛教在北京地区的发展盛衰过程，并且探讨一些与佛教相关的学术问题。

注释：

（1）元好问：《遗山文集·竹林禅院记》。

第一章　唐代及唐代以前
幽州的佛教

　　北京地区，北据群山，南带平原，自西周封藩，即为北疆重镇，燕为七雄之一，立国数百年。秦、汉设郡，置以重兵。至唐代，其势愈重，藩镇居于北方之首。然而，因其地处边陲，文化之发展较为缓慢。佛教之传播与发展，亦未能与中原及江南同步。就全国范围而言，汉、魏为佛教始传期，南北朝为其确立期，隋、唐以至宋、元，为兴盛期。而到明、清，则为由盛转衰期。就北京地区而言，唐五代以前，佛教尚处于初兴阶段，历辽、金、元三代，始有进一步发展，至明、清方趋于繁盛。清末民初，乃日趋衰落。

　　汉唐时期的燕地，位于全国文化发展的边缘区域，汉代佛教传入，初建白马寺于洛阳，为其活动中心，渐次向四周扩展，而燕地乃是其扩展最晚的地区之一。首先，佛教的发展，要借助封建统治者的保护及尊崇，这是在都城才会直接发生的事情。其次，佛教的发展，要依靠丰富的物质资源，不论是兴建寺庙，还是刻印佛经，或者是供养僧侣、举办佛事活动，都要耗费大量钱财。再次，佛教的发展，还要以文化发达与社会安定为其基础。以上这三项内容，都是汉唐时期的燕地所欠缺的东西。这也就直接影响到了燕地佛教发展的规模与速度。但是，这个时期又是北京地区佛教发展的很重要的一个时期，是奠定此后千余年佛教发展的基础时期。

第一节 汉唐统治者的宗教倾向、宗教政策及其影响

早在先秦时期，各诸侯国统治者们的好恶倾向就已经对民间产生了较大的影响。自秦汉时期皇帝制度和郡县制度确立之后，封建统治者的意旨对整个社会的影响就变得越来越大，在这种情况下，佛教的传入和发展，受其影响也是很大的。当汉代佛教刚刚传入之时，封建统治者对其认识只是一个模糊的"神"的概念，并没有意识到其将会产生的巨大作用。西汉张骞通西域，人们开始知道西土有佛教，"后孝明帝夜梦金人，项有日光，飞行殿庭，乃访群臣，傅毅始以佛对。帝遣郎中蔡愔、博士弟子秦景等使于天竺，写浮屠遗范。愔仍与沙门摄摩腾、竺法兰东还洛阳。中国有沙门及跪拜之法，自此始也。"[1]这个时期，佛教在中国的影响甚微，只有少数人略有了解，也没见到燕地有佛教活动的相关文献记载。

到了魏晋南北朝时期，信奉佛教的统治者和封建权贵日渐增多，所造寺庙遍及州郡，僧侣及信徒也越来越多，使其社会影响开始越来越显著。其典型事例，帝王崇敬佛教者，有东晋孝武帝，"（东晋太元）六年春正月，帝初奉佛法，立精舍于殿内，引诸沙门以居之"[2]。而皇亲国戚崇敬佛教者，则有北魏文明皇太后之兄冯熙，"熙为政不能仁厚，而信佛法，自出家财，在诸州镇建佛图精舍，合七十二处，写一十六部一切经。延致名德沙门，日与讲论，精勤不倦，所费亦不赀"[3]。又有灵太后之父胡国珍，"国珍年虽笃老，而雅敬佛法，时事齐洁，自强礼拜"。及死后，孝明帝及灵太后又为其大办佛事，"又诏自始薨至七七，皆为设千僧斋，令七人出家；百日设万人斋，二七人出家"[4]。可见，燕地的佛教流传始于这个时期，是与封建统治者的信奉与崇尚密不可分的。

但是，封建统治者的宗教信仰是不断变化的，既有敬奉佛教者，亦有排斥佛教者。如北魏太武帝就曾因为尊崇道教，发动大规模的灭佛运动，"（太平真君七年）三月，诏诸州坑沙门，毁诸佛像"。同年四月，"戊子，邺城毁五层佛图，于泥像中得玉玺二，其文皆曰：'受命于天，既寿永昌'，其一刻其旁曰：'魏所受汉传国玺'"[5]。这次灭佛运动对北方佛教的发展产生了极大的负面影响。又如北周武帝崇尚儒学，再加上道士们的挑拨，于是在京城集三教领袖人物，相互论辩，以定其优劣、高低。经过七次大规模的辩论会，最后定为：儒教最高，道教次之，而佛教最低。不久，攻灭北齐，武帝遂下令，尽灭齐地佛

教。寺庙皆赐予王公贵人，以作宅第，僧侣尽为编户齐民，以应差徭。由于燕地适属齐境，佛教遂受到较大打击。

然而在汉唐时期信奉佛教的统治者毕竟占大多数，他们对佛教的扶持也往往是为自己和子孙后代积福，或是求得自身的心理安定。有些平时杀人不眨眼的武夫，也会信仰佛教，可被后人称为笑谈，如北魏孝明帝时大将奚康生，"康生久为将，及临州尹，多所杀戮。而乃信向佛道，数舍其居宅以立寺塔。凡历四州，皆有建置。死时五十四。……康生于南山立佛图三层，先死忽梦崩坏。沙门有为解云：'檀越当不吉利，无人供养佛图，故崩耳。'康生称然。竟及祸"[6]。

到了唐代，中国历史进入了一个鼎盛时期，统治者对佛教的崇奉也达到了一个新的高度。唐初，太宗崇奉佛教，广集名僧于两京，翻译和整理佛经，为佛教义理的进一步普及和深入研究创造了有利条件，佛教的传播更为广泛。此后，武则天称帝，利用佛教为自己制造舆论，同时，也为佛教的发展提供了更加广阔的空间。"（载初元年七月）有沙门十人伪撰《大云经》，表上之，盛言神皇受命之事。制颁于天下，令诸州各置大云寺，总度僧千人。"[7]正是在这个时期，燕地幽州的佛教发展粗具规模。

综上所述，先秦时期，佛教尚未传入中土，秦汉时期，佛教开始传入，封建统治者只是把它看成是一种神灵，又因其在社会上的影响甚微，故而没有引起足够的重视。及魏晋南北朝时期玄学盛行，佛教也开始得到越来越多人的崇奉，有了较大的社会影响。这时的大多数封建统治者皆对佛教采取了扶持的态度，只有极少数帝王因为尊崇道教而对佛教采取了排斥打击的手段，给佛教的发展带来了一定的负面影响。到了隋唐时期，统治者们的宗教态度没有发生大的变化，仍然是对佛教崇奉者多，排斥者少，故而其宗教政策也没有大的变化，持续了有利于佛教发展的方针。燕地幽州的佛教发展，其大趋势是与全国步调一致的，只是总体上处于慢半拍的状态之中。

第二节　燕地佛教的始兴

燕地佛教的产生及发展，较之中原地区、特别是长安（今陕西西安）与洛阳来，时间要晚一些，规模要小一些。佛教的东传，就全国范围而言，汉、魏为始传期，南北朝为确立期，隋、唐以至宋、元，为兴盛期。而到明、清，则为由盛转衰期。就北京地区而言，唐五代以前，佛教尚处于初兴阶段。历辽、金、元三代，始有进一步发展。

至明、清方趋于繁盛。清末民初，乃日趋衰落。北京从元代开始成为全国的政治和文化中心，佛教的发展才开始与其他文化发达地区趋于同步。因此，汉、魏时期，佛教传入中土，建寺于洛阳，而燕地尚无佛教活动的相关文献记载。两晋南北朝时期，佛教遍传大江南北，而燕地仅有初建寺庙和少数僧侣从事佛教活动的文献记录。隋唐时期，佛教在文化发达地区已经逐渐完成了中国本土化的进程，而在幽州却仍然处于普及阶段。这种状况的出现，是由幽州当时所处的特殊地位决定的。

在唐代和唐代以前，幽州一直是中原地区农耕民众与北方草原游牧民族相互对抗的一座军事要塞。城里的居民主要是军士和其家属，故而尚武风习极盛，而崇文之俗较弱，在这样的社会环境中，是不利于佛教的传播和发展的。就佛寺的兴建而言，时代最早当属晋朝的嘉福寺(8)，俗称潭柘寺，该寺位于幽州城西北面的群山之中。而最早建于幽州城里的，则有北魏时期建造的奉福寺(9)及尉使君寺(10)。到了隋唐时期，幽州地区兴建的寺庙逐渐增多，较为著名的，则有悯忠寺(11)、宝集寺(12)、金阁寺(13)、清胜寺、佑圣寺、淤泥寺（后称鹫峰寺）、北留寺、马鞍山慧聚寺（后称戒坛万寿寺）、涿州之龙泉寺(14)、白带山云居寺及蓟州白岩寺(15)、潞县（今北京通州区）之佑胜教寺(16)等等。寺庙数量的不断增加，从一个侧面显示了幽州佛教的发展状况。

寺庙数量的增多，是僧侣数量的不断增多的必然结果。而僧侣们的活动，则从另一个侧面显示出幽州地区佛教正在不断发展的状况。两晋南北朝时期，因为燕地的佛教发展水准较为落后，于是，许多僧人纷纷出外求学，有些经过刻苦钻研佛法，在佛教界产生了很大的学术影响，如释昙无竭、宝儒、智梵、靖嵩等人即是。与此同时，中原佛教发展较为兴盛地区的高僧也纷纷前来燕地，以弘传其尊奉的佛教学说，如释灵裕、昙遵、昙衍、昙隐等人，或是弘传南道地论一派的佛法，或是弘传四分律宗的戒规。到了隋唐五代时期，幽州地区的佛教发展仍然较为落后，燕地僧人出外求学，以及外地高僧前来弘法的现象也是屡见不鲜。如燕地僧人幽玄、常遇、道膺、可止、僧照、智江、师律等人南下求法，外地高僧智嘉、真性、宝积、道宗、晓方等人前来燕地弘法，皆为实例。

在这个时期，有件事情是必须提及的，即从隋代开始的高僧静琬（？—639年）在涿州建云居寺、刊刻石佛经的活动。静琬为北齐名僧慧思的弟子，他鉴于北魏太武帝和北周武帝的两次大规模灭佛活动的严重后果，为了防止佛法的毁灭，秉承师意，遂立志镌刻十二部石经。

隋大业年间（605—617 年），静琬至涿州白带山，见有石室，于是开始在此刻造石经。其后不久，隋炀帝为东征高丽，亲至涿州，其内弟萧瑀，"性笃信佛法"，遂将此事告知皇后，"后施绢千匹，瑀施绢五百匹。朝野闻之，争共舍施"，[17]使静琬有了充裕的经济供应，刻经工程得以顺利进行。到唐代初年，经静琬主持刻造的，即有《涅槃经》、《华严经》、《法华经》、《金刚经》、《佛遗教经》、《弥勒上生经》、《维摩经》、《胜鬘经》等石经。静琬又于贞观五年（631 年），在该地创建了云居寺，以便在刻经的同时，弘扬佛法。他又将刻好的佛经石版，藏在开凿的石室内，"每一室满，即以石塞门，用铁锢之"。至贞观十三年（639 年），静琬逝世后，该寺僧徒玄导、僧仪、惠迁、玄法等继承遗志，继续进行石经的刻造工程。

　　玄导是静琬的高徒，在他的主持下，刻造石经工作继续有所发展。其所刻造的主要有：《大品般若经》、《楞伽阿跋多罗宝经》、《思益梵天所问经》、《佛地经》、《胜天主般若经》、《大乘大集地藏十轮经》、《僧羯磨经》、《比丘尼羯磨经》、《佛说四分戒本》、《比丘戒本》、《比丘尼戒》、《四分大尼戒本》等。在玄导之后主持刻经者，又有其同门师兄弟僧仪。经僧仪主持刊刻的石经有：《金刚经》、《佛说当来变经》、《施食获五福报经》等。

　　到了唐代中期，玄宗之妹金仙长公主于开元十八年（730 年）奏请，赐给云居寺唐代新旧译经四千余卷，作为刻造石经的蓝本。并且将寺旁麦田、果园及环山林麓，皆赐给云居寺，作为寺中永业田，以供给寺中的日常经费，金仙长公主又重新扩建了云居寺。由于受到唐朝统治者及皇亲贵戚的重视，云居寺刻经事业的影响越来越大。是时，主持刻经工程的，则为惠迁及玄法。其所刻石经则有：《药师经》、《佛说恒水流树经》、《佛说摩达国王经》、《正法念经》、《大方等大集经》、《佛顶尊胜陀罗尼经》、《大般若经》等。此后，云居寺名僧真性等，亦曾主持过石经的刻造工程。

　　而时任幽州节度使的刘济，为讨得统治者欢心，也自出己俸，参加了刻经工程，所刻为《大般若经》。元和四年（809 年）刊刻工程完毕，刘济"亲与道、俗齐会石经峰下"[18]，将经板运至山上，藏于石洞，并立碑以记其事。其他燕地百姓之崇佛者，亦各自结为邑社，或以商行为单位，或以村落为单位，共同集资，助刻石经。自隋代名僧静琬开始刻经，到唐末为止的三百年间，云居寺僧众与信奉官吏、民众等，共刻造佛经一百余部，经版四千余块。五代时期，战乱频仍，社会经济遭到极大破坏，遂使刻经工程亦随之陷于停顿。此后，直到辽代占有燕京，才恢复了云居寺的石经刻造工程。

第三节　燕地僧侣的活动

燕地佛教初起之时，僧侣远较洛阳、平城、邺城等都会为少，其著称于世者，更是寥寥。然仍有卓然不群，扬名于全国佛教界而毫不逊色者，如释昙无竭即是。昙无竭为幽州（今北京）人，自幼出家为僧，修行勤苦，为同门所敬重。"尝闻法显等躬践佛国，乃慨然有忘身之誓。"遂于北魏明元帝泰常五年（420年），与僧猛昙朗等二十五人，"发迹北土，远适西方"，所行为西北一线，"初至河南国，仍出海西郡，进入流沙，到高昌郡，经历龟兹、沙勒诸国，登葱岭，度雪山，障气千重，层冰万里"。历尽千难万险，遂达西土印度。"进至罽宾国，礼拜佛钵。"并在此停留一年多，学习梵文、梵语，又获得梵文《观世音受记经》一部，然后继续西行，至月氏国，"礼拜佛肉髻骨"。继至檀特山南之石留寺，并在此受大戒，停留三月，杂学三乘佛法。同行二十五人，只剩十三人。此后，又向中天竺界进发。路途更加险恶，曾受山象、野牛的袭击，幸免于难。而同行十三人中，又有八人死于途中。昙无竭等人后经舍卫国，渡恒河，至南天竺。终于完成了西行的壮举，坐海船回归广州。回国后，又将所获之《观世音受记经》译为汉文，广为流传。[19] 昙无竭的西游佛国，比唐代著名的玄奘取经，还要早二百余年。

在这个时期，由于燕地佛学比较落后，故而许多僧人，都出外求学，其中的一些人，因其在佛学研究中颇有建树，故而在佛法盛行的两京地区占有了显著的位置，释宝儒、智梵、靖嵩等人皆是如此。宝儒为幽州（今北京）人，自幼出家，到处求学佛法，"游博诸讲，居无常准，惟道是务"[20]。后至佛学发达的邺都，拜南道地论名僧慧远为师，从学《十地经论》，"颇知纲领"。适逢北周武帝灭佛法，逃往江南。隋统一天下，重弘佛法，复归洛京，仍从慧远学习《涅槃经》，深得要领，后曾传法于西京（今西安）静影道场。隋仁寿年间（601—604年），隋文帝在邓州（今河南邓州）创建大兴国寺，命其前往主持佛教活动，"不久卒于本寺"。

智梵（540—613年）为涿郡良乡县（今北京房山区）人，年十二，即出外求法，于河间郡拜灵简为师，得剃度，"遂游学邺都，师承《大论》、《十地》等文"。后西游关中以传法，至隋开皇十六年（596年），天水、扶风等地信众请其前往弘传佛法，得到隋文帝的许可，

"有敕许焉"。由是名声渐起，"大行道化，信靡如风"。仁寿末年，重归邺城传法，"学侣云随，开帙剖文，皆传义旨"。[21]大业五年（609年），智梵奉旨，住西京（今陕西西安）禅定道场，弘传佛法，后坐化于此寺，寺徒将其安葬于终南山，并建塔刻铭，作为纪念。

靖嵩（537—614年）为涿郡固安县（今河北固安）人，北齐初年，出家为僧，曾向同门师兄弟靖融学习佛法。靖融"早达经论，通该小、大，尤究《杂心》，每以佛宗深要，曲流委示"。靖嵩凡遇不懂处，亦随时请教，"融无以对也，乃告曰：……可往京邺，必成济器"。靖嵩成年后，遂南下求学，"属高齐之盛，佛教中兴，都下大寺，略记四千；见住僧、尼，仅将八万。讲席相距，二百有余"。这为靖嵩精研佛法创造了极为良好的环境。他先向大学寺的融智法师学习《涅槃》、《地论》等大乘经典，又向道云、道晖二名僧学习《四分律》戒仪。复向毗昙、成实名师道猷、法诞学习《杂心论》、《成实论》等小乘经典。由是佛法日精，名声大振，"势倾八位，词号四飞，独步河山，舟航三藏"。遂开席传法，"每于肇春，广延学侣，大集邺都，特开法座，奉嵩为法主"。[22]此后不久，北周武帝灭齐，又排毁佛法，靖嵩遂与众僧三百余人逃往江南，受到陈宣帝欢迎，并下敕，"宜于都郭大寺安置，所司供给，务令周洽"。隋平天下，靖嵩等闻文帝复兴佛教，遂渡江北归，至彭城（今江苏徐州），再传佛法，"自此领匠九州，垂章四海"，遂成一代佛学大宗师。所著有《摄论疏》六卷、《杂心疏》五卷，以及九识、三藏、三聚戒、二生死等《玄义》，并传于世。

就在燕地僧侣纷纷进入中原和两京等地学习佛法的同时，也有一些两京和中原其他地区的佛教高僧前来燕地弘传佛法，他们的活动直接影响到燕地佛教的发展。其中以慧光所传南道地论派一系的影响最大。其亲传弟子灵询，即为燕地之渔阳（今北京）人，年幼出家，初学《成实论》及《涅槃经》，并深有研究，著《成实论删要》两卷，"注而释之，盛行于世"。后因景仰慧光，尽弃旧学，而改学《地论》，"晓夕研寻，十有余载，纤旨秘教，备知通塞"。至东魏时，曾回燕地传其学说，"游历燕赵，化露四众，邪正分焉"。[23]后任国都、僧统等僧官。慧光的另一弟子昙遵，亲从受戒度，就学十余年"大乘顿教，法界心源，并扰析义理，挺超时匠"。始传佛法，"化行洛下，流演齐、楚、晋、魏，乃至燕、赵"。[24]此后，亦曾任国都、僧统等僧官。昙遵之同门师兄弟，又有昙衍（503—581年），于北魏孝明帝正光末年投到慧光门下，学佛法数年而有成。"由是讲事无废，昆赞玄理，声辩雄亮，言会时机。自齐、郑、燕、赵，皆履神化。……常随义学，千僧有余。出家居士，近于五百。"[25]自慧光死后，能弘扬其佛法者首推昙衍。

时又有名僧亲至燕地传法者，为灵裕。灵裕（518—605年）于北魏末年出家，初从慧光之弟子道凭、昙隐、法上等人学《地论》之法。其后，"又从安、游、荣等三师听《杂心》义，嵩、林二师学《成实论》"。"由此邺下擅名，遐迩驰誉"。北齐中，"范阳卢氏，闻风远请"，灵裕遂至燕地，弘传佛法，"至止讲供，常溢千人。听徒嘉庆，前后重叠"，影响极大。[26]不久，复归邺都，遭北周灭佛，"乃潜行世壤"。隋代再兴佛教，灵裕又到燕地传法，"乃潜游燕赵，五年行化，道振两河"。为恢复和发展燕地佛教而尽力。后受隋文帝之召，住西京兴善寺。因固辞国统之职，归隐于相州演空寺。

到了唐代，燕地之佛学，仍落后于东西二京及江南等地。故而有志钻研佛学的燕地僧人，亦多南下求法。如释幽玄、常遇、道膺等人即是。幽玄为幽州（今北京）人，自幼崇佛，成年后，出走并州（今山西太原），拜贤禅师出家。至宪宗元和二年（807年），又出游江南，弘传佛法。常遇（817—888年）为范阳人，"出家于燕北安集寺"。宣宗大中四年（850年），遂出游求学佛法，遍历佛教诸胜地。至五峰山华严寺，燃指以奉文殊菩萨。后至西台清凉山秘魔岩，遂创建梵刹，以传佛法，闻名于时。道膺（？—902年）为蓟州玉田（今河北玉田）人，自幼即曾诵习佛经。年二十五，"方于范阳延寿寺具足戒"。初学律宗之戒仪等，颇为繁琐，"膺叹曰：'大丈夫可为桎梏所拘邪！'由是拥线衲，振锡环，萃翠微山问道"。其后，遇南方僧人北上者，"盛称洞上禅师言要"，道膺遂南下以求学于禅宗之曹洞一系，深得高僧良价之佛学要领，于是在云居山开法传道，为曹洞宗之著名禅师之一。历三十年，"所化之徒，寒暑相交，不下一千余众"[27]。唐朝统治者赐其谥曰"弘觉禅师"。

在此诸高僧之前，燕地僧人遍游佛教圣地，弘扬佛法，最著称者，首推释义净。义净（635—713年）祖籍为范阳（今河北涿州市），自幼即精通佛法，并仰慕法显、玄奘之高行，立志要西游佛国。高宗咸亨二年（671年），始出行，所经为南方海道一线。由番禺（今广州）坐海船出发，"鹫峰、鸡足，咸遂周游；鹿苑、祗林，并皆瞻瞩，诸有圣迹，毕得追寻。经二十五年，历三十余国"[28]。饱经患难，获梵本经、律、论约四万部，然后回国。证圣元年（695年）夏，抵达洛京，受到武则天的亲自欢迎。其所译《孔雀咒王经》，女皇武则天亲自作"圣教序"以置于篇首。义净在回国后，专门从事佛经的翻译工作，一生共译《华严经》、《金光明最胜王经》、《孔雀王经》、《一切庄严王经》等佛经 107 部，428 卷。为我国著名的译经名僧，后人称其可与鸠摩罗什、真谛、玄奘、不空等名师并驾齐驱，对中国佛教的发展产生重要的影响。义净又撰有《大唐西域求法高僧传》、《南海寄归内法传》等五部重要著作，流行于世。

唐代弘法于燕地的著名僧侣，唐初有智嘉禅师、华严禅师，唐中期有真性律师、宝积禅师，唐后期则有道宗大师、晓方禅师。智嘉为燕地之玉田（今河北玉田）人，自幼慕向佛法，"恒诵《妙法莲华经》，洞究厥旨"[29]。其后遍游名山胜地，至蓟州（今河北蓟县）东之葛山，见有废刹故基，及"龙福院"之旧额，决定于此传法建寺，"由是远近归向，布施唯恐其后，乃因旧址，为起殿庑，俄成宝坊"。重修之龙福寺，遂成为蓟州一大名刹。武则天时，又有华严和尚，居于幽州（今北京）城北，"恒持《华严经》以为净业。……其所诵时，一城皆闻之，如在庭庑之下"[30]。由此名闻于燕地，并受到时任幽州都督的张仁愿敬礼，出资施舍于马鞍山竹林寺。此后，华严和尚"行化既久，及终坐亡，肉身不萎败"，遂被京西名刹潭柘寺奉为开山第一代祖师[31]。

唐代中期的燕地高僧真性（752—835 年），为涿郡范阳（今河北涿州）人，白带山云居寺著名律学大师，"潜趣真宗，知至道之可求；精修梵行，既端清而秉志。……律风辉振前古，万行由兹浸起"。因其精修戒行，受到合寺僧众的拥戴，出任寺纲，"共乐推诚，咸称悦服"。于是广集资财，扩建寺舍，"佛宇益崇，常住滋赡"。又另创立有别院一所，请燕地名僧"转藏经七遍"。由此名声大振，得到封建统治者的重视，"奇香异药，上服名衣，使命往来，难可称计"。死后起舍利塔于寺旁。其入室弟子七人，为仲说、恒智、鉴直、惠增、志千、文辰、宝定。其中，惠增自得其亲传后，出游京师，"曾于荐福寺讲《大花严经》，声振洪都，艺交清级"。另两位弟子鉴直、志千，"业擅小乘，学游多地。尽得南山之要，皆扬东塔之能"[32]。亦为律学名僧。唐代中期又有宝积禅师，曾就学于禅宗名僧道一，得其印可，遂至蓟州盘山传扬其法。"有十人上山，九人得道之语"。所建有云罩寺，在盘山之巅，又曾至涿州，于大安山建香光寺，以传其法。死后，两处寺院皆建佛塔以存其舍利。唐朝统治者赐其谥曰"凝寂大师"。宝积有高徒名普化，"躬事盘山积禅师，密密指教，深入堂奥"[33]。此后，四出游荡，因其言行颇怪诞（曾对临济玄公学驴叫），故而受到贬抑，被有关的著述排在"散圣科目"中。

唐代后期高僧道宗（795—866 年），为唐光禄卿田宾庭后人，于元和九年（814 年）在幽州名刹金阁寺受戒，后"礼志敬寺如琳为师"，又拜在永泰大师门下。受其指点，至蓟州盘山建寺传法。"初传乡里，渐达州郡，千里风闻，四众云集。"社会影响越来越大。连燕地军政要员张仲武、张允伸等人，亦"遥瞻道德，渴想音徽"，"远钦道行，频驰清奉"，[34]对其优礼有加。死后，并为其立碑、建塔。是时又有晓方禅师（794—870 年），苏州常熟（今江苏常熟）人，初师五泄山灵默大师，后于太和年间（827—835 年）至盘山宣扬佛法。"不师文字，上天烧尾，别创风雷"，遂建甘泉普济寺，并受到地方官吏的崇奉，"方岳公侯，连城守宰，偃风渴道，靡不皈依"[35]。亦在燕地造成极大影响。

唐代燕地僧人能在佛学研究中有所成就者，除了上文述及的高僧义净之外，当推释道辩。道辩为范阳（今河北涿州）人，"天性疏朗，才术高世。……剖定邪正，开释封滞，是所长也"。曾先后在五台山、洛阳等佛教活动中心学习，传扬佛法。曾立志遍注众佛经，后未果，"但注《维摩》、《胜鬘》、《金刚》、《般若》、《小乘义章》六卷、《大乘义》五十章，及《中玄照》等行世"[36]。对唐代佛教学术的发展，产生了一定的影响。

第四节　燕地初建的寺庙

佛法所传，必藉寺宇，以处其僧众，以开展活动。故洛阳首建白马寺，此后，凡佛法所到之处，僧人皆以创建梵刹为急务。燕地自从晋代佛教开始传入，即陆续建造有规模大小不等之寺庙，其见于文献记载，年代较为久远者，有潭柘寺、奉福寺、尉使君寺及光林寺等，皆是唐代以前兴建的寺庙。其中，在人们观念中最早创建于燕地的寺庙，当属潭柘寺。查其来源，见于明末孙承泽所著《春明梦余录》，该书曰："晋嘉福寺，唐改龙泉寺，即今潭柘寺也。……燕谚谓：'先有潭柘，后有幽州。'此寺之最古者也。"[37]他的说法，被此后人们广为引用。但是，遍阅群书，他的说法并没有佐证。就正式官方文献而言，该寺的建造年代要晚得多。其一，据《元一统志》记载："燕京之西有古刹，距城百里，泉石最幽处名曰'潭柘'。师讳从实，自湖南来，乃曹洞二代孙，辽太宗会同年间至。"[38]其二，据《明一统志》记载："嘉福寺，在房山县东北五十里，金建，旧名潭柘寺，本朝正统间改建。"[39]

据此可知，第一，潭柘寺确实是古寺，至少到辽金时期已经成为全国著名的寺庙，故而有南方僧人来此弘传佛法。第二，该寺虽然有"嘉福"、"龙泉"等寺名，却没有明确记载的始建年代。第三，燕地的民间谚语虽然有较大参考价值，却又很难作为该寺始建年代的依据。第四，明代人能够见到的一些文献资料，如金代人撰写的寺碑，今天我们都见不到了。"嘉福"一词，始见于《汉书》，而在魏晋南北朝时期较为盛行，曹魏时期的宫殿名称就有"嘉福殿"，魏文帝曹丕即死于嘉福殿中。此后的晋代宫殿中，仍有以"嘉福"命名的。因此，笔者认为，燕地的潭柘寺建于晋代，称嘉福寺，不是空穴来风，而是有一些依据的，值得我们参考。

燕地寺庙，有创建时间可考者，始于北魏。共有三寺。第一座为奉福寺，建于幽州城里，其规模极大。"按旧《记》，寺起于后魏孝文之世，为院百有二十区。后罹兵烬。"时当公元五世纪下半叶，能够建造规模如此宏大的寺庙，应为幽州诸寺之冠，金代曹谦所撰《圣像功德碑记》亦云："都城之内，招提阑若如棋布星列，……独奉福基于后魏，历唐及辽，以迄于金，比他寺为最古。"[40] 第二座为光林寺，建于幽州城郊，亦为北魏孝文帝时所造，"依峰带涧，面势高敞"，隋代改名宏业寺，曾于文帝时受命安置佛舍利，建佛塔。[41] 由此可见，该寺在燕地亦有较高声望。第三座为尉使君寺，建于幽州城东南隅，乃东魏元象元年（538 年）幽州刺史尉长命所造，隋代改称智泉寺，亦曾受命建佛塔，安置舍利。到了唐代，"至大唐则天时，改为大云寺"。玄宗开元年间，复改称龙兴寺。文宗太和八年（854 年）八月，寺遭火焚，遂废毁。[42] 此后又屡毁屡建，"复阁衡廊，穷极伟丽"，[43] 一直位列燕地寺庙之前茅。

在这三座建于北朝的寺庙中，又以尉使君寺值得探讨。第一，这座寺庙的寺名颇多改易，据《元一统志》记载，自其始建到唐代，共有俗名、官名 6 个，计尉使君寺、智泉寺、普觉寺、大云寺、龙兴寺及延寿寺。第二，这座寺庙屡次受灾，又屡次重建，直到金代，仍然易地重建。第三，寺中建筑颇为壮观，由此可见历代统治者对它都十分重视。第四，寺名的改易，与燕地佛教的发展变迁关系十分密切。初称尉使君寺，系因建寺之人为尉长命，是当时幽州的地方长官。改称智泉寺，表明这座由地方官僚建造的寺庙得到了最高统治者的承认，才有了正式的寺名。改称普觉寺，系因北周武帝灭佛之后，寺庙重建而易名。改称大云寺，是武则天在位时的特殊政治产物，当时各地改称大云寺的寺庙有很多座。改称龙兴、延寿等寺名，也都是寺庙受灾重建的结果。

　　到了唐代，随着燕地佛教的日益普及，这里也就开始建造了更多的寺庙。唐代初期，燕地所建著名寺院，有淤泥寺（后称鹫峰寺）、北留寺、马鞍山慧聚寺（后称戒坛万寿寺）、白带山云居寺及蓟州白岩寺等。武则天为登基称帝，亦利用佛教的影响，伪造《大云经》，并在全国各地广建大云寺。是时，燕地除名刹智泉寺被改称大云寺外，又先后建有数座大云寺。而著名的悯忠寺，亦为此时所建。唐代中期国力强盛，佛教发展亦趋于兴盛。燕地所建佛寺，逐渐增多。著名者如天王寺（即今天宁寺）、千像寺（又称祐唐寺）、归义寺、真应寺、崇孝寺，以及涿县之龙泉寺、潞县（今北京通州区）之净业寺等，皆是。此时，燕地之寺庙创建，已开始由州郡向所属县镇扩展。到唐代后期，这种扩展趋势更加明显。除幽州城内，新创胜果寺、宝集寺、金阁寺、清胜寺、佑圣寺等庙宇外，四郊州县所建还有：平谷之兴善寺、固安之冲相寺、潞县之林臬寺、昌平之昭圣寺，以及蓟州盘山之甘泉普济寺、上方寺、天成寺、云罩寺、香水寺、金山寺等，皆为一方之名刹。

注释：

（1）见《魏书》卷一百一十四《释老志》。

（2）见《晋书》卷九《孝武帝纪》。

（3）见《魏书》卷八十三上《外戚传·冯熙》。

（4）见《魏书》卷八十三下《外戚传·胡国珍》。

（5）见《魏书》卷四下《世祖纪》。

（6）见《魏书》卷七十三《奚康生传》。奚康生被杀，系因北魏统治集团内部矛盾斗争所致。

（7）见《旧唐书》卷六《则天皇后纪》。文中所云"令诸州各置大云寺"，燕地幽州的名刹智泉寺即被改称大云寺。

（8）关于嘉福寺，据查相关历史文献的记载，歧义颇多，见下文的考订。

（9）关于奉福寺，见于赵万里辑本《元一统志》及《辽史·道宗本纪》，所记较详。

（10）关于尉使君寺，见于《日下旧闻考》及清人朱彝尊《曝书亭集》。

（11）关于悯忠寺的资料较为丰富，散见于唐代以后的各朝代文献之中。

（12）关于宝集寺的资料，散见于《元史》、《元一统志》、《析津志辑佚》、《佛祖历代通载》等书中。

（13）关于金阁寺，资料很少，仅见于《元一统志》。

（14）关于涿州龙泉寺，在今房山区境内，为全国重点文物保护单位，保存有万佛堂等珍贵佛教文物建筑。

（15）关于蓟州白岩寺，资料多见于《日下旧闻考》及《盘山志》。

（16）关于潞县佑胜教寺，为通州区最著名的寺庙，尤以燃灯佛塔为人称道。

（17）见唐临《冥报记》。

（18）见《全唐文》卷五百二十六所载《涿鹿山石经堂记》。

（19）见释慧皎《高僧传》卷三《释昙无竭传》（大正新修大藏经本）。

（20）见释道宣《续高僧传》卷十《释宝儒传》。

（21）见释道宣《续高僧传》卷十一《释智梵传》。

（22）见释道宣《续高僧传》卷十《释靖嵩传》。

（23）见释道宣《续高僧传》卷八《释灵询传》。

（24）见释道宣《续高僧传》卷八《释昙遵传》。

（25）见释道宣《续高僧传》卷八《释昙衍传》。

（26）见释道宣《续高僧传》卷九《释灵裕传》。

（27）见释赞宁《宋高僧传》卷十二《释道膺传》。

（28）见释赞宁《宋高僧传》卷一《释义净传》。

（29）见吕卿云撰《蓟州葛山重修龙福院碑》。

（30）见释赞宁《宋高僧传》卷二十五《华严和尚传》。

（31）见《潭柘山岫云寺志》所载"历代法统"。

（32）见何筹撰《大唐云居寺故寺主律大德神道碑铭》，载于《全唐文》卷七百五十七。

（33）见释赞宁《宋高僧传》卷二十《释普化传》。

（34）见释匆宗撰《盘山上方道宗大师遗行碑》，载于《盘山志》卷八。

（35）见唐郎肃所撰《甘泉普济禅院灵塔记》，载于《盘山志》卷八。

（36）见释道宣《续高僧传》卷六《释道辩传》。

（37）明人孙承泽《春明梦余录》卷六十六。又见其所著《天府广记》卷三十八。

（38）见今人赵万里辑本《元一统志》卷一所引金人施宜生撰写的大万寿寺寺碑（中华书局标点本）。

（39）见《明一统志》卷一。

（40）见赵万里辑本《元一统志》卷一。

（41）见释道宣《续高僧传》卷二十六《释宝岩传》。

（42）见《日下旧闻考》所载唐采师伦所撰《重藏舍利记》一文。

（43）见《元一统志》卷一。

第二章　五代及辽代燕京
地区的佛教

唐代末年，藩镇割据，中央王朝的影响日趋衰落，而东北少数民族契丹族却日益强盛，势力不断向南扩张。契丹统治者利用中原后周政权的内讧，扶持石敬瑭夺得皇权，作为回报，到辽太宗会同元年（938年、后晋天福三年），石敬瑭遂将幽燕十六州拱手相让，燕地遂正式划入契丹的版图。不久，即升幽州为南京，又称燕京，作为管理中原汉地的政治中心。从此，北京地区开始脱离中原王朝的控制，成为北方少数民族割据政权的一个重要的行政区，佛教的发展，也形成了自己的特色。也就是说，在辽代以前，北京地区（即燕地）从事佛教活动的僧侣，以及信奉佛教的人们，主要是广大的汉族民众，而到了辽代，有更多的契丹少数民族民众开始尊崇佛教，特别是契丹统治者采取的宗教政策，对于佛教发展的影响尤为显著。

辽代初期，关外之地，佛教尚不普遍，只有诸京才建有数所佛寺。如上京太祖所建之天雄寺、节义寺，太宗所建之安国寺，承天皇后所建之崇孝寺、贝圣尼寺等。东京亦建有金德寺、大悲寺、驸马寺、赵头陀寺等。然其地佛教，仍不甚发达。而西京（今山西大同）、南京（今北京）二处，地居中原，佛教传播，时日已久，晋唐以来所建佛寺，所在多有，得道高僧，亦不鲜见。其中，又以燕京地区佛教为最盛。到辽代中期，特别是景宗以后，圣宗、兴宗、道宗各朝，诸帝崇奉佛教的风气日盛一日。燕京等地兴建的寺庙逐渐增多，佛教活动规模逐渐扩大，都已经超过了唐代。与此同时，由于受到辽、宋之间政治分裂和军事对抗的影响，双方之间的文化交流也阻滞不畅，其中，也就包括了双方佛教界的交往。

第一节 契丹贵族的宗教观念及其崇佛活动

契丹统治者们对于佛教的认识是有一个过程的。在契丹未立国前,统治者们崇奉的原始宗教为萨满教。此后,其在进攻中原的征战中,曾将大量汉地人户掠到东北。这些汉人中,即有工技、农民等生产人户,也有僧侣、道士等宗教人士。为此,辽太祖曾于912年(辽太祖六年、后梁乾化二年),在上京创建天雄寺,以安置掠来的僧人崇文等50人。又于神册三年(918年)五月,"诏建孔子庙、佛寺、道观"[1]。其后,还曾行饭僧之事。至辽太宗执政后,亦曾数行饭僧之事。如会同五年(942年)六月,"幸菩萨堂,饭僧五万人"[2]。一次饭僧即多达5万人,可见当时佛教活动规模之大。在这个时期,契丹统治者对佛教的社会影响认识不足,而且信奉的程度也是有限的。

到了辽代中期,契丹统治者们对佛教越来越熟悉,特别是从景宗以后,圣宗、兴宗、道宗各朝,诸帝崇奉佛教的风气日盛一日,遂使辽朝的佛教发展进入了一个黄金时期。其主要表现可以通过以下几项内容表现出来:

(一)作佛事及饭僧活动。自辽太祖开始,契丹诸帝皆有行佛事、饭僧等活动。仅饭僧活动一项,据历史文献记载,在辽景宗以前,这种佛事活动偶尔为之。自圣宗即位之后开始日渐频繁。如统和二年(984年)九月,"以景宗忌日,诏诸道京镇遣官行香饭僧"。[3]统和四年(986年),辽圣宗又在上京开龙寺作佛事一月,饭僧万人。统和七年(989年),辽圣宗到燕京,"幸延寿寺,饭僧"[4]。此后,如统和十年(992年),在五台山金河寺饭僧。统和十二年(994年),因造景宗石像成,在燕京延寿寺饭僧。太平二年(1022年),因宋朝真宗死,在三京行饭僧之事,等等,皆可见契丹统治者对佛教活动是十分热衷的。以后的辽兴宗、辽道宗亦多行饭僧之事。如道宗于大康四年(1078年),一年即在全国范围内饭僧三十六万人[5],其规模之浩大,可谓史无前例。

(二)为高僧加以显爵。这种做法,在很大程度上抬高了佛教的政治地位。契丹统治者给高僧加以显爵,始于景宗。保宁六年(974年),"以沙门昭敏为三京诸道僧尼都总管,加兼侍中"。[6]其后,辽兴宗于重熙十九年(1050年)下令,"僧惠鉴加检校太尉"[7]。辽道宗于咸雍二年(1066年)下令,"僧守志加守司徒"。咸雍五年(1069

年），加名僧志福为守司徒。翌年，辽道宗又下令，"加圆释、法钧二僧并守司空"。[8]辽朝统治者给名僧封以高爵的做法，确实在社会上抬高了佛教的政治地位，并且进一步扩大其影响。

（三）整理、刻印佛教典籍。辽代藏经之始刻，在圣宗朝。其所据之蓝本，当即唐开元十八年（730年）金仙长公主送到石经山（即白带山）云居寺之佛经四千余卷，也即是唐代僧人智升所据而编定的《开元释教录》所载之新、旧佛经。其后，辽圣宗于太平元年（1022年），得到宋刻《开宝藏》，遂又将唐代经藏所不载之佛籍，补入其中。并命辽代名僧诠明等详加考订、整理；将所谓的《六祖坛经》、《宝林传》等伪妄作品全部清除出去。另编有《续开元释教录》，三卷，作为补刻"藏经"的依据。其后，又历经兴宗、道宗二朝，至咸雍年间，用时七十年，才将辽代的藏经全部编定，刻板刊印，共有五百七十九帙、五千七百九十卷。所收佛经之卷数，超过宋刻《开宝藏》三百余卷。其考订之精，选经之严，亦为后世所称道。此后不久，辽道宗于咸雍八年（1072年），又将新印好的《契丹藏》赐给东邻高丽[9]。对该国佛教事业的发展，产生极大影响。《契丹藏》后世久已失传，直到1974年，我国考古工作者才在山西应县的辽代木塔中发现了十二卷辽代所刻之《大藏经》。其中，有圣宗统和二十一年（1003年）所刻之《称赞大乘功德经》（一），及兴宗重熙二十二年（1053年）入藏的《一切佛菩萨名集》（第六）。通过这些刻经的题记，还可知，当时的《契丹藏》，是在燕京整理、刊印的。

辽代中期，契丹统治者们在行佛事、刻佛经的同时，对佛学的研究也极感兴趣。辽兴宗曾亲至佛寺受戒，并召见僧侣，讨论佛法。辽道宗则精通佛法，并粗懂梵文，曾亲自撰写有《御制华严经赞》，颁行于天下。又曾于燕京西山建招仙浮屠，并"置佛骨于招仙浮屠"，[10]用以安置佛骨。并先后命高僧守道、志达，开坛于内殿。还曾"命皇太子写佛书"。[11]他在为高僧志福所作之《释摩诃衍论通玄钞引文》中称："朕听政之余，留心释典。故于兹论，尤切探赜。"当时名僧法悟也吹捧他："我天佑皇帝，传刹利之华宗，嗣轮王之宝系，每余庶政，止味玄风。升御座以谈微，光流异瑞；穷圆宗而制赞，神告休徵。然备究于群经，而尤精于此论。"[12]由于各位统治者的崇奉和倡导，使得辽代佛教以燕京为中心，有了空前的发展。后人评道宗，所谓"一岁而饭僧三十六万，一日而祝发三千"，就是这种发展盛况的真实写照。

第二节　燕京寺院的增加

　　燕京地区，州县普遍建造寺庙，始于唐代。至辽代，建寺之势仍未衰减，寺庙数额日渐增多，规模不断扩大。辽代初期，因契丹统治者主要活动在关外，故而寺庙多建于上京（今内蒙昭乌塞盟）、东京（今辽宁辽阳）等处。而在燕京，仅有新建寺宇数所。如辽世宗天禄年间（951—974 年），有开龙禅师，宗奉曹洞宗高僧从实禅师之法，在燕京创建寺庙。景宗时赐名为"悟空寺"，圣宗统和十九年（1001年），改名"万寿禅院"。其后，又改称太平寺、华严寺，至金代，遂称大万寿寺，为燕京弘传禅宗之寺庙。此外，又有穆宗应历十一年（961 年）所建之仰山寺，景宗保宁四年（972 年）所建之传法院，皆在燕京城里。

　　到辽代中期，燕京地区佛教发展很快，建寺愈多。其中，著名大刹在燕京城里的，有开泰寺、昊天寺、竹林寺等。燕京大开泰寺，为辽贵族魏王耶律汉宁所造。初名圣寿寺，后圣宗于开泰六年（1017年），改名开泰寺，"殿宇楼观，雄壮冠于全燕"。[13]圣宗、兴宗皆曾游幸其地。重熙二十三年（1054 年）十月，兴宗并为该寺铸造银佛像，"以开泰寺铸银佛像，曲赦在京囚"。[14]据《全辽文》记载，银佛像的背后还刻有铭文，[15]该寺在辽代佛教界的重要地位由此可见。

　　大昊天寺，系为契丹皇族秦越国大长公主于清宁五年（1059 年），施舍私人宅第而建。道宗及懿德皇后施钱十八万贯，以助建寺之费。"梓者斤，陶者埴，金者冶，彩者绘"。历时两年多，寺乃建成，"栋宇廊庑，亭槛轩牖，薨檐拱桶，栏櫓栎栌，皆饰之以丹青，间之以瑶碧"[16]，雄伟壮丽，亦为一时之冠。寺成之日，道宗御书金榜及寺碑，赐名大昊天寺。此后，在咸雍三年（1067 年），该寺因火灾而毁，懿德皇后等又出资加以修复，两三年间，悉复旧观。是时，又有皇亲宋楚国大长公主施舍燕京宅第，建为佛寺，道宗敕赐寺额为"竹林寺"，该寺规模，亦当与昊天寺相似。其后，历金、元二朝，皆为名刹。

　　燕京地区各州县所建寺庙也日渐增多。其著称者，有昌平九圣寺，永清龙泉寺，香河栖隐寺，宝坻之大觉寺、广济寺、蓟州之沽渔山寺、神山云泉寺，涿州之洪福寺、六聘山天开寺，易州之开元寺、太宁山净觉寺。景州观鸡寺等皆是。如宝坻广济寺，初有武清僧人弘演，募化民财以创其寺，"奉财施之如林，……费俸给之若市"，于是，"乃以凿甘井，树华亭"，"建法堂，延讲座"，"或饰铸容、图像"，"或开精舍、香厨",使该寺粗具规模。其后,弘演门徒道广,与游方头陀僧义弘合力筹资,又兴造正殿、三门等建筑,"栾拱叠施,梦榱复结。能推剞劂,五间之藻栋虹梁;巧极雕镂,八架之文楹绣桷"。[17]于圣宗太平五年(1024年)竣工。其寺庙之主建筑三大殿,历时近千年而不颓坏,为今日所能见到的辽代佛教建筑的典范。

又如由著名律学高僧制止(号"吕上人")所建之易州(今河北易县)太宁山净觉寺,其规模亦十分可观。庙宇全为僧侣自己动手兴建,"师与门人等。劝众励徒。披榛辟莽。顺山度其形势。占景揆其晦明。申画经图。率有规制"。又得到附近民众施财助役,"崇正殿为瞻仰之所,营西堂作演导之场。敞其门闼,备游礼也;高其亭宇,延宾侣也。次有重甍峻室,疏牖清轩。石窦云庵,松扃薜榻,……人无不适"。[18]该寺始建于兴宗重熙十八年(1049年),竣工于清宁二年(1056年),土木工程历时八年之久,契丹统治者赐其寺额为"净觉"。

燕京地区又留有许多前朝所创建之寺院,到了辽代,历时已久,有些得到修补,有些加以扩建,还有些已经废毁,得到重建。在燕京城内,得到修补、扩建的寺院,有延洪寺、圣恩寺、宝集寺及延寿寺等。延洪寺始建于唐末,时规模尚小。到了辽代,不断扩建,至辽末天祚帝时,已经称为"甲刹"。[19]圣恩寺亦建于唐代,初称大悲阁。到辽圣宗开泰年间(1012—1021年),加以重修,改名为"圣恩寺"。宝集寺在唐代即称名刹,入辽更盛,高僧彦珪、彦琼、宗景、慧鉴等人皆在此弘传佛法,并对该寺时加修补。

特别值得一提的是延寿寺。该寺始建于东魏元象年间(538—539年),其后历经隋、唐二代,时遭废毁,多次修复。到辽景宗保宁年间(969—979年),遂加扩展,"建殿九间,复阁衡廊,穷极伟丽"。[20]辽诸帝多游幸于此,大行佛事。如辽圣宗曾于统和七年(989年)四月,"幸延寿寺饭僧"。[21]至统和十二年(994年)四月,辽圣宗又到燕京,"以景宗石像成,幸延寿寺饭僧"。[22]由此可见,寺中曾安放有辽景宗的遗像。到兴宗重熙年间(1032—1055年),该寺又遭灾被毁,复重修如前。

燕京的下属州县,前代兴建寺庙尚不多,但在辽代亦得到修补、重建及扩展。其著名者,有蓟州(今河北蓟县)独乐寺、盘山感化寺及祐唐寺,涿州石经山(今北京房山区境内)云居寺等。独乐寺为蓟州著名古刹,辽圣宗统和二年(984年),由名僧谈真大师主持重修,建有大阁一座,"上下两级,东西五间,南北八架"。[23]阁中塑有十一面观音菩萨像,遐迩闻名。至清代中期,观音像犹存。而大阁则至今仍完好，历时千余年，为少数存世的辽代大型佛教建筑之一。

而上方感化寺，为燕京地区最古老的名刹之一。始建于北魏时期。唐代高僧道宗、常实二人先后住持于此。到辽代，规模不断扩大，"法堂、佛宇敞乎下，禅窦、经龛出乎上"[24]。寺中僧侣已多至三百人，并占有良田万亩、粟园之果树万余株。资产雄厚，声望亦高。祐唐寺位于盘山，唐代所建。五代时，受兵祸尽毁。辽代初年，有法相宗僧人希悟，游方至此，见废刹断碑，遂决意兴复之。四处募化财物，至穆宗应历十二年（962年），建成佛殿一座，"塑佛中央，图像四壁"。其后，至景宗保宁四年（972年），又建"厨库、僧堂二座"，保宁十年（978年），再建讲经之堂，"阑楹镂彩，桂柱凝丹"[25]，用以弘传大乘有宗之学。

京西石经山云居寺，在辽代修建、扩展，其迹尤为显著。辽穆宗应历年间，有寺僧谦讽，主持寺务，于是重兴该寺，"见风雨之坏者，及兵火之残者，补政绍隆，迭有次序"[26]。先后增建库堂以储财物，建厨房以供僧食，建转轮佛殿以行佛事，建暖厅以待宾客，建讲堂以传佛法，建碑楼以存石刻。其他如梵网经廊房、饭廊、东库、后门屋等，共计增建庙宇69间。为其后开展大规模的刻经活动，奠定了基础。值得一提的是，在云居寺的扩建工程中，一些契丹贵族也参与进来，如上引碑文中提到的"前燕主侍中兰陵公"、"公主"等即是[27]。

随着辽代佛教的发展、不断深入和普及，为便于行佛事，许多民众都在所居住的村落中自筹资金，建有小型寺院。这种村落寺院，一般只有佛舍一二间、佛经数卷，有些还塑有佛像。如蓟州渔阳县大王镇西寨务村（其地位于今平谷县西北），即修有静严寺。寺中僧人圆净于天祚帝保大元年（1121年），募化钱财，"创造释迦佛像一铺，金刚经一磁"[28]。塑像、办经，在乡村间的寺院中，已算是大事一件了。这种小型的佛寺在燕京地区极多，遍布大小村镇。由此也可看出，与晋、唐时期相比，辽代燕地的佛教已经有了长足的发展。

第三节　燕京的佛教派别及高僧的活动

辽代燕京地区的佛学，由于受到晋、唐佛学的影响，开始出现不同的宗派。其中，主要有华严宗、密宗、律宗、净土宗、法相宗等，而各宗派之间，其学术又相互交融，这从当时许多著名僧侣的言行、著述中即可窥见一斑。

华严宗为唐代名僧法藏大师所创，其学说曾汲取南道地论名僧慧光的宗旨，而南道地论一派的佛学，早在北朝、隋唐时期，就已对燕地佛教产生过较大影响。而到了辽代，由于统治者的大力提倡，特别是辽道宗，亲自撰有《大方广佛华严经随品赞》10卷，于咸雍四年（1068年）颁行于天下[(29)]，并刻入《契丹藏》中，鼓吹"圆融无碍"之道。又极力推崇《释摩诃衍论》一书，"乃谓斯文，独善诸教，囊括妙趣，枢要实乘，期在宣扬"[(30)]。对其深加钻研，并先后命名僧诠圆通法大师法悟撰《释摩诃衍论赞玄疏》5卷，纯慧大师守臻撰《释摩诃衍论通赞疏》10卷，通圆慈行大师志福撰《释摩诃衍论通玄钞》4卷，皆敕刻版梓行，为弘扬华严宗的力作。

统治者的倡导，诸高僧的诠释，遂使华严宗在燕京地区颇为盛行。如出家于燕京名刹悯忠寺的慈智大德惟脉，初拜守净上人为师，"诵《白莲经》，遇恩得度"。其后，道宗赐以紫衣及慈智之号，"讲说群经，□□□□，读《杂花》啻一百遍"[(31)]，以弘传华严之学。又如易州名刹开元寺的法智大师，初学《唯识论》，后改宗华严，"回心刚慎，励志《杂花》，精金百炼而益珍，良玉□制而更美"。其后，于大安初年，受到辽道宗召见，"及问《杂花》大惑，师部析疑滞"[(32)]，得到赏识。于大安四年（1088年），重返易州，弘扬华严之学，"于是大作佛事，广饭僧伽，补圆大殿，金容彩绘"，遂成为燕南华严宗名僧。

华严宗盛行于时，在民众中的影响也日益广泛。时人有雕制石经幢以造功德之习俗。而所刻幢经，即有《华严经》。传于后世的，如乾统五年（1105年）有涿州固安县刘绍村僧人所造经幢，其记文即称："《大方广佛花严经》，一偈之功，能破地狱。"幢记又称："当诵□偈时，声所至，受苦之人，皆得解脱。"[(33)]则已把《华严经》加以神化。这种神化的过程，正是宗教逐渐渗透到社会底层的表现。佛教在社会上广泛传播的过程，正是依赖于"神化"的魅力才得以实现的。

在辽代，密宗也很盛行。溯其渊源，亦始于唐代。京北昌平区昭圣寺中，即有唐时所造石经幢二，其一，刻有密宗名僧不空所译《无碍大悲心陀罗尼经》。另一，刻有罽宾僧人佛陀波利所译之《佛顶尊胜陀罗尼经》。由此可知，最迟，至唐乾符年间（874—879年），密宗之学说已经传到燕地。辽代初年，又有西番僧人三藏摩尼，远来弘传密宗之法。其影响，已相当普遍。时人所称："夫佛固万法之□，唯陀罗尼最尊最胜。若书写其文，凡尘霭影覆，皆得生天。"[(34)]故而有辽一代，刻造的石经幢，几乎全都镌有密宗一派的佛经，或为梵典，或为译文。连远在燕北山中僻地之寺，也刻有密宗石经幢（其幢在密云县境内），"有以示密法之流通，众俗之所归仰也"。

　　辽代燕京地区密宗一派的代表人物，首推圆福寺总秘大师、赐紫沙门觉苑。觉苑所学，即西番僧人三藏摩尼之法，时人称其"学赡群经，业专密部"。为一代之高僧，"名冠宗师，诏开讲会"(35)。时值辽道宗在弘扬华严宗法时，又兼习密宗，遂于大康三年（1077 年），命觉苑进献其撰写之《神变经疏钞科》（5 卷），加以研习。觉苑又乘机撰《神变加持经义释演密钞》10 卷，"文无不周，义无不摄"，复进献于道宗，"诏赴行在，而奉进呈，敕令雕印"，(36)用以弘扬密宗之法。

　　时又有显密圆通大师道殿，在精通诸显宗之法后，又专研密宗，并将二者相融合，破除各宗之偏见，"双依密显二宗，略示成佛心要。庶望将来，悉得圆通"，撰成《显密圆通成佛心要集》，"故依教理，略启四门。（一）显教心要，（二）密教心要，（三）显密双辨，（四）庆遇述怀"。(37)实际上，是将密宗，与当时盛行之华严宗融合在一起，时人称其"内精五教之宗，外善百家之奥，……会四教总归于圆宗，收五密咸入于独部"。(38)这种把显宗与密宗的佛法放在一起研修的高僧确实不多见。

　　在辽代的燕京地区，能与华严宗、密宗之教派势力相颉颃者，唯有律宗。辽代燕地之律宗高僧，首推法均（1022—1075 年）。他自幼出家于燕京紫金寺，拜非辱律师门下，肄习律学。后又因钻研禅学，出游寻师。"以致名数相应，《税金》《吼石》等论，宗旨明白，义类条贯"。其后，于清宁七年（1051 年）秋，出任燕京三学寺论主，弘传佛法。一年之后，辽廷授其紫方袍，并赐号"严慧"。任职期满，退隐于京西马鞍山。至咸雍五年（1069 年），辽廷又因燕京佛教事务繁忙，请他出山，管理僧务，未果。于是在京西名刹慧聚寺内，"肇辟戒坛"，供其传法。翌年，法均始传戒度众，"自春至秋，凡半载，日度数千辈。半天之下，老幼奔走，疑家至户到"，声威大震，辽道宗闻其名，特派使臣前往召见，"因诣阙再传佛制"，受到嘉奖，并特授崇禄大夫、守司空之显爵。连相邻诸邦百姓，皆仰望其名声，前来求受戒法，"至有邻邦父老，绝域羌军，并越境冒刑，捐躯归命"。因法均声价日高，辽朝各地佛徒，皆邀其前往传戒。"乃受西楼、白霫、柳城、平山、云中、上谷、泉、本地紫金之请，所到之处，士女塞途，皆罢市辍耕，忘馁与渴"。长城内外，太行东西，足迹所到，备受欢迎。据时人称，"前后受忏称弟子者，五百余万。所饭僧、尼称是"。其影响之大，在燕京地区，"自古及今，未之有也"(39)。遂使律宗之学，堪称一时之盛。

　　与法均同时，燕京又有著名律学高僧妙行大师志智（1020—1100

39

年），本为皇亲萧氏贵族。自幼崇奉佛教，后投在律宗高僧守司空辅国大师思孝门下。到重熙十三年（1044 年），秦越国大长公主"为师陈言乞戒，兴宗御批，许登戒品"。遂钻研佛学，"精究律部，又学经论，性相兼明"。其后，遍游佛教圣地，"咨参胜友"，曾有志营建大刹一所。时清宁五年（1059 年），辽道宗至燕京，秦越国大长公主遂请以所居第宅，施舍给志智，以建大寺，得到道宗支持。其后，道宗出钱五万贯，秦越长公主之女懿德皇后出钱十三万贯，以助建寺之费。道宗又命宣政殿学士王行已亲自督工。"寺成之日，道宗御书金榜，以'大昊天'为之名。"到咸雍六年（1070 年），太傅延寿木师又将传法戒本授给志智，令其弘传律学，"自后随方开放，度人无数"。

志智自得戒本后，遂在燕京广行佛事。"预尝两番独办大会，用什物咸皆鼎新。洞殿莲炉，布盈五百。……又每年春秋，大陈祀事，其食物荐用，花幢香炬，梵音鼓乐，严谨之最，甲于人间。"至大安九年（1093 年），志智又在大昊天寺中，建有六檐八角佛塔一座，"高二百余尺"。此外，还曾自造《大藏经》一部，"用钱三百万"，在地方上兴建义仓，"赈给荒歉"。死后葬礼尤为隆重，"道俗骈集，投幡赠彩，鸣锣擂鼓，陈祭争先，了无旷日"。(40) 其所授门徒，亦多为一时名僧，如通悟大师即因、智周大师即忍、普济大师即均、文通大师圆理，皆受赐紫封号，门孙、门曾孙等亦多任辽朝僧官。

法均、志智等律宗高僧，所崇奉者，为大乘之律学。时又有崇奉小乘律学之高僧，如非觉、等伟等即是。非觉（1012—1083 年）是析津府良乡县（今北京房山）人，受具戒于燕京归义寺，拜义从上人为师，"由是励力，工四分一宗，罔辞寒暑"。因其律行精严，道宗于即位之初，曾至燕京，召其请教佛法，即命其为燕京三学寺第九座临坛大德，"度人之盛，复古所无"。此后，又曾任燕京右街僧录判官，赐号仪范大师。弘扬律宗于甘泉普济寺、慧济寺、吴天寺等名刹。"护持戒范，始终如一。至若弘阐律藏，独步幽燕。依禀之徒，遍口海内。"(41) 为当时律宗名僧。

非觉所传之法，承袭者有高僧等伟（1050—1106 年），为燕京析津县（今北京）人。大康元年（1075 年），于甘泉普济寺拜非觉为师，并从其至慧济寺受具戒，"既而肄习经、律"。大安年间，出世于燕京福田寺，又曾住持蓟州名刹香林寺。寿昌三年（1097 年），重回燕京慧济寺，弘扬律宗之学，"京师义学辈，亦以律主许之"。翌年，又出任名刹三学寺住持，并被授以"善济大德"之号。因整顿三学寺之僧务有方，"朝廷嘉之，特赐紫方袍，加号慈办"。(42) 不久，又充任三学殿主，易其号曰"严慧"。死后，骨灰（称佛舍利）分置于京西慧济寺及蓟州甘泉普济寺。

辽代燕京地区民间普遍崇奉者，又有净土之宗。其代表人物，则有高僧非浊。祖上为范阳（今河北涿州）人。重熙初年，拜燕京奉福寺著名律学大师澄渊为师。其后不久，又至蓟州盘山，肄习密宗之佛法，又修炼净土之行。重熙八年（1039年），受到辽兴宗召见，并赐紫衣。其后，历任上京管内都僧录、燕京管内左街僧录等僧职。辽道宗时，又加封崇禄大夫、检校太保、太傅、太尉等高爵。非浊遂撰《随愿往生集》二十卷，进献。道宗亲为之作"引文"，并下令将其刊入《契丹藏》中。非浊又撰有《三宝感应要略录》，认为"灵像感应以为佛宝，尊经感应以为法宝，菩萨感应以为僧宝"，[43]以此宣扬净土宗学的种种"好处"。清宁六年（1060年），辽道宗巡幸燕京，又召见非浊，"面受燕京管内忏悔主、菩萨戒师"。并在奉福寺为其设立戒坛，开戒传法，"忏受之徒，不可胜计"。[44]为弘传净土宗而尽力。

辽代的燕京地区，除上述各佛教宗派较为盛行外，其他各宗派亦已传入。如俗称"苦行僧"的头陀教，其代表人物，即有西香山的燃身头陀澄赞上人，京西南六聘山的铁头陀，及其徒忏悔上人守常。守常（1010—1070年）为易县（今河北易县）人，初习儒学，年十七，因厌世，遂至六聘山，拜铁头陀为师。其后游学各处，复归六聘山，开讲席，遍讲《杂花》经及《税金》、《吼石》、《起信》等论，"兼放菩萨戒坛十余次，所度白黑四众二十余万"。其后，又习密宗，"日诵《大悲心咒》，以为恒课"[45]。

另外，盛行于江南的天台宗，亦传入燕地。辽初，有范阳僧人惠诚，自幼于惠华寺，拜玉藏主为师，"授以天台止观"，师徒二人同游于京西，至三盆山，见废刹遗迹，重为修建。始于应历二年（952年），成于八年。"营理大殿三间，中塑释迦牟尼佛，左大智文殊师利菩萨，大行普贤菩萨。两壁悬山应真一十八尊罗汉。东西伽蓝祖师二堂，两廊僧舍二楹、钟鼓二楼。"[46]遂为京西华严宗之名刹。

时又有法相宗之代表人物，为悯忠寺高僧无碍大师诠明（后改称诠晓），为弘扬大乘有宗之学术，撰有《成唯识论详镜幽微新钞》（17卷）、《成唯识论述记应新抄科文》（4卷）、《法华经会古通今钞》（10卷）等佛学著作多种，其学术影响所及，除辽代燕京等地区外，东至高丽，南至宋朝，皆传其学。此外，为整理辽代佛经，他又撰有《续开元释教录》三卷，为后世佛学界所称道。

自唐代所创、并发展迅速的禅宗一派，到唐代中后期，曾一度传入燕地，然未能有所发展。至辽代初年，再次传入燕地。时有禅师智辛（？—951 年），为蓟州三河（今河北三河）人。年十五，拜在沏兹寺之彻禅师门下，学习佛法。其后出游，"访真侣于江南，礼名山于湖外。一参口要，悉悟玄机"。曾至青州（今山东益都）学习禅宗之法，后返归燕地，弘传禅宗，住于燕京崇国寺，"参般若市，来往如云"[47]。其后，又至盘山感化寺传禅法，寿终于此。是时，禅宗一派之佛法，似仍未能大发展。

注释：

（1）见《辽史》卷一《太祖纪》。

（2）见《辽史》卷四《太宗纪》。

（3）见《辽史》卷十《圣宗纪》。

（4）（21）见《辽史》卷十二《圣宗纪》。

（5）见《辽史》卷二十六《道宗纪》中的史赞之文，其文曰："一岁而饭僧三十六万，一日而祝发三千。徒勤小惠，蔑计大本，尚足与论治哉！"

（6）见《辽史》卷八《景宗本纪》。

（7）（14）见《辽史》卷二十《兴宗纪》。

（8）见《辽史》卷二十二《道宗纪》。

（9）见《辽史》卷二十三《道宗纪》，咸雍八年（1072 年）十二月，"赐高丽佛经一藏"。

（10）（11）见《辽史》卷二十二《道宗纪》。

（12）见其所作《释摩诃衍论赞玄疏序》之文，载于今人陈述辑校《全辽文》卷八（中华书局本）。

（13）（20）见《元一统志》卷一。

（15）据《全辽文》卷二《银佛背铭》所载其铭文为："白银千两。铸二佛像。威武庄严。慈心法相。保我辽国。万世永享。开泰寺铸银佛。愿后世生中国。耶律弘基虔心银铸。"又有注文曰："张江裁《燕京访古录》：'西便门内西北一里，菜园井台后，有颓残佛殿三楹，内有一台，上座一佛，高三尺八寸，恶像狰狞，鬑髪鬓烈，双耳环珮下垂，如金刚像'……"惜今日佛像已不可见，无从辨别其真伪。

（16）见《元一统志》卷一。

（17）见辽人宋璋撰《广济寺佛殿记》，载《全辽文》卷六。

（18）见辽人邢希古《易州太宁山净觉寺碑铭》，载《全辽文》卷九。

（19）见《元一统志》卷一。其文曰："又按《重修记》，寺在辽乾统间称为甲刹。"

（22）见《辽史》卷十三《圣宗纪》。

（23）见清人厉鹗《辽史拾遗》卷十四引释智朴《盘山志》。

（24）见辽人南抃《上方感化寺碑记》，载《盘山志》卷五。

（25）见辽人李仲宣《祐唐寺刱建讲堂碑》，载《全辽文》卷五。

（26）见辽人王正《重修范阳白带山云居寺碑》，载《全辽文》卷四。

（27）辽代契丹贵族受封为兰陵郡公的有多人，然据碑文撰写时代推算，其所指应是辽圣宗钦哀皇后的曾祖父，被追封为兰陵郡公。至于辽穆宗应历年间的公主，《辽史》无表，很难确指其人。

（28）见《全辽文》卷十一所载抄本《静严寺造像记》。

（29）见《辽史》卷二十二《道宗纪》，其文曰：咸雍四年（1068年）四月，"颁行《御制华严经赞》"。

（30）见《全辽文》卷二所载辽道宗《释摩诃衍论通玄钞引文》。

（31）见《全辽文》卷九所载《燕京大悯忠寺故慈智大德幢记》。

（32）见《全辽文》卷十所载《易州开元寺故传戒法智大师遗行塔记》。

（33）见《全辽文》卷十所载拓本《涿州固安县刘绍村沙门口惠为亡祖父造陁罗尼经幢记》。

（34）见辽人师哲《为父造幢记》，载《全辽文》卷十。

（35）见辽赵孝严所作《神变加持经义释演密钞》引文，载《全辽文》卷九。

（36）见觉苑自作《神变加持经义释演密钞序》，载《全辽文》卷九。

（37）见道殿自撰《显密圆通成佛心要集序》，载《全辽文》卷九。

（38）见辽人陈觉为是书所作之序文，载《全辽文》卷八。又：陈觉之文被收入《全唐文》中，恐是误收。

（39）见辽王鼎撰《法均大师遗行碑铭》，载《全辽文》卷八。

（40）见辽僧即满撰《大昊天寺建寺功德主传菩萨戒妙行大师行状碑》，载《全辽文》。

（41）见《全辽文》卷九所载《非觉大师塔记》。

（42）见辽人南扑撰《普济寺严慧大德塔记铭》，载《全辽文》卷十。

（43）见《全辽文》卷七所引其为是书所作自序。

（44）见辽僧真延撰《非浊禅师实行幢记》，载《全辽文》卷八。

（45）见辽人王鼎撰《六聘山天开寺忏悔上人坟塔记》，载《全辽文》卷八。

（46）见辽人王鸣凤撰《三盆山崇圣院碑记》，载《全辽文》卷四。

（47）见辽人张明撰《感化寺智辛禅师塔记》，载《全辽文》卷四。

第三章　金代中都地区的佛教

　　在金代，南方与北方仍然处于政治上的对抗状态中，女真统治者在攻灭辽朝之后，又乘胜攻灭北宋，把势力范围扩张到了江淮一线，此后的女真统治者几度兴兵南伐，企图攻灭南宋，却都没能够如愿以偿，海陵王的南伐失败及其被弑，结束了女真统治者一统天下的美梦。新即位的金世宗与南宋讲和，换来了几十年的社会安定、经济发展繁荣。但是，金、宋之间的文化交流仍然受到政局分裂的影响而不畅通，佛教的发展也是如此。特别是与辽代的契丹统治者相比，女真统治者对于佛教的崇尚要逊色许多，有的女真帝王还对佛教采取了压制的措施。

　　金代的中都政治地位继续上升，从割据政权的陪都发展为半壁江山的首都，即政治和文化中心。因此，这里也就成为金朝的佛教活动中心。不论是僧侣的人数，还是寺庙的数量，都超过了辽南京，冠于整个北方地区。值得注意的是，金代的佛教虽然没有得到统治者们的大力提倡，却因为政治局势的相对稳定、经济发展的不断繁荣而有了进一步的发展。显然，是否有统治者的倡导固然十分重要，但是，社会和经济环境的有利基础也很重要。有了这个坚实的基础，佛教的发展迅速可能不会很快，却更加扎实，更加深深地渗入社会各个阶层中去。

第一节　女真统治者的宗教观念及其政策影响

　　金朝自太祖完颜旻崛起于东北，势力不断扩张。太宗完颜晟继而攻灭辽朝，占有燕京，又迫使宋廷南迁，其势力逐步进入中原。是时，征战连年，烽火不断，女真统治者自然无心讲求佛法。熙宗完颜亶即位后，大肆杀戮宗亲，内部斗争激烈，也不会讲求佛法。及海陵王篡位后，一面迁都于燕京，大兴土木，扩建京城及皇宫，号称中都；一面调兵遣将，大举南伐，妄图一统天下，自然也无暇提倡佛教。金代诸帝不仅无暇崇奉佛教，而且对于佛教势力的影响，也多采取排斥态度。如天会元年（1123年），上京（今黑龙江阿城南）庆元寺僧人曾进献佛骨，试图以此取得太宗的宠信，却遭到拒绝。太宗并在天会八年（1130年）下令，"禁私度僧尼……"[1]海陵王时，亦曾因大臣张浩、张晖等人尊敬僧人法宝，被斥为"失大臣体"[2]，各杖二十，并以妄自尊大为罪名，杖僧法宝二百。到正隆元年（1156年），又下令禁止二月八日的群众性佛教活动。直到金世宗完颜雍上台后，才取消了这一禁令。

海陵王被弑后，金世宗取得统治权，对中原的儒家政治学说颇有研究，并用其治国，带来了中兴的局面，被称之为"小尧舜"，他对于与儒学分庭抗礼的佛教，也持有与前期诸帝相同的态度，采取相对的排斥态度。这和辽代中后期诸帝的笃信、崇奉佛教，正好形成一个鲜明的对比。他曾对臣下宣称："至于佛法，尤所未信。梁武帝为同泰寺奴，辽道宗以民户赐寺僧，复加以三公之官，其惑深矣。"[3]直揭前代帝王佞佛之妄。并曾下令，禁止民间多建佛寺。他的这种做法，不仅比契丹统治者要高明得多，而且比许多汉族统治者的佞佛行为也要高明得多。

金章宗即位后，亦持有同样态度。一方面，禁止私自剃度为僧，以及僧尼等人结交亲王贵族和三品以上高官；另一方面，又对其严加控制，订立三年一次的考试制度。据《金史·百官志》载："凡试僧、尼、道、女冠，三年一次，限度八十人。"并详细规定了考核的办法："僧童能读《法华》、《心地观》、《金光明》、《报恩》、《华严》等经共五部，计八帙。《华严经》分为四帙，每帙取二卷，卷举四题，读百字为限。尼童试经半部，与僧宣同。"章宗又曾下令，"敕自今长老、大师、大德，不限年甲，长老、大师许度弟子三人，大德二人，戒僧年四十以上者度一人"，[4]以限制佛教势力的扩张。而对于那些被看作"旁门左道"的佛教宗派，更是严加禁绝。世宗于大定二十八年（1188年）下令，禁糠禅、瓢禅。章宗亦于明昌元年（1190年）下令，禁罢全真教及五行毗卢。

当然，出于政治、经济的需要，金朝统治者有时也对佛教予以提倡，加以利用。如完颜亮在篡权迁都不久，即于正隆元年（1156年）

的二月八日，登皇城宣华门，观赏中都僧侣、百姓的迎佛活动，并"赐诸寺僧绢五百匹、彩五十段、银五百两"[5]，以示祥和。但不久，却又下令禁止迎佛活动。而金世宗在完颜亮南伐宋朝时，发动政变上台。是时，为收买人心、调动军队等，资金短缺，于是允许诸僧、尼可出钱购买度牒、紫褐衣、师号及寺院名额。其度牒一道，即折钱二十万，由此而筹集了大量资财。一旦政局安定，即于大定五年（1165年）下令，禁止官方继续出卖寺额、封号、度牒，对佛教的发展仍然采取限制政策。章宗在即位后，亦曾在承安年间，因庄稼歉收，民众乏食，而两次下令"卖度牒、师号、寺观额"[6]，以换取钱粮，赈济饥民，减轻政府的财政负担。

纵观《金史》，有一个显著的特点，金朝统治者与此前的辽朝统治者、后此的元朝统治者相比，从未举行过大规模的"饭僧"活动，也没有举行过大规模的抄写佛经的活动，这与金朝统治者一贯实行的抑制佛教发展的政策是一致的。此外，金朝统治者还把许多原来附属于寺庙的奴婢释放为平民百姓，"由是二税户多为良者"[7]。与之同样形成鲜明对照的是，金代的僧人也常常出现反抗政府的活动，表现出了与政府之间的不协调。如大定十三年（1173年）九月，"大名府僧李智究等谋反，伏诛"[8]。又如崇庆二年（1213年）二月，"放进士榜，有狂僧公言：'杀天子。'求之不知所在"[9]。东京、大名府和金中都皆是金代的一方重镇，特别是金中都，更是全国的政治和文化中心，出现这种不协调的事情，显然是与金朝统治者的宗教政策有着直接的关系。

第二节　主要佛教宗派的发展变化及著名僧侣的活动

如上所述，金代中都地区的佛教，是在女真统治者的严密控制下而有所发展的，但还有一点必须提及的，则是金代佛教的发展，乃是以辽代燕地佛教日益兴盛为基础的。辽代末年，盛于一时的密宗一派日渐衰微，而律宗一派，却仍很盛行。到金代初年，这种状况依然未变，"燕京兰若相望，大者三十有六，然皆律院"[10]。由此可见，律宗一派的势力是很大的，占据了燕京的许多重要寺庙。

辽末金初，燕京地区的律学高僧，有马鞍山慧聚寺（今京西戒台寺）的悟敏、悟铢等人。悟敏（1057—1141年）为临潢（今内蒙巴林左旗）人，辽咸雍中，拜名僧普贤大师为师，尝从学八种大部经文。其后，又曾从律学高僧通理大师、寂照大师等学戒法，颇有所得。至天庆六年（1116年），其师兄裕窥大师寂化，将辽帝御制之戒本传给他，遂作为辽代律宗学派的正宗代表。三年后，天祚帝又赐其紫服，师号为"传戒大师"。此后，他广为宣扬佛法，"主大道场凡二十二处，禀戒者逮五百万"[11]。金熙宗时，因年老，遂将御制戒本传给同门师弟悟铢，继续弘传律宗之学。悟铢（？—1154 年）亦为临潢人，曾从佛觉禅师学习佛法，后任燕京管内右街僧录，除精研律学外，亦兼通经、论，受赐紫服，封师号为传菩萨戒文悟大师，在燕京佛教界有极高的威望。

金代初年，蓟州盘山也有律学高僧，其代表为法律（1099—1166年），蓟州醴泉乡人，自幼出家于盘山甘泉普济寺，拜均上人为师，专门研习律学。至金代天眷三年（1140 年），受命为燕京净垢寺住持。其后，于皇统二年（1142 年）开启普度戒坛，"度僧尼二众约十万余人"。又出任平州三学律主，赐紫服，号严肃大师。先后住持于中都驻跸寺、福田寺、福胜寺，香河胜福寺等名刹，弘传佛法，"方十余载，令闻四溢"，造成极大的影响。又曾受金朝皇族赏识，"请充都下煗汤院提点，设济饥民"[12]。死后火化之时，有五色云缭绕，观者尽哀。

金代中都城里，诸律宗寺院中，乃以大宝集寺声誉最高。辽代即有彦珪、慧鉴等名僧在此弘传佛法。金初，又有传妙大师思愿主持寺事，曾受命校勘佛经。通慧圆照大师智遍、大觉圆通宗师志玄，先后弘传律学。特别是志玄"当承安间，统领教门"[13]，成为中都佛教界的著名领袖。其间又有名僧澄晖在大定年间重新修建庙宇，并且请当时名士党怀英题写匾额"大觉圆通"。此后一直到元代，该寺始终为燕京的著名寺庙。

在辽代曾盛极一时的华严宗，到了金代仍有较大的影响。其代表人物，则有圆正、妙敬、善照等人。圆正（1067—1134 年）为中京乾州（今锦州）人，辽代后期，入本州大崇仙寺为僧，初习律学，转学《华严经》，"未久，有超群之解，众推师，愿为法主。即顺其缘，敷演圣意，座下缁素，靡不服膺"。遂为华严宗名匠。其后，游方至燕京宛平县金城山，见山清水秀，遂住此以弘传佛法，"于是道风远播，仕庶咸归"[14]。昌平、玉河、凡山、怀来四县民众遂共集资，就地兴建佛宇、僧房，称白瀑院，供其传法之用。所收门徒，则有崇贵、崇行等四十余人，嗣传其学。

金初，又有妙敬（1121—1187 年），为上京济州（吉林农安）人，俗姓萧氏，先后拜本州祥周院张座主及上京楞严院弘远戒师为师。其后，又在本州西尼院任住持，宣讲《华严经》，由此成名，号为"萧花严"。到正隆元年（1156 年），因海陵王迁都，遂同至中都，任显庆院住持，继续弘扬华严宗学。此外，还有高僧善照（1127—1203年），为涿州定兴县（今河北定兴）人，八岁即出家，遍游燕地三十余年，曾先后就学于佑圣寺拱老、易州十方院彬法师、新城开善寺谦老、中都延寿寺性老、易州楼山深法师、高唐演法师等。学有所成，遂于涿州、易州等地弘扬华严宗学，产生较大影响。

金代中期，又有祥英、思昶等人弘传华严之学。祥英（1121—1199年）为中都香河县（今河北香河）人，初拜本县兴国院委上人为师，受具戒后，"遍涉名山，访参师友"，以求佛法真谛。"一日冬夜，拨火次，倏然悟道，触物无疑，冥符圆通，觉性澄圆，放旷无碍"，遂得华严宗深奥之旨。[15]其后，曾住于燕京报国寺、盘山千像寺、上方山三泉寺等处，弘传佛法，修葺寺宇。后至承安元年（1196年）又回故里，主持修建寺院之事，遂"以疾卧化"。思昶为易州白马里（今河北易县）人，自幼出家于本州延庆寺，拜普安大德为师，从学佛法。尔后"遍历讲肆，深通奥旨"，学有所成，遂归于故里，弘传华严之学，"至今三十余载如一日"[16]，深得乡里民众的尊崇。

在辽代盛行于燕京地区的密宗一派，到了金代，仍有遗绪可寻。如金代初年，蓟州遵化（今河北遵化）之宝塔山龟镜寺，因战乱被毁。有演秘大德义秉，与其徒澄辉加以重建，"增完如故"[17]，用以弘传密宗之学。到金代中期，又有云中（今山西大同）僧人知玲（？—1177年），初学于嵩山少林寺之英公，后至中都，于万寿寺及蓟州盘山感化寺弘传密宗之学，"皇统中，出世万寿寺，后住盘山感化寺，宏扬密教"，[18]颇负盛名。但是，不难看出，金代中都地区的密宗一派佛学，已经越来越走下坡路了。

自辽代即盛传于燕京地区民间的净土宗一派，到了金代，仍在流传。其代表人物，则有遵宝、祥定、祖朗等人。遵宝为涿州定兴（今河北定兴）人，自幼于新城县崇胜寺出家，拜三学论主严行大师圆谓为师。从学佛法，后曾于大定年间至中都，住于名刹永泰寺，弘传净土宗学。又受命参与校勘藏经，赐紫方袍，师号广明，以旌于德本。由是名声日振，遍游燕地，因其所行佛事极广，故而死后，骨灰分葬于永泰寺、崇胜寺、大明寺、福因院、弥陀院等八处寺院，各建佛塔。祥定为广明大师之徒，亦同乡里。自幼即已学习《药师经》，年十六，至中都永泰寺，拜广明大师学习佛法，"师资契合，各尽其理"。学有所得，然后回故里，弘传净土宗学，"结僧莲社，同求安养。化俗五百，尽愿西方"。章宗承安年间，祥定又筹措钱财，购地建造寺院，"佛殿、灵塔、僧房、园林，诸物皆自修完"[19]。其所建佛舍利塔，高二丈余，十五层，上下均刻有佛像及花草、鸟兽之图案，遂为一方之佛教胜迹。

祖朗（1149—1222 年）为金代后期净土宗之代表人物，蓟州渔阳（今河北蓟县）人，"龆岁出家"，礼燕京大圣安寺圆通国师为师，其后，住于京西弘业寺（后改万安禅寺），并于此受具戒。先后任万安禅寺知事、圣安寺监寺、崇寿禅院住持、香林禅寺开山提点等职，赐号圆通大师。在中都佛学界十分活跃。曾教诲其徒曰："咄者皮袋，常为患害。继祖无能，念佛何赖。来亦无来，去亦无碍。四大五阴，一时败坏。"[20] 在笃修净土宗之德业时，亦谈禅理，为禅、净兼修之高僧。

金代中都地区佛教界学术变化的一大标志，是禅宗学派的蓬勃兴起。唐代禅宗的崛起，标志着中国佛教的发展进入了一个新的阶段。到了宋代，主要分为五家七宗。而传至燕地者，只有三家，即曹洞宗、云门宗及临济宗。金代初年，金军数度南侵，在攻破青州（今山东益都）时，获禅僧希辩，遂奉之归燕。希辩（1082—1150 年）为曹洞宗名僧，曾就学于芙蓉道楷、鹿门自觉等曹洞宗巨匠。到中都后，先后住持于奉恩寺、潭柘寺、卧云庵、栖隐寺、万寿寺等名刹，弘传曹洞宗学，名声大振，"禅侣云集，若百川朝于巨海"[21]。并撰有《青州百问》一书，行于世，以弘传其学，时人称其为青州和尚。其传法弟子，不可胜数，而得道嗣法者，仅有法宝、行通、德殷、省端等八人。法宝（1114—1173 年）为磁州（今河北磁县）人，幼年曾习儒、道二教之学。至年十九，始入本州寂照寺为僧，礼祖荣长老为师，初学禅宗临济一派。后闻希辩之名，遂至燕京，从而改宗曹洞之学，深得其奥旨。后出游方传法。天德二年（1150 年），希辩死后，因尚书令太师张浩之请，复回中都，住持仰山栖隐寺，"续焰传芳，靡所不备"[22]。至贞元三年（1155 年），金帝完颜亮以张浩、张晖等朝中重臣与其谈佛法时，"必坐其下，失大臣礼"，令杖张浩等人各二十，而以"法宝妄自尊大，杖二百"，[23] 法宝遂离京归故里，仍然很受欢迎，"郡人迎师，远近趋风"。其得意门徒，则有中都万寿寺住持圆俊、仰山栖隐寺住持性璞及中都庆寿寺住持教亨等，皆为曹洞宗名僧。

金代中都地区之禅学，又有云门宗一派，亦为金初由南方传入。天会年间，有佛觉大师琼公、晦堂大师俊公，"自南应化而北，道誉日尊，学徒万指"。金太宗与皇后，特出钱数万，为其在燕京城营造大刹，初赐名大延圣寺，至世宗大定年间，又改称大圣安寺，复加扩建，所造之佛堂，"崇五仞，广十筵，轮奂之美，为都城冠"。[24] 用以弘传云门宗之禅学。是时，云门宗之晦堂大师俊公，又曾至京北银山大延圣寺弘传禅学。其盛时，寺众多达五百余人。嗣传其学者，则有祐国佛觉大禅师懿行、大禅师虚静、禅师圆通、大禅师和敬等人，相继阐教演法于其地。为中都地区云门宗之一大道场。

金代禅学中临济宗一派，则以广慧通理禅师开性为代表。开性（1104—1175年）为燕京顺州怀柔（今北京怀柔）人，九岁即出家于京西名刹潭柘寺，拜名僧戒振为师。天眷初，又至汴京（今河南开封），从名僧佛日圆证学法。其后，游方齐鲁、辽东等地，又回到中都竹林寺，弘传禅学。到大定初年，潭柘寺僧众善诲等请其回山任住持。于是重整僧务，修建寺宇，制定《寺中规条》，编撰《语录》三编，遂使潭柘禅学，由此中兴。其得力弟子，有了奇、圆悟、广温、觉本等人。

了奇（1120—1170年）为大定府富庶（今辽宁建平东）人，曾先后拜兴教寺圆晓、圆宗寺慧柔为师，学习华严宗之佛法。后闻广慧通理大师之名，遂从其改学禅宗之法，并随之至云峰、竹林等名刹。大定中，善照告老于竹林，了奇继任，为该寺第七代住持，"竹林续灯益明"[25]，座下学徒常达五百余人。广温为高安（今江西高安）人，自幼出家，曾学禅宗云门一派之佛法于晦堂大师俊公，后至竹林寺，从广慧通理大师学佛法。有所顿悟，"法性圆通，无不了然"[26]，得到广慧认可，遂出世，住于盘山双峰寺，弘传临济宗学。

金代中期，在潭柘寺弘传禅宗之学的名僧，又有政言、相了等。政言为许州（今河南许昌）长社人，自幼拜乡里资福禅院主僧净良为师，又就学于香山慈照禅师。后至中都，于竹林寺向广慧通理大师学法。其后，受梁国大长公主等贵族之请，于潭柘寺开法席，讲禅学，"附制《颂古》、《拈古》各百篇，《金刚经》、《证道歌》有注，《金台》有录、《真心》有说，皆行于世"[27]。后以年老，复归故里。相了（1134—1203年）为义州（今辽宁义县）人，自幼出家，拜嘉福寺祚公为师，学习《华严》、《圆觉》等经。其后，又曾至锦州大明寺，从诱公学佛法，至懿州崇福寺，从超公学禅宗。到明昌年间，受齐国大长公主之请，出任潭柘寺住持，宗风大振。其后，历主天王寺、竹林寺等燕地名刹，复归老于潭柘寺。

在金代中都地区，又有兼通各宗派佛学之高僧，其代表人物则有云居寺之义谦，仰山栖隐寺之万松行秀。义谦（1125—1200年）为范阳（今河北涿州市）人，自幼出家于石经山云居寺，拜坦上人为师。其后游方燕地，"看《华严经》百部，寸阴不辍"，专攻华严教学。中年以后，又拜柏山宝公为师，"参禅人道"，"禅教双通"，云居寺众僧共请其为提举，"寺事靡不推重"。此后，因其道行高深，"歧阳开化寺、长乡城义井院、李河灵岩寺，皆请为提控宗主"[28]。遂成为京西一带之佛教领袖。

万松行秀（1166—1246 年）为河内（今河南沁县）人，先后拜胜默光公、雪岩满公为师，学习曹洞宗之禅学。后至中都，曾住万寿寺，并自建从容庵。明昌四年（1193 年），章宗闻其大名，特召入宫中，谈论佛法，并大行佛事。至承安二年（1197 年），又下令，命其任仰山栖隐寺住持，整顿寺规，颇有成效。又因钻研佛学，时有心得，著述甚丰，撰有《评唱天童觉和尚颂古从容庵录》、《评唱天童拈古请益后录》、《祖灯录》、《释氏新闻》、《万松老人万寿语录》、《禅说》等。其俗家弟子耶律楚材对他备加推崇，称其"决择玄微，全曹洞之血脉；判断语缘，具云门之善巧；拈提公案，备临济之机锋。沩仰、法眼之炉鞲，兼而有之，使学人不坠于识情、莽卤、廉纤之病，真间世之宗师也"[29]。万松行秀在钻研禅学的同时，对净土宗学，亦颇有心得，撰有《净土语录》。为金元之际禅、净双修的著名高僧。从万松行秀受法之弟子，则有观音院兴福禅师从正、天宁禅院开山住持普净等人。而传其衣钵者，则有雪庭福裕、林泉从伦等，弘传曹洞宗学。

在金代，以苦行修炼著称之头陀教，也有所发展。由原来的散处各地，开始树宗立派。其始祖，称为纸衣和尚，立教于金初天会年间，而其嗣法正宗传人，"自河涧铁华、兴济义希、双桧春、燕山永安、蓬莱志满、真教猛觉、临猗觉业、普化守戒、清安练性、白霭妙，一十有一传而至溥光大禅师"[30]。自金至元，相承数百年而不绝。而其理论，也自成体系。据称其法源自弥勒，得如来心法，修头陀行。除此之外，又旁收各家之长，所谓"尊经卫法，本于教；息心了性，依于禅；止于观摄，念存乎律"。既修苦行，又兼通教、禅、律，以图跻身于正宗佛学之列。然头陀教即以苦行著称，故而奉之者时有惊世骇人之举，以扩大其影响。如金代中期，有头陀僧善明（1104—1180 年），为中都宝坻（今天津宝坻）人，修行甚苦。至晚年，隐居于京西上方山，大定二十年（1180 年）冬，积薪自焚，遂轰动一时。燕地诸僧专为其备置石椁、建佛舍利塔，刻石为铭，以传于世。其他如燃指、燃顶者，更是所在多有。也正因为该教派以"邪行"惑众，故而屡遭封建政府之查禁。

第三节　中都寺庙的进一步增建

由于金代诸帝对于佛教总体采取严格控制的政策，故而金中都地区兴建的著名寺庙比之晋唐乃至于辽代都要少一些。金代初年，由于禅宗北传，金太宗及皇后在燕京城内新建有大延圣寺，世宗时复加扩建，并改名大圣安寺，规模十分壮观，寺中大堂"崇五仞，广十筵，轮奂之美"，为都城之冠[31]。时中都城外东北近郊处，又新建有大庆寿寺，为世宗大定二十六年（1186年）所建。寺中有圣容殿最为著称，后人称："圣容之殿在大庆寿寺内佛殿之西北，有殿曰'圣容'，专以奉泗州大士僧伽及宝公真身在焉。……今圣容殿内有泗州大圣志公和尚、赵担水、贺屠、张化主，并系金四太子取到一处，名其堂曰'圣容堂'。"[32]其后，金章宗亦曾临幸其地，并在石桥上题有"飞渡桥"、"飞虹桥"六个大字，为中都近郊之禅宗名刹。此后，元、明二代，重加修建，规模更加弘丽，为一时之冠。

有金一代，创建于京郊山间的著名寺院，则有西山昊天寺、仰山栖隐寺及香山永安寺。西山昊天寺，为金代皇亲贵族秦越公主于大定四年（1164年）所建，寺中佛殿，所用供器，制作极为精美，后殿并供有三尊渗金佛像，"一云是唐时所造"[33]，到清代乾隆年间已经亡佚。仰山栖隐寺，为大定二十年（1180年）世宗敕建，"命元冥颢公开山，赐田设会，度僧万人"。至章宗时，屡次临幸其地，题诗刻石。并建有八亭，赐以良田，"环寺之地若干里，章宗以定四至：东则羊头石，南则豆子石，西则铁岭道，北则塔地庵。刻之于碣，以为寺永业，民不得与焉"[34]。寺院规模及财产，遂雄冠一方。

香山大永安寺，亦为金世宗所建，竣工于大定二十六年（1186年）。山上原有上、下二寺，世宗将其合而为一。寺前新建三门，中建佛殿，"后为丈室云堂，禅寮客舍，旁则廊庑厨库之属，靡不毕兴，千楹林立，万瓦鳞次"。寺之上端，又建有大阁，"复道相属"，旁有翠华殿，"下瞰众山，田畴绮错"[35]。其他如亭、轩、楼台、钟楼、经藏，各有处所，因地设置，规模极为壮观。该寺建成之后，金世宗亲临其地，"赐名大永安，给田二千亩、栗七千株、钱二万贯"[36]。作为寺中永业，以供常住之费。

虽然政府对建寺限制严格，但由于佛教的不断发展，金代中都地区仍新建了许多寺院。在燕京城里，建于金初的寺院有：天会七年（1129年）所建之燕京普济院，后至大定二年（1162年）始赐寺额。天会十四年（1136年）所建之燕京建福院，大定十七年（1177年）重修。是时，又有新建之修真院，"以处剪发头陀"[37]。在燕京郊区及下属州县，所建之寺庙则有：昌平银山法华寺，建于天会三年（1125年）。昌平十方义济道院，建于天会十四年（1136年）。安次县广福寺，亦为天会年间建。怀柔县大明寺，为皇统初年所建，等等皆是。

而金代中都地区建寺最兴盛时期，为金世宗大定年间。除上文提及的大昊天寺、大庆寿寺等官建寺院外，中都城里由士庶、僧人等所建者则有：福圣寺，为官吏李常、居民张本清等先后修建；资福寺，为僧人法成等筹建。其他如义泉寺、永庆寺、十方观音院等皆是。建于下属州县的，还有通州之永庆寺、靖安寺，安次县之宁国寺、灵岩寺，平谷县之净宁寺、香河县之崇寿寺、永清县之永庆院等皆是。

有金一代，中都地区修复、扩建的前朝寺院也极多。如建于北魏时期的幽州巨刹奉福寺在辽末被焚毁。金代重建佛殿、山门，又创建五百罗汉洞廊：刻一百二十圣贤木像，"金彩涂饰，种种严好"。又修复倾圮之舍利佛塔。章宗并于泰和四年（1204年）敕赐寺额，"每岁四月八日大阐佛会，都人咸瞻敬焉"[38]。

又如建于唐代的燕京名刹悯忠寺，至辽代，高僧无碍大师诠明曾建有释伽太子殿，至金世宗大定十五年（1175年）重为修建，金朝还曾在此设置考场，开科取士。而辽代所建名刹大开泰寺，"殿字楼观，雄壮冠于全燕"，到了金代，也重新扩建，"灵址磅礴，涌出庭甸"[39]，金末毁于兵燹，元代又复加修建。其他古刹，如宝集寺、驻跸寺、延庆寺、千佛寺等等，皆曾在金代得到修复，成为开展佛教活动的重要场所。

第四节　佛教典籍的整理与刊刻

金代佛经的刻造、刊印，也颇有成就。其最引人注目的，则是出现私人刻造全部藏经之事。金代中期，有民女崔法珍，因崇奉佛教，遂断臂发愿，募化钱财，刻造全部藏经。至世宗大定十八年（1178年），大藏经板全部刻成，于是进呈朝廷，金世宗命将其经板运至中都，置于弘法寺。并特在圣安寺设坛，度崔法珍为尼，其后，又赐"紫衣宏教大师"[40]之号。与此同时，还召集金代各地的著名高僧，对其刻经加以校勘。至20世纪30年代，在山西赵城广胜寺，发现该藏经之刊本残书四千九百余卷，后世学者遂命其名为《赵城金藏》。据有关专家研究，该藏经为崔法珍以宋代官刻的大藏经为底本，又增入新的内容，刊刻而成。全部藏经，应有682帙，约7000卷。现存之金代藏经刊本（残卷），已贮存在北京图书馆。

金代藏经既有刻板问世，则有僧人自筹资金，刊印经书者。如中都宝坻名刹大觉寺，即有主寺僧人善昶出资，自办藏经一部，"漆函金饰，工制瑰玮"，[41]以供寺僧习用。时外地僧人，亦有至中都办藏经者。如泰安（今山东泰安）僧人智照，曾在济州普照寺修习佛法，于大定二十九年（1189 年），对寺众曰："闻京师宏法寺有藏教板，吾当往彼印造之"。于是亲至中都，出资印经，"凡用钱二百万有畸，得金文二全藏以归。一宝轮藏，黄卷赤轴，……漆板金字，以为严饰。庶几清众，易于翻阅"。[42]其所刊印之藏经，当即今日所称之《赵城金藏》。由此可见，《赵城金藏》刊板在运到中都城后，发挥了更大的作用，已经开始通过印制而流行全国各地，在佛教界产生了越来越大的影响。

金代石经山云居寺的石经刻造工程，由于没能得到封建帝王的直接支持，虽然仍在断断续续地进行之中，但比起辽代的刻经规模，已是大为逊色。金代初年，云居寺的刻经工程，在少数女真贵族和地方官吏的支持下，得以展开。天会年间，有斡离也公主出资助刻之《行大乘四法经》。有金紫崇禄大夫、检校太傅、知涿州军州事张企徽与其妻萧张氏出资助刻之《妙色王因缘经》、《师子素驮娑王断肉经》、《八部佛名经》、《菩萨投身恶虎起塔因缘经》等十余种佛经。有彰信军节度使、知涿州军州事张玄微与其妻广陵郡夫人高氏出资助刻之《佛说贤首经》、《月明菩萨经》、《佛说佛地经》、《佛印三昧经》、《出生菩提心经》等十余种佛经。是时，还有僧、俗四众出资同刻之《魔逆经》、《佛说鹿母经》、《受持七佛名号所生功德经》等皆是。

金初，又有西京奉圣州保宁寺僧人玄英，与其俗家弟子史君庆在石经山尽力刊刻佛经。自天会十五年（1137 年）开始，至皇统九年（1149 年）为止的十余年间，他们共出资刻造了《金刚顶经瑜伽修习毗卢遮那三摩地法》、《金刚顶一切如来真实摄大乘现证大教王经》、《不动使者陀罗尼秘密法》、《一字顶轮王念诵仪轨》、《一字奇特佛顶经》等佛经多达五十余种。并刻有《藏经总经题字号目录》，记录了金天眷三年（1140 年）以前辽、金二代云居寺所刻之佛经目录。遂成为金代僧俗四众刻造石经之冠。金熙宗天眷年间，又有外地官吏靖江军节度使、知慈州军州事刘庆余，与其妻耶律氏，在云居寺出资助刻了《天王太子群罗经》、《三品弟子经》、《十二头陀经》、《长寿王经》、《修习般若波罗密菩萨观行念诵仪轨》、《金刚顶瑜伽他化自在天理趣会普贤修行念诵仪轨》、《大乘庄严宝王经》等佛经近 20 部。

至熙宗皇统年间（1141—1149 年），燕地的刊刻石经事业开始日渐繁荣。僧侣及民众皆出资、出力，共刻造有《大方广总持宝光明经》、《佛说守护大千国土经》、《佛说大护明大陀罗尼经》、《妙法圣念处经》、《六道伽陀经》、《大伽叶问大宝积正法经》、《最上乘金刚大教宝王经》、《释教最上乘秘密藏陀罗尼集》等佛经近 50 种。其中，如《大宋新译三藏圣教序》，源自宋代官刻藏经，为宋人新译者。而《一切佛菩萨名集》，则来自"契丹藏"，为辽代高僧新撰之著述。

从皇统末年，历经海陵王、金世宗、金章宗三朝，云居寺所刻，主要是小乘佛教诸经典，如《佛说长阿含经》、《中阿含经》、《增一阿含经》、《杂阿含经》等大部佛典皆是。其中，又以女真贵族皇伯赵王、汉王所刻石经为多[43]。经赵王出资助刻的石经，为《增一阿含经》，前后共刻有 265 石。而汉王出资助刻的石经，为《增一阿含经》及《杂阿含经》。前者为 26 石，后者为 355 石，合计为 381 石。到金代末年，蒙古军马南侵，战乱连年不断，云居寺的刻经工程亦因此受到影响而停罢。此后，历有元一代百数十年，基本没有续刻。

注释：

（1）见《金史》卷三《太宗纪》。

（2）见《金史》卷五《海陵纪》。

（3）见《金史》卷六《世宗纪》。

（4）见《金史》卷十《章宗纪》。

（5）见《金史》卷五《海陵纪》。

（6）见《金史》卷五十《食货志》。

（7）见《金史》卷九十四《完颜襄传》。

（8）见《金史》卷七《世宗纪》。

（9）见《金史》卷二十三《五行志》。这一现象虽然无法得到证实，却客观反映了佛教界对金朝统治者们的不满。

（10）见宋人洪皓《松漠纪闻》。

（11）见明释明河《补续高僧传》卷十七《金悟敏悟铢二传戒大师传》。

（12）见《盘山志》卷八所载沙成之《甘泉普济寺赐紫严肃大师塔铭》。

（13）见元人熊梦祥《析津志辑佚》中的"寺观"门。

（14）见金僧希辩所撰《白瀑院正公法师灵塔记》。

（15）见金僧觉聪所撰《三泉寺英上人禅师塔记》，载《金文最》卷一百一十二之石刻拓片。

（16）见国家图书馆善本部藏拓片《大金易州延庆寺昶公法师寿塔记》。

（17）见金人王寂《宝塔山龟镜寺记》，载《金文最》卷二十三。

（18）见《盘山志》卷八。

（19）见国家图书馆善本部藏拓片《祥定舍利灵塔幢记》，塔在河北定兴县。

（20）见民国人喻谦《新续高僧传四集》卷四十二《金燕都香林寺沙门释祖朗传》。

（21）（22）见金人翟炳《长清县灵岩寺宝公禅师塔铭》，载《金文最》卷一百十一所录石刻拓本。

（23）见《金史》卷五《海陵纪》。

（24）见赵万里辑本《元一统志》卷一。

（25）见金代僧人广善撰《金中都竹林禅寺第七代了奇禅师塔铭》拓片，塔在潭柘寺。

（26）见《盘山志》卷八。

（27）见《补续高僧传》卷十二《政言了奇二师传》，文中所云政言著述为：《颂古》、《拈古》各百篇，注《禅说金刚歌》，又著《金台录》、《真心真说修行十法门》等。

（28）见金人赵仲先撰《石经山云居寺故提点法师灵塔铭》（拓片）。

（29）见耶律楚材所撰之《万松老人万寿语录序》，载《湛然居士集》卷十三（中华书局点校本）。

（30）见《析津志辑佚》中的"寺观"门。

（31）见《元一统志》卷一。书中"为郡城冠"一句，"郡"字当为"都"字之误，可参考《析津志辑佚》一书相关内容。

（32）见永乐大典本《顺天府志》（北京大学出版社影印本）。

（33）见《日下旧闻考》卷一百四所引《燕都游览志》。

（34）见明刘定之撰《重修仰山栖隐寺碑记》，载《日下旧闻考》卷一百四。

（35）（38）（39）见《元一统志》卷一。

（36）见《金史》卷八《世宗纪》。

（37）见《析津志辑佚》中的"寺观"门。

（40）见民国沙门震华《续比丘尼传》卷二《宋苏州延圣院尼法珍传》。

（41）见金人张璹《大觉寺记》，载《日下旧闻考》卷一百一十三所引《宝坻旧志》。

（42）见金人赵沨撰《济州普照寺照公禅师塔铭》。

（43）查《金史》，金代中期被封为赵王者，只有完颜永中，系金世宗庶长子，此后，又曾由赵王进封汉王。除此之外，《金史》中无再封汉王者。据此可知，其一，赵王、汉王当为一人，前后所封王号不同。其二，所谓皇伯，是在金章宗时的称呼。

第四章　元代大都地区的佛教

　　金代末年，蒙古族崛起于北方大草原上，在短短的半个世纪中，先后攻灭了西夏、金朝和南宋，并且横扫西域，结束了自唐代末年以来的长期分裂割据局面，特别值得一提的是，正是在这个时期，蒙古统治者专门设置了管理佛教事务和西藏等地政务的宣政院，利用佛教的社会影响来为巩固西部统治服务。也因此而将藏传佛教引入大都地区。与此同时，蒙古统治者还利用了中原佛教、道教等原有宗教的广泛社会影响，来为其服务。这种状况，一直延续到元朝的建立。是时，对于中国社会产生巨大影响的所谓"三教"（即儒、释、道），蒙古统治者对其重新排位，采取独尊佛教，而将儒、道二教予以贬抑的方针。故而有元一代，佛教的发展，继晋唐以来，再度中兴。而在大都地区，其发展则超过了以往任何一个时期，开始出现兴盛的局面。

　　在金元之际，中原征战连年，社会动荡不安，佛教的发展出现了一种奇怪的状况。由于元太祖铁木真对全真教领袖丘处机的尊崇，使得该教派在燕京地区迅速发展起来，对佛教形成了强烈的冲击，从而导致了大规模的宗教冲突。虽然冲突的结果是佛教获胜，但是，就佛教整体发展而言，仍然受到了很大的负面影响。元世祖即位后，把远在西陲的藏传佛教引入大都地区，是这一时期佛教发展的又一特色，藏传佛教来到中原地区之后，很难与中原的农耕文化融合在一起，故而其传播范围只能是在少数统治阶层中。换言之，藏传佛教的政治影响要远远超过其在宗教方面的影响。元朝的一统天下，对于南北两方面佛教界的学术交流提供了便利条件，而元朝统治者的主观努力，又为北方佛教势力的向南发展产生了较大影响。

第一节　蒙古贵族的宗教观念及其崇佛活动

在元世祖忽必烈定鼎大都之前，蒙古帝国的统治中心为漠北草原上的和林（今蒙古人民共和国后抗爱省厄尔得尼昭北）。自元太祖至元定宗三帝，或尊奉萨满教，或信仰景教、伊斯兰教，对佛教尚不甚重视。到元宪宗蒙哥执政时期，才开始对佛、道二教有所重视。蒙哥在即位之初，即下令，"以僧海云掌释教事，以道士李真常掌道教事"。[1]忽必烈是时受命主持中原政事，对佛、道二教在社会上的影响已有较深的认识，于是大力扶持佛教，以便为其所用。忽必烈即位后，定鼎于燕，新建大都城，这里遂成为全国的政治中心。同时，也成为各种宗教势力开展活动的主要场所。当时，世界上的各大宗教，如基督教（包括景教）、伊斯兰教、佛教、道教，乃至于原始宗教萨满教，都在这里设立庙宇，选派其领袖人物，开展各种宗教活动。其中，又以佛教僧徒的活动最为活跃，而作为封建统治者的蒙古诸帝，自忽必烈始，直至元末顺帝，皆对佛教大力扶持，优礼有加，遂为大都佛教之兴盛发展，提供了极为便利的条件。

元代诸帝崇奉佛教的重要表现之一，是连年广作佛事。如世祖朝，于至元八年（1271 年），诏天下佛侣大集于京师，以行佛事。翌年，又"集都城僧，涌《大藏经》九会"。[2]到至元十三年（1276 年），因平定江南，又广集僧、尼十万人至大都，于皇城、太庙、各衙署等处，建十六坛场，大作佛事。此后诸帝，除在京城各大寺时行佛事外，又曾于皇宫中广作佛事。仅延祐七年（1320 年）见之于史书记载的即有：三月，作佛事于宝慈殿。十月，作佛事于文德殿。十一月，作佛事于光天殿。十二月，修秘密佛事于延春阁[3]。而作佛事之僧人，或为汉僧，或为藏僧，或为高昌僧，或为畏兀（今维吾尔族）僧，乃至于高丽僧等等。所行佛法亦各异，或称佛顶金轮会，或称水陆佛事，或称白伞盖佛事，或称镇雷佛事，等等。世祖至元三十年（1293 年）时，每年官方所规定的佛事活动已达一百余次。至成宗大德七年（1303 年），仅隔十年，佛事活动已猛增至每年五百余次，较前增多四倍有余。

元代诸帝为广行佛事，耗费了大量财物。其一是赏赐金银、钱钞。如世祖忽必烈于中统三年（1262 年）在大昊天寺作佛事七昼夜，即赐予该寺及行法诸僧银一万五千两。又如仁宗于至大四年（1311 年），一次即赐给大承华普庆寺金一千两、银五千两、钞万锭，各种珍贵织物万端，以及其地土田、邸店等财物。泰定帝于泰定三年（1326 年），亦赐给大天源延圣寺钞二万锭、田千顷。此后，到文宗天历年间，中书省臣对行佛事所耗费钱财进行统计，"佛事岁费，以今较旧，增多金千一百五十两，银六千二百两，钞五万六千二百锭，币帛三万四千余匹"。[4]这种因行佛事而耗费的钱财，不断增加，直至元末。

其二，是饭僧活动。而见于正史所载，规模较大的，一次是在成宗即位之初，元贞元年（1295 年）正月遇国忌日，"即大圣寿万安寺饭僧七万"[5]。又一次是在泰定帝即位之初，遇昭献元圣皇后忌日行佛事，饭僧多达万人。而日常频繁佛事活动，政府也要为僧众提供大量食物。如皇庆二年（1313 年），因各寺修佛事，仅用羊一项，每日即多达 9440 头，为减省耗费，元仁宗特下令，"敕遵旧制，易以蔬食"[6]。元代帝王又曾以廪食钞、斋食钞的名义，向各寺提供大量钱财。如仁宗延祐年间，先给帝师寺廪食钞万锭，后给大兴教寺斋食钞二万锭，即是明证。

其三，是诵经、抄经、刻经、印经、塑铸佛像，镌刻咒语摩崖等。所谓请僧诵经，是增加功德常行之事。如元代初年，世祖于至元九年（1272 年），集都城僧众诵《大藏经》。又曾在至元二十六年（1289 年）特下诏书，"诏天下梵寺所贮《藏经》，集僧看诵，仍给所费，俾为岁例"[7]。遂将众僧诵经，作为一种制度加以固定化。元英宗于至治三年（1323 年），也曾下令，"敕天下诸司，命僧诵经十万部"[8]。其后，泰定帝首命众僧诵西番经于光天殿。元文宗则命高丽僧、汉僧共诵《大藏经》于大崇恩福元寺，等等皆是。

抄写佛经，其目的与诵经大致相同，也是为了广积功德。而有元一代，诸帝又以抄写金字佛经最为盛行。从元世祖忽必烈开始，即将黄金碾成粉末，然后书写佛经，称金书佛经。如至元二十七年（1290 年），为书写金字《藏经》，即耗费黄金 3244 两。其后，元成宗时敕写金字《昆卢大藏经》。元仁宗时，给黄金 3000 两，"书西天字《维摩经》"[9]；又给金 900 两、银 150 两，写金字《藏经》。元英宗时，已写成金字《西番波若经》，又下令写金字《藏经》二部。泰定帝时，"敕以金书西番字《藏经》"[10]。元文宗时更甚，竟下诏金书佛经一藏，并畏兀字《无量寿佛经》1000 部之多。直至元末，顺帝也下诏写金字《藏经》，并命著名文臣欧阳玄为金书佛经作序，以传于后世。

元代诸帝在位时，皆有建造大刹的举动，刹中又必塑、铸佛像。当时有能工巧匠阿尼哥、刘元等人，就以精于此艺而备受荣宠，加官晋爵。元武宗在位时，即曾施钞万贯，在仰山栖隐寺造佛像。元英宗即位之初，即"铸铜为佛像，置于玉德殿"[11]。又在寿安山寺，铸重达50万斤之巨佛铜像（即今西郊卧佛寺中之铜卧佛）。其规模之大，史称空前绝后。泰定帝在宫中徽清亭塑有马哈吃剌佛像（即所谓的"欢喜佛"）。而到元文宗时，竟出巨资铸造银佛像。从元初的泥塑佛像到元中期的铜铸佛像，再到元后期的银造佛像，即可看出元代诸帝佞佛之举日甚一日。而所耗费的民脂民膏，也在日渐增多。

其四，又有所谓的游皇城之举。自佛教传入中原，不断发展，民众中即开始在每年的二月八日（据称为佛祖诞生之日）举办迎佛会。而到了元代，因定鼎大都，故而迎佛大会又称为"游皇城"。最初，只是士庶民众的自发活动，而自忽必烈开始，已改为由政府组织的大规模的佛事活动。每年的二月八日，帝师由官方仪仗队为前导，乘坐御用之象辇，自大护国仁王寺（或镇国寺）出发，行至城里，绕皇城一周，百官齐集，自帝王、贵戚而下，皆行礼致敬。而阖城百姓，前往聚观，人海如潮，热闹异常。时人作有《迎佛会歌》，以述其盛况："太后、太妃，出驾于郊"，"百辟卿士，扬鞭于道"，"士女扶老携幼，轩车接武，耸瞻如林。鸾声扬于觉辇，象步由于梵衢；旌盖幡幢，交罗巍巍；铙鼓箫管，瞰噪淫淫。"[12]把每年的崇佛活动，推向高潮。

第二节　藏传佛教东传京师及其影响

藏传佛教，乃是流行于西藏各地的一支佛教宗派。分为前弘期与后弘期两部分。前弘期始于唐代，历时约二百年，尚未形成正式宗派。因为受到藏地另一宗教——本教的排挤，一度中绝。百余年后，再度复兴，通称为后弘期。其学术渊源，则以印度密教之无上瑜伽部的经典为依据，逐渐形成了若干大的教派。如宁玛派、噶当派、萨迦派、噶举派、格鲁派等皆是。而在翻译佛教经典方面，则是把印度及汉地的显密各派重要佛典皆译为藏文，以便藏地僧人传习。藏传佛教再度兴起后，经由西域，传入蒙古各地，并产生极大影响。该佛教宗派进一步向东蔓延，并进入中原汉地，则是随着蒙古帝国势力的崛起与不断扩张而来。元太祖铁木真建立蒙古帝国，率军四出征讨，南至黄河，西达东欧，铁骑所至，连战皆胜，势力迅速扩张，疆域日渐增广。由此，除了蒙古人自古所尊奉之萨满教外，开始接触到世界各大宗教流派。至元定宗贵由即位之初，藏传佛教中之萨迦派，即开始投靠蒙古帝国，并为其效力。至元宪宗时，皇弟忽必烈受命主持中原军政大事，遂与该教派的接触日渐增多。忽必烈曾派遣使臣征召该派领袖人物，名僧八思巴（又作帕思巴、发思巴、八合思八等，皆为对音）遂于是时朝见，并受到忽必烈赏识。及忽必烈即帝位，定都于燕，遂将藏传佛教之势力，一同带入大都。此后，元朝诸帝，对其皆尊奉备至，直到元亡。

元朝诸帝极力推崇藏传佛教，主要表现在以下几个方面。其一，是对其宗教领袖，封以高官、显爵，在政治上予以褒扬。忽必烈在即位之初，就尊奉八思巴为国师，授以玉印。其后，又尊为帝师。国师之号，始自北齐，是时已极为尊贵，历代高僧，封号者已极少。而帝师之称，自古所无。对藏传佛教领袖人物封以此名号，并加沿袭，遂成定制。其地位，则相当于全国佛教界之最高领袖。至元十一年（1274 年），八思巴回归故里，帝师之位，则由其弟亦邻真承袭。至元十六年（1279 年），亦邻真卒，是时尚无合适人选，暂告空缺。到至元十九年（1282 年），遂又任命答耳麻八剌剌吉塔为帝师，仍"掌玉印，统领诸国释教"[13]。终世祖之朝，出任帝师一职的，还有：至元二十二年（1285 年），以也怜八合失甲为帝师。翌年，"以亦摄思怜真为帝师"[14]。至元二十八年（1291 年），"授吃剌思八斡节儿为帝师，统领诸国僧尼释教事"[15]。

自成宗即位，至顺帝亡国，受封帝师的则有：成宗时的吃剌思八斡节儿（系重新任命）、辇真监藏、相家班，仁宗时的相儿加思巴、公哥罗古罗思监藏班藏卜，英宗时的旺出儿监藏，泰定帝时的参马亦思吉思卜长出亦思宅卜、公哥罗列思巴冲纳思监藏班藏卜，文宗时的辇真吃剌思，顺帝时的公司儿监藏班藏卜、喇钦索南罗近、喃加巴藏卜等。他们或是居于大都，或是弘法于藏地，其政治上的特权之大、地位之高，远远超过其在佛教界的影响。

为了表示对帝师的宠信，元朝诸帝在新封帝师时，一般都赐以玉印，作为其权力至高无上的象征。如元成宗在重新任命吃剌思八斡节儿为帝师时，又特为其制有双龙纽玉印，上刻"大元帝师统领诸国僧尼中兴释教之印"十六字。又造宝玉五方佛冠赐之，以示尊崇。即使帝师死去，也能享受极高的礼遇。如首任帝师八思巴回归故里后，死于至元十七年（1280 年），元世祖忽必烈遂下令，为其在大都建造舍利佛塔，俗称帝师塔。此后，又为其在大都及全国各地建造帝师寺，绘其画像，颁布各省，"俾塑祀之"。忽必烈还赐其谥号，为"皇天之下、一人之上、开教宣文辅治大圣至德普觉真智佑国如意大宝法王、西天佛子、大元帝师"[16]，以示最高之尊崇。

其二，是举行各种法事，既为元朝帝王祈福，又可扩大影响。举行法事之重要内容之一，是由帝师向元帝授秘密戒。其法始于元世祖，忽必烈在即位前，就曾请八思巴为其受戒，即位后，于至元元年（1264 年），再请帝师八思巴为其授秘密戒（又称灌顶），此后，遂成定制。不仅诸帝受帝师戒，而且皇后、皇子等蒙古贵族，皆受戒法。如文宗时，于天历二年（1329 年），"受佛戒于帝师，作佛事六十日"[17]。翌年二月，"帝及皇后、燕王阿剌忒纳答剌，并受佛戒。"又"命明宗皇子受佛戒"[18]。

元朝诸帝也令藏传佛教一系之僧侣广作佛事。从世祖至元年间开始，藏僧在大都所作佛事越来越多，规模也越来越大。如至元二十二年（1285 年），帝师等于大圣寿万安寺、大兴教寺、大庆寿寺等处，所作佛事共 19 会。翌年，又作佛事于万寿山、玉塔殿、万安寺等处，即增为 30 会。两年以后，则增为 54 会。到至元二十七年（1290 年），帝师、西僧等所作佛事，已达 72 会。此后，如延祐七年（1320 年），修镇雷佛事于京城四门，修秘密佛事于延春阁。泰定元年（1324 年）二月，"修西番佛事于寿安山寺，曰星吉思吃剌，曰阔儿鲁串卜，曰水朵儿麻，曰飒间卜里喃家。经僧四十人，三年乃罢。"[19] 所行佛事，长达三年之久，前所未闻。其后，又修黑牙蛮答哥佛事于水晶殿，作烧坛佛事于延华阁，修洒净佛事于大明、兴圣、隆福三宫，等等，藏僧所行佛事，皇城内外，大小寺院，无处不到。而其种类之多，方法之异，与中原佛教大不相同。

其三，是为藏僧广建佛寺、佛塔。藏僧未至大都之前，燕地之佛寺修建已颇多，然皆为中原一派之风格。藏僧来到大都之后，元朝诸帝皆为其新建佛寺，以供其居住及行佛事。如始建于至元九年（1272 年）的大圣寿万安寺，即是由尼泊尔僧人、八思巴之弟子阿尼哥主持修建的。其所建之藏式白塔，在北京地区的佛教建筑史上，堪称首创。到至元二十八年（1291 年），元世祖又命建藏式白塔二座，各高一丈一尺，"以居咒师朵四的性吉等七人"[20]。此后，元成宗所建之大天寿万宁寺，"中塑秘密佛像"[21]，当亦为藏式寺院，以供藏僧所居。元仁宗时，又专为藏僧报的答国师在旧南城建寺，费钞万余锭。此外，仁宗于大兴教寺建有帝师殿，即费钞万锭。元英宗时，又在大都专门建有帝师寺，而其他的皇家新建寺院中，亦多有藏式佛像等装饰。当然，由于蒙古统治者的尊崇，藏传佛教的势力在大都盛极一时，故而藏僧在京中各大寺院中，皆有活动，而丝毫不受限制。

元代自世祖始，即尊崇藏传佛教，故而对其所依据佛教密宗一派之经典著作，也广为推行。如至元十七年（1280 年），忽必烈即下令：

"敕镂板印造帝师八合思八新译《戒本》五百部，颁降诸路僧人。"[22]
以便使天下僧人，皆奉行密宗之戒律。忽必烈又曾对帝师云："可选诸
路高僧，赐红、黄大衣，传授萨婆多部大戒。"忽必烈还曾命诸僧翻译
藏文佛经，以弘传其学。如"帝命逸林上师译《药师坛法仪轨》，为天
下消八苦之灾，增无量之寿"[23]。仁宗时，也曾"敕译佛书"。英宗
时，还派遣藏僧远行域外，索取佛经。如至治元年（1321年），"遣咒
师朵儿只往牙济、班卜二国，取佛经"[24]。至泰定帝时，又曾"遣指挥
使兀都蛮镌西番咒语于居庸关崖石"[25]，以广传其教。

有元一代，藏传佛教一派之著名佛教领袖，多生活、传法于西藏
地区（时称吐蕃），而在大都生活、传法之著名藏僧，则为数不多。其
代表人物，则有八思巴、胆巴、沙罗巴、达益巴等人。八思巴
（1239—1280年）为吐蕃萨斯迦人，自幼即从其伯父萨师加哇学藏传密
教之法，有"过目成诵"之能。"七岁演法，辩博纵横，犹不自足。"
于是又遍访名师，尽通其学。元宪宗三年（1253年），受忽必烈之召
东来，"世祖、宫闱、东宫，皆秉受戒法"，遂得到忽必烈的宠信。忽
必烈即位后，"尊为国师，授以五印，任中原法主，统天下教门"。不
久，重返吐蕃，随即被世祖召回，又受命新创蒙古文字。历时数年，
到至元六年（1269年），新字制成，俗称八思巴蒙古文，又称蒙古新
字，颁行天下，"升号帝师、大宝法王"。其后，又西归吐蕃。至元十
一年（1274年），世祖再次召其至大都，并举行盛大欢迎仪式，"王
公、宰辅、士庶，离城一舍，结大香坛，设大净供，香华幢盖，大乐
仙音，罗拜迎之。所经衢陌，皆结五彩翼其两傍。万众瞻礼，若一佛
出世"，造成极大社会影响。八思巴曾将其所学之藏传密教一派的佛学
理论，撰为《根本说一切有部出家授近圆羯摩仪轨》及《根本说一切
有部苾刍习学略法》二书，前者又有忽必烈御制之序言。此后，二书
皆被收入《大藏经》中。八思巴又曾亲向皇太子真金讲授经义。不久，
复西归。于至元十七年（1280年）示寂于故里。"上闻，不胜震悼，
追怀旧德，连建大宰堵波于京师，宝藏真身舍利。"[26]

胆巴（1230—1303年），又名功嘉葛刺思，亦为藏族人。自幼丧
父，家人"遣侍法王。上师试以梵咒，随诵如流"。于是从学藏传密宗
之法，"自是经科、咒式、坛法、明方，靡不洞贯"。学有所成。其后，
受命至西天竺，"参礼右达麻室利，习梵典，尽得其传"。至元七年
（1270年），忽必烈于大都建大护国仁王寺，首诏胆巴为住持，赐号金
刚上师，"普度僧员"。其后，又受命住持五台山寿宁寺。至元九年
（1272年），复至大都，颇受蒙古贵族尊崇，"王公咸禀妙戒"。至元十

二年（1275年），世祖又下令为其在涿州建有摩诃葛剌神庙，"结构横丽，神像威严"，颇为当地民众信奉。其后，又于至元十八年（1281年），参加佛、道大辩论，佛胜道败，《道藏》尽焚。翌年，因受权臣桑哥排挤，出都西归，又被追回，远谪南荒潮州（今广东潮州）。桑哥因罪被诛后，胆巴复被召回，并在宫内"建观音狮子吼道场"，为世祖禳灾。成宗即位后，仍奉诏住于大护国仁王寺。大德六年（1302年），成宗猎于京南行宫柳林，得病，复请其行法事，以消灾。并赐以七宝牌，"皇后亦解宝珠璎珞施之。并施堂乘车辇、骒马、白玉鞍辔、金曼答喇，黄、白金各一锭，官布十八匹。御前校尉十人，为师前导"。翌年，因随驾出巡上都，遂示化于上都庆安寺。其后，成宗"敕大都留守率承应伎乐，迎舍利归葬仁王寺之庆安塔焉"。胆巴死后，仁宗在皇庆年间追封其号为"大觉普惠广照无上胆巴帝师"。[27]

沙罗巴（1259—1314年），为西域积宁人。自幼从帝师八思巴学习藏传密教之法，"又从著栗赤上师学大、小乘"。帝师又命其向名僧剌温卜学迦密乘之佛法，皆能得其精要。后由帝师迦罗思巴斡即哩推荐，受到世祖忽必烈任用，作为八思巴与忽必烈之间的翻译。因其"辞致明辨"，遂被赐以"大辨广智法师"之号。又因其能通吐蕃、西域及汉字等多种文字，遂受命将藏文佛经译为汉文，以便在中原地区广为弘传，"命译中国未备显密诸经，各若干部"。其所译之佛经有：《彰所知论》、《药师琉璃光王七佛本愿功德经念诵仪轨》、《佛说坏相金刚陀罗尼经》、《佛顶大白伞盖陀罗尼经》、《佛说文殊菩萨最胜真实名义经》等，"所译之经，朝廷皆为刊行"，广传于世，并被后世收入《大藏经》中。

其后不久，沙罗巴被授以江浙等处释教都总统之职，管辖江南僧务。又改授福建等处释教都总统，因与当地僧人不和，遂建言罢僧官，而回归故里。武宗至大年间，元廷复召其至大都，"诏授光禄大夫、司徒"。仁宗在即位前，即向其学习佛法。及即位，"眷遇益隆"。命住于大庆寿寺，给廪食之费。其后，于延祐元年（1314年），坐化于寺，而归葬故里。时人曾评其所译佛经云："佛法之传，必资翻译。故译梵为华，……必博通经、论，善两方之言，始能为之。……所以传列十科，翻译居首者，岂非以其为之难、功之大乎！……观其所译，可谓能者哉。"[28]对其评价虽高，但并不过分。

达益巴（1246—1318年）自幼出家，拜帝师八思巴为师，从学十三年。其后帝师西归，又从行至临洮，"命依绰思吉大士"，又从其学佛法，"切磋琢磨，于是义逾精，道益明矣"，声誉大振。遂于武宗时召至大都，"召问法要，称旨"。随即辞归。不久又应召至大都，"大宣法化，帝亲临听，特赐弘法普济三藏大师之号，命铸金印，及紫方袍，以旌异之"。亦居于大庆寿寺。延祐五年（1318 年）死于大都。仁宗"敕有司备仪卫，送之都门外"[(29)]，归葬故里。并赐谥为祐圣国师。

元代中期，则有名僧必兰纳识理及名尼舍蓝蓝八哈石，活跃于大都之佛学界。必兰纳识理（？—1332 年）为北庭感木鲁国人，原名只刺瓦弥的理，精通畏兀儿语、梵语及藏语等多种语言。元成宗大德六年（1302 年），"奉旨从帝师受戒于广寒殿，代帝出家"。并赐名为必兰纳识理。仁宗时，"命翻译诸梵经典"，将梵文的《大乘庄严宝度经》、《乾陀般若经》、《大涅槃经》、《称赞大乘功德经》，及汉文《楞严经》、藏文《不思议禅观经》等，译成蒙文佛经，以供蒙古贵族研习。元帝遂赐其银印，授以光禄大夫、开府仪同三司之高爵，兼领功德使司事。英宗时，又改赐金印，"且命为诸国引进使"。到文宗时，又赐以玉印，"加号普觉圆明广照弘辩三藏国师"[(30)]。但其后不久，即因参与月鲁帖木儿等人的谋反活动，而遭到诛杀。

舍蓝蓝八哈石（1269—1332 年）为高昌人，幼年至大都，"入侍中宫真懿顺圣皇后"，命其拜帝师迦罗斯巴斡即儿为师，遂出家为尼，从学佛法。至仁宗时，"诏居妙善寺，以时入见"。她笃信佛法，广行佛事。出资建大都妙善寺及五台山普明寺，又购《大藏经》两部，分置于两寺之中。复写金字番经十余部，汉字、畏兀字经各一部。"又于西山重修龙泉寺，建层阁于莲池。于吐蕃五大寺、高昌国旃檀佛寺、京师万安寺等，皆贮钞币，以给燃灯续明之费。又制僧伽黎衣数百，施番汉诸国之僧。其书写佛经，凡用金数万两，创寺施舍，所用币数以万计。"死后葬于大都城南，赐号"真净妙惠大师"。舍蓝蓝八哈石之所以能广行佛事，耗资无数，皆因其能结交权贵，"出入宫掖数十年，凡历四朝，事三后，宠荣兼至"[(31)]。

第三节 佛教宗派的发展变化与僧侣的活动

在元代的大都地区，由于受到封建统治者们的高度重视，佛教的发展规模及其影响都远远超过了前代。大都城作为全国的政治中心，同时也就变成了全国的文化和宗教中心，当然也就是佛教活动最重要的中心。是时，大都地区佛教发展的一个重要特点，是出现了不同的宗教学派交替盛衰的情况。金末元初，原大都地区的律宗一派，由盛转衰，而禅宗之势力，有极大发展。许多著名的寺院，都出现了革律为禅的变化。如燕京名刹三学寺，即革律从禅，并改名圆明寺。又如创建于辽代的大觉寺，是时亦革律为禅，并请著名禅僧志奥在此住持，弘传禅学。

而当时的禅宗之名僧，遂成为整个北方佛教界之领袖人物。如曹洞宗名僧万松行秀、临济宗名僧海云印简等皆是。万松行秀（1166—1246年）早在金章宗时，即受到统治者的推崇。蒙古军队攻占中都城后，他隐居于燕京报恩寺之从容庵，时有著名政治家耶律楚材从其学习佛法，行秀即教导他"以儒治国，以佛治心"，深得耶律楚材之赞赏。时人称其"儒、释兼备，宗说精通，辩才无碍"[32]。对当时的佛教界及政界都有很大影响。其嗣法弟子，则有雪庭福裕、林泉从伦、全一至温等人，皆为一时之曹洞宗高僧。

海云印简（1202—1257年）自幼入岚州广惠寺，拜沼公为师，学习临济宗之禅学。蒙古军队攻占岚州（今山西五寨）之后，随沼公北上燕京。沼公死后，又师从中和章公。学有所成，遂遍历燕京庆寿、竹林等寺，易州兴国寺，昌平开元寺等，先后主持七次大规模的佛事活动，剃度弟子多达千余人。宪宗即位之初，因闻其道行高卓，遂命其主管中原地区的佛教事务，并赐以银章。又将燕京普济寺重加修建，"殿宇雄丽，金碧辉映，为诸刹冠。以师之道，号曰'海云'，赐为寺额"[33]。忽必烈是时主持中原政事，亦曾向其学习佛法，深受赏识。印简又派其弟子刘秉忠辅佐忽必烈，屡建奇功。他生前受到蒙古统治者的极力推崇，先后赐以寂照英悟大师、燕赵国大宗师、佑圣安国大禅师、光天镇国大士等名号。死后，又赐谥号为"佛日圆明大宗师"。其传法弟子，则有可庵朗公，再传荜庵满公及刘秉忠；颐庵偘公，再传为西云安公。皆为大都临济宗之名僧。

是时，又有云门宗著名禅师志奥，初就学于崇寿寺之名僧圆通祖朗，后就学于大圣安寺之澄公。睿宗监国时，燕京官吏刘从立、高从遇等人，请奥公住持大觉寺。于是志奥尽出己资，重修该寺，建有佛殿、僧舍，又新创藏经之殿，从其他寺庙求回《藏经》一部，置于其中，以备众僧诵读、研习之用。其后，志奥又先后主持大圣安寺、大崇寿寺等名刹的佛教事务，在燕京佛教界声望极高。

及忽必烈定鼎于燕，兴建大都城后，藏传佛教的势力随之传入，极受宠信，于是忽必烈采取了崇教抑禅的政策，遂使教宗一派，取代禅宗的领袖地位，而趋于大盛。汉地诸僧，亦多从藏僧学习显、密二教之法。藏传佛教一系，遂成为一时之显学。元世祖忽必烈平定江南之后，因"彼境教不流通，天下拣选教僧三十员，往彼说法利生，由是直南教道大兴"[34]。遂将教宗一派之佛学强行扩展到全国各地。到至元二十五年（1288 年），又"诏江淮诸路立御讲三十六所"，正式开堂传法，用以弘扬教宗之学。由于统治者的一压一扬，于是出现了"禅衰教盛"的现象。"时禅学浸微，教乘益盛。性、相二宗，皆以大乘并驱海内。"[35]

时大都地区崇奉教学诸僧，声价日增。有华严宗名僧德谦（1267—1317 年），为宁州（今江西武宁）人，曾遍游秦、洛、汴、汝、齐、魏、燕、赵各地，咨访名师，先后所学有："初受《般若》于邠州宁公，习《瑞应》于原州忠公，受《幽赞》于好畴仙公，学《圆觉》于乾陵一公，究《唯识》、《俱舍》等论于陕州政公，听《楞严》、《四分律疏》于阳夏闻公，凡六经、四论、一律，皆辞宏旨奥，究三藏之蕴。"其后至大都，始从万安坛主拣公学《华严经》，先后奉诏居于成宗所建之大天寿万宁寺、武宗所建之大崇恩福元寺。"前后十纪，道德简于宸衷，流声扬于海外"[36]。后示寂于此，并葬于大都城南。

时又有华严宗名僧妙文（1237—1319 年），为蔚州（今河北蔚县）人，九岁出家，十八岁出游燕云各地，二十岁至大都，从大德明和尚学习华严宗学。其后，住持于蓟州云泉寺、大都宝集寺等名刹，弘传教学，"师独大弘方等，振以圆宗"[37]。在蓟州云泉寺时，曾用寺中余粮赈济饥民，广受赞誉。至晚年，又行净土之法，"年逾八十，专修念佛三昧"[38]。为净、教双修之高僧。死后，葬于京西平则门外，僧众为其修造有佛塔。

元代中期，在大都弘传天台宗学的名僧，则有性澄（1254—1331 年），绍兴会稽（今浙江绍兴）人。英宗于至治元年（1321 年）召其入京，"问道于明仁殿"受到赏识，并命其在青塔寺参加校勘《大藏经》的工作。"驾幸文殊阁，引见问劳，赐《无量寿佛》等经若干卷。"校经毕，辞归故里，临行，又奉旨在白莲寺建水陆无遮大会，"事闻，宠赉尤渥，赐号佛海大师"。他也是一位净、教双修之高僧，"笃志净土，修一心三观者七昼夜，屡感瑞应"[39]。他的著述则有《金刚集注》、《心经消灾经注》、《弥陀经句解》及《仁王经如意轮咒经科》等。

自元初忽必烈崇教抑禅，教学日盛。而禅学虽然受压，但因其基础较为雄厚，故而势力在大都地区仍很可观。三禅之中，又以临济一宗更为活跃。特别是忽必烈死后，元成宗即位，禅宗势力再次抬头。元贞元年（1295 年），成宗特下诏书，命海云印简的再传弟子西云安公为大庆寿寺住持。元仁宗时，又特赐号"佛光慈照明极净慧大禅师",加官荣禄大夫、大司空,并给以玉印,上刻"临济正宗之印"。著名文士赵孟頫奉敕撰有《临济正宗之碑》文,刻石立于寺中。并将临济宗之宗谱加以排定,自临济义玄而下,十传至于燕京海西堂容庵,容庵传中和璋公,璋公传海云印简,简公传可庵朗公和赜庵儇公。其下分为两支:朗公传蕲庵满公及刘秉忠,儇公则传于西云安公。是为西云子安,为临济正宗的第十五代传人。

西云子安的弟子,著称于世者,有北溪延公、鲁云兴公及秋亭亨公。在安公死后,继主大庆寿寺佛教事务的,是北溪智延(1257—1335年),为彰德(今河南安阳)人,曾入凤林寺为僧。后至大都,拜西云安公为师。主持寺事后,元仁宗特赐其号为"佛心普慧大禅师",不久,又授以荣禄大夫、大司空之爵位,领临济宗事。极受元帝宠信,"前后赐以金、玉佛像,经卷及他珍玩之物数十事"[(40)]。元英宗时,以年老回彰德天宁寺隐居。

西云子安的另一高足为鲁云行兴(1274—1333年),为郓城(今山东郓城)人,自幼出家于乡中乐闻寺,受戒后北上大都,拜安公为师,"留三年而尽得其道",受命为海云寺住持,后归乡里省坟。元英宗即位后,再召其入京,主持燕京名刹竹林寺之僧务。到元文宗时,"特降玺书,命主大庆寿寺"。并赐以二玉印,一刻"庆寿长老"四字,另一刻"领临济一宗",以示推崇。他在主持大庆寿寺时,临济一宗的势力有了更大发展,"自是诸方衲子川奔之聚。钟鱼之声,旦暮弗辍。师日率众为国祝釐"[(41)]。

到元末顺帝即位初年,鲁云行兴示寂,其师弟秋亭亨公继任其职。洪亨(约1281—1350年)为顺德(今河北邢台)人,自幼出家于开元寺,成年后北游大都,亦受学于西云安公。其后,来往于大都之广福寺、竹林寺、庆寿寺,又南下江淮各地,宣传禅学。鲁云死后,出任大庆寿寺住持。后因年老,归隐故里,而由其得意门徒显仪继任庆寿寺住持,以承"临济正宗"之法嗣。

大都地区的曹洞宗一派禅学,自万松行秀死后,日渐衰微。到元代中期,则有万寿长老佛心宝印重振其风。宝印名思慧,为建宁浦城(今福建浦城)人,初拜东平鞍山新公为师,后北游大都,再拜万松行秀之高足林泉伦公及东川让公为师。曾主持大都万寿寺僧务近二十年,建佛塔,修寺庙,复侵田,颇有作为,由是名声大振。元仁宗时,特赐予银印,领曹洞正宗。

金末燕地已经趋于衰微的律宗一派,到了元代,仍余绪未绝,一脉相承。是时,宝集寺的名僧志玄,因为得到一部辽道宗御书之金字

《菩萨三聚戒本》，而被视为律宗的正统传人，赐号为祐圣国师，并授以“守司空”之爵。金朝灭亡后，蒙古统治者对他也十分敬重，“及归国朝，行业高峻，王侯将相，争趋下风”。志玄遂将这一象征律宗正统的金字戒本一代代传下去，“一代而为领释教都总统、传戒三学都坛主行秀，再传而为领诸路释教都总统、三学都坛主圆明，继以领释教都总统、开内三学都坛主、开府仪同三师、光禄大夫、司徒、邻国公知揀”[42]。而大都的其他律学高僧，尚有崇国寺坛主隆安选公、崇国寺之佛性圆明大师定演，大承华普庆寺实相圆明光教大师法闻等。

大都律宗之复兴，始兴于崇国寺坛主隆安善选。善选（1175—1252年）为燕京香河（今河北香河）人，自幼入乡里隆安寺，研习《华严》宗旨。后至中都，向永庆寺法藏大师学习《清凉国师义疏》，又自己钻研《璎珞经》、《瑜伽论》之奥意，颇有所悟。蒙古军马攻打中都时，一度东逃平滦。政局平定后，回到燕京，主持著名古刹悯忠寺、崇国寺的修复工程。并受耶律楚材之邀，主持悯忠、崇国二寺之僧务。后又主持宝集寺僧务，补刊残经，启建资戒大会，并培养得力弟子二百余人。其中如通辩大师定学、雄辩大师定义、寂照大师定志、圆明大师定演、圆照大师恒迁、通理大师道明、广慧大师祖璋、崇教大师慧英等，皆为一代律学名僧。

元世祖忽必烈即位后，采取“崇教抑禅”政策，律宗一派，也乘机不断发展，由此复兴。作为律宗正统传人的宝集寺都坛主行秀，被任命为释教都总统。他的再传弟子知揀，更被封为邠国公。元世祖在大都新建大圣寿万安寺成，首命知揀为开山之主。到元成宗时，又在大都新建大崇国寺，命隆安善选的另一高徒佛性圆明大师定演主持寺事，“于是祝发之徒以万计”。律宗的势力又有所发展。

继定演之后，持有金字戒本的光教法闻，为陕西人，七岁即学佛法，“年二十受具戒，于是游汴、汝、河、洛，历诸讲肆，研究教乘”。并曾以种种苦行，如灼肌、燃指，刺血书佛经，乃至于读五千卷《藏经》多达三遍，等等，由此而名闻当世。元帝征召其至大都，使住于太原教寺，授以荣禄大夫、大司徒之爵位。又命其住大承华普庆寺，“加开府仪同三司、大司徒，银章一品，赐辽世金书戒本”[43]。从其受戒者不计其数。他示寂后，“有司备仪卫，旌盖，送之”。而金字戒本，则传给普明净慧大师智学，直至元末。

至金代始立宗传嗣之头陀教，在元代大都的著名代表，为雪庵溥光。为云中（今山西大同）人。五岁即出家，后至大都，受到元世祖忽必烈赏识，至元十八年（1281年），特赐号“玄悟大禅师”，命为头陀教大宗师，元朝统治者并为其在大都建有大胜因寺。元成宗即位后，又特授为昭文馆大学士，仍掌头陀教之事。为嗣法第十一代传人。溥光不仅清修刻苦，而且精通儒学，能作诗文，其书法技艺更是出类拔萃，可与当时著名书法家赵孟頫相颉颃。相传大都皇城内的众多宫殿匾额，大多出自于他的手笔。他的师弟如庵溥圆、空庵溥照等，皆为头陀教高僧。溥照还曾出任江南诸路头陀教门都提点。

溥光之高足，则有寂庵志诚（1241—1305 年），为缙山（今北京延庆）人，自幼入清凉寺，拜头陀师翟公，受五戒六斋之法。元世祖中统初年，又进京受戒，先后在曲河院、常乐院、清安寺、广化寺等处主持佛事。至元十四年（1277 年），被任命为大都路头陀教禅录。并受溥光所传之金字戒本。元成宗于大德元年（1297 年），赐其号为"静照妙行大禅师"，任诸路头陀教门都提点。头陀教在大都虽自成一系，然因其所行过于偏颇，多有旁门左道之嫌。又因其修行过于清苦，故而往往流传于社会之下层民众中，其势力始终未能称雄于佛教界。

第四节　大都寺院的建造

正如元代的佛教发展十分兴盛一样，大都地区的寺院建造也十分兴盛。其中的一个重要标志，就是皇家寺院的建造。元世祖在营建大都城的同时，也开始在这里兴建大规模的寺院。他建造的第一座寺院，是大护国仁王寺。元世祖忽必烈在至元七年（1270 年），首建大护国仁王寺于新都西北高梁河畔，"寺宇宏丽雄伟，每岁二月八日大阐佛会，庄严迎奉，万民瞻仰焉"[44]。该寺共建造有殿宇一百七十余间，并占有其他房舍二千余间。建寺之初，元世祖还"诏请胆巴金刚上师住持仁王寺"[45]。及高僧胆巴死后，亦葬于寺中庆安塔。

此后不久，元世祖忽必烈又在新都城内兴造大圣寿万安寺，历时十六年乃竣工，"佛像及窗壁皆金饰之，凡费金五百四十两有奇，水银二百四十斤"。[46]并命尼泊尔著名工匠阿尼哥在寺中建有藏式高大白塔一座，以壮观瞻。翌年，又将传世之佛宝旃檀佛像取至寺中后殿安放。据称，元世祖建大圣寿万安寺的初衷就是为了安置旃檀佛像。这座寺庙规模极为壮丽，堪与皇宫建筑媲美，这里遂成为大都佛教活动的重要场所。如元贞元年（1295 年）正月，"以国忌，即大圣寿万安寺饭僧七万"。[47]这是因为元世祖死后，其神御殿（又称"影堂"）即被设置在寺中。此外，在每年元旦（今日称为春节）的大朝会之前，京城百官都要在这里演习朝仪。除了护国仁王寺和圣寿万安寺之外，元世祖忽必烈还曾在京西建有大宣文弘教寺，规模也很壮观。

此后诸帝相沿其俗，元成宗在都城中心的鼓楼东侧建有大天寿万宁寺，元武宗在旧南城建有大崇恩福元寺，元仁宗在新都西城建有大承华普庆寺，元英宗在大都旧南城建有大永福寺，又在京西山中建有大昭孝寺。泰定帝亦于京西扩建古刹，号称大天源延圣寺。而元文宗则在西郊建有大承天护圣寺。元顺帝时，则在新城之北建有大寿元忠国寺。纵观有元一代，大都地区仅帝王主持建造的巨刹，即多达十余所。这些寺庙的规模都很宏大，远非一般官吏和普通百姓所能企及的。如旧城所建大崇恩福元寺，"敕行工曹麗其外垣，为屋再重，逾五百，础门其前而殿于后，左右为阁楼，……玉石为台，黄金为跌，塑三世佛。后殿五佛，皆范金为席，台及跌与前殿一。诸天之神列塑诸庑，皆作梵像，变相诡形，怵心骇目"。[48]该寺建造时间并不长，其规模却十分宏丽。

为了兴建这些佛刹，元朝政府动用了大批的人力、财物。凡建一寺，所用人力，动辄数千人，而财物之费，更是无法计算。泰定帝时，中书省臣曾对此提出异议："世祖建大宣文弘教等寺，赐永业，当时已号虚费。而成宗复构天寿万宁寺，较之世祖，用增倍半。若武宗之崇恩福元、仁宗之承华普庆，租权所入，益又甚焉。英宗凿山开寺，损兵伤农，而卒无益。"[49]显然，中书省大臣们的指责并不过分，元朝诸位帝王为修建寺庙，为了自己和子孙祈福，全然不顾国家的财政支出负担过重，不顾百姓和士兵的巨额劳动付出，而实际上只是换来了一点点的精神寄托。

特别值得一提的，是元英宗所造之寿安山寺。须开山凿石，工程浩大，所役军卒、民夫多达万余人，所费钱钞多达千万贯，又时值春耕大忙季节，为此，负责进谏的御史官员观音保等人极力加以劝阻，反而招致杀身之祸，"监察御史观音保、锁咬儿哈的迷失、成珪、李谦亨谏造寿安山寺，杀观音保、锁咬儿哈的迷失，杖珪、谦亨，窜于奴儿干地"。[50]由于拒谏而诛言官，自古即很少见，而为建佛寺而杀谏官，更是空前绝后的恶行。然而，大兴土木，耗尽民财而建寺、奉佛，并未给他带来任何好运气。至治三年（1323 年），仅坐了三年多皇帝宝座的元英宗，就在一次政变中丧命。而寿安山寺，因工程浩大，是时尚未完工。其后，到元文宗即位，才又出钱钞十万锭，命宰臣燕铁木儿亲自督工，续建该寺。并将原隶于泰定帝的民众二万四千余户，赐给该寺，作为永业户。

元代的大都地区，不仅封建帝王出资广建巨刹，而且蒙古贵族、大官僚、大富商，乃至于中下层民众，也都纷纷出钱，兴建寺院。如旧都名刹大天庆寺，因蒙金战争遭焚毁，荒废已有五十余年。到至元九年（1272 年），由驸马高唐郡王出资购买原寺地，重加修建。十余年后，皇孙甘麻剌又出钞币二千五百缗，命大都留守段贞再加扩建，"起三大士正殿，丈室七巨楹。下至门闾、庖唱，宾客之所，略皆完美"[51]。又如建于至元十八年（1281 年）的大头陀教胜因寺，为高僧溥光所筹建，原仅占地八亩，后得官吏、富商资助，复加扩建，"揭以雕檐，楯以香木，内设毗卢法像，环庋大藏诸经"[52]。共耗资十八万缗，历时十七年，才告竣工。

在大都新旧两城不断恢复旧寺、扩建新寺的同时，大都郊区的寺院也在不断恢复和扩展。如建于唐代的六聘山天开寺，毁于金末战乱，到至元十年（1273 年），开始修复。有应公和尚，"始来住持，次建栗园寺，次建皇后台东、西两寺"，又在涿州建有设济寺，"规模庄严，拟于天开"，再在南沙河建寺，由此而声闻一方。连元朝统治者亦"闻而嘉之，特赐圣旨护持"[53]。而其他在元代创建的中小寺院，修复的前朝名刹，更是数不胜数。仅一位僧人的兴建能力即如此之强，可见当时僧俗四众建造寺庙的积极性是十分高涨的。

纵观有元一代，由于蒙古帝王们对佛教的大力扶持，遂使元代佛教发展十分兴盛，特别是在大都地区，更是有了空前的发展。据至元二十八年（1291 年）的官方统计，当时全国共有寺庙 4230 余处，僧尼达到 21300 余人。平均每寺有僧、尼五人。而在大都地区，仅历朝帝王所建之十二所皇家寺院中，即有僧人 3150 人，每寺平均多达 260 余人，大大超过了全国寺院的僧尼平均数。而其他官私、僧众所建之大小佛寺，又有数百所之多，星罗棋布于都城内外。僧众之多，不可胜数。由此可见，元代的大都城，已经成为全国佛教活动的最重要的中心。

第五节　寺院经济的扩张

随着大都地区佛教的迅速发展，寺院经济也随之发展起来，这同样是与元朝统治者们的大力支持密切相关的。元朝统治者在耗费大量人力、物力兴建巨刹的同时，对于大都地区的著名寺院，也给以巨额财物的资助。除上文提及的（参见本章第一部分内容）因行佛事而赐予金银、钱钞、绢帛等物外，主要的赐予则为土地。如元世祖于中统二年（1261 年），赐给庆寿寺、海云寺陆地（当即旱田）五万亩。元成宗于大德五年（1301 年），赐给大兴教寺地万亩，大圣寿万安寺地六万亩。元仁宗时，先赐给大承华普庆寺地八万亩，后又赐给该寺外地农田一万七千亩。并赐崇福寺官地万亩。泰定帝时，赐给大天源延圣寺江南田十万亩。元文宗时先将故宋太后全氏之田产赐给大承天护圣寺，又将大臣张硅诸子的籍没田四万亩赐给该寺，再将外地所括"闲田"共十六万余顷，赐给该寺，作为永业田。而元末顺帝时，再"拨山东地土十六万二千余顷，属大承天护圣寺"(54)。是时皇家建造大寺占田之多，创下了一项空前绝后的历史记录。

元朝政府在赐给诸寺大量钱财、土田的同时，还赐给各种其他产业。仅以世祖所建大护国仁王寺为例。该寺在寺中立有石碑，刻写该寺所占财产之巨大数额。至大元年（1308 年），元朝政府为了便于管理该寺财产，专门设置会福院，经过会福院官员的统计，"凡径隶本院，若大都等处者，得水地二万八千六百六十三顷五十一亩有奇，陆地三万四千四百一十四顷二十三亩有奇，山林河泊湖渡陂塘柴苇鱼竹等场二十九，玉石银铁铜盐硝䃃白土煤炭之地十有五，栗为株万九千六十一，酒馆一"(55)。而在河间、襄阳、江浙等处，该寺还另外占有大量田产、资财。

各大寺院利用政府所赐之各种产业，进行经营，牟取暴利。而他们的经营活动，又受到政府的直接保护。其一，是经营农业，免收田租；经营商业，免收贸易税。这样，全部利润都归入寺院之中。其二，禁止官吏、军卒骚扰寺院，占夺其财产。当时许多寺院中都树有所谓的"圣旨碑"，内容大致相同。仅录大都寺庙所立之碑文一段，即可见其大概。"这的每寺院里房舍里，使臣每休安下者，铺马支应休拿者，地税、商税休与者。但属寺家的起盖来的寺院，修补来的旧寺院，布施与来的，买要来的，并田地、水土、人口、头匹、园林、碾店、铺席、解典库、浴堂、山场、河泊、竹苇、船只，不拣甚么，他每的休扯拽夺要者。"(56)类似的"圣旨碑"在当时的大都许多寺庙中皆有树立。

元朝政府在赐给诸寺大量钱财的同时，为了便于经营、管理，并保证这些产业的收入不被他人所侵夺，又特别设有官衙。派遣官吏，主持其事。这些官衙一般通称"总管府"。如（一）掌管大护国仁王寺财产的，称会福总管府（即上文程钜夫所云会福院），下辖仁王营缮司，专理修补寺院之事；大都等路民佃提领所，负责征收田租。又有会福财用所、财用库、盈益仓等，负责寺院财产的贮存和日常收支等事。（二）掌管大崇恩福元寺财产的，称隆禧总管府。下设规运提点所，负责寺中钱粮经营诸事；田赋提举司，负责征收租税。又有资用库、万圣库等，贮存寺院钱财。其他如（三）掌管大圣寿万安寺财产的寿福总管府，（四）掌管大承华普庆寺财产的崇福总管府，（五）掌管大承天护圣寺财产的隆祥总管府等，其职权及下设机构大致相同。

大都地区的寺院经济，主要有以下几个显著的特点：第一，是其经营种类较多，规模宏大。大都的众多寺院，皆有元朝诸帝赐给的大量田产，如元世祖忽必烈赐给庆寿寺、海云寺陆地五百顷；元仁宗赐给大崇福寺田百顷，普庆寺田百七十顷；泰定帝赐给大永福寺祭田百顷；元顺帝拨山东田十六万二千余顷归大承天护圣寺等。寺院为此专门设有营田提举司、宣农提举司等机构，出租田地，收取租税。此外，大都的许多著名寺院，都设有规运总管府，专门负责放债取息。如元文宗时，赐给香山大昭孝寺钞三百万锭，其中一百万锭，即专门用于放债取息。元顺帝于至正六年（1346 年）在护国仁王寺设规运总管府，"凡贷民间钱二十六万余锭"。[57]寺院还经营有河泊、柴苇场、矿产，以及酒店、浴堂、水碾、市肆等多种项目，以增加其经济收入。如此众多的经营项目，如此宏大的经营规模，决非一般世俗地主、甚至官僚地主所能企及的。

第二，寺院经济的掠夺面涉及社会各个阶层。大都的各寺院在寺院经济的扩张中，剥削的主要对象是广大农民。在寺院的农田中劳动的民户，一般分为三部分，一部分是被政府连同土地一起赐予寺院的人户，其社会地位略高于奴隶，人身自由受到严密控制，终年为寺院进行农业生产，这种人被称为"寺观户"；另一部分是被穷困所迫，卖身到寺院中为奴隶，有一定的期限，但是有些人不仅终身被寺院霸占，甚至连子孙也被寺院占为奴隶而不能自拔；第三部分人的情况略好一些，属于租种寺院农田，向其交纳租税的人户。有些寺院则占有市肆，建造邸店，出租获利，以剥削来往的客商和游人。此外，寺院通过募化的方式，从封建统治阶级手中分取巨额利润，是一种变相的、间接的剥削方法。由此可见，其剥削面包括了上流社会、农民和商人等整个世俗社会的各个阶层。

第三，寺院经济增值的一项重要手段就是通过宗教活动来巧取豪夺社会财富。寺院除经营多种经济项目（如田产、矿产、市肆等）以获取利润外，还利用宗教活动的机会来增加收入。如中统三年（1262年）十二月，"作佛事于昊天寺七昼夜，赐银万五千两"。[58]其后，随着宗教活动不断增加，僧侣豪夺财富的举动更加猖獗。泰定元年（1324 年），中书省大臣张珪上奏指出："僧徒又复营于近侍，买作佛事，指以算卦、欺昧奏请，增修布施莽斋，自称特奉、传奉，所司不敢较问，供给恐后，一事所需金银钞币不可数计，岁用钞数千万锭，数倍于至元间矣。凡所供物，悉为己有，布施等钞，复出其外。生民脂膏，纵其所欲，取以自利。"[59] 然而统治者为谋取死后的幸福，不听臣下劝告，对宗教活动的赞助仍是有增无减。到天历二年（1329 年），仅据中书省统计，增加的数额即为："佛事岁费，以今较旧，增多金千一百五十两、银六千二百两，钞五万六千二百锭，币帛三万四千余匹。"[60]

第四，寺院经济得到元朝政府的特殊保护。对于大都著名寺院，统治者不仅赐予大量田土、矿产、钱帛等财物，而且给予各种特殊经济保护，如寺院出租的土地，免于征税；寺院经营的邸店，禁止官吏和军士占用；所有属于寺院的财产，不许他人占夺，等等。为此，各寺院中多立有"圣旨碑"，作为护身符。为了使寺院的经济得到有效的保护，政府还专门设有官衙（如上文提及的崇祥总管府、寿福总管府等），派出官吏，除了负责管理寺院经济的日常经营活动之外，还起到了保护的作用。

第五，寺院经济又具有较强的延续性。由于得到政府的特殊保护和大力扶持，故而大都地区的寺院经济具有较强的延续性。其表现，一是不断发展，持续增值。寺院经济得到政府的各种免税优惠，发展十分迅速，许多寺院除拥有政府赐予、个人施舍的大量田产外，还利用各种机会占夺民田。为此，元朝政府曾明令加以禁止。如至大四年（1311 年）"禁诸僧寺毋得冒侵民田"[61]。泰定四年（1327 年）"禁僧道买民田，违者坐罪，没其直"。[62] 二是寺院对其经济的管理，已经形成一定的制度，各寺中的僧侣即使不断变更，财产的经营却并未因此而受到影响。特别是那些由政府设置管财机构的大寺院，其财产经营更为稳定，不易衰败。如大都圣寿万安寺，曾有大量赐田，岁久其利多被权势所占夺。仁宗时，林坚任寿福院判官，"乘传遍走畿甸，按籍求之，尽复其旧"，[63] 使寺院经济得到保护。此外，许多著名寺院，还在寺中立石，刻有恒产之碑、寺产图等，标明寺院所占财产的种类、数额等，以免年久被他人霸占。

随着寺院经济的不断发展，其对社会的影响也越来越大。首先，是对社会财富的过量耗费。由政府所提供的巨额田产、钱币等社会财富，主要都耗费在各种宗教活动中。如抄写佛经，仅至元二十七年（1290 年）因书写金字《藏经》，一次即用去黄金三千二百余两。延祐五年（1318 年），亦因书写金字《维摩经》，费黄金三千两。又如饭僧，元仁宗时多次给大都各寺院廪食钞、斋食钞等，每次即达万余锭。这种巨额的财富耗费，给社会带来极其恶劣的影响，减少了政府的财政收入，增加了百姓们的经济负担，从而使社会矛盾日趋激化。然而，大都地区的寺院经济是由统治者一手培植起来的，长盛不衰，直到元朝灭亡为止，始终没有受到应有的限制。

注释：

（1）见《元史》卷三《宪宗纪》。

（2）见《元史》卷七《世祖纪》。

（3）（11）见《元史》卷二十七《英宗纪》。

（4）见《元史》卷三十三《文宗纪》。

（5）见《元史》卷十八《成宗纪》。

（6）见《元史》卷二十四《仁宗纪》。

（7）见《元史》卷十五《世祖纪》。

（8）见《元史》卷二十八《英宗纪》。

（9）见《元史》卷二十六《仁宗纪》。

（10）（25）（49）（62）见《元史》卷三十《泰定帝纪》。

（12）见元人周南瑞所辑《天下同文集》卷四。

（13）见《元史》卷十二《世祖纪》。

（14）见《元史》卷十四《世祖纪》。

（15）（20）见《元史》卷十六《世祖纪》。

（16）（30）见《元史》卷二百二《释老传》。

（17）见《元史》卷三十三《文宗纪》。

（18）见《元史》卷三十四《文宗纪》。

（19）见《元史》卷二十九《泰定帝纪》。

（21）见《元史》卷一百一十四《卜鲁罕皇后传》。

（22）见《元史》卷十一《世祖纪》。

（23）见元僧念常《佛祖历代通载》。

（24）见《元史》卷二十七《英宗纪》。

（26）见元僧念常《佛祖历代通载》所载之《敕述帝师八思巴行状》。

（27）（28）（29）见《佛祖历代通载》卷二十二。

（31）见元僧念常《佛祖历代通载》卷二十二。

（32）见元人耶律楚材《湛然居士集》卷八《万松老人评唱天童觉和尚颂古从容庵录序》。

（33）见《元一统志》卷一。

（34）（35）（37）（43）见元僧念常撰《佛祖历代通载》卷二十二。

（36）（38）见明僧如醒撰《大明高僧传》卷二。

（39） 见《大明高僧传》卷一。

（40） 见元人黄溍《黄金华集》卷四十一《北溪延公塔铭》。

（41） 见《黄金华集》卷四十一《鲁云兴公塔铭》。

（42） 见《析津志辑佚》中的"寺观"门。

（44） 见《元一统志》卷一。

（45） 见僧人志磐《佛祖统纪》卷四十八。

（46） 见《元史》卷十五《世祖纪》。

（47） 见《元史》卷十八《成宗纪》。

（48） 见元人姚燧《牧庵集》卷十《崇恩福元寺碑》。

（50） 见《元史》卷二十七《英宗纪》。

（51） 见元人王恽《秋涧集》卷五十七《大都创建天庆寺碑》。

（52） 见《析津志辑佚》中的"寺观"门。

（53） 见元人魏必复《天开中院碑阴记》，载《日下旧闻考》卷一百三十。

（54） 见《元史》卷四十一《顺帝纪》。

（55） 见元人程钜夫《雪楼集》卷九《大护国仁王寺恒产之碑》。

（56） 见明人沈榜所纂《宛署杂记》卷二十《志遗七·元碑圣旨》。

（57） 见《元史》卷四十一《顺帝纪》。

（58） 见《元史》卷五《世祖纪》。

（59） 见《元史》卷一百七十五《张珪传》。

（60） 见《元史》卷三十三《文宗纪》。

（61） 见卷二十四《仁宗纪》。

（63） 见元人苏天爵《滋溪文稿》卷二十一《林坚墓碑》。

第五章 明代北京地区的佛教

元代末年，朱元璋起兵抗元，平定割据群雄，北伐大都，攻灭元朝。明初定鼎于南京，而将大都城降为北平府，设置北平等处行中书省及都指挥使司。到燕王朱棣起兵"靖难"，夺得皇权，遂将都城迁回北平，号称北京。此后直至明朝灭亡，燕地遂再次成为全国的政治、文化中心。明太祖朝，南京作为都城，该地区佛教兴盛一时。及明成祖定鼎北京，燕地之佛教在经过短期中衰后，再度兴盛，而其规模则超过了元代，形成了一个新的高峰。

明代北京地区的佛教，其发展之所以兴盛，就最高统治者而言，支持力度不及前此元代的蒙古帝王，但是，社会各界对佛教的支持却远远超过了前代，特别是那些控制着皇权的宦官们，以及后妃、贵戚们对佛教的支持力度极大，从而把北京地区的佛教发展推向了繁盛的局面。当然，在明代中期的世宗尊崇道教，一度对佛教的发展也曾产生了不利影响，但是就其整体发展而言，影响却不是很大。

明代佛教发展的另一个特色，是藏传佛教的政治势力远远逊色于元代，藏传佛教的领袖人物虽然仍受到明朝统治者们的尊崇，其"帝师"的名号却被取消了，作为管理西藏地区政教事务的中央机构——宣政院也没有了。在这种情况下，藏传佛教在北京地区才开始以佛教中的一个宗派的地位开展各种活动。

在明代的北京，寺庙兴建的数量普遍增多，但是，那种由帝王亲自主持兴建的大规模皇家寺庙的数量却明显减少了，由帝王赐以大量寺产的情况也很少见到了。宦官们虽然都热衷于兴建寺庙，但是其财力和政治号召力都是无法与帝王相比的，故而建造的寺庙规模也要逊色一些。在这个时期，被修复的前代寺庙也有一些，而由于受到城市建筑格局变迁的影响，许多建自晋唐时期的著名寺庙都随着旧城的颓败而失去了踪迹。

第一节　汉族统治者的宗教渊源及其宗教政策

明代诸帝，自太祖起，即崇奉佛教，这是与明太祖在贫贱之时曾一度剃发为僧有着直接的关系。"帝自践阼后，颇好释氏教，诏征东南戒德僧，……应对称旨者，辄赐金襕袈裟衣，召入禁中，赐座，与讲论，……度僧、尼、道士，至逾数万。"并亲自订立僧人必须修习的经书三部，即《心经》、《金刚经》、《楞伽经》，又将天下寺院明确划分为禅、讲、教三类。仿前朝之制，设立僧录司，"设左右善世、左右阐教、左右讲经、觉义等官，皆高其品秩"[1]，以管理全国的佛教事务。明太祖还御制有《护法集》，收录其所作之《心经序》、《三教沦》、《释道论》、《诵经论》、《修教论》等著述。

明成祖夺得皇位之后，对佛教也很尊崇。特别是对僧人赐封佛号，名目极多，如对西域番僧，永乐元年（1403 年）即遣使征该地高僧哈立麻东来。其后，"自阐化等五王及二法王外，授西天佛子者二，灌顶大国师者九，灌顶国师者十有八；其他禅师、僧官，不可悉数"。[2]又如对其心腹僧人姚广孝，生前授以资善大夫、太子少师之高位，死后又"特进荣禄大夫、上柱国、荣国公，谥恭靖。赐葬房山县东北"[3]，并亲撰"神道碑"，收入其《御制集》中。当然，前者出于对边地的绥抚，后者乃是对功臣的封赏，但崇佛之举，亦已昭然。成祖还亲自编纂有《神僧传》九卷，收录历代名僧二百余人的传略，借以弘扬佛学，并主持了永乐南、北藏的刊刻工程。

此后诸帝，亦多崇奉佛法。至明英宗时，始广建佛寺，滥赐寺额，至明代宗、明宪宗时，已是梵刹遍地，僧尼无数。受封之汉、藏僧人，何啻千余。到明武宗时，崇佛更甚，自号"大庆法王"，并在皇宫里面创建寺宇，供其广行佛事。而明代诸帝，又往往在即位时，度僧一人，"名曰代替出家"。所度之僧，因为代表帝王，必须经过严格挑选，"卜其年命最贵，始许披剃"。而其待遇也极为优厚，"其奉养居处，几同王公"[4]。此风习愈演愈烈，到神宗万历年间，不仅帝王即位要度僧为替身，而且皇室之太子及诸王出生时，皆剃度幼童替身出家。这种做法虽然源自元代，但由此亦可见明代皇族崇奉佛教之笃。

明代诸帝，因崇佛而建寺宇，虽不及元代诸帝之多，然其规模亦十分可观。如明代宗所建之大隆福寺，"凡役军夫数万人"[5]，始建于景泰三年（1452年），历时两年才竣工。规模宏丽，寺内前设三世佛殿、三大士殿，中为毗卢殿，后为大法堂，两旁为藏经殿及转轮殿。佛殿四周皆以白玉石铺地为阶陛。因其工程浩大，建筑材料不足，以致拆用皇宫内之木石，供建寺之用。寺前，又立有牌坊一座，上书"第一丛林"。后因风水家之言，被拆除。该寺自建成后，遂与名刹大兴隆寺并列，号为"朝廷香火院"。

而明帝之建寺最多者，首推明神宗。他于即位之初，即在东城居贤坊建承恩寺，"外为山门，天王殿，左右列钟、鼓楼，中为大雄宝殿，两庑为伽蓝、祖师殿，后为大士殿。左右库房、禅堂、方丈、香积、僧房，凡九十五"。[6] 规模十分壮观。寺建成后，神宗任命替身僧志善为左善世，住持寺中，以统僧务。该寺建成仅一年余，神宗又在京城西效敕建万寿寺，其规模更加雄伟。"丹楼绀宇，几与大内等"。"中为大延寿殿五楹，旁列罗汉殿各九楹。前为钟鼓楼、天王殿，后为藏经阁，高广如殿。左右为韦驮、达摩殿各三楹，修檐交属。……又后为石山，山之上为观音像，下为禅堂，文殊、普贤殿。"[7] 寺中又有果园百亩，并占有寺院四周之地四百亩。神宗又将汉文藏经板移至寺中贮存，并将成祖时所铸丈二大钟，置于寺中钟楼，击之，声闻数十里。

明代诸帝又时而举行佛事活动。如明英宗曾在正统十三年（1448年），重修金代所建之大庆寿寺，并改称为大兴隆寺。"上命役军民万人重修，费物料钜万，既成，壮丽甲于京都内外数百寺，改赐今额。树牌楼，号'第一丛林'。命僧作佛事，上躬行临幸。"[8] 但是，与辽金元时期封建统治者举行的大规模"饭僧"、频繁组织"写经"、于皇宫内外设坛行"法事"等活动相比，确实简省了许多。这是与朝中大臣们反对帝王佞佛的言行密切相关的。

明代统治者对于剃度僧人出家的管理是比较严格的，但是，每年由政府承认剃度的僧人数量仍然很多，如成化八年（1472年）礼部官员曰："自天顺元年至成化二年，已度一十二万二千二百余人"。成化十四年（1478年）监察御史又曰："自成化二年起，至十二年，共度僧道一十四万五千余人，而私造度牒者尚未知其数。"[9] 由此可见，二十年间，仅官方依照惯例剃度的僧道之人就多达二十六万余人，显然这是经过统治者们允许的行为。就这一点而言，我们在"正史"的字里行间是很难看到的。

第二节 宦官们的佞佛活动

明代北京佛教发展之所以趋于极盛，除诸帝佞佛外，另一个重要的原因，则是众多太监的崇奉佛教，他们往往投入巨资，广建佛寺。时人曾论之曰："都城自辽、金以后，至于元，靡岁不建佛寺，明则大珰无人不建佛寺。梵宫之盛，倍于建章万户千门。……王宫保廷相诗云：'西山三百七十寺，正德年中内臣作'。"[10]大珰及内臣皆指有权势之大宦官。明代以前，汉、唐二代，即有宦官专权之弊政，至明初，太祖曾严禁宦官干政。然自成祖任用宦官，其权势遂日盛，复酿成宦官左右朝政之弊病。其尤为著称者，则有王振、魏忠贤之流，权倾朝野。这些大珰平日无恶不作，却又笃信佛教，故而倾其资财，用其权势，广建佛寺，多积"功德"，以求死后升于极乐世界。

英宗朝，司礼监大宦官王振，于正统年间，"作大第皇城东，建智化寺，穷极土木"。[11]明英宗并赐该寺藏经一部，及敕谕一道。其后，王振因劝英宗亲征瓦剌，大败于土木堡，遂被乱军所杀。明英宗回到北京后，夺门复辟，又于天顺元年（1457年）诏复王振官，并刻木为像，招魂以葬，而在智化寺中为其特设旌忠祠，立碑祠前。复赐藏经一部，以示宠眷。

明代宗景泰初年，则有司礼监太监兴安出资所建之真空寺，位于广安门外。兴安极佞佛，而在代宗朝又独擅朝权，故而所建之寺规模宏大。至正德年间，岁久荒圮，明世宗即位前，曾驻跸于该寺之西行殿，故而御用监之太监李端复出资重修，"自后殿及僧房，焕然一新"[12]，复为京西之大刹。

明宪宗成化元年（1465年），则有太监夏时所建之成寿寺，在东城椿树胡同。乃是夏时为其弟出家所建，明宪宗遂封其弟为"翊教禅师"，敕住寺中。至万历年间，该寺又得到重修。明孝宗弘治末年，则有内官监太监李兴，于都城东南建有隆禧寺，"有寺鼎新，壮丽殊甚"[13]。孝宗特为其敕赐寺额，并命僧官定锜升任右讲经，住持该寺。

明武宗正德八年（1513年），则有司礼监太监张雄，在京西畏兀村建有大慧寺，寺中有大悲殿，所供之铜佛像，"高五丈，士人遂呼为大佛寺"。其后，嘉靖年间，明世宗崇信道教，毁斥佛教。为护持该寺，太监们遂于寺旁又特建道观一座，以遮人耳目，"借此以存寺也"[14]，其用心可谓良苦。

明世宗嘉靖二十五年（1546年），则有司设监太监赵政所建之摩诃庵，位于京西八里庄。"正殿一，左右配殿，廊庑，方丈，旁舍凡九十"，占地三十亩。又有园圃二百五十余亩。寺中曾刻有三十二体《金刚经》石壁，"每经一章为一体"[15]，皆出于一时名家手笔。遂成京师一大佛教胜迹，以供游人四时观览。至清乾隆年间，石壁刻经尚完好无损。

有明一代，由大珰出资修复之前朝古刹，更是比比皆是。其最著称者，如大宦官王振所修之庆寿寺。该寺在金、元时已为京城巨刹。正统十三年（1448年），王振求得英宗支持，重加修建，"上命役军民万人重修，费至巨万。既成，壮丽甲于京都诸寺"。并改赐其额为大兴隆寺，作为朝廷之香火院。又特在寺前树一大牌坊，上书"天下第一丛林"，以示尊崇。

又如京西阜外有古刹观音寺，明英宗天顺年间曾重修之。明宪宗成化十年（1474年），大宦官阮安复修之，并请赐额，为"衍法寺"。至明武宗正德三年（1508年），大宦官张雄再出资增修，"中为大觉殿，前为天王殿，为明王殿。后为千佛阁，又后为真武殿。伽蓝、观音二殿列于左，祖师、地藏二殿列于右。钟、鼓二楼，对列于殿前之左右。辅以修廊，缭以高墉，像设、经幢咸具"[16]。历时三年有余，才得以竣工。其规模之宏丽，远胜于前。

明代历朝诸大珰笃信佛法，不仅在京城内外广建佛寺，更有甚者，竟在衙署之内设立佛堂，以便随时进行佛事活动。如通称十二监之一的司设监，所建之佛堂，后改建为慈慧寺。尚衣监之佛堂，后改为玉皇庙。而内官所辖之诸局，亦设有佛堂。如酒醋面局佛堂，即铸有香炉，后改为兴隆寺。内织染局佛堂中，则立有弘治、嘉靖两朝重修碑记。火药局佛堂所供为毗卢佛，并铸有佛钟，后改为伽蓝寺。

除了上述得到封建统治者允许建造的佛寺之外，太监们又曾私自营建寺庙，如景泰五年（1454年）十二月，"内使阮绢阿附司礼监太监兴安，为嘱管工太监黎贤擅于内府西海子边作佛庵，及西山等处作生坟佛寺，盗用官木等料万计"[17]，该寺被揭发之后，明代宗并没有将太监兴安、阮绢、黎贤等人治罪，仅将其所建寺庙拆毁罢了。

第三节　京城寺庙的普遍增多

在明代，除了上述帝王所敕建之皇家香火院之外，又建有一些极具特色的寺院。如明成祖于永乐年间，曾为藏僧在北京新建寺院。时为永乐十一年（1413年），藏地必力工瓦之名僧大板的达国师向明廷进贡金佛像五尊，明成祖在武英殿予以召见，并谈论佛法，"帝与语，悦之。"遂"诏封大国师，赐金印，建寺居之"。所赐大板的达之号为"灌顶慈慧净戒大国师"[18]，所建之寺，赐名为"真觉寺"，位于京城西北。寺中建有金身宝座，因其工程较大，至明宪宗时尚未完工。于是宪宗于成化九年（1473 年），再度兴工，续成其业。修建佛殿，增筑佛塔悉仿印度之样式，"诏寺准中印度式，建宝座，累石台五丈。……顶平为台，列塔五，各二丈。塔刻梵像、梵字、梵宝、梵华"[19]。塔前并立有明宪宗御制寺碑，以述续建之意。因该寺之佛塔样式与中原之塔迥异，特点突出，民众遂通称为五塔寺。

又如明宪宗，因为笃信佛法，也曾在北京敕建有寺院，以供藏传佛教高僧住持。该寺位于京城西北西直门外，初为司设监太监王助存等人所建，赐额为兴教寺。至成化二十一年（1485 年），明宪宗复加兴建，以居藏僧。"特赐为大兴法王结斡领占焚修之所。国师札巴藏卜为寺提督，讲经索诺木巴勒丹兼住持，都纲章台阳吒巴为住持，朝夕领众焚修。"[20]并撰有赐敕碑，对该寺之田产加以护持，并免除其田税。

除了帝王们所敕建的寺庙之外，后妃们亦往往出资兴建寺庙，其中，最具代表性的，是明神宗之母慈圣宣文皇太后。她极笃信佛教，史称其："顾好佛，京师内外多置梵刹，动费巨万，帝亦助施无算。"[21]由她出资建造的大刹知名者有两处。其一为慈寿寺，建于京西阜外八里庄，而亲王、公主、太监等人，亦各出己资助建。"外为山门、天王殿，左右列钟鼓楼，内为永安寿塔，中为延寿殿，后为宁安阁。旁为伽蓝、祖师、大士、地藏四殿，缭以画廊百楹，禅堂方丈三所。"[22]又赐给该寺农田三千亩，收其岁入，作为常住之费。始建于万历四年（1576 年），历时两年多才竣工，赐名"慈寿寺"。

其二，为慈恩寺，在西直门外青龙桥，建于万历二十一年（1593 年）。"寺外为山门，前为天王殿，旁翼以钟鼓楼。中为大通智胜宝殿，左右列伽蓝、祖师二小殿。大殿后为藏经阁，经凡千百七十八函。有大士像，缭以周垣，僧寮、方丈、廊庑、庖庚毕具。一岁而功告成。"[23]寺东又有塔院一座，建有慈寿寺开山第一代住持古风神师灵塔。这些由后妃们建造的佛寺，规模仅次于帝王所建者，非宦官及平民百姓所能媲美。

在明代的北京城内外，还有许多由僧侣倡议，士庶出资所建造之寺院。其著称于时者，则有位于西四之弘慈广济寺。明英宗天顺初年，有潞州（今山西长治）僧人普慧，率其徒圆洪等人至京师，遂议复兴古刹西刘村寺。于是得到太监廖屏、曹整、卢仪、王景、王郊等赞助，动工于成化二年（1466年），"首建山门，门内左右建钟鼓二楼，内建天王殿，中塑四大天王像"。历时近20年，乃告竣工。寺中建有伽蓝殿、祖师殿、大佛宝殿、大士殿，所塑之释迦佛、药师佛、弥勒佛、观音、文殊、普贤，以及十八罗汉，达摩、百丈、临济等禅师，"诸佛像皆饰以金"。"其斋堂、禅堂、方丈、僧舍，与夫庖癙、廪庾之所，以及幡幢、供器，寺之所宜有者，无不毕具。"[24]寺建成后，明宪宗赐以寺额，又命普慧之徒圆洪为僧录司右觉义，"寻升右阐教僧，住持于内"。遂为都城一大名刹。其后，至万历年间，又有彭城伯张守忠、惠安伯张元善等人出资，重加修缮。

明宪宗时，又有江夏（今湖北武昌一带）僧人继晓，结交宦官梁芳，由此得到宪宗宠信。"授僧录司左觉义，进右善世，命为通元翊教广善国师"。为广行佛事，遂在京中创立佛刹，"建大永昌寺于西市，逼徙民居数百家，费国帑数十万"[25]。怨声四起，遂遭朝官弹劾，继晓被迫"乞归养母"，遂回故里。其所建之巨刹亦因此而废。但不久，大宦官梁芳另择宅地，"复建大永昌寺"。并得到明宪宗的支持，"大兴工役，视旧益加广矣"。并命工部尚书谢一夔亲自督造。及明孝宗即位，诛杀继晓，囚禁梁芳，而大永昌寺亦废。明武宗时，遂改为官仓。

明代僧人建寺，多仰仗太监、官僚，及皇亲国戚等权势之赞助，而靠自积钱财修建者，亦时有之。其规模自然也较为狭小。如万历年间建于彰义门外的宝应寺，有僧人净春、真万、如莲等在此修习佛法，为重建该寺，众僧"禅诵余闲，躬耕寺侧，岁收其入，铢累而藏之。积十余年，共得如千金。鸠工庀材，颓构聿新"[26]。积十余年之所得，而重修佛宇，其艰辛之状，不言自明。

第四节　著名僧侣的社会活动及影响

明代北京，继元代大都之后，再次成为全国的政治、文化中心，而在这里从事佛教活动的僧侣与政局的发展变化，关系也更为密切。明代初年，有名僧姚广孝，法讳道衍，为长洲（今江苏苏州）人。年十四出家为僧，又曾向道士学阴阳术数之学。明初，太祖朱元璋选高僧从侍诸王子，由左善世宗泐之荐，得入侍。遇燕王朱棣，遂受赏识，从其之藩国，"至北平，住持庆寿寺"。及建文帝立，用谋臣削藩之谋，诸王相继得罪，道衍遂密劝成祖举兵。朱棣从其谋，遂起靖难之师，率军南伐，而道衍受命留守北平，以拒南军。及朱棣克南京，即帝位，是为明成祖。遂"授道衍僧录司左善世"。史称："帝在藩邸，所接皆武人，独道衍定策起兵。及帝转战山东、河北，在军三年，或旋或否，战守机事，皆决于道衍。道衍未尝临战阵，然帝用兵有天下，道衍力为多，论功以为第一。"⁽²⁷⁾此非虚誉。以一僧侣，而决策以定天下之政局，时人将其比为元初之刘秉忠。

政局安定之后，成祖封其为太子少师，赐名"广孝"。仍参与军政大事，"帝往来两都，出塞北征，广孝皆留辅太子于南京"。其间，又曾参与重修《太祖实录》，编纂《永乐大典》两项大事。永乐十六年（1418 年），复北上北京，居于庆寿寺，不久病故。明成祖亲自为其撰写神道碑，以示褒扬，并赐葬房山县东北。其后，明帝复为其在庆寿寺设置影堂，并配享于太庙。至庆寿寺被灾毁废，又移其影堂于北城之护国寺。

明成祖起兵靖难，攻占南京城时，建文帝不知所终。世人盛传，建文帝剃度为僧而逃遁。于是，明成祖遂借故将僧人溥洽囚禁，"溥洽者，建文帝主录僧也。"并派人四出寻访，然而终永乐之朝，却毫无结果。谁知三十余年后，历仁宗、宣宗，又至明英宗时，正统五年（1440 年），忽又有老僧应能，在广西思恩府（今广西武鸣）声称自己是建文帝。地方官吏上报京城，遂命总兵官柳溥押送至京，加以审讯，始知其伪。"英宗命锦衣卫锢禁之，凡四逾月，死狱中。其同谋僧十二人，俱谪戍辽东边卫。"⁽²⁸⁾而据明代僧人如惺所撰《大明高僧传》，则认为其僧人确系建文帝，英宗"赐号老佛，命驿送至京师"。后经审讯证实，"已而取入西内供养，竟卒于宫中"。⁽²⁹⁾两种记载，截然不同，建文之真假，则不得而知。

明英宗时，又有陕西尼姑吕氏，修行于北京宛平县之西黄村寺。于正统末年，苦谏北征，明英宗不听，竟致被俘。此后经"夺门之变"，英宗复辟，再主国政。思及前事，遂封吕尼为御妹，并敕赐其修行之寺为"保明寺"，民众则俗呼为皇姑寺。至明世宗排佛，于嘉靖年间下令尽毁京城内外之尼庵，而该寺则因皇伯母及皇太后两宫为之求情，而独得幸免。以上三位僧尼，可算是有明一代身份极为特殊的人物。其在宗教界的影响要远逊于在政界的影响。

明代初年，太祖朱元璋大力整顿佛教界，依照前朝的办法，将全国寺院划分为禅、讲、教三类，而是时僧人，亦以此而分为三大类。朱元璋并在中央设置僧录司，在地方设置僧纲司（各府）、僧正司（各州）及僧会司（各县）等机构，以加强对僧人的管理。在僧录司中任职的，多为著名僧侣，如洪武年间的著名僧侣宗泐曾任右善世，永乐年间，高僧道衍（即姚广孝）曾任左善世。明太祖时又曾任命西域僧人班的达撒哈咱失里为善世。明仁宗时高僧智光也曾任右善世。其他僧录司中的职官，如左、右阐教，左、右讲经，左、右觉义等，也都是由在佛教界声望卓著的僧侣担任。

明代初年的北京地区，因受到元大都佛教发展状况的影响，仍以教学为盛。时有名僧福海，于洪武末年，修行于京西秘魔崖古刹感应寺。至永乐年间，"德行著闻，太宗文皇帝尝遣近臣顾问"。仁宗时，封为慧宗大师，别号"无相"。宣宗时，重建寺宇，赐额"镇海寺"，并命其为住持，"师居是四十余年，行解圆融，卓称当时"[30]，为华严宗之高僧。其后明代宗时赐寺名为"镇海寺"，明英宗天顺年间又改赐寺名为"证果禅寺"。

明代初年，又有华严高僧道深，于永乐十九年（1421年），自播州（今贵州遵义）被明成祖召至京城。"由是得从灌顶广善大国师智光受灌顶戒，学西天梵书字义"。其后，又从左阐教法主大师学《华严》、《圆觉》、《楞严》等经，《唯识》、《百法》等论。并研习大乘、小乘之戒律。至宣德年间，"侍大国师，屡应宣宗章皇帝宣召，每与经筵"，受封号为"圆融显密宗师"[31]。他在精研教学之时，复研习禅学，"参千百则公案"。至宣德九年（1434年），得到大珰王贵赞助，遂在京西金山口内，建宝藏寺。前有山门，中有天王殿、宝藏殿、观音殿等。该寺初名"苍雪庵"，英宗即位后，于正统四年（1439年）为其赐额"宝藏精蓝"。道深不仅精于佛学，又深通儒书，自号苍雪山人。他又曾在城东朝阳门外，建有月河梵院。其间设有假山，名为"云根"、"苍雪"，又有小亭数座，名为"春意"、"苍雪"、"聚景"，还有琴台、石鼓，遍植绿竹，一派儒情雅意。以作为其归老隐居之所。

明代初年，又有律宗高僧道孚，"世为江浦望族"。七岁入南京灵谷寺为僧，又至天童寺，从观公学佛法，"传《唯识》大义，通《涅槃》大旨"。宣德元年（1426年），观公被召至京城，住持大庆寿寺，道孚亦随之北上，后"出入禁中，翼翼勤慎，终始如一"，深得明宣宗赏识，"又常设食于内庭，利济天人；开法于秘殿，为民请福。敷演瑜伽华梵，阐扬三乘真诠，上为改容坐听，击节叹赏"。其后，又曾传法于江南，朝拜于五台诸寺。后又参习禅学，自号"如幻"。明英宗时，复被召至京城，升僧录司左讲经，被时人"呼为凤头和尚"。又曾至马鞍山万寿寺，重修该寺，"于是铲荒夷险，郁起层构。散己资以鸠工，择干僧以董役。……于是廊庑龙象，焕然一新"[32]。道孚遂开坛传戒，弘扬律学，为明代万寿寺第一代开山大坛主。

明代初年，还有日本僧人德始，为"日东信州神氏子"。初至东土，于杭州灵隐寺学习临济宗法，"深得单传之旨。及东归，国人景仰，尊为禅祖"。明洪武年间，复游中原，遂至北京，居于大庆寿寺。时独庵道衍（即姚广孝）主持寺事，与其谈论佛法，"相与激扬临济宗旨"。至永乐十年（1412 年），成祖特命其主持潭柘寺僧务，"师钦承明旨，早夜孜孜，以缮修为务。凡栋宇蠹敝者，易之。阶圯者，构之。丹垩剥落者，新之。比旧有加焉"。[33]并于此弘传禅学。最后终老于此，为北京地区佛教之发展而尽力。

到明代中期，江南禅僧多游京城，禅宗之势转盛。万历初年，有西蜀禅僧遍融，"自庐山来游京师"，得大宦官冯保、杨用、赵明赞助，复得慈圣宣文皇太后支持，于是创建千佛寺，山门内"为天王殿，为钟、鼓楼。中为大雄宝殿，为伽蓝殿。后为方丈，为禅堂，为僧寮，为庖福，为园圃"。[34]太监杨用又"铸毗卢世尊莲花室千佛，……铸十八罗汉、二十四诸天，复塑伽蓝、天王等像"，遂为京师名刹。遍融于此弘传禅学，声名大振。时人作诗盛赞之曰："耆宿推三藏，师资事遍融。……听法俱高衲，执巾无侍童。直言等贵贱，醒语破愚蒙。"

是时，又有名僧德宝，字月心，号笑岩，为北京人。成年后，出家于京中广慧寺，拜了空和尚为师。其后，"遍参名山"，得法于玉泉明聪，号称为临济宗第二十八代传人。万历初年，因年老，复归北京，"居西城之柳巷，人罕知者。……败屋数椽，残僧数辈而已。"[35]然其在佛教界声望极高，所撰有《笑岩集》四卷，行于世。宣扬"诸佛与众生，唯是一心，更无别法"。又主张修行禅宗时，必以念为主，即是改"参话头"为"念话头"，遂使禅、净二宗结合更为紧密。

明神宗万历年间，又有禅宗两大名僧北游京城，为德清与真可。德清为明末四大高僧之一，字澄观，号憨山，安徽全椒人，成年后出家于南京报恩寺。其后，北游京城，学习《法华经》、《唯识论》等，又曾向遍融、笑岩等禅宗名宿学习佛法。其后，来往于北京与五台山、嵩山、洛阳、崂山等地，弘传佛法，曾刺血泥金，写《华严经》一部。并与京师诸名士相结交，诗文唱和。万历二十年（1592 年），与真可同游京西石经山，访隋僧静琬所刻之石佛经。并在雷音洞中发现石穴，其中藏有隋大业十二年（616 年）所置石函。诸人于是取出观看，始知石函内套有银函，银函内再套以金函，金函中又有小金瓶，以放佛舍利。真可等人遂将此事上奏于皇太后。"太后欣然，斋宿三日，……迎入慈宁宫，供养三日。乃于小金函外，加一玉函，玉函外复加小金函，……仍造大石函，总包藏之。"[36]复归还于云居寺之雷音洞。德清并为此特撰写有《雷音窟舍利记》，刻石以记其事。此后不久，明神宗因不满皇太后之过于奉佛，遂假借私建寺院之名，将德清打入囚牢，备受苦刑。此后，又将其发配充军，至岭南，但其仍不断弘传佛法。

德清在佛学研究中，初学禅宗，后归于净土宗。他认为，"达摩西来，单传此道，名为禅宗顿门"。而教学与禅学相比，虽然"顿"、"渐"不同，但最后都能修成正果。"至若净土一门，修念佛三昧，此又统摄三根、圆收顿渐，一生取办，无越此者。"而净土之学，于禅、教皆有所益，"如此则念佛即是参禅，参禅乃生净土"，禅、净已经合二为一了。德清又汲取了自宋元以来中国思想界三教融合的主流思想，提倡三教兼学。"尝言为学有三要，所谓不知《春秋》，不能涉世；不精《老》、《庄》，不能忘世；不参禅，不能出世。……缺一则偏，缺二则隘。"[37] 德清的学术著作较多，主要有《华严法界境》、《楞严通义》、《法华通义》、《肇论略注》等。其门徒福善等人将其著作加以整理，汇为《憨山老人梦游全集》55 卷，用以弘传其学。

真可亦为明末四大高僧之一，字达观，号紫柏，江苏吴江人。成年后，出游学佛法，出家于苏州云岩寺。万历元年（1573 年），北游京城，亦曾就学于遍融、笑岩等名宿。其后，复出游于各地，并筹策《大藏经》之刊刻。万历二十年（1592 年），再游北京，以皇太后所施钱财赎回云居寺之寺产。其后，即在北京从事于化钱刻经、撰写《高僧传》、《续灯录》等佛教活动。住于京西名刹潭柘寺。至万历三十一年（1603 年），京中发生"妖书大案"，因其曾反对宦官征收矿税，招致迫害，被诬下狱，惨遭刑杖，不幸死于狱中。时人将其著述编为《紫柏尊者全集》30 卷，以传于世，弘扬其学。

明神宗万历年间，又有蜀中净土高僧翠林至北京，弘传佛法。见景泰五年（1454 年）所建之隆安寺，已颓圮，遂募化钱财，修建佛殿后堂，并于此传法，称为净土社，"堂列龛五十三，结僧念佛。……岁元旦，设果饵享佛，盘千数，费各一金，此千金已，曰'千盘会'也"。[38] 佛事规模，已很可观。其后，寺僧大为又在崇祯元年（1628 年），于寺后建一大阁，弘传净土宗学。

是时，又有中山头陀教高僧阳明，号归空和尚，自幼出家，学头陀之法，"肇修苦行，八越暑霜"。其后，遍游佛教圣地，"普陀大士、峨嵋普贤菩萨、少林达摩祖师道场，躬亲顶礼。"并曾行燃指、炙背、跪行诸事，由是为世所知。万历年间，游方至京，又行怪异之法，"能一再七不食，日饮水数升，众遂号之曰水斋"，引起轰动。神宗及皇太后闻其名，"赐金冠紫衣，钦命焚修，敕建大华严寺于永乐店，再建大祚长椿寺于今所"[39]，以供其住持。并奉旨至南海，广行佛事。然因其教修行清苦，故而死后鲜有传人，未及百年，"而坛席荒凉，僧徒零落"[40]。

明代末年，北京地区的禅学名僧，则有古风淳禅师、汉萍杰禅师等。古风淳禅师，为保定新城（今河北新城）人，自幼拜庆宁寺宝藏禅师为师。其后至京，于普安禅寺弘传佛法 20 余年，名声大振。万历四年（1576 年），皇太后为其在京西青龙桥造护国慈恩寺，并请他入寺，为开山第一代住持。至万历二十一年（1593 年），皇太后又出资扩建该寺。汉萍杰禅师（1596—1661 年），为楚之汉阳（今湖北汉阳）人，二十七岁始剃度为僧，"即首谒黄檗无念"，其后至庐山凌霄岩，参佛有悟，"爰遍参博幽无异、云门湛然诸禅师，云游历宇内"。又至北京，"访笑岩祖塔，得于荆榛苍莽中，力为整葺。因寓京邸，道风日著"，[41]京中士庶遂请其主持京西翠微山之胜水禅林，弘传佛法，直至清初。

明末教学之高僧，则有华严宗之满月清法师。为山东人，初学儒术，"博通经史诸家"，其后归入空门。至北京，就学于名刹卧佛寺，拜岫和尚为师。"是时，慈慧院、慈悯庵、千佛寺、卧佛寺，皆具讲席，名僧据坐，善信如云。四处听讲者千百计。"满月虽居卧佛寺，而每日必往返于四寺之间，遍听其经。五六年间，颇有所得。及岫和尚病故，遂上堂开讲《华严经》，深得其要旨，"师以此主卧佛寺讲席，檀护听法者，不减岫公在时"。[42]其后又历主玉泉山二圣庵、京城弘慈广济寺等名刹，弘传华严宗学，直至清初。

由于明代北京仍为全国政治中心，故而四方僧侣多云集于此。时人曾将其分为三类："今之走京师者有三：上者参宿访耆，证明大事；次者抱木挨单，文字润译；下者趋骛宰官，营办衣食"。[43]然不论出于何种目的，或是情操高洁，求证佛法；或是行为鄙下，结交权贵，抑或是二者兼而有之，对于北京地区佛教之发展，却都产生了促进作用。如营建梵刹，弘传佛法等皆是。本节列举之名僧，大半为外地至京者。又如时有真如寺，为元末蜀僧真如所建，故而得名，并以此弘传佛法。至明代中期，又有蜀僧常宗，于正统十三年（1448 年），加以重修。其后，复有蜀僧明传，再加修建，遂一直保留到清代。

第五节　藏传佛教在京城的活动

藏传佛教在京城的势力，随着元顺帝北遁而迅速削弱。到了明代初年，太祖朱元璋出于政治需要，乃将其领袖人物召至南京，复加尊崇。洪武五年（1373 年），遣使召旧元帝师喃加巴藏卜至京师，"赐红绮禅衣及鞍帽、钱物"。翌年，又改封其号为炽盛佛宝国师，"仍赐玉印及彩币表里各二十"。其后不久，藏僧代表人物多派使臣与明王朝联系，明太祖又封元帝师八思巴的后裔公哥监藏巴藏卜为"圆智妙觉弘教大国师"，封乌斯藏僧答力麻八剌为灌顶国师，皆赐以玉印。是时，明朝与藏传佛教领袖人物之间的联系，并非出于宗教上的需要，"太祖招徕番僧，本借以化愚俗，弭边患"，[44] 故而其宗教势力尚未东来，对中原佛教界之影响亦甚微。

至明成祖时，迁都于北京，且开始崇尚藏传佛教，其势力遂再度东来，开始在北京活跃起来。明成祖即位之初，就派遣使臣入藏，召其名僧哈立麻至京城，"既至，帝延见于奉天殿，明日宴华盖殿，赐黄金百、白金千、钞二万，彩币四十五表里，法器、捆褥、鞍马、香果、茶米诸物毕备"。翌年，又赐以仪仗、银瓜、牙仗、纱灯及香合、拂子、手炉、伞盖、幡幢等名贵物品，并在南京建大法会，又赐其封号为"万行具足、十方最胜、圆觉妙智慧善普应佑国演教如来大宝法王、西天大善自在佛"，命"领天下释教，赐印诰及金、银、钞、彩币、织金珠袈裟、金银器、鞍马"[45]。世称大宝法王。成祖又封其高足孛隆逋瓦桑儿力口领真为灌顶圆修净慧大国师，高日瓦禅伯为灌顶通悟弘济大国师，果栾罗葛罗监藏巴里藏卜为灌顶弘智净戒大国师。并皆赐以印诰、币帛等物，以弘传其法。

明成祖于永乐年间又遣使入藏，征召该地另一藏传佛教名僧昆泽思巴。"十一年二月至京，帝即延见，赐《藏经》、银钞、彩币、鞍马、茶果诸物，封为万行圆融、妙法最胜、真如慧智弘慈广济护国演教正觉大乘法王、西天上善金刚、普应大光明佛，领天下释教"，世称大乘法王。而其地位，则略逊于大宝法王。此后，至明孝宗初年，其王位失袭。至明武宗正德十年（1515 年），明廷又命藏僧完卜锁南坚参巴尔藏卜袭职，为大乘法王。至明世宗嘉靖十五年（1536 年），遂与辅教王、阐教王等至北京进贡，"使者至四千余人"。然是时明世宗崇奉道教，故而"减其赏，并治四川三司官滥送之罪"[46]。

明成祖时，又赐封有西天佛子，名释迦也失，为藏地高僧宗喀巴之著名弟子。永乐初年，成祖派使臣至藏地，召请宗喀巴至京师，宗喀巴遂派释伽也失东来，作为代表。于永乐十二年（1414 年）至京，受到极高的宠遇，"礼亚大乘法王"。翌年，受封为"妙觉圆通慈慧普应辅国显教灌顶弘善西天佛子、大国师"，及其回归藏地，成祖又"赐佛经、佛像、法仗、僧衣、绮帛、金银器，且御制赞词赐之，其徒益以为荣"。至宣宗宣德九年（1434 年），释迦也失再次东来北京，"帝留之京师"，并升其号为"万行妙明真如上胜清净般若弘照普慧辅国显教至善大慈法王、西天正觉如来自在大圆通佛"，世称大慈法王，荣宠备至。释迦也失遂在北京大力弘扬藏传佛教之法。及英宗即位之初，明廷议减汰京城番僧，"命大慈法王及西天佛子如故，余遣还。不愿者，减酒馔廪饩，自是辇下稍清"[47]。藏传佛教一派的势力在北京有所削弱，而其代表人物大慈法王及西天佛子（指高僧智光）的地位却没有受到丝毫影响，仍然得到明朝帝王的尊崇。

　　由于明成祖对藏传佛教领袖人物的尊崇及大量封赏，从而在藏地产生了巨大影响，遂使大量番地僧人不断涌向北京。"其徒交错于道，外拢邮传，内耗大官，公私骚然，帝不恤也"[48]。来京之藏僧，皆以进贡为名，结伙而来，少则几十人，多则数百人，甚至千余人，其数有增无减。据成化元年（1465 年）有关政府官员的统计，"宣、正间，诸贡不过三四十人，景泰时十倍，天顺间百倍"[49]。宣宗宣德、英宗正统时，贡使只有三四十人，至代宗景泰时，即达三四百人。而英宗复辟后，则增至百倍。其间仅 40 年，藏传佛教之势力在北京迅猛增长。

　　明成祖时，藏地使臣至京进贡，随即遣还。而到明宣宗即位后，进贡之使臣，则多长期留住于北京，来者日增，去者日少，其势力遂日盛。而这些藏僧又要由明廷出钱、出粮加以供养，耗费亦随之猛增。明朝政府对来之藏僧，是根据其地位之高低不同而给以不同的待遇。其地位之等级如下："番僧之号凡数等：最贵曰大慈法王，曰西天佛子，次曰大国师，曰国师，曰禅师，曰都纲，曰剌麻。宣宗末年，入居京师各寺者最盛。"而其待遇则为："盖此辈于光禄寺日给酒馔牲廪，有日支二次、三次者。此外，又别支廪给。当宣德年间，其冗食如故。"[50]

　　明宣宗时，仍沿袭明成祖之做法，对藏僧多加以封号。除上文提及的，赐封西天佛子释迦也失为大慈法王之外，又加封名僧智光为西天佛子。并于宣德初年，因藏僧绥边有功，"加国师吒思巴领占等五人为大国师，给诰命、银印，秩正四晶。加剌麻著星等六人为禅师，给敕命、银印，秩正六品"[51]。其后，代宗于景泰年间，又加封藏僧沙加为"弘慈大善法王"，加封班卓儿藏卜为灌顶大国师。及明宪宗即位，笃好藏传佛教，又甚于太祖、成祖、宣宗、英宗、代宗诸帝。"成化初，宪宗复好番僧，至者日众。札巴坚参、札实巴、领占竹等，以秘密教得幸，并封法王。其次为西天佛子，他授大国师、国师、禅师者不可胜纪。"[52]藏传佛教在北京的势力不仅得到恢复，而且有了进一步的发展。

　　明宪宗因喜好密教，而赐封法王者，有成化十七年（1481 年）所封之藏僧领占竺，赐号为"万行清修真如自在广善普慈宏度妙应掌教翊国正觉大济法王、西天圆智大慈悲佛"。是时同封者，尚有藏僧札实巴，赐号为"清修正觉妙慈普济护国演教灌顶弘善西天佛子、大国师"，藏僧锁南坚参，赐号为"静修宏善国师"，端竹巴失为"净慈普济国师"，皆给以诰命。而其待遇之优厚，又胜于前朝，"西僧以秘密教得幸，服食器用，拟于王者。出入乘金棕舆，卫士以金吾仗前导，达官莫不避路。……日给大官酒馔、牲饩者再，锦衣玉食者几千人。中贵跪拜，俱坐受"[53]。是时，因供奉这些藏僧，"每岁耗费巨万。廷臣屡以为言，悉拒不听"[54]。

　　及至明孝宗即位，在弘治初年，复行清汰京城之藏僧，明宪宗所封之大济法王领占竺亦被降为国师，遣还四川之光相寺。"法王、佛子以下，皆递降，驱还本土，夺其印诰，由是辇下复清。"[55]然未过多久，孝宗复又尊崇藏传佛教，命召还领占竺，遭谏官劝阻乃罢。又于弘治十三年（1500 年）在北京为已故之西天佛子著巴领占建造佛舍利塔。其后不久，复召领占竺至北京，命居大慈恩寺，以弘扬藏传佛教之秘密法。至弘治末年，又封藏僧那卜坚参等三人为灌顶大国师。藏传佛教之势力，再次有所恢复。

　　明武宗即位之初，礼部大臣张异上奏。请查禁藏僧等不法之事，"近闻真人陈应循、西番国师那卜坚参等，各率其徒，假以被除荐扬，数入乾清宫，几筵前肆无避忌，京师无不骇愕。请执诸人，革其名号，追其赏赐印诰，斥逐发遣"[56]。得到允许，遂将明宪宗所赐封之灌顶大国师那卜、坚参等三人降为禅师，并追回所赐之玉带等物。然未过多久，明武宗亦再次崇奉藏传佛教，而其笃信密教程度之深，又远远超过自太祖至孝宗等前朝诸帝，遂使北京藏传佛教之发展，达到鼎盛阶段。

　　明武宗时所赐封之藏僧，号法王者有那卜坚参、札巴藏卜、领占班丹、绰吉我些儿等。号西天佛子者，有那卜领占、绰即罗竹等，又将两次遣归之藏僧领占竺再次召回北京，"命为灌顶大国师"。而即位之初所降谪为样师之那卜坚参（或即后升法王者）等三人，复升为国师。绰吉我些儿原为乌斯藏大乘法王之徒，出任进贡明廷之使臣。至北京后，因受到明武宗之宠信，遂被封为大德法王，一跃而与其师地位相等，又因留居北京，权势尤盛，"绰吉我些儿辈，出入豹房，与权倖杂处，气焰灼然"[57]。藏僧与宦官相结交，以固其宠，乃势所必然。又如藏僧领占班丹被封为大庆法王后，"给番僧度牒三千，听其自度"[58]，遂使藏传佛教一派在北京扩张其势力更加便利。

明武宗不仅大力崇奉藏传佛教，而且身体力行，乐此而不疲，并自称为"大庆法王"，又在皇宫中之番经厂学习藏文佛经，"是时上诵习番经，崇尚其教，常被服如番僧，演法内厂。"而番经厂内，又专门设有扮作藏僧的宦官，"本厂内官，皆戴番僧帽，衣红袍，黄领，黄护腰，一永日，或三昼夜圆满。"[59]封建帝王与宦官、藏僧一起，共念梵经，同行秘密佛事，这种状况与元末亡国之君元顺帝相比何其类似。

世宗即位后，对道教极为尊崇，而对佛教则竭力排斥，令尽废京城之尼寺，并将宫中金、银、铜等佛像尽毁，佛舍利弃于大通桥下。而对于藏传佛教，自然也在排斥之列。"世宗立，复汰番僧，法王以下悉被斥。后世宗崇道教，益黜浮屠，自是番僧鲜至中国者。"[60]由于受到世宗排佛的影响，北京地区藏传佛教一派之势力亦大为削弱，此后再也未能复兴。

有明一代，弘扬藏传佛教一派密宗佛法之高僧，基本上都是藏僧，唯有汉僧一人，名智光（1348—1435年），号无隐，藏名雅纳啰释弥。为山东庆云人，年十五，至大都，入吉祥法云寺，拜在板的达萨诃咱释哩国师门下，学习藏传佛教之法。人明朝后，受命译其师之《四众弟子菩萨戒》，并出使西域，"至天竺国及乌斯藏等处，宣传圣化，众皆感慕，相随入贡"。为沟通中原汉地与西域藏地之间的政治、文化、宗教等各方面的交流，作出巨大贡献。其后，再次出使，"复率其众来朝"。成祖即位后，又命其西迎大宝法王，升任僧录司阐教、善世等职。及迎大宝法王回，为赏其功，成祖"赐图书、国师冠、金织袈裟禅衣诸物"。仁宗时，又晋封为"圆融妙慧净觉宏济辅国光范衍教灌顶广善大国师"，命居北京之大能仁寺，宣宗时，又命度僧百余人为其徒，并为其建大觉寺，"以佚其老"，又加封为"西天佛子"。乃是汉僧唯一获此殊荣者。及死后，"荼毗之日，大慈法王秉法炬，甫置薪龛顶，智火迸出，……骨皆金色，舍利盈掬，造塔于阳台山，仍建寺宇，赐名西竺"[61]。命其高足勃塔室哩为住持，以弘传其学。

至明神宗万历年间，又有西竺南印度僧人左吉古鲁，东行数万里，"始达五台山"，被御马监太监刘润请到北京，住持于京城西北之西域双林寺。其后，受命住持万寿庵。不久，复归于双林寺，明廷赐其紫衣、宝冠，复命其为宫内西经厂之掌坛，以教导经厂中之宦官学习藏传佛教。其所行之佛法，"闻禅二：性宗，相宗。学二：见地，行地。经二：论部，律部。法二：摄义，折义。摄受义者，示现哀悯；折服义者，示现忿怒。二义，一义也。"[62]与中土僧人所行佛法差异颇大。

注释：

（1）见《明史》卷一百三十九《李仕鲁传》。

（2）见《明史》卷三百三十一《西域传》。

（3）见《明史》卷一百四十五《姚广孝传》。

（4）见明人沈德符《万历野获编》卷二十七《主上崇异教》。

（5）见《明英宗实录》卷二百十七《废帝郕戾王附录》。

（6）见明张居正撰《敕建承恩寺碑》，载于《日下旧闻考》卷四十八。

（7）见明张居正撰《敕建万寿寺碑》，载于《日下旧闻考》卷七十七。

（8）见《明英宗实录》卷一百六十三。

（9）见明人俞汝楫编《礼部志稿》卷八十九。

（10）见清人朱彝尊所写按语，见《日下旧闻考》卷六十。

（11）见《明史》卷三百四《王振传》。

（12）见明人张治《真空寺碑略》，载《日下旧闻考》卷九十二。

（13）见明人张昇《隆禧寺碑略》，载《日下旧闻考》卷九十。

（14）见《日下旧闻考》卷九十八引清人《渌水亭杂识》。

（15）见明人费宷《摩诃庵碑略》，载《日下旧闻考》卷九十七。

（16）见明杨一清撰《衍法寺碑》，载《日下旧闻考》卷九十六。

（17）见《明英宗实录》卷二百四十八《废帝郕王附录》。

（18）见《明史》卷三百三十一《西域传》。

（19）见明人刘侗、于奕正《帝京景物略》卷五《真觉寺》。

（20）见《兴教寺成化勅旨碑》，载于《日下旧闻考》卷九十七。

（21）见《明史》卷一百十四《孝定李太后传》。

（22）见明人张居正《敕建慈寿寺碑略》，载于《日下旧闻考》卷九十七。

（23）见明人赵志臬《敕赐护国慈恩寺碑略》，载于《日下旧闻考》卷一百。

（24）见明人万安《弘慈广济寺碑》，载《弘慈广济寺志》。

（25）见《明史》卷三百七《佞幸传》。

（26）见明人顾秉谦《重修宝应寺碑》，载于《日下旧闻考》卷六十。

（27）见《明史》卷一百四十五《姚广孝传》。

（28）见明人余继登《典故纪闻》卷十一。

（29）见《大明高僧传》卷三《广西横州寿佛寺沙门释应能传》。

（30）见明僧南浦《重修镇海寺记》，载于《日下旧闻考》卷一百四。文中所云"太宗文皇帝"即指明成祖。

（31）见明僧道深《金山宝藏禅寺记略》，载于《日下旧闻考》卷一百。

（32）见明人胡濙《马鞍山万寿大戒坛第一代开山大坛主僧录司左讲经乎公大师行实碑》。

（33）见《潭柘山岫云寺志·历代法统》。

（34）见明人杨守鲁《千佛寺碑记略》，载于《日下旧闻考》卷五十四。

（35）见《日下旧闻考》卷五十二补引《泠然志》。

（36）见明僧德清《涿州石经山雷音窟舍利记略》，载于《日下旧闻考》卷一百三十一。

（37）见其所著《憨山大师梦游全集》。

（38）见明人刘侗、于奕正《帝京景物略》卷三《隆安寺》。

（39）见明人米万钟《大祚长椿寺赐紫衣水斋禅师传略》，载于《日下旧闻考》卷五十九。

（40）见明人宋德宜《重修长椿寺碑略》，载于《日下旧闻考》卷五十九。

（41）见清僧海愍《胜水汉萍禅师塔铭并序》，载于《日下旧闻考》卷一百四。

（42）见清僧湛祐《满月清法师传》，见《弘慈广济寺志》。

（43）见郭朋著《明清佛教》转引之文。

（44）（47）（52）见《明史》卷三百三十一《大慈法王传》。

（45）见《明史》卷三百三十一《大宝法王传》。

（46）见《明史》卷三百三十一《大乘法王传》。

（48）（54）（55）（58）（60）见《明史》卷三百三十一《西天佛子传》。

（49）见《明史》卷三百三十一《阐化王传》。

（50）见明人沈德符《万历野获编》卷二十七《僧道异恩》。

（51）见《明史》卷三百三十《西番诸卫传》。

（53）见《万历野获编补遗》卷四《札巴坚参》。

（56）见《万历野获编》卷二十七《主上崇异教》。

（57）见《明史》卷三百三十一《绰吉我些儿传。》

（59）见明人刘若愚《明宫史》木集《番经厂》。

（61）见明人曹义《西域寺碑略》，载于《日下旧闻考》卷九十六。

（62）见明刘侗、于奕正《帝京景物略》卷五《西域双林寺》。

第六章　清代北京地区的佛教

　　明朝灭亡后，清朝入主中原，仍然定都北京，使这里继续成为全国的政治和文化中心，故而佛教的发展也得以延续。作为中国最后一个封建王朝，清朝统治者对于佛教的态度与前此的历朝统治者是一脉相承的，只是扶持的力度大小有所不同。在清朝前期，适逢康乾盛世，佛教的发展也达到了中国古代的巅峰时期。及"鸦片战争"爆发之后，资本主义列强屡次入侵，北京遭到了严重的破坏，国势日衰，佛教的发展也随之而受到了极大的影响，开始走向衰败。

　　有清一代，北京地区的藏传佛教，比起中土佛教的发展而言，要更快一些，这是因为清朝统治者们吸取了元、明两代统治者的政治经验，并且有了进一步的发展，确立了"活佛转世"和"金瓶掣签"的宗教制度，利用藏传佛教在蒙藏地区的广泛社会影响，来为巩固清朝统治服务。因此，在蒙藏地区，"四大活佛"的宗教影响是巨大的；而在北京地区，其政治影响又远远超过了宗教影响。

　　作为一种宗教文化，佛教与道教、伊斯兰教相比，更受到封建统治者的赏识，也更受到广大百姓的尊崇。但是，就其文化内涵而言，已经失去了汉唐、乃至于元明时期的发展气势，没有了蓬勃的生机，只留下了对往日佛教辉煌发展的回顾与勉强维持原有的规模。清朝统治者虽然也建造有宏丽的皇家寺院，并且岁时举行热闹的佛教活动，这些都是一种表面现象，佛教理论的创新没有了，新的宗教学派也见不到了，日暮途穷的悲凉到了此后的民国时期更是变得一目了然。

第一节　满族统治者的宗教观念及其宗教政策

清王朝建立以后，满族统治者基本上沿袭了明朝的宗教政策，同时在许多方面，又在继承的基础上有了进一步的发展。首先，满族统治者们懂得佛教对于巩固其封建统治所能够发挥的重要作用，必须加以充分利用；其次，清朝统治者和众多贵族们对于佛教的宗教信仰较为普遍，在个人感情方面也有很浓厚的心理寄托性。因此，从清世祖入关，定鼎北京之后，就开始对中原地区的佛教组织加以整顿，如顺治二年（1645 年）规定，"内外僧道，均给度牒，以防奸伪"。又特别对北京地区管制严格，"在京城内外者，均令呈部。……颁给度牒，不许冒充混领。事发，罪坐经管官"。然其真正目的，不在于限制佛教，而是预防那些抗清志士混入教门，作为掩护。这从其废止僧道给牒纳银之制，即可看出。另外，为清除旧明王朝对民众的影响，又下令："内外寺庙庵观，凡有前明旧敕，尽令缴部，不许隐藏。"[1] 在整顿佛教组织的同时，也对社会不安定因素加以肃清。

清世祖在对中原佛教界加以整顿的同时，又为进一步发展佛教势力而尽力，在定鼎北京不久，他即在皇城内之西苑，兴建了永安寺。该寺建于顺治八年（1651 年）；位于琼华岛上之万岁山（今北海公园），因有高大白塔一座，俗称白塔寺。因是时有西域番僧诺木汗，"请立塔建寺，寿国佑民"，于是遂建其寺，立其塔。一进寺，即为法轮殿。殿后山上，有小亭四座。再往上，则有二佛殿，一曰正觉殿，在前；一曰普安殿，在后。二殿之间，两厢又有圣果殿及宗镜殿。山顶建有白塔，塔前复有琉璃佛殿，规模十分壮观。特别是白塔凌空耸立，为全城所瞩目。至雍正八年（1730 年），因历年既久，清世宗复出巨资加以修造，"凡用金钱五万二千有奇，……饰其颓敝，鲜其漫漶，岿然宝刹，更复旧规"。至十一年（1733 年），乃告竣工。乾隆年间，清高宗复岁时游幸寺中，为各佛殿题写殿额、楹联，并御制《白塔山总记》及《塔山四面记》，刻石立亭，竖于万岁山上。

清世祖又极喜参研佛法，于顺治十四年（1657 年）临幸京南海会寺，遇临济宗名僧憨璞性聪，"屡召入禁庭，问佛法大意"[2]。遂专崇临济之禅学。于是广召天下禅宗名僧入京，谈论佛法。是时，有临济宗名僧玉琳通琇及木陈道忞，应召至京。通琇（1614—1675 年）为江阴人，年十九方出家受戒，拜在临济宗名宿天隐圆修门下，修习禅学。不久即学有所成，开堂传法。清世祖于顺治十四年（1657 年）及十六年（1659年）两次召其入京，初封为"大觉普济禅师"，又封为玉林国师，赐以金印。复选僧一千五百人，从其受戒。并召其得力弟子茆溪行森入京，一同弘传禅学。而行森之徒超善、超鼎、超盛诸人，亦久居京中，结交权贵，并深得清帝之赏识。

道忞（1596—1674年）号梦隐，为潮阳人。曾学儒术，后转归空门，拜临济名宿密云圆悟为师，并继主名刹天童寺之讲席。清世祖崇禅，于是在顺治十六年（1659年）召其入京，封为"弘觉禅师"，命其居于悯忠、广济等名刹，并屡次征其至宫中万善殿，讲论佛法。"上问如何是悟后底事。师云：'待皇上悟后即知。'学士进云：'悟即不问。'师云：'问即不悟'。上首肯。"[3]遂得到赏识。此后，清世祖又多次向其问法求道，并亲对道忞说："朕初虽尊崇象教，而未知有宗门耆旧。知有宗门耆旧，则自憨璞，固有造于祖庭者也。"[4]由此可见，清世祖之笃信佛法，实由于性聪之弘传有方，而通琇、道忞诸人复助为之。世祖曾御书唐人岑参之诗，赠与道忞，以示褒宠。诗后存于京西名刹善果寺。此后不久，清世祖因所爱之董鄂妃病故，遂看破尘世，"遁入五台山，削发披缁，皈依净土"[5]。世祖是否遁隐于五台，未知其真伪，然笃信佛法之情，已昭然于天下。

清圣祖即位之后，仍继承了尊崇佛教的政策，曾于康熙四年（1665年），在皇城之内，太液池西南，大兴土木。将旧明宫殿清馥殿加以改建，称弘仁寺。寺前竖有二宝坊，东为"广恩敷化"，西为"普度能仁"。进寺门有水池，池上建桥，过池为天王殿。东西配以钟、鼓二楼。天王殿后为慈仁宝殿，左右配殿，一为"弼教"，一为"翊化"。再往后，为大宝殿，殿中所奉，即是著名法宝旃檀佛像。圣祖建此佛寺，即专为供奉其像。相传，该佛像出自西土印度，历时一千二百八十余年，传经龟兹国、凉州、长安等地近百年，遂至江南、淮南、汴京等地，辗转七百余年，金代始传至燕京。先供于大圣安寺，复移至上京大储庆寺，同归中都宫内。元代又移至圣安寺、万寿山仁智殿、大圣寿万安寺等处。明嘉靖十七年（1538年），万安寺火灾，又移至鹫峰寺。至清圣祖，遂建此寺，并将佛像移置于此。并御制《旃檀佛西来历代传祀记》。其后，乾隆年间，高宗重修寺宇，并题写殿额。

清圣祖又仿照明朝的制度，于康熙十三年（1674年）设立佛教管理机构，在京者仍称僧录司，设有"善世、阐教、讲经、觉义、左右各二人"。并规定，如僧官之位有空缺，则依次递补。左、右觉义空缺则由行僧录司选取在京之僧人，送至礼部，"出题考试，取经典谙熟，并为人端洁者十名，或取二十名，咨送吏部存案，按名递补”[6]。用以负责管理全国的佛教事务，以及在京的僧众。到清代中期，为了加强对北京佛教界的管理，清宣宗又于道光二十四年（1844 年），在京师各城设立僧官："东城、南城、西城、北城、中城、东南城、东北城、西城南路，凡八处。"[7]

清世宗即位后，崇奉佛教，又甚于圣祖。世宗亦极喜钻研佛法，自号"圆明居士"，曾将修习佛法之所得，编纂为《御选语录》十九卷。其中，主要可分为两部分。一部分是历代著名禅学名宿之参佛要语，另一部分，则是其未即位时，自学佛法，而百仿禅僧之体，自作之"语录"，称为《和硕雍亲王圆明居士语录》以便把自己和佛学名宿排列在一起。

清世宗所尊崇者，上承世祖之风，亦为禅宗之临济一派。故而于雍正十一年（1733 年）敕令重修京城西北之名刹千佛寺，"梵宫禅宇，焕俨辉煌，堪为大众重修参学之所"。并赐改其名为"拈花寺"，御书内外佛殿之额及寺碑。又特命通琇国师之再传高足超善为住持。以弘传临济宗学。清世宗宣称："朕阅玉琳、茆溪《语录》，叹其高风卓识、超冠丛林，因为颁谕表章，追封赐祭，以仰承世祖皇帝优崇正梵之至意。"[8]

清世宗在大力提倡禅学时，又不忘鼓励律学。是时，北京律宗之名刹有悯忠寺，明代改称崇福寺。至清初，世祖首于该寺设立戒坛，以传律学。世宗又于雍正十一年（1733 年）重加修建，遂赐额为"法源寺"。世宗并御制寺碑，宣称："朕惟如来演说经、律、论三藏，而律居其一。又说戒、定、慧三学，而戒居其先。亦如宗门有衣钵之传焉"。[9]认为戒律乃佛法之源，僧侣所必修者。

为弘传佛学，清世宗又曾在北京整理、刊印《大藏经》。时为雍正十一年（1733 年），设立藏经馆，遍召天下名僧于贤良寺，对历代藏经加以整理，三年而毕。并据明代《永乐北藏》为底本，而增入明清佛学界之新的著述，加以刊印。刻板工程，至乾隆三年（1738 年）完毕，通称为《龙藏》。清代官刻之《大藏经》，共收有各种佛典一千六百七十部，七千二百四十卷，分装七百二十四函。其后，至乾隆年间，又略加删节。其刻板，至今尚存，贮于京内名刹柏林寺。后移房山云居寺。

清高宗即位之后，清朝国力日增，臻于极盛，史称"康乾盛世"。而是时之佛教，由于封建统治者之大力提倡、扶持，亦达于极盛。此时所建寺院之多，所度僧侣之众，又已超过顺治、康熙、雍正三朝。

上至皇城、苑囿，下至州县、乡里，旁及各地行宫，无处不造新寺，无时不修旧寺。而是时所度僧尼，其数亦成倍猛增。

乾隆年间，清高宗在太液池北岸，曾建有两处大刹。其一，为西天梵境。寺前有高大琉璃牌坊。入山门，为天王殿。殿左右各有石经幢一，左刻《金刚经》，右刻《药师经》。天王殿后，为大慈真如殿，其后又有大琉璃宝殿，四面回廊六十七间，皆有楼相联。西北隔墙又有佛宇一座，称大圆镜智宝殿。佛殿四周又有屋宇四十三间，"皆贮四藏经板之所也"。寺中高宗御书之额、联有多处。

其二，为大阐福寺。建于乾隆十一年（1746 年），寺中有大佛殿，"重宇三层"，系仿照名刹正定隆兴寺之模式而建造者。大佛殿中，造有五丈高之大佛像，"具慈愍性，有大威神"。大佛殿后，又有一重要建筑，为万佛楼。"楼三层，左树宝幡竿，右立石幢"，两旁又各有宝塔一座。四周又建有宝积楼、鬘辉楼、澄性堂、淡吟室、镜藻轩、八方亭等，"珠网璇题，金碧照耀，冠于禁城诸刹"[10]。至乾隆三十五年（1770 年），万佛楼建成，内外王公、大臣，皆造佛像进献，其数以万计，以表庆贺。高宗皆置于楼中，佛楼遂由此得名。至清末，西方列强联军入侵，楼内之诸佛、珍宝，遂被劫掠一空。

清代中叶以后，清朝统治者对外受到西方列强的侵略，军事上连连败退，经济上不断亏损，文化上异端传播，不得不在政治、经济、军事上进行改革。对内又受到太平天国、捻军等农民起义军的强烈冲击，应付不暇，故而对于佛教的尊崇日渐削弱，对其管理也愈加混乱，到了清末，清朝统治者的宗教政策已经很难产生重要作用，而佛教的发展随着国力的削弱，也出现了衰退的趋势。这种状况，一直延续到清朝的灭亡。

第二节　藏传佛教与活佛制度的影响

清朝统治者崛起于东北，早在入关之前，即开始与藏传佛教有所接触，对其管理也是很严格的，"喇嘛班第出居城外清净之所。有请念梵经治病者，家主治罪。"不许藏僧擅作佛事。及至入关定鼎北京后，仍对藏僧加以严格控制。清政府曾于顺治四年（1647 年）规定："喇嘛不许私自游方。有游方到京者，著发回原籍。"此后不久，又限定北京留住藏僧的数额及地点。"京师内，白塔居住喇嘛九名，什大达庙居住喇嘛八名。及额木齐喇嘛，仍照旧留住外，其余喇嘛班第，均令于城外居住。如有擅自进城居住者，将喇嘛送刑部，照违法例治罪。"[11]

此处所指之白塔，当即建于西苑之永安寺，初称白塔寺。什大达庙，即指顺治八年（1651年）敕建于皇城之内的普胜寺，为清初京城三大寺之一，又称为十轨子寺。此二处寺庙，皆为清初北京城里之重要寺庙，却仅限住藏僧数人。于此亦可见清廷对藏传佛教控制之严。

顺治年间又建有东、西黄寺。东黄寺旧称普静禅林，"法侣攸萃，薰呗庄严"。至顺治八年（1651年），有藏僧至京，将其重加修葺，因以黄琉璃瓦盖顶，故俗称为黄寺。翌年，藏传佛教领袖人物达赖喇嘛进京朝见，遂住于此，并在该寺西邻建西黄寺，以供其用。其后，康熙三十三年（1694年），出资重修东黄寺，并立碑以述重修之意。至雍正元年（1723年），喀尔喀泽卜尊丹巴胡土克图、四十九旗札萨克、七旗喀尔喀厄鲁特众札萨克汗王、贝勒、贝子等贵族、僧侣等共筹集钱财四万三千两，铸三世诸佛像、造八座塔及番藏经，并请重修其寺，得到清帝允许，于是"葺而理之，丹青黝垩，焕然以新，供佛像、宝塔、藏经于兹寺"[12]。后至乾隆三十六年（1771年），经章嘉国师之请求，再度兴工，将西黄寺重修。东、西二黄寺遂为达赖喇嘛、班禅额尔德尼常年朝贡使臣驻锡之所。

康熙年间，北京地区又陆续建有一些藏教佛寺。如建于康熙三十年（1691年）的南苑永慕寺，本是圣祖为皇太后祝釐而建，与顺治所建之德寿寺相距不远，寺中觊制亦与德寿寺大致相同。而寺中之僧人，亦为藏僧，所谓"梵乐僧迎奏，风旌心与飘"者，即是藏僧岁时修法事之写照。此后，至乾隆二十九年（1764年），又加重修，并御题有额、联。

康熙三十三年（1694年），圣祖又在皇城内建有玛哈噶喇庙。只地原为睿亲王府，及睿亲王死于边地，遂改建为寺，故而极为宽敞。寺中有黑护法佛殿，所供奉者，即是藏传密教之玛哈噶喇神，其像狰狞可怖，为藏教诸神中之战神，又称"大黑神"。至乾隆四十年（1775年），加以重修。翌年，赐寺额为"普度寺"，并御书寺额、殿匾等。

至康熙末年，又有哲卜尊丹巴胡土克图诸蒙古汗王、贝勒、贝子等贵族，请建梵寺。圣祖以劳民伤财为由，只允许其立十方院。于是在城北安定门外，创立资福院，"为饭僧所，徒众自远至者，得有栖止"。众蒙古贵族遂又出资重修名刹护国寺，亦得批准，并改由藏僧任住持。此后直至清末而未变。

清世宗即位后，所建新寺无几，多为重修者。其一，为西苑之永安寺。原为顺治年间清世祖所建，以居西域喇嘛诺木汗者。至雍正八年（1730年），"爰发帑金，命官修葺"，至十一年七月完工，共费银五万二千余两，"岿然宝刹，更复旧规。黄教缁流，骈集交庆"[13]。其二，为前明所建之隆福寺。始建于明代宗景泰三年（1452 年），规制宏丽，为京师之甲刹，号称朝廷香火院。至雍正二年（1724 年），清世宗将其重修，改为藏传佛教寺院，始由藏僧为住持，寺中共有八层佛殿。其中，第四层为毗卢殿，供奉有毗卢佛及黄教宗师宗喀巴等像，直至清末，一直是藏传佛教寺庙。

及清高宗即位后，于乾隆九年（1744 年），又将世宗之潜邸雍王府（雍正时命名为雍和宫）改为藏教佛寺。该寺遂成为清代藏传佛教在北京开展活动的中心。因系由王府改建，故其规制极为宏丽。寺前有高大牌坊三座，其后有昭泰门、雍和门。进门后之主体建筑，第一层为天王殿，殿中供有布袋和尚及四大天王像。第二层为雍和宫正殿，殿中供有三世佛及十八罗汉。第三层为永佑殿，供奉有无量寿佛、药师佛及狮吼佛。第四层为法轮殿，殿中供有六米多高的宗喀巴大师铜像，并设有达赖、班禅等讲经时所用之高台经座。第五层为万福阁，阁中供有高达 18 米的白檀木大弥勒佛像。系由整棵白檀木雕成，费银八万两，被称为雍和宫中的三绝之一。最后一层为绥成楼，供有藏传佛教一派所尊奉之各佛。寺中东西两侧，则建有讲经殿、密宗殿、数学殿、药师殿、戒台楼、班禅楼，延绥阁、永康阁等，亦供有欢喜佛、熊面佛母、狮面佛母、大黑神及宗喀巴大师等各式藏教所尊奉之佛像。

乾隆年间，在北京地区兴建了一批藏传佛教寺庙，主要有：

1. 建于京西皇家园林静宜园中的宗镜太昭之庙，通称"昭庙"。该庙山门东向，门前有高大琉璃牌坊，庙内有红、白二台，各高四层，又有清净法智殿。其规制，皆依藏地之佛寺为准，加以兴建。乃是乾隆四十五年（1780 年），为班禅额尔德尼六世进京而建。寺中殿额、坊额、台额，皆为高宗御书。并建有八方重檐碑亭，立碑刻有御制昭庙诗。班禅至京后，即居此以作庆赞。

2. 清高宗为章嘉国师所建嵩祝寺。章嘉国师亦为藏传佛教之著名领袖。曾在清初，为安抚西北各部族而效力，"其后西北各蒙部，皆因章嘉胡图克图等前往说降，晓以天生圣人，抚一涵宇。是其僧众曾立大勋于国"[14]，故而，于康熙四十五年（1706 年）被清廷敕封为灌顶国师。死后，其徒嗣承其封号。至雍正十一年（1733 年），清世宗又特为章嘉国师在皇城内建有嵩祝寺，供其居住，后至乾隆三十七年（1772 年），清高宗又移建嵩祝寺于明代之番经厂，其寺规制，更加宏丽。东西三路，前后五层，以示尊崇。京中百姓，对章嘉国师也很崇敬，"每元旦入朝，黄幄车所过，争以手帕铺于道，伺其轮压而过，则以为有福"[15]。

3. 乾隆年间，清高宗还在京西建有实胜寺，位于香山演武厅西北。因是时西疆大金川叛乱，清廷于此练兵，以平定叛乱，遂建寺以其武功之盛。寺中所奉，则为藏传佛教中所尊崇之战神玛哈噶喇佛，又称大黑神。

清代诸帝之所以尊崇藏传佛教，主要是出于政治目的。清高宗在将雍和宫改建为藏教佛寺后，曾作有《喇嘛说》一文，刻石立于宫中，公然宣称："喇嘛又称黄教，……始盛于元，沿及于明，封帝师、国师者皆有之，我朝惟康熙年间，只封一章嘉国师，相袭至今。其达赖喇嘛、班禅额尔德尼之号，不过沿元、明之旧，换其袭敕耳。"比起前代元、明诸帝，清代帝王确是不甚宠信藏传佛教，然其政治目的亦极明确，"兴黄教，即所以安众蒙古，所系非小，故不可不保护之，而非元朝之曲庇诌敬番僧也"。

明清以来，藏蒙各地普遍流行所谓的"活佛转世"制度。在各地的大大小小的"活佛"（又称"呼土克图"）死后，并不是指定衣钵传人，而是声称转投人世，且多依附于藏、蒙贵族之家。"即如锡呼图呼土克图，即系喀尔喀亲王固伦额驸拉旺多尔济之叔；达克巴呼土克图，即系阿拉善亲王罗卜藏多尔济之子；诺伊绰尔济呼土克图，即系四子部落郡王拉什燕丕勒之子"等等。因为活佛在各地享有极高的政治地位，拥有巨额财富，故而藏、蒙各地之大小贵族们，为"活佛"之转世。多有争斗，不利于清廷的统治。

在清朝统治者尊崇的诸多活佛中，以达赖喇嘛、班禅喀尔德尼、哲布尊丹巴呼土克图及章嘉呼土克图最为著称，达赖与班禅代表了西藏地区的藏传佛教势力，而哲布尊丹巴与章嘉呼土克图则代表了蒙古地区的藏传佛教势力。在这四大活佛中，只有章嘉呼土克图长期居住在北京的嵩祝寺，其他三位皆住在藏蒙地区。

为了控制人为选定转世活佛的因素及其不利影响，清高宗遂采取"金瓶掣签"的办法："是以降旨，藏中如有大喇嘛出呼必勒罕之事，仍随其俗。令拉穆吹忠四人，降神诵经，将各行指或出呼必勒罕之名书签，贮于由京发出金奔巴瓶内，对佛念经。令达赖喇嘛或班禅额尔德尼，同驻藏大臣，公同签掣一人，定为呼必勒罕。"呼必勒罕者，即是转世之活佛。居然要由抽签决定，虽然有其不合理因素，但却免去了藏、蒙贵族之间的矛盾激化，有利于社会的安定，亦不得已而为之。

金奔巴瓶共有两个，一个放在藏地大昭寺内，另一个放在北京的雍和宫内。达赖与班禅转世，互相签掣，其仪式由驻藏大臣主持，所用金瓶即是大昭寺所存放者。而其他著名活佛转世，则由驻京的章嘉活佛与理藩院官员共同签掣，所用金瓶即存放于雍和宫中，遂成定制。而所掣之签，则是由活佛所在地选出的若干童子，被称为"转世灵童"，将其名签放入金瓶，以供抽取。全国各地之重要藏传佛教领袖之继承问题，皆由"金瓶掣签"得到较为妥善的解决。

由于清代诸帝对于藏传佛教一贯采取的控制、利用政策，使得该教派虽然在政治上享有较高的地位，但在北京地区的传播也因此受到限制，故而时人对其之认识，也极为含混。清代中期之大学者赵翼曾论其教曰："喇嘛有黄教、红教之别。黄教者，专以善道化人，使勉忠孝，息争竞，达赖喇嘛及大胡土克图皆以此重于诸部也。红教则有术，能召风雨，并咒人至死。"[16] 清代中期以后之满族官僚福格则曰："按西僧有红、黄两教，讲经典，与中土之释氏同。红教能作法术，有类羽流。"[17] 由此可见，在时人看来，红教、黄教之区别，仅在于红教能行"咒术"，颇似中原之阴阳术数之流。而黄教则与中原佛教大致相同。到了清代后期，国力日衰，佛教之衰更甚，藏佛传教亦不能免。北京的许多藏教寺院，日渐颓废，藏僧日少，其势力则奄奄一息。与元、明之兴盛时期相比，已有天壤之别。昔日之盛况，已是一去不复返了。

第三节　皇家寺庙的营建

清代诸帝，尊崇佛教，故而在北京地区兴建了众多寺庙，有些寺庙是供京城百姓礼拜烧香、从事佛教活动的；也有些寺庙，则是修建在帝王们日常活动的场所，普通百姓无法进入的宫殿、苑囿、行宫之中，是仅供皇家使用的寺庙。而清代北京地区的皇家苑囿、行宫，兴建极多。自清世祖进关后，修复南苑，为岁时游幸之所。清圣祖建畅春园、静明园，清世宗建圆明园，至清高宗，则建有清漪园、乐善园、西花园、静宜园等，皇家苑囿，至此大备，一直沿袭到清末。而在诸帝所建苑囿之中，亦多修有梵刹。

清世祖在重修南苑之后，曾于顺治十五年（1658年），在苑中兴建有德寿寺，"大殿五间，东西配殿各三间"[18]，山门前，还建有东西牌坊。后遭火焚，乾隆二十年（1755年），重为建造，大殿中供有释迦佛与阿蓝迦舍佛。并有亲题额、联及御制诗篇、重修碑记。圣祖时，于康熙三十年（1691年），又在南苑建有永慕寺，规制与德寿寺大致相同，惟佛殿后，设有经库。至乾隆年间，亦复重修。

清圣祖创建畅春园，遂于园中建有永宁寺及圣化寺。永宁寺正殿及左、右配殿各三楹，"后殿五楹，内供十六罗汉"。并有圣祖御书寺额。是时，清世宗为圣祖荐福，又于园中建有恩佑寺，为东向，有山门两重。正殿为五楹，南北配殿各三楹。正殿中则置有三世佛。至清高宗时，又在园中建有恩慕寺，亦为东向，乃是为皇太后荐福。正殿奉药师佛一尊，左右奉药师佛一百八尊，南配殿奉弥勒像，北配殿奉观音像。左右立石幢，一刻全部《药师经》，一刻《御制恩慕寺瞻礼诗》。该寺之规制，一同于恩佑寺。

清圣祖时，又在玉泉山建有静明园。园中之寺院、佛窟、梵塔，比比皆是。如圣缘寺、水月庵、清凉禅窟、妙喜寺、香严寺、妙高寺、华严寺、罗汉洞、水月洞、香严寺塔、妙高寺塔等，遍布于园中山上、湖边。而圣祖、世宗、高宗之御题匾额、楹联，亦所在多有。

在清代皇家苑囿中，新建梵刹规模最大者，当属清漪园（今颐和园）中万寿山上之大报恩延寿寺。乃是清高宗于乾隆十五年（1750年），为庆贺皇太后六十寿辰而建。是山旧称瓮山，前有湖，旧称西湖。山上原有废刹，明时称为圆静寺，高宗因旧寺基而加以扩建，山名改称万寿山，湖名改称昆明湖。寺依山面湖，前建天王殿，两旁为钟、鼓楼。中为大雄宝殿，殿中供有三世佛。其后依次建有多宝殿、佛香阁，及智慧海。沿山势而上，直达于山巅。"殿宇千楹，浮图九级，堂庑翼如，金碧辉映。"[19]其中的佛香阁，为万寿山主体建筑之一。阁下台基高20米，阁高40余米，为八角形建筑，有四重檐，上下三层。阁中供有大悲菩萨。智慧海则用五色琉璃砖瓦建成，外面饰以琉璃佛像一千尊。因建筑结构仅用拱券不用梁枋，又通称无梁殿。殿内则置有观音坐像一尊。

大报恩延寿寺后，又建有琉璃多宝佛塔一座，高16米，七级八角，"不施寸木，黄金为顶，玉石为台，千佛瑞相，一一具足"[20]。至今尚保留完好。寺西，又建有田字式罗汉堂，"堂内分甲乙十道，塑阿罗汉五百尊"。堂外，又遍布有狮子窟、须夜摩洞、阿伽桥、弥楼、摩偷地、摩诃窝、兜率陀崖、功德池、旃檀林、须弥顶、雷音殿等，皆有御题匾额。清代帝王、贵族，则于寺中广行佛事，"修香光之业，开法喜之筵。……为灌佛报恩之举"。"法鼓洪响，偈颂清发，于以欢喜赞诵，不更有以广益福利，绵远增高，为圣母上无量之寿哉"[21]。清漪园中，还建有善现寺、云会寺等梵刹。

清代诸帝，除广建苑囿，又在京畿州县建有行宫，而行宫所在之地，亦多建有寺庙。如蓟州之名胜盘山，清代建有行宫，以备诸帝谒陵祭祖来往时驻跸之用。而该地自古即多有佛寺，闻名遐迩。至清代乾隆年间，遂大兴土木，重加修造。山中梵刹，为之一新。如盘山云罩寺，创自唐代，其后历经辽、金、元，明，诸朝代皆曾重新修建。乾隆七年（1742 年），清高宗谒陵回朝，路经盘山，寻访佛迹，遂命重修此寺，并御书殿额，命从臣张照撰《重修碑记》。其后，连年修补或重建之佛寺，有乾隆八年（1743 年）重修之天成寺，乾隆九年（1744 年）重建之天香寺，重修之桃花寺、隆福寺，乾隆十年（1745 年）重建之感化寺，重修之千像寺、北少林寺及东竺庵，乾隆十四年（1749 年）重修之中盘寺，乾隆十五年（1750 年）重修之云净寺、香华庵，乾隆十七年（1752 年）重修之上方寺，乾隆十九年（1754 年）重修之双峰寺、青峰寺、法藏寺等皆是。经过重新修建的诸寺，多被钦定为行宫之重要景观，如号称行宫外八景的，即有天成寺、万松寺、盘谷寺、云罩寺、千像寺。与行宫内八景相合，通称盘山十六景，以供清帝每年游幸时拜佛念经之用。

此外，上文述及的皇家寺院还有：清世祖时兴建的永安寺，清圣祖时兴建的弘仁寺，清世宗时兴建的福佑寺，清高宗时兴建的仁寿寺、西天梵境、大阐福寺，等等。在这些皇家寺院中，清朝统治者皆安排有中土僧侣和藏传佛教喇嘛作为住持，长期为皇家念佛修福，禳灾避祸。对于皇家寺庙中的佛教徒们，清朝统治者们的管理是十分严格的。与前此的元代和明代统治者相比，清朝统治者们修建皇家寺庙的举措是一脉相承的，不论其数量之多、规模之大，皆不逊色。

第四节　北京寺庙的重修与增建

到了清代，北京许多建自前代的庙宇或是历年久远，自然颓败，或是遭遇兵燹，人为损毁，皆需要加以重修。由于清朝统治者们的尊崇，广大京城百姓的信奉，故而是时重修之前朝古刹极多。较为著名的，如建于元代的皇家寺院大圣寿万安寺，在明代宣宗、英宗、神宗诸朝皆加以修建，并改称"妙应寺"。因寺中有元代建立之藏式宝塔一座，又通称为"白塔寺"。至清圣祖康熙二十七年（1688 年），重修寺宇及白塔，并御制寺碑。然据其"寺碑"所云，则清世祖于顺治年间，即曾加以修建，"朕惟我皇考世祖章皇帝，定鼎燕都，……爱命鸠工庀材，揆日而葺治之。凡丹青黝垩垣槛栏楹之制，皆焕乎一新。无改旧观，无增侈饰"[22]。

到乾隆十八年（1753 年），清高宗又重修该寺，并大规模修整藏式宝塔。高宗又御书《般若波罗蜜多心经》一卷，及梵文《尊胜咒》，放入塔中，并赐以新刻之《大藏经》（通称《龙藏》）一部，一同作为镇塔之物。是时，同置塔中者，尚有小赤金舍利长寿佛一尊、五佛冠一顶，补花袈裟一件，上缀各种珍珠宝石千余粒。塔中还有黄檀木整雕连龛观音菩萨一尊，龛中放有宝盒舍利子，及数幅各色大哈达等物品。乾隆四十一年（1776 年），再修该寺，又赐予《御制满、汉、蒙古、西番合璧大藏全咒》十套，西番《首楞严经》一部，《维摩诘所说大乘经》全部，置于寺中，以示尊崇。

其他重修的著名寺院，如康熙五十二年（1713 年），清圣祖敕令重修的古刹柏林寺，并亲题"万古柏林"之额。该寺乃是清世宗为皇考祝釐出资所修。及世宗即位，又御题寺中天王殿、东斋堂、西禅堂、无量殿、小法堂等佛殿之额。乾隆二十二年（1757 年），清高宗重修该寺，复亲题正殿、无量殿、大悲坛、后阁等处额、联，并御制《重修柏林寺碑》，立于寺中。

康熙年间，又有古刹承恩寺，在明代为名刹戒台寺之下院，明宪宗曾命高僧知幻以戒律开山。至是，被火焚毁。有僧人智性为之重建后殿三楹，东廊房三楹。至乾隆年间，又有僧人德明，重建前殿三楹，西廊房三楹，该寺遂基本上恢复了旧貌。

自清世祖入关，定鼎北京，至清圣祖康熙六年（1667 年）为止，仅二十余年间，以北京为中心的直省各地，其兴建新寺、修复旧寺之数额，即已恢复、甚至超过了明代的全盛时期。据官方的统计："通计直省敕建大寺庙共六千七十有三，小寺庙共六千四百有九。私建大寺庙共八千四百五十有八，小寺庙共五万八千六百八十有二。"[23]官、私合计，大小寺庙多达七万九千六百二十余所。

清世宗在提倡禅学时，亦建有新的庙宇。如雍正元年（1723 年），在西华门外建有福佑寺，正殿安放圣祖大成功德佛牌，寺外又建二宝坊，坊额及佛殿诸额，皆为世宗御书。又如雍正十一年（1733 年），敕建于京城西郊之觉生寺，正殿、钟楼、禅堂等额，皆为世宗亲题。又御制《觉生寺碑》，立于寺中。碑称："爰赐名觉生寺，俾禅者主之，参徒萃止，振其大觉之道，达夫正觉之旨。"所称主寺之禅者，则为文觉禅师元信。

清世宗为提倡禅学，又曾修复京西古刹卧佛寺。是时，因年久颓圮，和硕怡贤亲王等遂出资，加以修复，"于是琳宫梵宇，丹艧焕然，遂为西山兰若之冠"[24]。清世宗敕改其名为十方普觉寺，御制寺碑，又命通琇国师之再传高足无阂永觉禅师超盛为其住持，用以弘传临济宗学。是时，清世宗又常召超盛、超善、元信，及万寿寺之超鼎、圣因寺之明慧等人至宫中，参研禅学，号称"同时入证者"。

清世宗修复的京城古刹，又有拈花寺。雍正十一年（1733年），世宗敕令重修京城西北之名刹千佛寺，"梵宫禅宇，焕俨辉煌，堪为大众重修参学之所"。并赐改其名为"拈花寺"，御书内外佛殿之额及寺碑。又特命通绣国师之另一再传高足超善为住持。以弘传临济宗学。世宗宣称："朕阅玉琳、茚溪《语录》，叹其高风卓识、超冠丛林，因为颁谕表章，追封赐祭，以仰承世祖皇帝优崇正梵之至意。"[(25)]

经清世宗修复的名刹还有法源寺。该寺始建于唐代，称悯忠寺，到明代改称崇福寺。至清朝初年，清世祖首于该寺设立戒坛，以弘传律宗之学。清世宗又于雍正十一年（1733年）重加修建，遂赐额为"法源寺"。世宗并御制寺碑，宣称："朕惟如来演说经、律、论三藏，而律居其一。又说戒、定、慧三学，而戒居其先。亦如宗门有衣钵之传焉。"[(26)] 认为戒律乃佛法之源，僧侣所必修者。

在清代，由僧侣及民众重修的寺庙也很多。如京西名刹潭柘寺，在同治六年（1867年）即由寺僧慈云主持加以重修，"于是先立刹竿，以壮观瞻；次修斋堂，以供僧饭；续修司房、记室，以司出入。……东院则延清阁库、神殿、吕祖殿，……西院则楞严坛、比丘坛、南楼、禅寮，其上则舍利塔、大悲殿，寺外则龙潭、观音洞，……阙者补而旧者新，金碧辉煌"[(27)]。慈云又修补祖塔，增置香火。并将两处下院——奉福寺及翊教寺一并重修，以图重振昔日之雄风。

又如乾隆五十二年（1787年），有顺义妇人张李氏与工匠任五相互勾结，借助佛教之名声，建寺骗钱，遂在京城西郊山麓，"于是度地鸠工，创新寺宇，榱甍宷庮，金碧庄严，飞虹栋而舞蟠螭，驾虹梁而曳文杏；昔之蓬户泥垣，变为蕊宫绀殿矣。因以西峰名寺，而自称'活佛'云。殿中设莲座，黄绮为捆。布金者至，皆持香长跪，匍匐稽颡。妇则合掌趺坐，不为礼。而金少施薄者，且不容溷人也。始犹奔走村氓，继而缙绅家，亦趋谒恐后。香车宝马，云髻花钿，居曰焚修，来为祈福"[(28)]。他们所兴建的西峰寺，费银数万两，显然不在官府统计的寺庙数量之中。

元明清时期，是北京佛教发展产生巨大变化的时期，也是城市建设出现巨大变化的时期。元代新建大都城，旧燕京城日渐颓败，寺庙亦受其影响，逐渐荒废。到了明代，兴建南城，晋唐、辽金时期建造的寺庙，废毁殆尽。到了清代，八旗占据京城，士庶百姓皆被驱赶到外城居住，遂使这里的一些旧寺庙香火复兴。因此，那些始建于晋唐，乃至于辽金时期的著名寺庙，经过明清时期的修复，大多数得续香火。而那些没有名气的中小寺庙，随建随废，很难得到修复，至今则踪迹杳然了。

第五节 著名僧侣的活动及影响

清代的佛学，仍主要分为禅、教、净土三大派。就全国范围而言，当以禅宗为最盛，而教学各派亦有所发展，至于净土宗学，则又渗入禅、教各派的内容。若就北京地区而言，则教学各派，又胜于禅宗。尤以律宗之势最盛。是时名刹，多为律宗一派所占据。如城里之悯忠寺、广济寺，城郊之潭柘寺、戒台寺、万寿寺等等，皆为北京最有影响的寺庙。而禅宗一派所占者，数量也不少，如拈花寺、觉生寺、善果寺、海会寺、卧佛寺等等，其规模多为中等寺院。

北京地区之禅学名僧，基本上都是从江南北上者。如清世祖时之海会寺高僧憨璞性聪、善果寺之振庵月禅师，清圣祖时之圣感寺高僧海岫，清世宗时之拈花寺高僧超善、十方普觉寺之高僧超盛等皆是。而其后继者，已鲜有名僧。北京地区禅宗之衰，清世宗已有感触，"既又念直省刹寺棋布，开堂秉拂者日众，而禅宗愈衰。是以再三诰诫，俾各勤求本分，直透向上一关，仍择宗门法侣具正知、正见者，为之表率倡导焉"。[29] 虽经封建统治者大力提倡，然禅宗之学仍未能再度兴盛。

清代初年，又有临济宗名僧大博行乾（1602—1673年），为达州（今四川达县）人，弘法于盘山，在顺治十四年（1657年）建正法禅院。其学源自明代高僧笑岩。笑岩传于幻有正传，幻有传于天童圆悟，圆悟传于龙池万如微公，而微公传法于行乾。行乾自江南得法后，乃北上，"先后坐道场一十四处，说法十有七年"。深受王公贵族、士庶大众之崇敬。"所以声动王臣，名飞燕蓟"[30]。其得意门徒超见，将其开堂传法之言，汇而成书，号称《大博禅师语录》，共有四卷，刊印以传于世。所录如"上堂呵呵大笑云：人人上盘山求道，道在甚处？个个向老僧觅佛，佛在甚处？复呵呵大笑云：……若要觅佛，向自己顶额上摸取去。若向老僧者里求觅，终不能得。复呵呵大笑"。除谈论直率，也未见其高明处。其传法弟子，则有超正、超见等。

超正为扬州人，初上五台山，拜蕴真和尚为师。后至北京，拜大博和尚为师，从至盘山修行。于康熙十六年（1677年），在正法禅院开堂传法。曾云："道无男女，岂有僧俗。物物自然，头头具足。所谓一切法不生，一切法不灭，若能如是解，诸佛常现前。"(31)颇得大博之真传。

超见（？—1687年）为宝坻（今天津宝坻）人，字了宗，幼年曾学儒术，其后，"于龙泉寺薙发，悯忠寺圆具"。遂南下求学于天童、雪窦二公。有所得，复回北京，拜大博门下，"每入室参请，当机不让"。亦得其真传。遂至京城，弘传禅学，"凡十坐道场，如仁寿、万善、放生等处，居多洪益"。其后复归于盘山，住中盘寺，亦开堂。曾云："心外无法，法外无心，随缘且度日，到岸不迷津。"(32)后于康熙二十四年（1685年），至沈阳传法，两年后示化于其地。

有清一代，北京律宗颇盛。其在京中之代表人物，则有玉光宽寿、万中海禄、德光湛祥等人。玉光（1584—1662年）为平阳洪同（今山西洪洞）人，年幼时即遍游天下，求学佛法。顺治五年（1648年），礼拜五台后，至北京，遂受广济寺恒明大师之请，任该寺方丈，弘扬大乘戒学，深通《梵网经》奥旨。每年升座说戒三次，十三年间，"出其门者数千人"。清世祖曾召其至宫中万善殿，赐以斋食。并命经筵官为之讲解《梵网经》，"经官购经急，经价腾贵"。玉光之道价遂倍增，"亲王、元宰礼拜者不能悉数"。顺治六年（1649年），又曾"奉旨说具足戒，赐衣钵七百五十人"(33)。广济寺之律宗一派，由此大振。

万中（？—1671年）为顺天府大兴（今北京）人。幼年入兴隆庵学佛法，其后，入广济寺，拜玉光为师，从学律学。"衣敝屦穿，从无越席，行无越步，经岁不闻笑语声"，遂以戒行精严，而被玉光提升为教授。玉光示化后，遂主讲席。数年之间。将研习律学之心得，撰为《持戒科要颂》，"明白易晓，以训后学，幽燕弟子皆遵之"。在当时北京佛教界产生一定影响。其后，又著有《正法经》五卷，以弘传其学。"游其门者，几二千人。"(34)广济之佛法益盛。

德光（1613—1677年）亦为顺天人，自幼拜恒明老人为师，随其先后住于玉泉山二圣庵、京中广济寺。其后，又曾游访五台山，从太空和尚受戒。回京后，于顺治三年（1646年）出任广济寺监院，主持寺务。"是时，世祖章皇帝结制二期，说戒一期，龙车数过，恩礼特隆。衲子云屯，道风洋溢。"德光由此经常出入宫禁，"一日数次，上不为厌"(35)。清世祖因其奔走之劳，又赐其名马，以供坐骑。康熙二年（1663年），恒明老人从江南自印《大藏经》一部，运回寺中，德光又助建大藏经阁，以贮其经。

是时，京西名刹潭柘寺，亦已改禅为律，其著名代表，则有震寰照福、洞初证林、恒实源谅、静观圆瑞、静海印彻等人。震寰

（1634—1699年）为顺天府大兴（今北京）人，七岁入延禧寺学佛法。至三十五岁，"于广济寺万中律师圆具"。其后，"精研毗尼，同学共尊"，遂继万中开讲席于广济寺。至康熙二十五年（1686年）春，"奉旨，住潭柘"。不久，清圣祖游幸潭柘寺，"奏对称旨，温语奖异"，并赐以御书《金刚经》十卷、《药师经》十卷，以及沉香山一座，寿山石观音一尊、罗汉十八尊。由此潭柘律学大盛，"自是学侣云集，法财雨施，建造日新"。震寰亦道价倍增，"主丛林一十七年，八坐道场，护持法门，专精戒律"[36]。遂被奉为清代潭柘寺第一代开山祖师。

洞初（1666—1728年）为震寰之高足，为真定（今河北正定）人。初入京中观音阁，拜从心和尚为师，学佛法，又至潭柘，拜在震寰门下。其后，"遍诣讲席，讨论性相"。又曾向京中柏林寺妙伟和尚学佛法，颇有所得。康熙六十一年（1722年），始主潭柘讲席，"精严律仪，时与诸弟子讲演《梵网》、《四分》、《毗尼》等律仪"。然而，他在弘扬律学的同时，也涉猎禅学，并将禅、律二派加以融合，"不为律缚，不犯律仪。……虽律而禅，虽禅而律"。从而受到僧众的尊崇，"人天共仰，龙众咸归"[37]。为一时禅、律双修之名僧。

恒实源谅（1698—1765年）为河间东光（今河北东光）人，初至潭柘时，拜德彰道林为师，"依本山学律"。其后，亦曾一度出游参禅，"即历诸禅讲，锻炼身心"。雍正九年（1731年）归故里，又朝拜五台山文殊菩萨，其后复至北京，赴潭柘寺之龙华大会，任引礼之职。历迁教授、羯磨等职，至乾隆六年（1741年），遂主法席。乾隆八年，因装裱朝中所赐《大藏经》（即通称之《龙藏》）完毕，大办法事，"开阅藏道场，恭请八大菩萨"。广为宣扬。翌年，清高宗亲临该寺，"赐供银二百金、匾额九、楹联二、诗二、章幅子一轴，珐琅五，供一堂"。次年，复大办法事，建无量寿会。其后，数办法会，又建安乐延寿堂，"收养老病"，并出游南海，"以了夙愿"。清代帝后对其特加荣宠，乾隆二十九年（1764年），清高宗复游寺中，"赐护身佛一尊，金刚经塔图二轴，供佛斋僧银三百金，并御书四额。皇太后赐珐琅镀金供器二十五事"[38]。恒实受禅学之影响，遂仿其体制，撰有《律宗灯谱》，以记律宗诸高僧之行实，使传于后世。

静观圆瑞为济南历城（今山东历城）人，初学于慧福寺僧还一门下，又"受具戒于潭柘洞主座下，即依止学律，历三寒暑"。其后，遍游京中名刹，向万寿寺调公、观音寺嵩法师等学习佛法。雍正年间，清世宗重修《大藏经》，"师被选入藏经馆"，参与整理藏经之事，"三年既峻，犹历参都中诸大名刹"，以学佛法，颇有所得。至康熙十三年

（1674 年），复回潭柘寺，历任引礼、尊证、教授、阇黎等职。又曾随监寺琼公南礼普陀山。及恒实源谅示寂，遂主法席。"以故潭柘道法之盛，春、冬戒期之下，衲子景从之众，信施资助之殷，诚诸方所罕觏者也"。[39]使潭柘道场之佛教活动，有了进一步发展。

静海印彻（1721 年—?）为顺天府蓟州（今天津蓟县）人，"幼依本州关帝庙福余师祝发"。成年后，至北京，"圆具戒于潭柘山恒实和尚座下，即习律于本山，遵五夏之制"。其后，历任寺中要职。及静观圆瑞示寂，遂主讲席，"即方丈位"。在精修戒律的同时，又专弘净土之学。"悉依戒律为根本，念佛为指南。"曾引名宿永明寿禅师之言"有禅无净土，十人九差路。……无禅有净土，万修万人去"，认为修行净土之业，乃是"万无一失耳"。遂"专以纯修净业、广阐毗尼为己任。得度弟子多而且贤，类能嗣其业"[40]。

清代北京地区专以弘传净土宗为业的名僧，则有盘山僧人百忍、红螺山僧人彻悟。百忍为山东人，至盘山法藏寺，于寺旁建草房而居，"鲠直少言笑，日中作务惟勤，夜则环山念佛"，长年如此。至康熙十二年（1673 年），遂坐化，葬于法藏寺之普同塔。彻悟初从广通寺之粹如禅师学禅宗之法，后主寺中法席。至嘉庆五年（1800 年），移至红螺山资福寺后，始弘传净土宗念佛之行业，名重一时。其嗣传净土宗法者，则有瑞安、印光等人，直至清末。

清代中后期，北京地区又有弘传华严宗、法相宗之名僧，为西峰印吉与慈云普德。西峰（1776—1848 年）为山东济南人，年二十，至北京，拜潭柘寺静海和尚为师，修习《梵网经》，"研毗尼法，五载之中，跬步无所亏"。其后，"继思听教参禅"，遂至嘉兴寺，拜灿公为师，从学《法华指掌》，"师听讲既久，始知佛为一大事因缘，……晓夜研究，深得法喜"。又闻崇寿寺祥公主讲《楞严经》，复从之学，"因诣座下谛听，而名言奥旨，日灌溉乎灵根"，亦颇有所得。至嘉庆二十一年（1816 年），复归潭柘寺，出任教授，"寻转羯磨，维持法席"。遂弘传所学佛法，"为南观音堂上传贤首、慈恩，性相两宗第三十二世焉"[41]。至道光十六年（1836 年），住持僧永寿广福示寂，于是继主法席，以弘传教学，为清代潭柘寺之第十三代住持。

慈云（1827—1884 年）为顺天府大兴（今北京）人，初拜药王庙奇峰为师，从学佛法。成年后，至潭柘寺，遂拜西峰印吉为师。其后，历任寺中维那、司礼、知客、教授、羯磨等职，"凡二十年，常任职掌无不备历"。又从翊教寺海然大师学华严宗学，"任为贤首宗第三十四世。……自得法以来，更加策励"。同治六年（1867 年），继为潭柘寺之住持。因见寺宇颓圮，遂主持重加修建。"于是先立刹竿，以壮观瞻；次修斋堂，以供僧饭；续修司房、记室，以司出入。……东院则延清阁库、神殿、吕祖殿，……西院则楞严坛、比丘坛、南楼、禅寮，其上则舍利塔、大悲殿，寺外则龙潭、观音洞，……阙者补而旧者新，金碧辉煌。"[42] 又修补祖塔，增置香火。并将两处下院，奉福寺及翊教寺一并重修，以图重振昔日之雄风。

清代北京地区的佛教发展臻于极盛，除了寺庙的建造和修复数量达到了历史上的最高水平，僧侣的人数也已经增加到了极限。仅据官方的统计数字，"自乾隆元年起，至四年止，共颁发过顺天、奉天、直隶各省度牒部照三十四万一百十有二纸"[43]。也即是说，不到四年的时间里，由官方承认合法的僧人，就增加了三十四万余人，平均每年增加者，即有十一万余人。然而到了清代末年，寺庙日渐颓败，僧侣日渐减少，康乾盛世时的壮观景象已不复见。当时人已经颇有感触，作诗曰："颓波日下岂能回，二氏于今日可哀。何必辟邪犹泥古，留资画景与诗材。"[44]

注释：

（1）见《大清会典事例》卷五百一《礼部》。

（2）（4）见清僧道忞所撰《重修海会寺碑略》，载《日下旧闻考》卷九十。

（3）见徐珂《清稗类钞·方外类》之"木陈之机缘奏对"。

（5）见清人天嘏《满清外史》第二篇第七章《福临遁入五台山之原因》。

（6）见《大清会典事例》卷五百一《礼部》。

（7）见《大清会典事例》卷五百一《礼部》。

（8）见清世宗《御制拈花寺碑文》，载《日下旧闻考》卷五十四。

（9）见清世宗《御制法源寺碑文》，载《日下旧闻考》卷六十。

（10）见清高宗《御制阐福寺碑文》，载《日下旧闻考》卷二十八。

（11）见《清会典事例》卷五百一《礼部》。

（12）见清世宗《御制西黄寺碑文》，载《日下旧闻考》卷一百七。

（13）见永安寺《雍正十一年重修碑文》，载《日下旧闻考》卷二十六。

（14）（17）见清人福格《听雨丛谈》卷七《喇嘛》。

（15）见清人赵翼《檐曝杂记》卷一《蒙古尊奉喇嘛》。

（16）见《檐曝杂记》卷一《黄教红教》。

（18）见《南苑册》，载《日下旧闻考》卷七十四。

（19）（21）见清高宗《御制万寿山大报恩延寿寺碑记》，载《日下旧闻考》卷八十四。

（20）见清高宗《御制万寿山多宝佛塔颂》，载《日下旧闻考》卷八十四。

（22）见清圣祖《御制妙应寺碑》，载《日下旧闻考》卷五十二。

（23）见《皇朝续文献通考》卷九十八《宗教》。

（24）见清世宗《御制十方普觉寺碑文》，载《日下旧闻考》卷一百一。

（25）见清世宗《御制拈花寺碑文》，载《日下旧闻考》卷五十四。

（26）见清世宗《御制法源寺碑文》，载《日下旧闻考》卷六十。

（27）见《潭柘山岫云寺志》卷二《住持》。

（28）见清人俞蛟《春明丛说·西峰活佛记》。

（29）见清世宗《御制拈花寺碑》，载《日下旧闻考》卷五十四。

（30）见《钦定盘山志》卷九《方外二·行乾传》。

（31）见《钦定盘山志》卷九《方外二·超正传》。

（32）见《钦定盘山志》卷九《方外二·超见传》。

（33）见《广济寺新志》卷中《玉光传》。

（34）见《广济寺新志》卷中《万中传》。

（35）见《广济寺新志》卷中《德光传》。

（36）见《潭柘山岫云寺志》卷一《历代法统·震寰传》。

（37）见《潭柘山岫云寺志》卷一《历代法统·洞初传》。

（38）见《潭柘山岫云寺志》卷二《住持·恒实传》。

（39）见《潭柘山岫云寺志》卷二《住持·静观传》。

（40）见《潭柘山岫云寺志》卷二《住持·静海传》。

（41）见《潭柘山岫云寺志》卷二《住持·西峰传》。

（42）见《潭柘山岫云寺志》卷二《住持·普德传》。

（43）见《大清会典事例》卷五百一《礼部》。

（44）见《清朝野史大观》，二氏者，即指佛、道二教。

第七章　民国时期北平的佛教

　　清朝灭亡，是中国政治史上的一件大事。其产生的巨大影响，涉及社会的各个方面，佛教也不能例外。首先，是佛教作为一种外来宗教在中国本土化之后，也就是自唐代以后，得到了历代封建统治者的大力扶持，清朝灭亡后，这种由政府提供的政治和经济等方面的有力扶持也就基本消失了。这对于已经处于衰颓状态的佛教而言，无疑是雪上加霜。其次，自"鸦片战争"以后，中国社会开始进入较为剧烈的动荡时期，在这种环境中，佛教的发展也就受到了十分不利的影响。再次，西方宗教的大举入侵使得中国原有的各种宗教都受到了或多或少的冲击，也影响了佛教势力的发展进程。最后，民国时期政治中心的南移和日本帝国主义对华侵略战争的爆发，显然都对佛教的发展产生了极为不利的影响。

　　在民国时期的北京（后改北平），佛教的发展就总体实力而言日趋衰颓，但是，也有几点是值得注意的。首先，佛教界为了适应社会发展的迅速变迁，也采取了一些必要的改革措施，并且取得了一定的社会影响。其次，作为信佛居士的社会名流们对于佛教的发展影响越来越大。一方面，这些社会名流利用他们的社会影响和经济资助，勉勉强强维持着佛教寺庙的修缮和僧侣们的生活费用；另一方面，社会名流们对佛学的研究进入了一个更高的层次，从而使佛学的发展，也进入了一个新的境界。许多人对佛教的研究开始从宗教学转入哲学，虽然佛教本身就是一种极具哲理的宗教，但是，宗教学与哲学毕竟还是有所不同的两个学术领域。

第一节　社会近代化转型对佛教的影响

正如许多学者都认同的，从"鸦片战争"之后，中国社会进入了明显的近代化转型时期，政治、经济、文化等各个方面都发生了巨大的变化，这些变化对于中国古代宗教的发展也产生了极大影响，由于无法迅速适应这些社会变化，佛教等古代宗教派别都出现了程度不等的衰退，其衰退表现在了各个方面。

其一，是一些新的宗教派别陆续传入，特别是代表西方文化的天主教、基督教的再度传入，其发展的趋势较为迅速。对此，清代人们已经有所察觉，"韩昌黎云：'古之教者一，今之教者三'。自唐迄今千有余年，又增二教，曰回回教，天主教。天主教中复分为耶稣教。佛教中更析为红教、黄教。……盖三教之外，又歧而增其五焉"[1]。由"三教"变为"五教"，历经了元、明、清近七百年时间。

还有一些清代学者对诸种不同宗教派别的社会影响进行了初步的分析，"我国宗教，向以儒、释、道三者并称。儒家集大成于孔子，为我国进化之阶梯。实则全系学说，不具迷信，固非宗教所能比拟。政府对于各教，亦素无歧视之见，与欧西之标明国教者不同。盖我国俗尚，上级社会，大都以儒学为依归，而旁参佛学之哲理；下级社会，始有神道之信仰，则以释、道、回、基督四教为著，若犹太教则微末已甚矣"[2]。显然，统治阶级和广大下层民众，其对宗教的理解与信奉有着较大的差异。

特别值得注意的是，基督教的一个分支早在唐代就传入中国，时称"景教"，代表了中西文化交流在唐代的繁荣。到了元代，基督教的众多派别又传入中国，其发展的规模远远超过了唐代，甚至出现了罗马教皇亲自任命的大主教。由此可见，元代的中西文化交流又超过了唐代。但是，随着元朝的灭亡，基督教在中国的宗教活动也一度绝迹。到了明清之际，基督教再次传入中国，又被称为天主教或是耶稣教，其传播范围与社会影响却不及元代广泛。"鸦片战争"之后，借助西方军事侵略和经济扩张的势力，基督教（包括天主教）也获得了进一步的发展，其宗教势力甚至又超过了元代。这种西方宗教与佛教、道教不同，具有强烈的宗教排他性，故而其发展必然会给佛教带来负面影响。

其二，是清朝统治者的宗教扶持力度和管理能力明显削弱。在康乾盛世之时，清朝统治者们对佛教十分喜好，对佛学的研究也很深入，并且对佛教组织有着很强的控制能力（请参见本书第六章的相关内容）。但是，到了清代末年，这种盛世气象已经见不到了，"溥仪稍通佛学。这也是清朝历帝的一个风气，原本含有政治作用，借此笼络蒙藏人心。而至今这一个风气似乎也浸染于亲近子弟，像毓嶦在他日记中记着读《大乘起信论》、读《御选语录》（一本雍正钞撮佛家的言论）；而在溥佳日记中，也曾自言皈依佛法。"[3] 满清贵族们的佛学水平，也仅仅是初入门庭，还很难达到登堂入室的程度。

其三，清朝灭亡之后，政治中心南移，对北平佛教的发展也产生了不利的影响。清朝的北京是全国的政治和文化中心，也是各种宗教活动的中心，各教派著名的宗教领袖都要到北京来开展宗教活动，才能够在全国产生较大的影响。而当政治中心迁移到南京之后，众多的宗教领袖们也随之转移了关注的目标，从北京移到了南京。民国元年（1912 年）四月，佛教各界高僧齐聚上海，成立中华佛教总会，并以静安寺作为总机关部。这个事件从一个侧面清楚地表明，北京已经逐渐失去了政治中心的地位，也随之失去了宗教活动中心的地位。

其四，是新事物的出现对佛教产生了明显的冲击破坏。由于清朝的灭亡，行之已久的科举制度也被废止，于是在全国各地开始兴建一大批新式学校，而各地原有的孔庙与府、州、县学不能适应这种迅速的变化，人们遂把各地的寺庙作为兴办学校的首选之地，纷纷夺占庙宇。中华佛教总会的成立，正是佛教界为了对抗这种变化而采取的行动。被推举为会长的敬安和尚不久北上北京，与北洋政府进行交涉，希望他们能够为保护寺庙财产而出力。但是，敬安和尚的交涉并不理想，又受到羞辱，"寄禅气愤难宣，归即气痛，晚饭不能下咽。寄禅对于佛教之前途，非常悲慨，涕泗滂沱。道阶力宽慰之，乃拉其往门楼胡同章曼仙处夜谈，固一箭之遥也。章曼仙为其同乡旧识，与之谈诗，至十二点钟归寺。仍念湖南庙产事愤慨不已，道阶劝之就枕，不能寐复起，再睡转侧，久不闻声。道阶近抚其首，气已绝矣。时两钟许也"[4]。一代高僧遂在法源寺仙逝。

由于受到以上诸种因素的影响，在社会近代化的大潮冲击下，北京地区的佛教日趋颓败，这从民国年间对北京地区佛教调查的 3 组数字中可以显现一斑。从 1928 年到 1947 年，北平市政府对这一地区的寺庙进行过 3 次大规模的统计调查，并且把统计结果整理为档案，我们现在把这 3 组统计数字加以比较。第 1 组数字是在 1928 年到 1929 年统计的，据北京市档案馆的同志们统计，"共有四种表格，它们是《寺庙登记条款总表》、《寺庙不动产登记条款表》、《寺庙人口登记条款表》

和《寺庙法物登记条款表》。除未准备案的、没有批准时间的和缺少《条款总表》的不计外，共登记寺庙 1631 个"[5]。在这组数字中，包括了火神庙、真武庙、土地庙、关帝庙等一大批非佛教类庙宇。

第 2 组数字是在 1936 年统计的，"此次总登记有《寺庙概况登记表》、《寺庙财产登记表》、《寺庙人口登记表》及《寺庙法物登记表》四种。……此次登记寺庙共 1037 个"[6]。这次寺庙登记的数字显示出，在不到 10 年的时间里，北平地区的寺庙数量就减少了三分之一。第 3 组数字是在 1947 年统计的，距第 2 组数据的统计时间间隔 11 年。"北京市档案馆馆藏有《第二次寺庙总登记收表及审核调查簿》一册，系红色竖格竖排表格形式，毛笔填写，共登记寺庙 728 个，内容有庙名、现任住持、庙址及送表日期（未注年代）。'核表情形'、'调查情形'及'备考'三栏均空白未填。"[7]据此可知，在这 11 年中，北平寺庙的数量又减少了将近三分之一。如果与第 1 组数字相比，已经减少了半数以上的寺庙，这种颓败的速度是十分惊人的。

第二节　北平佛教的新变化

在民国年间，随着社会近代化的转型，北平的佛教也出现了一些新变化，以适应社会变迁的需要。其一，是佛教界也开始采用新方法传播佛教学说。由于民国初年民众创办新式学校占夺寺庙，佛教界为保护寺产，于是纷纷在寺庙中创办佛教学校，其较为著称者，则有弥勒院佛教学校与广济寺宏慈佛学院。弥勒院佛教学校始建于民国十四年（1925 年），系由高僧倓虚法师所主持，及倓虚法师离开北京，则由其弟子澍培法师继续主持佛学教育工作。广济寺宏慈佛学院也是这一年创办的，由广济寺住持现明和尚聘请空也法师负责，"第一班毕业后，空也法师往主法源寺，即由现明和尚亲主其事"[8]。这些由僧侣主持的佛教学校，为北平的佛教界培养了一批人才。

其二，是信奉佛教的居士们成为推动佛教发展的一支重要力量。在民国时期，信奉佛教的居士许多不仅是普通百姓，而且是文化界的社会名流。一方面，他们有着广泛的社会影响，对于宣传佛教助益极大。另一方面，他们又有着高深的学识，对于佛学的钻研也很透彻，从不同侧面推动了佛教在学术方面的进展。此外，他们又往往有着较为雄厚的家产，可以对佛教事业的发展投入较多的资金，形成支持。如在北京成立的京师佛学研究会（在宣武门内象房桥观音寺内）、三时学会、华北居士林（原称北京居士林）、女子佛学会等等，皆是如此。

这些由信佛居士们组成的学术团体，在研究佛教学术、整理和出版佛教典籍方面，都做出了较大的贡献。

如北京的韩清净居士，精通唯识、法相之学，与南方著名居士欧阳竟无齐名，组织有"三时学会"，弘传佛法。又如崔云斋、章廉甫、胡子笏等居士组织的华北居士林，"常请太虚、台源、常惺、法舫法师等讲演，各大学学生往听者甚众，并有受皈戒者"[9]。这些信奉佛教的居士们的社会影响，以及他们对佛教活动的大力扶持，其作用有时甚至超过了佛教高僧。他们对佛学真谛的领悟之深，对佛教信奉之笃，也超过了许多寺庙中的僧侣们。

这些信奉佛教的居士们还常常举办各种文化活动，以扩大佛教的社会影响。如民国四年（1915年）印度著名诗人泰戈尔来到北京，北京佛化青年会的任公宗、孟志摩等人在法源寺曾为其举办赏花会。此后不久，居士王书衡、邓寿遐、黄濬等人又与法源寺僧人聚会，"商开释迦文佛二千九百五十年佛诞大会，展览所藏经典法物"。当时法源寺中藏有大量珍贵佛教文物，如贝叶所书缅甸字佛经、菩提树叶所所《心经》，"其余如隋人写经手卷，清乾隆时心诚和尚刺血书《楞严经》全部，赵子昂金书《观音普门品》小册，黄山谷书《金刚经》拓本，清质亲王书《四十二章经》册叶，及明清《大藏》，孔有德刊本《大藏》，皆有名"。而许多非佛教类珍贵文物，如"文征明山水直条，钱维臣山水册页，高其佩指画扇面，李三畏火绘山水直幅，郎世宁花鸟屏，皆佳"[10]。这些活动无疑会在社会上产生较大的影响。

其三，是佛教界开始介入时事政治之中，而不再是出世脱尘的宗教派别。一方面，佛教界开展各种慈善活动，借以树立良好的社会形象。另一方面，则通过开展宗教活动，表现出对时事政治的关注。就慈善活动而言，民国年间新式学校普遍兴起，佛教界在拒绝社会占据寺庙兴办学校的同时，自己利用寺庙众多的优势，创办学校。"近年以北京僧尼创办慈善教育等事业者颇不乏人，而以平民学校之设为尤多，各大寺院咸独资创办。独力不能经常者，或集合数家，平均负担，共同办理，不下数十百所。"[11]有的佛教慈善机构还在北平办有育幼园，收养儿童。

就宗教活动而言，佛教界往往在重要人物死后应邀举办规模不等的水陆道场，以示追悼，多系私人行为。到了民国年间，遇有重大政治事件，佛教界则与信奉佛教的民众一起举办法会，以扩大佛教的社会影响。如在民国初年，京城名刹法源寺，"曾开水陆道场追悼清隆裕太后及辛亥先烈，北京佛教会僧众，又发起追悼癸丑战士道场。"[12]追悼清朝的隆裕皇太后与纪念辛亥革命的先烈们本来就是风马牛不相及的两件事，法源寺的和尚们却把它们放在一起来举办活动，甚为可笑。

民国年间的北平，佛教界的领袖人物失去清朝统治者的扶持，其开展佛教活动和与社会各界交往也就变得十分困难，当时的许多著名僧侣，如法源寺之道阶法师、龙泉寺之清一禅师、红螺寺之宝一和尚等，或精研禅宗，或修行戒律，或皈依净土，竭力弘传佛教，却很难使北京地区的佛教再恢复到明清时期的鼎盛状态。

注释：

（1）见清人陈其元《庸闲斋笔记》卷十《三教增为五教》。

（2）见徐珂编撰《清稗类钞·宗教类》中的《我国之宗教》。

（3）见民国秦翰才《满宫残照记》六《学问一斑》。

（4）见民国姜泣群《朝野新谭》丙编《八指头陀示寂记》。文中所云"寄禅"，即是指敬安和尚，又被称为"八指头陀"。

（5）见北京市档案馆编《北京寺庙历史资料》一书中的《1928 年北平特别市寺庙登记》。

（6）见《北京寺庙历史资料》一书中的《1936 年第一次寺庙总登记》。

（7）见《北京寺庙历史资料》一书中的《1947 年第二次寺庙总登记》。

（8）（9）（11）见《北京市志稿·宗教志》卷一《释教》。

（10）见民国黄濬《花随人圣庵摭忆》。

（12）见民国李定夷《民国趣史·迷信欤哀悼欤》。

第八章　简要的回顾

　　佛教是一种外来宗教，自汉代传入中原地区之后，经过汉唐时期的发展和传播，遂成为与儒教、道教等中国传统文化鼎足而立的一股强大宗教势力。作为一种外来宗教，能够取得如此长足的发展，是非常令人惊诧的。儒家学说在中国封建社会中的势力之雄厚，是没有任何一种政治势力可以与之抗衡的。但是，佛教势力的发展，特别是在儒教和道教势力的极力排挤之下（如三武一宗的"灭佛"运动），还能够日渐兴盛，不能不说是一个奇迹。与之相比，其他的外来宗教，如基督教（包括作为其分支的"景教"）、犹太教、伊斯兰教等等，皆没有发展到像佛教一样的普及程度，而且一旦受到政治势力的冲击，就往往会出现一蹶不振的情况。

　　对于佛教在中国的这种独特发展历程，究竟应该如何认识，如何评价，是一个难度很大的问题。首先，儒教（有些学者，特别是一些外国学者是把儒教作为宗教看待的）显然不是一种纯粹的宗教，甚至就不是宗教。因此，对于儒教与佛教二者之间的矛盾冲突关系，也就可以认定为不是宗教冲突。历史上的三武一宗"灭佛"运动，与其说是儒教与佛教的冲突，还不如说是道教与佛教的冲突。从某种意义而言，儒教不仅反对佛教，也反对道教。在传统儒家官僚们的观念中，佛教和道教都是社会的蛀虫。这种观念在当代许多政治家的头脑中仍然是根深蒂固的。

　　然而，作为封建社会最高统治者的帝王们，信奉佛教的人比排斥佛教的要多得多，而且越是发展到封建社会的中后期，信奉佛教的帝王们也就越多。如果说，辽金元时期的帝王们信奉佛教只是他们的个人行为，那么，到了元代这种个人行为已经被制度化了，并且被明代帝王全盘接受。元代的每个帝王在即位前都要接受帝师的戒礼，而在其即位后又都要建造一座皇家寺庙。明朝的开国皇帝朱元璋更是亲身当过和尚，这种宗教的偶然耦合，不能不说是一种佛教兴盛发展的客观反映。至于元代初年的大和尚刘秉忠和明代初年的大和尚姚广孝，在历史转折关头发挥了巨大的政治作用，也在偶然之中包含了必然的因素。

在北京地区佛教的发展历程中，宗教因素当然是一个十分重要的因素，但是，我们认为，政治因素和文化因素也都发挥着至关重要的作用。特别是从辽代以来，北京作为北方和全国的政治中心之后，佛教的发展更是与政治、文化的发展结下了不解之缘。这一点，从清朝统治者们的宗教政策中表现得尤为突出。就清朝帝王们而言，在信奉佛教，精研佛理的同时，却始终没有忽略佛教——特别是藏传佛教的重要政治作用。在这个问题上，确实显示出清朝统治者比起辽金元明各代统治者要更高明一些，他们在处理佛教事务时也更慎重、更周密一些。

佛教作为一种为封建统治者服务的政治工具，主要表现在处理民族关系这个极为敏感的问题上。从元代开始，藏传佛教来到京城，蒙古统治者除了信奉礼拜的个人行为之外，又设置有宣政院，在主持全国的佛教事务同时，又负责西藏等地区（时称吐蕃）的军政事务，这是封建政府设置的管理西陲边疆事务的第一个中央机构。到了清代，则设置有理藩院，在继承元朝统治者的宗教政策的基础上，又有了进一步的完善。正是因为藏传佛教在蒙、藏各地有着极大的宗教势力，才能够得到封建帝王们的重视。

在中国古代，人们能够随意出入的公共活动场所是很少的，而寺庙却正是这样的重要场所，因此，也就具有了多项社会功能。在这方面，北京地区的寺庙表现尤为突出。从寺庙兴建的本义而言，只是为僧侣从事佛教活动的宗教场所。但是，随着历史的发展，特别是处于都城中的众多寺庙，开始显现出多种重要的社会功能。其一，是类似于今日使馆的外交功能。在辽代和金代初年，辽宋、金宋之间时有使节往来，宋朝使臣在前往辽上京、金上京时，都要路过燕京（今北京），于是，燕京的寺庙就成了安顿宋朝使臣的招待所。这种功能的进一步延伸，就变成了高级"监狱"。金朝在攻灭北宋，元朝在攻灭南宋之后，就都曾把被俘虏的宋朝帝王们押送到燕京，关押在著名的寺庙中。

其二，是类似于贡院科举考试场所的文化功能。在中国古代，主要是自唐代以后，科举考试成为一项重要的政府官员选拔方式，在各朝代，凡是举办科举考试的城市，皆设置有专门供科举考试的场所，称为贡院。在有些举办科举考试的城市中，并没有专门设置的贡院，于是，寺庙就变成了临时考试的理想场所。据相关历史文献记载，金朝就曾在燕京举办科举考试，而其设置的考试场所就是在著名的寺庙之中。这项文化功能延续到近现代，许多寺庙遂变成了新式学校的校舍。

其三，是类似于彩排演练场所的文化功能。在元代和明代的京城，每逢有重要的庆典活动，百官皆要齐聚皇宫，举行各种仪式。而在正式举行各种仪式之前，由于百官人数众多，需要进行多次排练（当时人称之为"习仪"），才能够保证在正式活动中井然有序，顺利进行。而京城的著名寺庙，就成为举行排练活动的主要场所。在元代，百官"习仪"的场所是设在白塔寺（时称大圣寿万安寺），而到了明代，百官"习仪"的场所改设在了朝天宫。

其四，是类似于客栈等场所的商业功能。从元代开始，北京成为全国的政治中心，中央政府各级地方政府皆设置在这里，任职的官员数量迅速增加，其中的许多人只是在这里临时任官，并没有把家属也接来定居。对于这部分人而言，必须寻找一处较为清静的临时居住场所，少则一年半载，多则三年五载，客栈的费用较高，又比较吵闹，而寺庙则以清静和费用较低而成为十分理想的临时居所。对于那些从外地到京城来临时办事的人们而言，寺庙也是十分合适的居住场所。

其五，是类似于物品贸易场所的商业功能。从元代开始，特别是到了明清时期，寺庙成为人们定期进行商业贸易的场所，时人称之为"庙会"。先是寺庙中的僧侣们定期向民众宣讲佛经中的道理，故而每逢讲经之日，百姓云集，商人们趁着这个机会，也来到寺庙中出售各种商品。久而久之，许多对佛经道理不感兴趣的民众也在僧侣讲经之日来到寺庙，其目的完全是为了购买商品。与此同时，许多娱乐活动也都逐渐集中到了讲经之日，人们寻求购物、娱乐的兴趣甚至超过了对佛教经典的了解。城东的隆福寺和城西的护国寺遂成为京城的两大商业庙会。

北京众多寺庙所具有的各种政治、文化、商业等功能，是我们在研究北京佛教史时应该涉及的，但是，由于受到本书篇幅的限制，不能够充分加以展开，我们只是着眼于它的宗教功能，不能不说留下了一些遗憾。好在今后的学术研究还有许多工作要做，希望在此后不久我们撰写《北京佛教史》的时候，能够弥补上这些遗憾。

第二篇　北京道教史

第一章　唐代及其以前幽燕
地区的道教

第一节　先秦时期燕地的方士及其活动

道教是中国土生土长的制度化宗教，孕育、产生的历史源远流长。其中燕齐之地影响广泛的神仙传说，以及与之密切相关的方士活动，即为其源头之一。著名道教学者李养正先生指出，"道教大致不外是三种原始宗教意识的基础上融合演化而来，一为鬼神崇拜；二为神仙信仰与方术；三为黄老学说中的神秘主义成分"[1]，可见神仙传说与方士活动在道教形成过程中所具有的重要作用。先秦时期北京位于燕国境内，是神仙传说产生与流传的主要地区，并产生过许多著名的方士，或可视为北京道教早期的文化渊源与社会基础。

一、燕齐之地的神仙传说与方士活动

现存关于燕齐之地神仙传说的记载，较早见于司马迁《史记》：

> 自威、宣、燕昭使人入海求蓬莱、方丈、瀛洲。此三神山者，其傅在勃海中，去人不远；患且至，则船风引而去。盖尝有至者，诸仙人及不死之药皆在焉。其物禽兽尽白，而黄金银为宫阙。未至，望之如云；及到，三神山反居水下。临之，风辄引去，终莫能至云。世主莫不甘心焉。[2]

虽然仙人可以"长生不死"的说法，在陕西、湖北等地也曾经出

现，不仅仅局限于渤海湾沿岸，但上述史料表明，山东半岛北部沿海一直是神仙传说最重要的地区之一。而位居其北端，且为华北平原与东北平原、蒙古高原三大地理区域交通要道的永定河下游地区，不论从地缘还是从人缘来说，都颇有机会受到远古以来附近地区各种神仙传说密切而长期的深刻影响。这些神奇的传说创始于何时，又由谁在该地域内主导进行广泛而持续的传行，要给出确切的史学考证，在三千余年之后的今天自非易事。但若说这与该地区内的方士活动存在着较为密切的关系，应该是有一定道理的。[3]司马迁明确写道：

> 自齐威、宣之时，驺子之徒论著终始五德之运，及秦帝而齐人奏之，故始皇采用之。而宋毋忌、正伯侨、充尚、羡门高最后皆燕人，为方仙道，形解销化，依于鬼神之事。驺衍以阴阳主运，显于诸侯，而燕齐海上之方士传其术不能通，然则怪迂阿谀苟合之徒自此兴，不可胜数也。

一千多年后的史学家仍提到：

> 初，燕人宋毋忌、羡门子高之徒，称有仙道、形解销化之术，燕、齐迂怪之士皆争传习之。自齐威王、宣王、燕昭王皆信其言，使人入海求蓬莱、方丈、瀛洲，云此三神山者在勃海中，去人不远。患且至，则风引船去。尝有至者，诸仙人及不死之药皆在焉。[4]

以上史籍所述诸人，均为世代相传的著名方士。他们都是燕人，可见其时燕国境内方士的活动，是颇有声势的。而三仙山之说，更由于此种传说而千古不衰。

二、邹衍入燕与阴阳学说的传播

燕齐方士之兴盛，与邹衍阴阳学说的流传可能有很大关系。燕昭王即位于燕破之后，时以强国雪耻为志。他采用谋士郭隗的建议，"筑宫而师之"，并大量招揽人才，"乐毅自魏往，邹衍自齐往，剧辛自赵往，士争凑燕"。燕昭王卑身厚币，经过二十八年的励精图治，终得报仇雪恨。[5]其中邹衍本为齐人，在齐已名声显著。史料载："齐有三邹子。……其次驺衍，后孟子。驺衍睹有国者益淫侈，不能尚德，若《大雅》整之于身，施及黎庶矣。乃深观阴阳消息，而作迂怪之变，

《终始》、《大圣》之篇十余万言。其语闳大不经，必先验小物，推而大之，至于无垠。……然要其归，必止乎仁义节俭，君臣上下六亲之施，始也滥耳。王公大人初见其术，惧然顾化，其后不能行之。是以驺子重于齐。适梁，惠王郊迎，执宾主之礼。适赵，平原君侧行襒席。如燕，昭王拥彗先驱，请列弟子之座而受业，筑碣石宫，身亲往师之。作《主运》。……驺衍其言虽不轨，傥亦有牛鼎之意乎？自驺衍与齐之稷下先生，如淳于髡、慎到、环渊、接子［予］、田骈、驺奭之徒，各著书言治乱之事以干世主，岂可胜道哉。"[6]

邹衍在齐时即得到国君之见重："宣王喜文学游说之士，自如驺衍、淳于髡、田骈、接予、慎到、环渊之徒七十六人，皆赐列第，为上大夫，不治而议论。是以齐稷下学士复盛，且数百千人。"[7]自齐入燕后，更得燕昭王之重视，史载"邹子涉境，而燕君拥篲"[8]。后世又盛传邹衍在燕地的种种神异，如称"燕有谷，气寒，不生五谷。邹衍吹律致气，既寒，更为温。燕以种黍，黍生，丰熟到今，名之曰黍谷"。[9]又云"传书言：'邹衍无罪，见拘于燕。当夏五月，仰天而叹，天为陨霜'"。[10]凡此等等。按邹衍得罪之燕王，为昭王即位之后的燕惠王，佚本《淮南子》明确有载："邹衍事燕惠王尽忠，左右谮之。王系之，仰天而哭，五月天为之下霜。"[11]可见邹衍在燕国效力，一直到燕昭王死后，前后有近三十年的时间。后来王充对邹衍在燕地"仰天呼霜"、"吹律温谷"的说法不以为然，以为其辞必属虚妄："言其（邹衍）无罪见拘，当夏仰天而叹，实也；言天为之雨（實）霜，虚也"，不过"事以类而时相因，闻见之者，或而然之"。[12]但上述记载，反映出阴阳学说的创始人邹衍不仅远赴燕地传播其说，且长期受到燕昭王的恩宠，至燕惠王时方为逸言所中，但不久又或以方术脱解，并留得声名于后世。故其阴阳学说衍蔓于燕齐两地，亦属必然。

三、燕昭王与"不死之道"

大约正是在邹衍阴阳学说氛围的刺激下，齐威、宣及燕昭王之时，成为燕齐方士活动的黄金时期之一，而以神仙之说干谒诸侯见用者，更颇有其人，其中就包括游说于燕国者。据记载，其时"客有教燕王为不死之道者，所使学者未及学而客死，王大怒，诛之"。[13]另处记载略有不同："昔人言有知不死之道者，燕君使人受之，不捷，而言者死。燕君甚怒，其使者将加诛焉。幸臣谏曰：'人所忧者莫急乎死，己所重者莫过乎生。彼自丧其生，安能令君不死也？'乃不诛。"[14]

这个热衷于长生不老术的燕国诸侯，是否就是前述重用邹衍的燕昭王，史料未见明言。但所谓的"客"或"言者"，则无疑为前往燕国卖弄游说的方术之士。这一事件，后来在道教内也产生了某种回应。在反映道教上清派神祇系统的《真灵位业图》中，燕昭王与太清太上老君、张陵、鬼谷先生、赤松子、茅君、葛洪等著名道教人物同列于第四级，而比燕昭王政治地位要高或至少若相仿佛的秦始皇、魏武帝、周文王、汉高祖、周武王、光武帝等，则置于第七级，也就是最低的一级。[15]显然，在该道教典籍中，燕昭王的排位之高，是异乎寻常的。这是否反映出燕昭王在道教史上具有某种特殊地位，还有待于继续考察。但燕国方士的活动得其支持与襄赞，大约是没有问题的。"上有所好，下必甚焉"。或许正是由于燕昭王等统治阶层偏好方士的做法，使燕国境内的方士活动，虽与齐国不分伯仲，但远胜于其他诸国，在当地社会上产生了广泛而深远的影响。

四、秦始皇求"仙药"与燕地方士卢生

公元前221年，燕、齐被秦国统一，但流传于燕齐之地的神仙传说与长生方术，并没有随同推重其说的燕齐诸侯一同衰亡，反而获得了新的发展机遇。秦始皇吞并六国之后，称孤道寡，独面天下，权势达到前所未及的高度，而追求长生不老的心理也更为强烈，"于是始皇遂东游海上，行礼祠名山大川及八神，求仙人羡门之属"，各地方士活动复大行其道。

在当时举国风靡的"求仙"运动中，燕人卢生的作用非常显著，并涉及秦代北部边防及焚书坑儒等重大军政举措。史料记载，秦始皇三十二年（公元前215年），嬴政东巡碣石，"使燕人卢生求羡门、高誓"，卢生与韩终、侯公、石生等方士开始奉命为秦始皇求仙人不死之药。当秦始皇巡阅北部边境从上郡返回时，遣入海中的卢生前往迎谒。虽然没有找到"仙人"、"仙药"，但卢生利用"以鬼神事，因奏录图书"的时机，言称"亡秦者胡也"。秦始皇信其谶言，作出派重兵北御匈奴的决策，"乃使将军蒙恬发兵三十万人北击胡，略取河南地"。三年之后，卢生又对秦始皇称仙人仙药仍杳无音信，是因为宫中常有违碍，先劝说其为乖政之举。不久卢生、侯生等又以"始皇为人，……贪于权势至此，未可为求仙药"，相率逃亡。秦始皇闻讯大怒，"于是使御史悉案问诸生"，引发中国文化史上"焚书坑儒"之大案，复因此遣发长子扶苏，"北监蒙恬于上郡"。[16]燕人卢生的这些方术活动，对秦代政治生活产生了重大影响。后人对此颇有议论，并举为殷鉴，略谓秦皇"使卢生求羡门高，徐市等入海求不死之药。当此之时，燕

齐之士释锄耒，争言神仙。方士于是去咸阳者以千数，言仙人食金饮珠，然后寿与天地相保"，但最终还是落得身丧国灭的结局。[17]

五、西汉时期的方士活动

秦末乱象四起，其祚最终被刘汉取而代之。新朝建立之初，方士们依附君王卖弄其术的现象有所收敛，但神仙传说仍在广为流传。据说对汉朝有开国之绩的张良功成之后，自言"今以三寸舌为帝者师，封万户，位列侯，此布衣之极，于（张）良足矣。愿弃人间事，欲从赤松子游耳"，于是"乃学辟谷，道引轻身。会高帝崩，吕后德留侯，乃强食之，曰：'人生一世间，如白驹过隙，何至自苦如此乎！'留侯不得已，强听而食。后八年卒，谥为文成侯"。[18]揆之其他史料，时在高帝五年（公元前 202 年），乃因"张良素多病，从上关入，即道引，不食谷，杜门不出"。[19]张良此举似主要出于其身体羸弱的缘故，但可能正是基于这样的传说，张良后来被认作道教创教人张陵的先祖。[20]其时以好黄老著称的名人，尚不仅张良一人。汉初另一重要谋臣、后来曾任丞相的陈平"少时，本好黄帝、老子之术"，也与黄老之术极有渊源。[21]继萧何为相的曹参在齐国时，亦得胶西"善治黄老言"的盖公之教益，"其治要用黄老术，故相齐九年，齐国安集，大称贤相"。[22]

汉初诸帝以黄老"无为"之说治国，延至汉武帝之世，黄老之术更得大行。时"窦太后治黄老言，不好儒术"[23]，故"帝及太子、诸窦，不得不读《黄帝》、《老子》，尊其术"。[24]武帝本人即位之初，"尤敬鬼神之祀"。因此潜行暗长了两代也就是五六十年之后的方士们，又应声活跃起来。其中最著名者为李少君。李本是"故深泽侯舍人，主方"，后以"高寿"之名博得极大声誉，"其游以方，遍诸侯"，各地之人"闻其能使物及不死，更馈遗之，……愈信，争事之"。后来他"以祠灶、谷道、却老方见上（汉武帝）"，进一步刺激了武帝的"长生"欲望。李少君死后，齐人少翁复以"鬼神方"进见汉武帝。后来少翁之术被揭穿，又有乐成侯推荐的胶东宫人栾大进入宫中，先被汉武帝拜为"五利将军"，随授以"天士将军"等多印，并被妻以公主，封"乐通侯"，宠显臻于其极。[25]

汉武帝好方士、求长生的举动，在社会上产生了很大影响，燕地的方士尤受刺激。栾大等人大得武帝宠信之时，"神未至而百鬼集矣，然颇能使之。其后装治行，东入海，求其师云。大见数月，佩六印，贵震天下，而海上燕齐之间，莫不搤捥而自言有禁方、能神仙矣"[26]。李少君老死，汉武帝还认为系"化去"为仙，使人"受其方"，并遍求仙人，"求蓬莱安期生莫能得，而海上燕齐怪迂之方士多更来言神事矣"[(27)]。后来谷永在上奏中提到，元鼎、元封之际，燕齐之间方士"言有神仙祭祀致福之术者以万数"。[(28)]这为燕地方士的持续传承与发展奠定了良好的社会基础。甚至到西汉末年，篡汉自立的王莽也曾"日与方士涿郡昭君等于后宫考验方术，纵淫乐焉"。[(29)]由此可见，自先秦以迄西汉年间，东方滨海的燕国与齐国曾长期流传着影响广泛的神仙方术之说，并因此成为方士最重要的发源地。

对此，陈寅恪先生曾提到："自战国邹衍传大五洲之说，至秦始皇、汉武帝时方士迂怪之论，据太史公书所载，皆出之于燕齐之域。盖滨海之地应早有海上交通，受外来之影响，以其不易证明，姑置不论。但神仙学说之起源及其道术之传授，必与此滨海地域有连，则无可疑者。"[(30)]指出神仙学说起源与道术传授之间，存在着明显的地域耦合现象，这是颇有启发意义的。著名方士的背后，必有相当广泛的文化传承与群众基础。因此在很大程度上，秦汉以来燕齐盛行的种种神仙传说，可视为中国酝酿与产生早期道教的重要社会土壤之一。

第二节 东汉末年的太平道

东汉末年，张陵在四川始传五斗米道，此后其子张衡、孙张鲁继衍其教，四川盆地的五斗米道逐渐进入最活跃最兴旺的时期。学者一般认为这标志着道教的正式创立。在此前后，华北大地上则活跃着与之极相近似的另一大道教教派——太平道，在幽州地区（即今北京）亦颇有活动。华北太平道在东汉时期的规模与声势，都大大超过了蜀地的五斗米道，但由于历史机缘的差异，却造成了两种完全不同的结局。

一、太平道的酝酿

太平道的历史，可以上溯到西汉成帝时期。其时有齐人甘忠可"诈造《天官历》、《包元太平经》十二卷，以言'汉家逢天地之大终，当更受命于天，天帝使真人赤精子，下教我此道'"。[(31)]新出现的教派将传道与"更天命"联系在一起的做法，为其后继者所表现出来的浓厚政治色彩打下了教义基础。甘忠可后来传与夏贺良、丁广世、郭昌诸人，为中垒校尉刘向奏称"假鬼神罔上惑众，下狱治服，未断病死"。此后夏贺良等仍"私以相教"，继乘汉哀帝初立"寝疾，博征方术士"之机[(32)]，经司隶校尉解光、黄门侍郎李寻、长安令郭昌的运作与努力，"寻遂白贺良等皆待诏黄门，数召见"。夏贺良等人极力推行其教义，先是劝说汉哀帝改元易号，"复欲妄变政事"，与朝中大臣发生了严重争执："贺良等奏言大臣皆不知天命，宜退丞相御史，以解光、李寻辅政。上以其言亡验，遂下贺良等吏，……皆下狱，……当贺良等执左道，乱朝政，倾覆国家，诬罔主上，不道。贺良等皆伏诛。寻及解光减死一等，徙敦煌郡。"[33] 西汉末年一幕方士乱政的闹剧得以收场，但其影响所及，决非短时间所能弥息，尤其是对方术风气浓厚的燕涿之地的刺激，似在不断发酵与强化之中。

据史料记载，东汉永平十三年，"楚王英与方士作金龟、玉鹤，刻文字为符瑞。男子燕广告（楚王）英与渔阳王平、颜忠等造作图书，有逆谋，事下案验。有司奏'英大逆不道，请诛之'。帝以亲亲不忍"[34] 又载："（济南安王）康在国不循法度，交通宾客。其后，人上书告康招来州郡奸猾渔阳颜忠、刘子产等，又多遗其缯帛，案图书，谋议不轨。事下考，有司举奏之，显宗以亲亲故，不忍穷竟其事，但削祝阿、隰阴、东朝阳、安德、西平昌五县。"[35] 两则史料中均提到渔阳方士颜忠、刘子产等人。可见他们先曾游说济南安王康，因事不济而罢。时楚王英"少时好游侠，交通宾客，晚节更喜黄老，学为浮屠斋戒祭祀"，正大肆招纳黄老方士。[36] 王平、颜忠等慕名往赴，终成为其主谋。事泄，楚王英自杀，王平、颜忠下狱，"自知所犯不道，故多有虚引，冀以自明"，隧乡侯耿建、朗陵侯臧信、护泽侯邓鲤、曲成侯刘建被其牵入案内，后来赖鲁国薛人寒朗冒死辩白，"车驾自幸洛阳狱录囚徒，理出千余人"。[37] 在这两次事件中，主角王平、颜忠、刘子产等都是渔阳人，地属今北京附近。由此或可推测，神仙方术已成为幽燕之地的一大文化传统，因而历代传承绵续，并不断涌现出"技艺出众"的方术之士。

颜忠等人"造作图书"、"谋议不轨"的做法，与甘忠可、夏贺良等所传之教是否有直接联系，史无明载。但其做法则若相仿佛，两者之间可能存在某种文化或组织的传承关系。这些方士企图通过游说统治阶层，依靠皇帝、诸侯等政治精英人物来实现其教义中的政治理想，采取的是自上而下的干政策略。也有方士不甘于此，开始自下而上策划暴动的尝试。东汉建武年间，有涿郡太守张丰起事之举。据记载："初，（张）丰好术，有道士言丰当为天子，以五彩囊裹石系丰肘，云'石中有玉玺'。丰信之，遂反。既执，当斩，犹曰'肘石有玉玺'。傍人为椎破之，丰乃知被诈，仰天叹曰：'当死无恨！'"[38] 其时道教尚未成型，所言"道士"乃后人对方士等人物的泛泛称谓。这表明张丰之起事，即为某位"奉道"的方士所酝酿与推动，或由于信徒不多，影响也小，故规模不大，很快为朝廷派兵扫平。真正给东汉统治者构成威胁的，为后来创立了太平道的张角。

二、太平道的兴起及与道教的关系

东汉桓灵年间，毗邻燕地的冀州巨鹿人张角乘朝廷统治腐败、民不聊生之机，以民间长期盛行黄老之术，从流传已广的《太平清领书》中，撷取"致太平"等辞，创立了新的教派——太平道。张角初传其教时，自称"大贤良师"，"奉事黄老道"，并利用为人治病的方式传播其教义。他很快获得了下层民众的欢迎，四方蜂起信从，"或弃卖财产，流移奔赴，填塞道路。未至病死者，亦以万数。郡县不解其意，反言角以善道教化，为民所归"(39)。由此，太平道辗转相传，并经持续经营，"十余年间，众徒数十万，连结郡国，自青、徐、幽、冀、荆、扬、兖、豫八州之人，莫不毕应"(40)，北方的幽燕边境也迅速纳入其传播范围之内。

随着太平道势力的急剧膨胀，张角萌发了取东汉朝廷而代之的政治野心。他"置三十六方。方犹将军号也。大方万余人，小方六七千，各立渠帅。讹言'苍天将死，黄天当立，岁在甲子，天下大吉。'以白土书京城寺门及州郡官府，皆作'甲子'字"。其弟子马元义则拟集合荆扬等地信徒数万人至邺城（今河北临漳），以洛阳宫中宦官为内应，约期于甲子年甲子日（中平元年即184年三月初五日）并举。但在紧锣密鼓的准备过程中，张角的弟子、济南人唐周上书告密。太平道随即遭到官府的严厉捕杀，"灵帝以（唐）周章下三公、司隶，使钩盾令周斌将三府掾属，案验宫省直卫及百姓有事（张）角道者，诛杀千余人，推考冀州，逐捕角等"(41)。张角被迫星夜传檄，仓促应变。各地早已作了酝酿，于是同时发难，黄巾起义爆发。

由于张角等事先已广为传播太平道，因而有较为浓厚的群众基础。黄巾起义的活动重心在冀州的巨鹿、广宗、下曲阳等地，周边民众也是应声而起，"遐迩摇荡，八州并发，烟炎绛天，牧守枭裂"(42)，"旬日之间，天下响应，京师震动"(43)。毗邻河北的幽州地区，此前传习太平道的民众或已不在少数，张角起事的消息传来后，更备受鼓舞，很快即应之以行动。史料记载，中平元年四月，"广阳黄巾杀幽州刺史郭勋及太守刘卫"(44)。东汉政权在幽州的最高统治者都被黄巾军一举捕杀，可推测广阳地区的黄巾军，不仅颇有战斗力，其规模或也颇为可观。可惜由于资料所限，其详情已难得而知。

在东汉政权的残酷镇压下，黄巾军主力很快即遭覆灭，幽州等地黄巾军余部的战斗，也仅坚持了非常短暂的一段时间。此后活跃于河北各地的农民军诸部，也许曾受到太平道斗争精神的鼓舞，但与太平道似已无直接渊源。[45]尽管如此，张角太平道在燕赵大地曾经流行一时，有过上百万的信众，因此它对于河北地区民间信仰方面的影响，应当是相当之大的。然而，由于太平道曾发动过武装起事，被历代统治者指为"乱政"之尤，因而后世所传道教，均极讳言其与太平道的关系。而道教的创教重心，也被认定为偏处西南的四川一隅。但当时冀州等地的太平道，与蜀地的五斗米道在教义等多个方面都有相通之处，甚至可以说很难分出彼此。道教典籍《正一法文天师教戒科经》中即提到，"道重人命，以周之末世始出，奉道于琅琊，以授干吉太平之道，起于东方"。又说"汝曹辈不知道之根本，真伪所出，但竞贪高世，更相贵贱，违道叛德，欲随人意。人意乐乱，使张角黄巾作乱"。虽不乏从批判角度的立言，亦可显出两者思想上之渊源。同时，在后来道教流布中原的过程中，此地曾经广为传布的太平道，对道教的传播与发展亦不无信仰、思想乃至组织上的铺垫作用。因此，包括幽州在内的广大河北大地上曾经活跃一时的太平道，对于道教的创立、流传与后来的发展，或有尚未引起后人关注的积极意义。

第三节　北朝道士寇谦之及其对道教的"清整"

黄巾起义后，在军阀争强的混战中，曾受降大量青州黄巾军余部的曹操逐渐兴起，成为主导中国北方的政治势力。建安二十年（215年），曹操亲率大军进攻四川，五斗米道政权张鲁率部众迎降。此后，大批信道的汉中民众被迫北迁关陇、洛阳、邺城等地，"自从流徙以来，分布天下"[46]，五斗米道从此在中原地区流衍传播，并乘太平道被镇压之机，发展成为道教的正宗——天师道。其时幽州地区处于东北边陲，但受到周边道教发展传播的影响，陆续有人传信，或可推测，惟有关史料，尚待发掘。

魏晋南北朝时期，天师道在向全国扩展的同时，也逐渐产生了分化。葛洪提出的丹道理论集各种仙道方术之大成，利于天师道在上层社会的发展。而下层信道群众，在社会矛盾激化之时，却不断以"李弘"之名暴动起事，挑战世俗政权，给道教的发展带来很大影响。鉴于此，教内有识之士开始着手进行"清整"，其中最著名者，南方有陆修静，北方则为寇谦之。而寇谦之的改革活动，比陆修静还要略早，在道教发展史占有重要地位。

一、寇谦之早年的修道

寇谦之（365—448年），字辅真，冯翊万年人，自称上谷昌平著姓寇恂之第十三世孙[47]，因而与北京颇有渊源，可称得上是北京历史上早期最为重要的道教人物。寇谦之父亲寇脩之在前秦时曾任东莱太守，兄寇赞之后来又在北魏初任南雍州刺史，可见寇氏家族自上谷昌平迁至关中之后，已成为当地颇有威望的名门士族。关中为汉末五斗米道信徒北迁的重要地区，也许是由于环境的因素，也不能排除寇氏一族自昌平上辈以来世代相传的影响，寇家成了信奉天师道的世家。[48]史载寇谦之"早好仙道，有绝俗之心。少修张鲁之术，服食饵药"，虽"历年无效"，但自幼就与道教有着深厚渊源。[49]而寇谦之生活的时期，正届于十六国后期到北魏初年的混乱年代，更迭纷扰的时局对他的人生与信仰取向也会产生一定影响。他出生后不久，前秦符坚在贤相王猛襄赞下曾统一北方，但在建元十九年（383年）的南下之役中被东晋大败于淝水，符坚的统治随即土崩瓦解，北方重新陷入分裂割据状态。也正是在这一年，刚及撄冠之龄的寇谦之"乃倾心慕道"[50]，正式开始了修道生涯。

史籍记载寇谦之早年修道得力于姨母家的佣人成公兴，而成公兴其实为谪仙下凡，特来引导他至中岳嵩山修炼，并言其"未便得仙，政可为帝王师耳"。成公兴去后，寇谦之"守志嵩岳，精专不懈"，神瑞二年（415年）深秋十月，"忽遇大神，……称太上老君"，对寇谦之称"往辛亥年，嵩岳镇灵集仙宫主，表天曹，称自天师张陵去世已来，地上旷诚（职），修善之人，无所师授。嵩岳道士上谷寇谦之，立身直理，行合自然，才任（轨范）［范首］，（首）［可］处师位"，因此"吾故来观汝，授汝天师之位，赐汝《云中音诵新科之诫》二十卷"。并告诫寇谦之："吾此经诫，自天地开辟以来，不传于世，今运数应出。汝宣吾《新科》，清整道教，除去三张伪法，租米钱税，及男女合气之术。大道清虚，岂有斯事。专以礼度为首，而加之以服食闭练。"太上老君又让随从的十二仙人授予寇谦之服气导引口诀之法，"遂得辟谷，气盛体轻，颜色殊丽。弟子十余人，皆得其术"[51]。此事亦见于其他史籍："初，嵩山道士寇谦之，……修张道陵之术，自言尝遇老子降，命谦之继道陵为天师，授以辟谷轻身之术及《科戒》二十卷，使之清整道教。"[52]所谓老君降临授之经诫，付以"清整"道教大任，或许应视作寇谦之修炼之中的宗教体验。

二、寇谦之"清整"道教的主要内容

《云中音诵新科之诫》亦名《老君音诵诫经》,现《道藏》中仅残存一卷。[53]其主旨,正如《魏书》所言,是为了"除去三张伪法",对当时的道教进行"清整"。那么,寇谦之清理了五斗米道中的哪些教仪?这些此前曾被视为"理所当然"的内容,为什么此时成为"必欲去之而后快"的赘疣呢?对此葛兆光先生已有很好的研究。[54]寇谦之借太上老君名义,猛烈抨击了五斗米道的旧法。他说:"道官诸祭酒,愚闇相传,自署治箓符契,攻错经法,浊乱清真",所指应为早期道教政教合一的宗教组织形式,"初在蜀土一州之教板署男女道官,因山川土地郡县,按吾治官靖庐亭宅,与吾共同领化民户,劝恶为善",但这极易引起世俗政权的疑虑,"愚民信之,诳诈万端,称官设号,蚁聚人众,坏乱土地,称刘举者甚多,称李弘者亦复不少",显然也为阴谋者提供了借口:"但言老君当治,李弘应出,天下纵横,返(叛)逆者众,称名李弘,岁岁有之。"与政治上的隐喻嫌疑相对应,多方勒收道税的经济行为也被寇谦之视为极大的"流弊":"授人职契录,取人金银财帛,而治民户,恐动威逼,教人诡愿匹帛、牛犊、奴婢、衣裳,或有岁输全绢一匹、功簿输丝一两,众杂病说(税),不可称数。"至于宗教修炼方面,寇谦之指出,当时不少人"妄传(张)陵身所授黄赤房中之术,授以夫妻,淫风大行,损辱道教"。又说不谨守道诫,不勤行斋功礼拜者,终不能得道,"不降仙人,何能登太清之阶乎"?可见他对道教中男女合气的房中之术,以及专恃服食的求仙之道,亦有微词。

寇谦之于是借老君之名,创立了所谓的"新天师道"。他以异姓即位天师的做法,打破了巴蜀以来张氏世袭天师的惯例,开启了新的道统传授制度。他宣布三张"其蜀土宅治之号,勿复承用",五斗米道以来的租米钱赋制度也一并废除,"唯听民户岁输纸三十张、笔一管、墨一挺,以供治表救度之功"。对于道教内部传之已久的房中术,寇谦之虽然并未完全否定,认为"不在断禁之列",但反对滥传,主张回归于个人的修炼行为,"若夫妻乐法,但慇进问清正之师,按而行之,任意所好传一法,亦可足矣"。至于服食,寇谦之认为不过"除病寿终,攘却毒气,瘟疫所不能中伤,毕一世之年",唯有严格按照《音诵诫经》的要求才可求道,"建功香火,斋练功成,感彻之后,长生可克"。

三、寇谦之"出山"及新天师道的推行

寇谦之建立和增加了大量符合统治者要求的清规戒律与斋醮仪式,

这对于消除世俗政权的疑虑、维护和发展道教组织、凝聚宗教信仰、重塑宗教威望，均具有积极作用。其时北魏鲜卑统治者以师事中原儒家学说为时尚，对汉地流行的佛道二教，亦兼收并蓄。如太祖道武帝"好黄老，颇览佛经"，以至"好老子之言，诵咏不倦"，又宠信仙人博士张曜，"为造静堂于苑中，给洒扫民二家。而炼药之官，仍为不息"。太宗明元帝"遵太祖之业，亦好黄老，又崇佛法，京邑四方，建立图像，仍令沙门敷导民俗"[55]。在这种有利氛围之下，新天师道在北魏地区的传播较为顺利，寇谦之的名望也随之不断增大。不久，寇谦之又采取了发展新天师道的重要一步。

史籍载称，泰常八年（423 年）十月戊戌，又有太上老君玄孙、牧土上师李谱文来临嵩岳，授予寇谦之以《录图真经》六十余卷，"付汝奉持，辅佐北方泰平真君"。此种做法，与八年前的"老君降临"，似出一辙。不过此次所授予寇谦之的，不再是"清整"之任，而是要辅佐人主，"为帝王师"，以便于新天师道更大的发展。

次年寇谦之即携新造作的《录图真经》赶往北魏都城，进献给即位不久的太武帝。太武帝起初只是让寇谦之止于仙人博士张曜之所，"供其食物，时朝野闻之，若存若亡，未全信也"。后来赋闲在家的世家崔浩"独异其言，因师事之，受其法术"，并上疏为之鼓吹，利用太武帝雄才大略意图入主中原的心理，与寇谦之互为奥援，终于使太武帝对天师道的态度大变，"世祖欣然，乃使谒者奉玉帛牲牢祭嵩岳，迎致其余弟子在山中者。于是崇奉天师，显扬新法，宣布天下，道业大行。……及嵩高道士四十余人至，遂起天师道场于京城之东南，重坛五层，遵其新经之制。给道士百二十人衣食，斋肃祈请，六时礼拜，月设厨会数千人"。新天师道由此得到北魏官方的正式承认与扶持推广。寇谦之又在后来统一北方的战争中有襄赞之功，太武帝对其更为宠信，于 440 年为改"太平真君"年号。寇谦之又启建"静轮天宫"，奏请太武帝登而受符，"世祖从之。于是亲至道坛，受符箓。备法驾，旗帜尽青，以从道家之色也。自后诸帝，每即位皆如之"[56]。

此时的新天师道在北魏境内，已俨然成为"国教"，臻于极盛。但好景不长，太平真君九年（448 年）寇谦之去世。两年后，崔浩遭诛杀灭门，受其牵连者甚多。又两年后，太武帝亦被弑身死。失去依靠之后的新天师道，自然受到极大影响。尽管如此，终拓跋魏之世，新天师道基本上还能维持官方宗教的地位，并受到优待。而寇谦之针对道教中的种种弊端所进行的改革，对于北方道教的发展，无疑也有着十分重要的意义。

在此期间幽州地区的道教，亦应受到新天师道的影响。自道武帝天兴二年（399年）十二月后燕燕郡太守高湖投降后，幽州地区即归于北魏辖内。后来虽又复有短期争夺，至太武帝太延二年（436年），北燕最终为北魏灭亡。太延五年（439年），北方则完成了统一，北魏在幽州的统治更为巩固。幽州地区正处于北魏管辖之下，自然会受到北魏"国教"即新天师道的影响。兼之这里又是"教主"寇谦之上辈籍贯所在地，是否因此而受到特殊关照，并对该地道教的发展产生积极影响，因尚无史料，未可明言。但以常理推之，此一时期幽州道教的发展，或许也处于较好的历史时期。

第四节　隋唐幽州的道教与天长观的建立

隋唐时代是道教全面发展的繁荣时期之一。隋文帝用道教为自己夺取政权制造舆论，当政后对道教有所扶植。到李唐以后，道教教主老子更被尊为唐宗室的"圣祖"，道教政治地位大为提高，居于三教之首，处于儒教与佛教之上。在唐朝近三百年的统治中，道教得到空前的尊崇，对北京道教的发展更产生了广泛而直接的作用，此后持续相沿、深具影响的天长观，即始于这一时期。

一、隋代道教与涿州

隋朝初立时曾崇佛抑道，"于道士蔑如也"，但不久道教即获得转机，"大业中，道士以术进者甚众"，并有《老子》、《庄子》、《灵宝》、《升玄》等道经行世。[57]开皇二十年十二月，隋文帝颁布了释、道共同保护的诏文，谓："佛法深妙，道教虚融，咸降大慈，济度群品，凡在含识，皆蒙覆护。所以雕铸灵相，图写真形，率土瞻仰，用申诚敬。其五岳四镇，节宣云雨，江、河、淮、海，浸润区域，并生养万物，利益兆人，故建庙立祀，以时恭敬。敢有毁坏偷盗佛及天尊像、岳镇海渎神形者，以不道论。沙门坏佛像，道士坏天尊者，以恶逆论。"[58]故《资治通鉴》称："（隋文）帝晚年深信佛道鬼神。"[59]影响所及，其子炀帝亦好道教，并涉及涿州（即今北京）地区。

当时著名的道士有王远知，他是茅山派著名道士陶弘景的高足，曾被陈帝召见，后住居于茅山，在社会上产生了较大影响。隋炀帝为晋王住驻于扬州地方时，即派人召王远知谒见，其"斯须而须发变白"的形象，给隋炀帝留下了深刻印象。大业七年（611年），隋炀帝北赴涿州，又想起这位高道，特遣员外郎崔凤举"就邀之"。王远知到达涿州之后，"见于临朔宫，炀帝亲执弟子之礼，敕都城起玉清玄坛以处之"。[60]这成为涿州城内远近轰动的重大事件，王远知此行对于附近道教的影响，亦可想象。

大业八年（612年），又有著名的嵩高山道士潘诞被押赴涿州处治。先是潘诞"自言三百岁，为帝合炼金丹。帝为之作嵩阳观，华屋数百间，以童男童女各一百二十人充给使，位视三品；常役数千人，所费巨万"，后又云炼丹需石胆、石髓，"发石工凿嵩高大石深百尺者数十处"，凡六年未成，复以"童男女胆髓各三斛六斗代之"为托，隋炀帝闻之大怒，命"锁诣涿郡，斩之"。据说潘诞死之前，尤对人言称"此乃天子无福，值我兵解时到，我应生梵摩天"云[61]。隋炀帝命将道士潘诞押往涿州"正法"，或许还有借以警诫此地流传不绝的"长生方术"之意，但潘诞临刑前的"视死如归"之举，却无疑极大地削弱了隋炀帝"示众"的社会效果，甚至还可能以特殊方式刺激了该地道士的"同感"与"激情"，亦未可定。

二、唐代"国姓"与道教的兴起

隋末乱世之际，道士多有涉入政治纷争之中者。如东都道士桓法嗣献《孔子闭房记》于王世充，言"当代隋为天子"，王世充以其为谏议大夫。[62]终南山楼观道士岐晖，大业七年曾对弟子称"当有老君子孙治世"，与"杨氏将灭、李氏将兴"的政治谶言相呼应。李渊起兵之后即"逆知真主将出，尽以观中资粮给其军"，旋改名以应"真君"，"仍发道士八十余人向关应接"。[63]著名道士王远知则更为积极。他先是远赴隋炀帝涿州之召，后又谏炀帝扬州之行，称"不宜远去京国"，不听，遂将目光转向了其他政治势力。史载"高祖之龙潜也，远知尝密传符命"，即在与隋炀帝交往同时，又秘密开始了与太原唐公李渊的联系。李渊即位以后，王远知密许当时尚为秦王的李世民为"圣人"、"太平天子"。[64]由于上述关系，兼之李唐也有意利用社会上流传甚广的政治谶纬，因此道教崇奉的教主李老君被唐皇室奉为始祖，道教也受到特别的优待，与朝廷建立了长达三百余年的密切关系。这固然可以视作当时道士对国姓因素的巧妙运作，也可能是李唐立国前后政治需要发展的产物。[65]

正是源于这一机缘，唐代后来成为道教得到较大发展的繁荣时期之一。唐初武德九年（626年）五月，"以京师寺观不甚清净"，曾令淘汰僧尼、道士、女冠等，"京城留寺三所，观二所。其余天下诸州，各留一所。余悉罢之"。但这一整顿佛道两教的政策，可能因"玄武门之变"旋作,"事竟不行"。[66]此后的三百年间,道教都得到了朝廷的较大资助与扶持。贞观六年（632 年）唐太宗命人修《氏族志》时,便以李耳为李姓远祖。贞观十一年（637 年）,复命于亳州修老君庙,"给二十户享祀",在此前后又决定调转佛道顺序,以道先释后。但唐太宗时,尚以王朝政治需要为主,而此后唐朝皇帝则开始崇奉道教。唐高宗践位的乾封元年（666 年）二月,亲至亳州祭谒太上老君庙,"追号曰太上玄元皇帝,创造祠堂,其庙置令、丞各一员"。上元元年（674 年）,"威势与帝无异"的"天后"武则天"上意见十二条,请王公百僚皆习《老子》,每岁明经一准《孝经》、《论语》例试于有司"[67]。当时有名的道士如潘师正、刘道合等,都颇受器重,"召入宫中,深尊礼之"。[68]据说唐高宗与武则天夫妇宠幸潘师正所居的逍遥宫时,"上及天后、太子皆拜之",为史家指为"崇信异端"。[69]这在道教史上是前所未有的,道教在社会各方面的影响都大为增加。在这种极其优良的社会大环境之下,同处于唐王朝统治之下的幽州地区,道教也得到了与以前大不一样的发展速度。

三、唐玄宗的崇道与幽州天长观的创建

唐代崇道最甚者为唐玄宗,对北京道教发展影响深远的天长观,即建于此一时期。按唐玄宗为帝之初,即改变武周崇佛及中（宗）睿（宗）佛道并崇的政策,以崇道抑佛来显示其政治更新的姿态。他恢复了道士女冠隶属于宗正寺的管理体制,下旨追封因奏闻老子降显被武后禁锢而死的邬元崇,还亲谒邬元崇所称"见老子处"的奉仙观。此后唐玄宗又以老子"清静无为"思想作为治国方针,尊《老子》为《道德真经》,庄子、列子等道家代表人物均尊为"真人"。到后期开元、天宝年间,唐玄宗更以追求奢侈享乐为务,同时也企求长生,因此开始大规模的崇道。开元十九年五月,令"五岳各置老君庙"。[70]二十九年正月,又令两京、诸州"各置玄元皇帝庙并崇玄学,置生徒,令习《老子》、《庄子》、《列子》、《文子》,每年准明经例考试"。所有这些,均极大地刺激了各地道教的活动与发展,道观也经重修扩建不断增加。史载到唐玄宗开元年间,全国上规模的正式道观就达到 1687所（其中道士 1137 所、女道士观 550 所）,"每观观主一人,上座一人,监斋一人,共纲统众事"[71]。唐后期的道教文献更记载:"从国初以来,所造宫观约一千九百余所,度道士计一万五千余人,其亲王贵主及公卿士庶或舍宅舍庄为观,并不在其数。"[72]当时幽州城为唐王朝北方重镇,境内道教场所若以全国十五或二十分之一计,也达到百余

所之规模，相当可观。可惜此后传承有据见于记载者极少。如北京地安门外的火神庙，据说始于唐代贞观六年（632年），如果属实，乃为北京现存道观中历史最久的道观。而最著名的幽州天长观，也是在这一背景下应时而出的。

唐代刘九霄有记："天长观，开元圣文神武至道皇帝斋心敬道，以奉玄元大圣祖"。[73]可见天长观始建于开元年间，具体时间《旧唐书》有记："（开元）二十九年（741年）春正月丁丑，制两京、诸州各置玄元皇帝庙。"[74]按此为唐玄宗下诏时间，各州均奉旨建造，但兴建及完工应各有先后。揆以情理，幽州新建之道观也可能成于开元二十九年或稍晚的某一时间。又史料载，天宝二年（743年）正月，"追尊玄元皇帝为大圣祖玄元皇帝，……亲祀玄元庙以册尊号，制追尊圣祖玄元皇帝父周上御史大夫敬曰先天太上皇，母益寿氏号先天太后，……改西京玄元庙为太清宫，东京为太微宫，天下诸郡为紫极宫"[75]。可见开元年间幽州奉旨建造之道观，与各州一样，最初统称"玄元皇帝庙"，天宝年间又改称"紫极宫"。而"天长观"之命，或因常在"天长节"举办大型斋醮而来。

唐玄宗特旨在各州设立重大道观，目的当然是为了国祚长久、君泰民安。《唐六典》规定，三元日即每年正月、七月、十月的十五日，以及皇帝诞辰的千秋节日（又称"天长节"），外州道观都要举行金箓大斋、明真斋或特敕盛大仪式，唐室历代皇帝、皇后的纪念日，也要统一按规定举行若干天数的"行道"、"散斋"等道教活动，如遇"国忌日"，即规定"若外州，亦各定一观、一寺以散斋，州、县官行礼。应设斋者，盖八十有一州焉"[76]。相对而言，"天长节"为皇帝祈福祷寿的金箓斋醮，就成为诸州各敕立道观中最重要的宗教职责，幽州也不例外。在道教仪式中，金箓大斋"调和阴阳，消灾伏害，为帝王国土延祚降福"，是为当今皇帝及国家祈福的最高级别的斋醮活动，一般的民众如除了参加诸神纪念日的道教活动外，则只能举办金箓大斋以下如黄箓斋、明真斋、三元斋、八节斋、涂炭斋、自然斋等各类斋醮。因此，幽州除敕立的"玄元皇帝庙"外，其他道观或许极少能举行金箓大斋这样高级别的斋醮，而"玄元皇帝庙"的金箓大斋，也主要在"天长节"方能按期进行，从而成为该观标志性宗教活动，日久相沿，遂获得了"天长观"之俗称。

四、天长观的再修

唐玄宗后期，崇道之心越来越发展。在各州建立"玄元皇帝庙"

的同时,又"崇玄学,置生徒,令习《老子》、《庄子》、《列子》、《文子》,每年准明经例考试",将《老子》等纳入考试内容。后又"颁《御注老子》并《义疏》于天下"。此后崇道不衰者又有唐武宗,其"灭佛"之举即与此有一定关系。故唐朝后期的幽州道教,也相应有一定的活动与发展。但同时也要注意到,由于不久"安史之乱"爆发,对幽州的道教或不无影响。即如朝廷最为重视的天长观,到唐懿宗时期,虽上距始建之年不过百余年时间,就因为"岁久不葺",已经呈现出"建置年深,倾圮日久"的败落景象。

有鉴于此,幽州当政者谋思修复,前人记称"伏遇太保相国张公秉权台极,每归真而祈福,观此观宇久废,遂差使押衙兼监察御史张叔建董部匠作,功逾万计"。[77]因系节略,未明具体再建于何时。金人郑子聘"谨按图经及旧碑",明确记称"至咸通七年,卢龙军节度使张允伸缮而新之"。[78]元人王鄂也称天长观"肇基于唐之开元,复于咸通七年"。[79]对此时间,李养正先生认为或有不确,故有所考证。他根据《资治通鉴》及《旧唐书》所载卢龙节度使张允伸生平,认为天长观"再兴于唐宣宗、懿宗在位时期。后人碑铭大多说是缮兴于懿宗咸通七年(866年),这大概系功成之年"。[80]揆之史料,此说尚有可考之处。按张允伸在幽州之任职经过,《旧唐书》"本纪"亦有载,为唐宣宗大中四年(850年)九月,"幽州节度周綝卒,军人立其牙将张允伸为留后"[81]。咸通七年三月,以成德军节度使王绍懿卒,"三军推(绍懿之兄)绍鼎子景崇知兵马留后事。就加幽州张允伸兼太保、平章事,进封燕国公"[82]。咸通十三年正月,"幽州卢龙等军节度使、检校司徒、同平章事、幽州大都督府长史、上柱国、燕国公、食邑三千户张允伸卒,赠太尉,谥曰忠烈。允伸镇幽州二十三年"[83]。

综上可知,张允伸于唐宣宗大中四年以幽州牙将"留后"任节度使是不错的,但至咸通七年方加"兼太保"。刘九霄《再修天长观碑略》已提及"太保相国张公"之爵,故天长观再修必在此年之后,而不能上推到唐宣宗年间。也就是说,金元时期的相关记载是准确的,天长观再修即始于唐懿宗咸通七年,完工也极可能就在此年。至于张允伸再修天长观的目的,与其时加"兼太保、平章事,进封燕国公"一事,或者也具有某种关联。不管其个人动机如何,此举对幽州道教活动的持续与发展,显然有较为重大的积极作用。

五、唐末刘仁恭佞道

唐末五代之时,藩镇各自割据,相互争斗不断。在动荡不安、人生命运难以把握的社会中，佞于道教希望得到神仙佑护的各地当政者不乏其人。其时执掌幽州的刘仁恭，也是其中的一位，并对当地道教活动有所影响。刘仁恭，深州人，少随其父刘晟事军中，从节帅李全忠攻易州，以功迁裨将。后来刘仁恭又投靠河东军帅李克用，领军攻占幽州，于乾宁二年（895年）"为幽州兵为留后"，不久为李克用奏请唐中央政权认可，"以幽州兵马留后刘仁恭检校司空，兼幽州大都督府长史，充幽州卢龙军节度、押奚契丹等使"。[84]刘仁恭"为人豪纵，多智数，有大志"，执掌节镇大权后，渐不用李克用征调，并与朱全忠联系以为牵制，颇有兼并天下之雄心。后来又以一镇之尊亲近道士，在幽州之西大安山中大兴土木，烧炼丹药，"求不死"，这成为唐代继兴建天长观之后幽州地区的又一重要道教事件，对其地的道教氛围不乏刺激意义。

　　大安山位于今北京房山西北约80里，其地受到注意始于唐末刘仁恭时期，且与道士有密切关系。对此方志简略记称大安馆"在房山县西北大安山，刘仁恭创宫观、师事方士王若讷处也"[85]。《旧五代史》则有较详细的记载："是时，天子播迁，中原多故，（刘）仁恭啸傲蓟门，志意盈满，师道士王若讷，祈长生羽化之道。幽州西有名山曰大安山，仁恭乃于其上盛饰馆宇，僭拟宫掖，聚室女艳妇，穷极侈丽。又招聚缁黄，合仙丹，讲求法要。又以瑾泥作钱，令部内行使，尽敛铜钱于大安山巅，凿穴以藏之，藏毕即杀匠石以灭其口。又禁江表茶商，自撷山中草叶为茶，以邀厚利。改山名为大恩山。"[86]亦见于《资治通鉴》："卢龙节度使刘仁恭，骄侈贪暴，常虑幽州城不固，筑馆于大安山，曰：'此山四面悬绝，可以少制众。'其栋宇壮丽，拟于帝者。选美女实其中。与方士炼丹药，求不死。悉敛境内钱，瘗于山颠；令民间用堇泥为钱。又禁江南茶商无得入境，自采山中草木为茶，鬻之。"[87]刘仁恭在大安山修建宫馆，主要原因固然是为了与道士王若讷等人烧炼"不死"丹药，同时也具有据险自固，以及垄断山中茶草"以邀厚利"之意。为了保证供给和便于管理，刘仁恭还从蓟县单划出一个独特的行政区划——玉河县。《辽史》记载："玉河县，本泉山地。刘仁恭于大安山创宫观，师炼丹羽化之术于方士王若讷，因割蓟县分置，以供给之。在京西四十里。户一千。"[88]据赵其昌《辽代玉河县考》，玉河县范围大致从今门头沟三家店一带起，包括大安山、良乡、房山到石窝等地，直到金天眷元年（1138年）才废止，前后共计二百多年。刘仁恭出于佞道而单独置县供应，在道教史上也可说是独一无二的。

不过刘仁恭在大安山的佞道时间，则相对短暂。朱全忠灭唐建立梁朝后，于开平元年（907年）派兵围攻幽州。其子刘守光先被刘仁恭因故斥出，此时借败后梁军之机，占据幽州，并遣人"回攻大安，虏仁恭，囚别室，杀左右婢媵，遂有卢龙"。到乾化四年（914年），囚父害兄的刘守光也被河东李存勖擒斩，刚成立的大燕随即灭亡，刘仁恭被押至代州斩于雁门山下以祭李克用。则刘仁恭主政不过12年，此后被其子刘守光囚禁于幽州城内，显然不可能与此前一样再在大安山中亲近道士了。此外，刘仁恭"又招浮屠，与讲法"，当时在大安山中活动的还有僧释。[89] 这就说是，刘仁恭在大安山上是多教并用的，并非独重道士。兼之刘仁恭父子身死国灭的悲剧结局，故其在大安山亲近道士之活动，虽极一时之盛，但此后并未能持续相沿。明清时该地虽存遗迹，成为京西名山，但《明一统志》仅称"上有大安馆，相传五代时刘仁恭所建，遗址尚存"，《大清一统志》则说"上有龙湫山，甚高险，唐末刘仁恭筑馆于此"云。大安山未能因刘仁恭佞道之举，而发展成为北京的道教名山。

注释：

（1）李养正：《道教概说》，第3页。

（2）《史记》卷二十八《封禅书第六》。

（3）参见［日］窪德忠著，萧坤华译：《道教史》，第53—54页。

（4）《资治通鉴》卷七，《秦纪》二。

（5）《战国策》卷二十九，燕策一。《史记》卷三十四，"燕召公世家"云："燕昭王于破燕之后即位，卑身厚币以招贤者。……乐毅自魏往，邹衍自齐往，剧辛自赵往，士争趋燕。"

（6）《史记》卷七十四，孟子荀卿列传。

（7）《史记》卷四十六，田敬仲完世家。

（8）葛洪著：《抱朴子》外篇卷十三"钦士"。卷二十五"疾谬"亦云："驺衍入坛，燕君拥篲。"

（9）王充著，黄晖校释：《论衡校释》卷二十七"定贤篇"。卷十五"变动篇"亦有"传曰：'燕有寒谷，不生五谷；邹衍吹律，寒谷复温'"的记载，黄晖校注其出处，为刘向《别录》，注《寒温篇》。《列子集释》卷五"汤问篇"引此典故，杨伯峻引张湛注："北方有地，美而寒，不生五谷，邹子吹律暖之，而禾黍滋也。"

（10）王充著，黄晖校释：《论衡校释》卷五"感虚篇"。

（11）《后汉书》卷五十七，刘瑜传注引《淮南子》。

（12）王充著，黄晖校释：《论衡校释》卷五"感虚篇"、卷十五"变动篇"。

（13）韩非：《韩非子》，外储说左上。

（14）杨伯峻集释：《列子集释》卷八"说符篇"。

（15）［日］窪德忠著：《道教史》，第 148 页。《洞玄灵宝真灵位业图》，《道藏》第三册，第 276—280 页。

（16）《史记》卷六，秦始皇本纪。

（17）桓宽著，王利器校注：《盐铁论校注》卷六，散不足。

（18）《史记》卷五十五，留侯世家。

（19）《资治通鉴》卷十一，汉纪三。亦见于《汉书》卷四十，略云："（张）良从入关。性多疾，即道引不食谷，闭门不出岁余。"又云："良从上击代，出奇计下马邑，及立萧相国，所与从容言天下事甚众，非天下所以存亡，故不著。良乃称曰：'家世相韩，及韩灭，不爱万金之资，为韩报仇强秦，天下震动。今以三寸舌为帝者师，封万户，位列侯，此布衣之极，于良足矣。愿弃人间事，欲从赤松子游耳。'乃学道，欲轻举。高帝崩，吕后德良，乃强食之，曰：'人生一世间，如白驹之过隙，何自苦如此！'良不得已，强听食。后六岁薨。谥曰文成侯。"可见除身体原因外，可能还有隐情，故司马光批曰："然其欲从赤松子游者，其智可知也。……故子房托于神仙，遗弃人间，等功名于外物，置荣利而不顾，所谓'明哲保身'者，子房有焉。"又《汉书》所记"后六岁薨"与"后八年卒"歧异，待考。

（20）［日］窪德忠著：《道教史》，第 64 页。《岁时广记》引《汉张天师家传》云："真人讳道陵，字辅汉，姓张氏，丰邑人，留侯子房八世孙也。……于光武建武十年甲午正月望日生于吴地天目山。"

（21）《史记》卷五十六，陈丞相世家。《汉书》卷四十则载陈平预知其后世不永："始平曰：'我多阴谋，道家之所禁。吾世即废，亦已矣，终不能复起，以吾多阴祸也。'"

（22）《史记》卷五十四，曹相国世家。

（23）《史记》卷二十八，封禅书第六。

（24）《史记》卷四十九，外戚世家。

（25）《史记》卷二十八，封禅书第六。

（26）《史记》卷二十八，封禅书第六。

（27）《史记》卷二十八，封禅书第六。卷十二《孝武本纪》亦近似："居久之，李少君病死。天子以为化去不死也，而使黄、锤史宽舒受其方。求蓬莱安期生莫能得，而海上燕齐怪迂之方士多相效，更言神事矣。"

（28）《汉书》卷二十五下，郊祀志。

（29）《汉书》卷九十九下，王莽传。

（30）《天师道与滨海地域之关系》，载《金明馆丛稿初编》。

（31）《汉书》卷七十五，眭两夏侯京翼李传。

（32）《汉书》卷二十五下，郊祀志。

（33）《汉书》卷七十五，眭两夏侯京翼李传。

（34）《资治通鉴》卷四十五，汉纪三十七。后楚王英至丹阳自杀，"封燕广为折奸侯"。

（35）《后汉书》卷四十二，济南安王康传。

（36）《后汉书》卷四十二，楚王英传。

（37）《后汉书》卷四十一，寒朗传。

（38）《资治通鉴》卷四十一，汉纪三十三。

（39）《资治通鉴》卷五十八，汉纪五十及注。

（40）《后汉书》卷七十一，皇甫嵩列传。

（41）《后汉书》卷七十一，皇甫嵩列传。

（42）《后汉书》志第二十八卷，《百官志五》注引应劭《汉官》。

（43）《后汉书》卷七十一，皇甫嵩列传。

（44）《后汉书》卷八，灵帝纪。

（45）参见《北京通史》卷一，第216—217页。

（46）《正一法文天师教戒科经》，《道藏》第十八册，第236页。

（47）《魏书》卷一百一十四，释老。按此处将其上辈及兄名点为"寇恂"、"寇谠"，同书亦有寇谠传。然据寇氏命名规律推之，似为"寇恂之"、"寇谠之"，如《资治通鉴》即点为"谠之"之名（卷一百一十九，宋纪一）。

（48）参见陈寅恪：《崔浩与寇谦之》。

（49）《魏书》卷一百一十四，释老。

（50）贾善翔：《高道传》，寇谦之传。

（51）《魏书》卷一百一十四，释老。

（52）《资治通鉴》卷一百一十九，宋纪一。

（53）《老君音诵诫经》，《道藏》第十八册。

（54）参见葛兆光：《屈服史及其他——六朝隋唐道教的思想史研究》。

（55）《魏书》卷二十，释老。

（56）《魏书》卷一百一十四，释老。

（57）《隋书》卷三十五。

（58）《隋书》卷二，帝纪二。

（59）《资治通鉴》卷一百七十九，隋纪三。

（60）《旧唐书》卷一百九十一，隐逸，王远知传。

（61）《资治通鉴》卷一百八十一，隋纪五。

（62）《资治通鉴》卷一百八十七，唐纪三。

（63）《混元圣纪》卷八。

（64）《旧唐书》卷一百九十一，王远知传。

（65）参见［日］窪德忠著：《道教史》，第158—172页。

（66）《旧唐书》卷一，本纪第一，高祖。

（67）《旧唐书》卷五，本纪第五，高宗下。

（68）《旧唐书》卷一百九十二，刘道合传。

（69）《资治通鉴》卷二百二，唐纪十八。

（70）《旧唐书》卷九，本纪第九，玄宗下。

（71）李林甫等撰：《唐六典》卷四。

（72）杜光庭：《历代崇道记》。

（73）刘九霄：《再修天长观碑略》。

（74）《旧唐书》卷九，本纪第九，玄宗下。

（75）《旧唐书》卷九，本纪第九，玄宗下。

（76）李林甫等撰：《唐六典》卷四。

（77）刘九霄：《再修天长观碑略》。

（78）郑子聃：《中都十方大天长观重修碑》。

（79）王鄂：《重修天长观碑略》，见《元一统志》，又见于《顺天府志》卷八。

（80）李养正：《新编北京白云观志》，第5页。

（81）《旧唐书》卷十八下，本纪第十八下，宣宗。

（82）《旧唐书》卷十九上，本纪第十九上，懿宗。

（83）《旧唐书》卷十九上，本纪第十九上，懿宗。

（84）《旧唐书》上，昭宗本纪。又见（宋）欧阳修、宋祁：《新唐书》卷二一二，仁恭传。

（85）《畿辅通志》卷五三，古迹，大安馆。

（86）《旧五代史》卷一三五，僭伪列传二，刘守光传。

（87）《资治通鉴》卷二六六，后梁太祖开平元年三月。

（88）《辽史》卷四十，地理志四，南京道。

（89）《新唐书》卷二一二，仁恭传。

第二章　金中都与元大都的道教

　　继唐室以道教始祖为"国姓"之后，宋代承其故伎，以道教神祇赵玄朗为始祖，故所辖范围内的道士再次受到皇室眷顾。但由于积贫积弱，北方的燕云十六州在后晋时即被辽国夺去，宋太宗两次北伐均无功而返，因此北宋对道教的扶持难以直接惠及燕云诸州。尽管如此，该地区之道教仍有迹可寻。如《辽史》"地理志"载辽南京"坊市、廨舍、寺观，盖不胜书"，其中当然也包括道教的宫观。见于著述的道人，有《神仙通鉴》所载刘元英，"称为燕地广陵人，一云大辽人"。[1]又唐代以来久著盛名的天长观，有人曾说到"五季及辽，咸所严奉"。[2]又有"五岳观，古刹也，其地即以观名，创自宋元间"。[3]可推测此期天长观有一定的活动，燕州附近也可能创建过新的道观。不过总体来说，辽南京时期的道教活动还是较为沉寂的。胡峤《陷北记》说到他曾在辽上京见到许多中原人，其中亦有僧尼、道士，"而并、汾、幽、蓟之人尤多"。或许辽曾大规模北迁幽燕民众，其中即包括道士。又辽国获得燕京地区后，立为"南京"，虽也并不排斥道教，但曾大力提倡佛教。这些对道教的活动与发展，都会带来不利影响。《全辽文》"上方感化寺碑"记载该寺原名"元宫"，可见以前应为道观，但此时已易为佛寺。而关于天长观，又有"辽摧圮"的记载[4]，虽与前述"咸所严奉"的记载不无矛盾，但天长观在辽代的景况，可能已经大为萧条。由此或可窥见辽南京道教之中衰。

　　北宋末年，北方新崛起的金国乘灭辽之机，南进至北宋都城之下，并于靖康元年（1126年）攻破开封。宋徽宗九子康王赵构"泥马渡江"，最终于临安建立割据南方的南宋政权，江北大片土地从此长期处于女真人的统治之下。贞元元年（1153年），金海陵王改燕京为中都，定为首都，从此开始了北京城市发展史上的新时代。此后北方的蒙古又代金而兴，金中都很快也迎来蒙古铁骑的踩踏。金宣宗贞祐二年（1214 年），金都南迁开封，燕京随即为蒙古军攻占。后来元军南下，相继灭金、灭宋，又迁建大都，南北再度统一。但与辽燕京道教的沉寂局面形成鲜明对照的是，同处于游牧民族统治之下的金、元燕赵大地，却成为道教传播和发展的摇篮，先后产生了三个新的道教——太一教、真大道教与全真教，南方的正一教也开始北传，并勃兴一时。

第一节　太一教

一、太一教的创立

太一教由道士萧抱珍创立于金天眷年间（1138—1140 年），这是金元时期华北三个新道教中成立最早的，但在《元史》中反置于篇末，且叙述最简，这或许与它在元代以后的影响逐渐消亡有一定关系。[5]现有史料中较少见到太一教创始人萧抱珍的记载，仅知其名元升，河南汲县人，后赠为"一悟真人"。因萧抱珍"传太一三元法箓之术"，故名其教曰"太一"。

太一教"本之以湛寂，而符箓为之辅，于以上格圆穹，妥安玄象，度群生于厄苦，而为之津梁，迹其冲静玄虚，与夫祈禳祷祀者，并行不悖"，[6]经常以符箓、祈禳为民众治病救灾。太一教极可能依靠这种注重为贫苦大众消灾解厄的做法，在华北地区得到较快传播。史料记载，"天眷间，太一始祖真人以神道设教，远迩响风，受箓为门徒者，岁无虑千数"。太一教二祖韩矩一家就是在这样的氛围下入教的。韩矩字光远，其先辈原为汴梁望族，后"占籍为卫人"，太一教成立后，"举族清修，信礼为尤至，香火之奉，虽寒暑风雨，不爽厥德"。其母阎氏信仰尤笃，先以求嗣为祷，"真人篆丹符令吞之，且曰'汝家积善久，当产异人'"，后果然。又有文献记为"既孕，若病，父请祷于真人"，萧抱珍称"当产异人"，予以"丹书"安胎。两说并不一致，不管具体情形如何，韩矩出生之后，"才免怀，留养道宫，受度为道士"。此后韩矩又"自少以疾不仕"，乐善好施，"乡党以长者称"，后来又继二祖之位，改名萧道熙。[7]太一教后继法嗣有皆改祖师萧姓的特殊组织形式，史料称"二代师（指韩矩——引者注）将退席，密语道宗曰：'……不如王某纯粹廉洁，为可嘱。'乃以为法嗣，而改其姓。凡法嗣皆从萧氏，盖祖师之训也"，[8]但这一做法，并仍未清楚是由始祖萧抱珍或是由二祖萧道熙所规定的。揆之情理，或因萧道熙出生之前即与萧抱珍建立了超越一般师徒的特殊关系，此后遂相沿成习，奉为"祖训"。

太一教三祖王志冲一家，也是在萧抱珍创教后不久即加入其中的。王志冲之父名守谦，堂邑人，以营植有术，"遂为里中巨家，然阖门善良，薄于世味，奉道之心亟若饥渴。闻太一教以符箓济度世厄，所在奔走，惟恐其后"，于是与夫人李氏"钦挹真风，不远千里，求为门弟子。量家岁费外，悉以盈余为本宫香火供"。[9]王志冲祖父也加入了太一教，与子志谦"并受真人法箓"[10]，为一时美谈。又有河北西路漕司掾吏侯澄，"以孝友著称"，母殁后慨然有出家之志，"闻淇上萧真人立太一大教，因往，参为门弟子"。因获萧抱珍厚爱，"授名道净，传太一三元法，得以便宜行化。乃即本州及真定之第各建太一堂，奉持香火，以符箓济人"。侯澄后来又捐输获得观额，"以在州道院为太清观，而在府者为迎祥"，在附近也产生了较大影响。[11]

二、太一教与金廷的关系及其发展

太一教传播开来之后，声名所及，逐渐引起了当政者的注意。据说皇统八年（1148年），金熙宗就曾诏萧抱珍进宫为皇室治病驱魔，大获成功。金熙宗于是赐汲县太一堂以"太一万寿宫"之匾额，研究者认为，"赐予萧抱珍以一悟真人号似乎也是在这个时期"。[12]太一教因此与金皇室取得了联系，时在金国辖区内的幽燕地区，获得了较好的发展条件。

大定六年（1166年）十一月，受到金熙宗信任的萧抱珍去世。但这没有影响到太一教与金皇室的关系。其时，金已迁都燕京。在位的金世宗大概听说了太一教嗣法二祖萧道熙杰出的宗教才能后，于大定九年（1169年）"歆其行异，敕立万寿额碑于（汲县）本观"，太一教因此增加了发展的势头，"声教大振，门徒增盛，东渐于海矣"。[13]金世宗后来又将萧道熙召至燕京，住持天长观。据说萧道熙到燕京后即引起巨大轰动，不到一个月天长观就已容纳不下新来的信徒，而不得不挤住在道观之外。这无疑是太一教在燕京发展的关键一步。大定二十年（1180年），金世宗又征召萧道熙，垂询养生之道。金世宗征召萧道熙之举，体现了当时太一教与金廷之间的密切关系，这使得太一教的势力，不仅在燕京地区迅速扩大，在附近河北、河南、山东等地也得到进一步的发展，渐至"众万数"。其中杰出者有完颜志宁、王志冲等人，金人中或也有了较大数量的太一信徒。

大定二十六年，正当盛年的二祖萧道熙（大约三十六岁）以门人王志冲"特纯精廉洁，可属后事"，遂将教主之位授予，自己则"栖真岩壑"，云游天下，"不知所终"。王志冲即位后是为三祖，改名萧虚寂，"内外相庆，以为宗门得人"。"居无何，有司选奉高德之士补住中都天长观，师首应之"，萧虚寂亦如其师一样住持天长观，掌教传道。后因黄河泛滥，汲县万寿宫"漂泛无几"[14]，萧虚寂闻讯即赶回"祖观"，收聚门徒，"求教者接迹而至，岁所传无虑数千人"。此后他往来于汲县与燕京之间，继续与金廷及地方大员保持密切联系。泰和初年，萧虚寂多次参与为金章宗祈嗣的普天大醮。后又与道士籍少等"同赴中都太极宫，诵经百日"，以户部侍郎胥鼎等坚请，"遂勉为留"，燕京太一教再次得到发展契机。至泰和七年（1207 年），金章宗以萧虚寂驱蝗有功，赐以"元通大师"之号，并任为道教提点。卫绍王继位，"特赐上清大洞法服一袭，当时荣之。"萧虚寂后以"身甚劳，浩然有休息志"，于大安二年（1210 年）将位传予四祖萧辅道，并于贞祐四年（1216 年）闰七月逝于亳州太清宫，"送者几万人"，可见其影响。[15]

三、太一教在元初的鼎盛

太一教四祖萧辅道为始祖萧抱珍之"再从孙"，字公弼，号为"东瀛先生"，人誉称"一世伟人，所交皆天下之士"。[16]他努力维持金末战乱之中的教势，设法度过了王朝更替给太一教带来的发展危机。当时太一教祖观汲县万寿宫在贞祐兵火中"烬为飞烟"，萧辅道"披荆榛，掇瓦砾，成难为易，不十年略见完具"。[17]同时也很快与新的王朝建立了良好关系。蒙古定宗元年（1246 年），萧辅道受太宗窝阔台妃茨肯纳之邀，赴和林觐见，并有所活动，为太一教主接触元廷之始。更重要的是，不久后经营漠南的忽必烈已微闻萧辅道之名，于是命部下史天泽"安车来聘"，将其召至上都和林，"赐对称旨，留居宫邸"。[18]时在蒙古宪宗二年（1252 年），当时萧辅道已接任教主四十多年，而忽必烈身为太子，萧辅道受邀再赴和林，对太一教的意义远非前番可比。此次忽必烈"询所以为治者"，萧辅道"以爱民立制、润色鸿业、用隆至孝者数事为对"，得到了忽必烈的高度赞赏，"喜甚，锡之重宝，辞不受"。后赐予萧辅道"中和仁靖真人"之号，"冠帔尊崇之礼，前后有加"。[19]由于萧辅道与忽必烈之间关系密切，同时在元朝上层官僚和士大夫中也颇有名望，故时有"山中宰相"之称。

萧辅道在远赴和林的同年冬天即病逝，但他这次觐见，无疑为太一教在元代的发展打下了良好基础。萧辅道在和林觐见时即以自己年事已高，"请授弟子李居寿掌其教事"，[20] 在当朝的认可下顺利完成了教权的传递。李居寿，汲县人，字伯仁，道号淳然子，十三岁时拜萧辅道为师，"旦夕给侍左右"。后随师于和林"燕见之次"承为太一教五祖，改名萧居寿，"赐为贞常大师，仍授紫衣"。[21] 蒙古宪宗九年（1259 年），忽必烈南下鄂州督师，受萧居寿之邀，特意莅临萧辅道"隐居所在"的汲县太一万寿宫，"周览殿庑间，奠享丈室，询慰宿昔者久之"。忽必烈称帝后，"复降玺书，追宠师德"，对萧辅道大为颂扬。[22] 当然，身传萧辅道之教的萧居寿也大受元世祖器重。中统元年（1260 年）九月诏赴阙下，"上亲谕修祈袚金箓醮筵"，翼日又特赐"太一演化贞常真人"之号。[23] 中统三年（1262 年），萧居寿以"今皇帝登极之三祀，光崇玄化"，特为二祖萧道熙请谥，获"追赠嗣教重明真人"。[24] 两年后复为之立碑，颂扬其师之德，"所谓激衰俗之颓波，隆百世之师者矣"。[25] 这些都有利于太一教在元初的传播。至元十一年（1274 年），时忽必烈已迁都大都，特旨"建太一宫于两京，命居寿居之，领祠事，且禋祀六丁，以继太保刘秉忠之术"[26]。其中大都所建太一广福万寿宫，"中建斋坛，继太保刘秉忠禋六十［丁］神将，岁给道众粟帛有差"[27]。"香火衣粮之给，一出内府。"[28] 两年后（至元十三年，1276 年）元廷又赐萧居寿以"太一掌教宗师"之印。至元十六年（1279 年）十月，萧居寿受敕"祠醮，奏赤章于天"，其醮事活动长达五昼夜，大都阖城为之震动。事毕，萧居寿乘间大胆建议"皇太子春秋鼎盛，宜参与国政"，为世祖采纳，"其后诏太子参决朝政，庶事皆先启后闻者，盖居寿为之先也"，充分显示了太一教对元廷上层政治的影响。[29] 也正是在此年，萧居寿又奏请元廷为太一教历代教主追封真人之号。在此前后，萧居寿所受元廷恩宠已至其极，太一教也处于鼎盛之时。其传播范围，以大都、汲县两地为核心，遍及河北、河南、山东、山西、陕西，甚至北至上都和林的整个江北地区。

四、太一教的衰亡

至元十七年（1280 年）七月萧居寿羽化，萧全祐成为太一教六祖。萧全祐即李全佑［祐］，洛水人，"幼有羸疾，不任婚宦"，其父李守通遂命"弃家"师事四祖萧辅道。萧全祐"以学识清修，先赐号观妙大师，再加纯一真人，深为上及皇太子所眷顾"。[30] 又与文人名士多有交往，曾对人言及，"道家者流虽崇尚玄默，而太一教法专以笃人伦、翊世教为本。至于聚庐托处，似疏而亲，师弟之在两间传度授受，实有父子之义焉"[31]。这颇合于儒家传统的"孝悌"观念，无疑可以获得世人的赞赏。且萧全祐掌教后"继奉祀事"，既承袭了萧居寿的宗教职责，同时沿袭了朝廷的宠顾，经先后赐予"顺之坎上故营屯地四千余亩"及宛平县京西乡冯家里"隶农司籍栗林"五千余株，"庶几资广道荫，永昭祀事"。萧全祐遂在此建造道观，"厥居中构正殿三楹，……前冀两庑，下至寮舍厨库，莫不备具"，榜曰"太乙集仙观"。[32]太一教势仍有发展之势。其七祖萧天祐（本姓蔡）的交际也很广泛，同样常为元室举行祀醮活动。泰定元年（1324 年）正月，泰定帝举行了大规模的周天大醮。参与其事者，为玄教大宗师玄德真人吴全节、太一崇玄体素演道真人嗣教七祖萧天祐、五福太一真人吕志彝、正一大道真人刘尚平、玄教嗣师真人夏文泳，"率法师道士几千人，修建金箓周天大醮于大都崇真万寿宫，为位二千四百，昼夜凡七"。[33]太一教能在五位主要道士中占据两个席位，表明了太一教在大都道教中的崇高地位。萧天祐又会同承德郎郊祀署令马怀吉，"棒刻玉宝符，玄璧龙纽，驰诣济渎清源投奠"。泰定三年（1326 年）十月天寿节时，朝廷又"遣道士祠卫辉太一万寿宫"。[34]太一教在元廷中仍有相当影响。

尽管如此，元代中后期的太一教已如强弩之末，其衰败已有一泻千里之势。从第八祖之后，有关太一教的记载就似乎很快销声匿迹了。对太一教的迅速衰亡，著名道教研究学者窪德忠曾猜测，"也许当时的世系已断，教团消亡了，信徒们或许为天师道或全真道等教团所吸收"[35]。这虽然还未能得到资料佐证，但是有一定道理的。一个徒众曾达至十余万人的道教宗派，在传承八代、历经一百五十余年的传播与鼎盛之后，是如何悄无声息地退出历史舞台的，颇值得后人进一步探究。

第二节　真大道教

一、真大道教的创立

真大道教的创始人为山东乐陵人刘德仁。刘德仁生于宣和四年（1122 年），后以"靖康之乱"，迁居盐山太平乡，"及长读书，稍通大义"。或许是有感于乱世流离所引发的对人生与社会的强烈思考，刘德仁很早就对道教及其思想发生了兴趣。据记载，金熙宗宣统二年（1142 年，宋高宗绍兴十二年，即宋金缔结"宣统和议"的第二年）十一月某日清晨，一位"须眉皓齿"的老人"乘（青）犊车相过，撅《道德经》要言授之，曰：'善识之，可以修身，可以化人'，仍投笔一枝而去。自是玄学顿进,从之游者众。真人(刘德仁)乃取所授书,敷衍其义以示人",一个新的道教教派从此在河北大地上流衍传播开来。⁽³⁶⁾

真大道教创教故事的最初出处,系由刘德仁当日对外所称,还是其弟子后来的附会,不得而知。有史料说是"既望迟明,似梦而非",或者是由刘德仁近于"做梦"所获得的宗教体验,也未可知。⁽³⁷⁾但不管真假如何,这个故事的出世及其流传,显然是为刘德仁的创教与传教服务的。所谓的"老人"即暗指老子,刘德仁创立真大道教时年方二十一岁,大约是考虑到年龄和道行不足以服众,故以道教奉为始祖的老子为言。

史载真大道教"以苦节危行为要,而不妄取于人、不苟侈于己者也"。⁽³⁸⁾始祖刘德仁道号无尤子,人称其传教时"衣取蔽形,不尚华美,目不贪于色也;祈祷不假钟鼓之音,耳不贪于声也;饮食绝弃五荤,口不贪于味也;治生以耕耘蚕织为业,四体不贪安逸也;纤毫不乞于人,情不贪嗜欲也。夫如是清静其心,燕处超然,默契太众妙之理"。他又"取老人所授之书,敷绎其义",制订了真大道教的戒规,"其目有九,俱造次不忘",并令"学者宜世守之",包括:"一曰视物犹己,勿萌残害凶嗔之心。二曰忠于君,孝于亲,诚于人,辞无绮语,口无恶声。三曰除邪淫,守清静。四曰远势力,安贱贫,力耕而食,量入为用。五曰毋事博弈,毋习盗窃。六曰毋饮酒茹荤,衣食取足,毋为骄盈。七曰虚心而弱志,和光而同尘。八曰毋恃强梁,谦尊而光。九曰知足不辱,知止不殆。"其主要内容,乃是以道教的《道德经》为中心,兼收了儒家忠、孝、仁、义与佛教五戒十善的要素。因而,真大道教以真常慈俭来追求清静无为,其实是吸收了儒、释两教教义对道教进行改革,在一定程度上体现出三教合流的倾向。⁽³⁹⁾

二、真大道教的传播

刘德仁还以疗病祛疾称于乡里,"繇是乡人疾病者远近来请治,符药针艾弗用,效如影响焉"⁽⁴⁰⁾。真大道教给人治病,不用金丹、符箓、药物、针灸等传统方法,而是以自我修持、对天祈祷为主,这种简便易行的方式,很受下层民众的欢迎。同时它注重慈俭的道德实践,也迎合了长期动荡下贫困农民的心理需求。因此真大道教很快在河北一带发展起来,并引起了金朝统治者的关注与重视。大定元年(1161年),已传教二十年、年届"不惑"的刘德仁奉召至燕京,并被安置于天长观内传教。这一年恰逢金大举南下攻宋失败,金海陵王被弑,金世宗完颜雍即位。刘德仁北上与此三事是否存在关联，还有待探索，但其受到金最高统治者的尊重则是没有疑问的。其时金世宗"颇好道术"，曾嘱咐左宣徽使敬嗣晖："尚食官毋于禁中杀羊豕，朔望上七日有司毋奏刑名。"[41]故六年后的大定七年（1167年），刘德仁又受赐"东岳真人"封号。这颇有助于真大道教势力在金朝辖区内的进一步发展，尤其是以燕京为重心的汉族地区，"传其道者，几遍国中"[42]，真大道教始祖与金代上层统治者的密切关系，也维系了相当一段时间。

但真大道教此后继任的几代教主，却似未继续受到金朝统治者的优待，尤其是与传说多次受到皇室恩惠的太一教相比，金代后期的真大道教无疑处于相对停滞的状态。当时的二祖陈师正、三祖张信真、四祖毛希琮在发展道务方面，似乎都没有留下特别的业绩。唯一值得记载者，乃是四祖毛希琮以"柔软之策"巧妙地维持了教团，而继任的教主郦希成随又遭遇"十七大魔"。由此似可推测，处于金末动乱之际的真大道教，曾经出现过比较严重的生存危机。

三、五祖郦希成与真大道教的中兴

五祖郦希成是真大道教内具有杰出宗教才干的中兴之主。郦希成，妫川水峪人，曾在水峪筑观修行，并收有岳德文等杰出弟子。[43]郦希成入道后，很快成长为真大道教的重要骨干，"金末道业已隆，圣朝创业之初，为教门举正，阐教山东"。后来四祖毛希琮病重之际，"速召来燕"，付以教事。郦希成掌教之后，影响迅速扩大，"慕道之徒，翕然而从，不召自来，不言自应，于是出整颓纲，道风大振，巨观小庵，四方有之"[44]。他以燕京地区为中心，并往来于山东、河北各地，克服重重困难，竭力维持与发展信徒，终于使教务出现了转机。

更重要的是，不久真大道教又赢得了代金而起的元朝统治者的垂青。《元史》对此有详细记载，称真大道教"五传而至郦希（诚）[成]，居燕城天宝宫，见知宪宗，始名其教曰真大道，授希（诚）[成]太玄真人，领教事，内出冠服以赐；仍给紫衣三十袭，赐其从者"[45]。五祖郦希成受到蒙哥大汗的召见与恩宠，御赐教名，特授"太玄真人"之号，并在燕京城内修建天宝宫，作为真大道教的道观，为真大道教后来在元大都附近的发展打下了基础。此后六祖孙德福、七祖李德和等承其余绪，至元五年（1268年）元世祖命孙德福"统辖诸路真大道"，授予铜质印章。至元二十年（1283年），又"改赐银印二"，真大道教再次得到元廷的认可与扶持。

以此为契机，真大道教在大都很快得到较大发展，影响也不断扩大。至元十八年（1281年），朝廷命道教各派在大都长春宫内审核《道藏》，其时真大道教七祖李德和与全真、正一（天师）的教主共同出席。当时真大道教的势力，已堪与全真、正一两大派别比肩。

四、八祖岳德文与真大道教的鼎盛

此后真大道教继续发展，大约八祖岳德文在位时臻于极盛时期。岳德文为涿州人，其父岳得庆原籍绛州翼城县，婚娶泽州王氏，后以兵乱迁居涿州范阳。岳德文生于乙未年（1235年），据说将生前夕，其母梦见有老人皓须长身，冠剑壮伟，向前相告曰："当暂寄母家矣。"次日，当地之人"见有青气西北起，若自天来者，奔从气所往视之，则岳氏家也，气止而真人（岳德文）生"。岳德文"生而雄浑，稍长不为儿嬉，性不嗜酒食，肉亦绝不啖"，于十六岁时，"辞亲入道隆阳宫"。此举得到其父的支持，但时为百夫长的长兄岳兴"疑其惰也，驱而置之行伍之间"。岳德文力持己志，往怀来水峪太玄宫，依拜真大道教五祖郦希成，"十八受教，被其冠服，渐领其文书谷帛之事，又主四方之来受戒誓者，太玄甚重之。"此时岳德文年迈的双亲也来到太玄宫，"从真人于水峪事太玄，后皆泊然委化，其徒称之"。岳德文逾为其师亲重，郦希成化去之时，对后继者密咐岳德文以八代教主之任。七祖李德和掌教时，岳德文为其副，"署为法师，充教门诸路都提点"。至元十九年（1282年）十月，以岳德文"所焚香炉中有异征，方怪之"，李德和遂"升堂集众，以教事付真人曰：'先师之嘱如此'"。岳德文于是得掌教权，为八代祖。至元二十一年（1284年）又得到朝廷承认，"宣授崇玄广化真人掌教宗师，统辖诸真大道教事，又赐玺书褒护之，自是眷遇隆渥"。

岳德文与元廷上层关系密切，曾为丞相安童视病"立差（瘥）"，因而名声大振，"时甚神之，诸王邸各以其章致书为崇教礼助者，多至五十余通"，还为之"创库藏，修宫宇，广门墙，充田亩，治冠与衣，间饰金宝，极其精盛"。真大道教此时之发展，以及在大都上层社会的巨大影响，由此可见。元贞元年（1295年），复"加封其祖师，赐赍尤厚，使人立碑棣州冠剑所藏处"。是年又奉诏在大内主持修建延春阁，事成大得欢心，"赐予遍及其徒"。

岳德文父子皆入道内，又极大地影响了家人。其仲兄得元以次"子孙女妇，从其教数十人"，为一时之誉。岳德文广有道行，在教内有较高威望，其徒称"西出关陇，至于蜀；东望齐鲁，至于海滨；南极江淮之表，奉其教戒者，皆功苦力作，严祀香火，朔望晨夕望拜，礼其师（岳德文）之为真人者如神明然"。因此岳德文掌教时，真大道教不仅遍及江北广大地区，连奉正一道为主的江南似亦受到渗透，"真人时常使人行江南，录奉其教者已三千余人，庵观四百"，以此可窥见真大道教当时之盛况。[46]

五、真大道教的衰落

大德三年（1299年）二月，岳德文蜕化。涿州曾流传"涿有八岳"的童谣，因岳德文为真大道教八祖，后人以其应为征兆。此后继任的九祖张清志"制行坚峻"[47]，也是闻名遐迩的高道，又以孝亲著名。张志清后来还得到朝廷授以"演教大宗师、凝神冲妙玄应真人"的封号，但所谓"其教益盛"[48]的记载，则可能属于溢美之词。这是由于真大道教得到元廷扶持与大量赏赐后，不仅拥有大量信徒，各道观名下的土地与房产等财物也越来越多。或许主要是因为道内经济的迅速膨胀，最终引发了大规模的内部矛盾。

大约在十四世纪初年，围绕教主继位等问题，真大道教发生了严重的内讧。九祖张清志厌倦教内的争权夺利，于岳德文丧后"潜遁，复归华山旧隐"，教权更处于十分混乱的状态，"天宝宫二赵一郑摄掌教事，五年之间相继陨灭"。[49]可能鉴于争斗给全教带来的巨大危害，曾摄掌教事的郑某临终时，命徒众陈请教内最有影响的张清志复出掌教。虽然张清志应请出山，但经此一番波折，已使真大道教元气大伤。而张清志又常自高风节，史载："朝廷重其名，给驿致之掌教事。（志清）[清志]舍传徒步至京师，深居简出，人或不识其面。贵人达官来见，率告病，伏卧内不起。至于道德缙绅先生，则纳屦杖屦求见，不以为难。时人高其风，至画为图以相传焉。"[50]这种做法，对于个人的道德修养与威信名望或不无裨益，但对于整个真大道教的发展却是颇为不利的。因此，张清志复出担任十二代教主后，真大道教仍是大势已去，很快衰落，到十四世纪前期即已难觅踪迹，一个盛极一时的庞大教团，在不到半个世纪的短暂时间内即消失殆尽。

第三节　全真教

一、全真教的创立与初传

全真教是金元之际三个河北"新道教"中，唯一流传下来并不断发扬光大的一个教派。全真教的创教始祖王喆，道号重阳，政和二年

（1112 年）生于陕西咸阳大魏村。王重阳本名中孚，字允卿，排行第三，出身豪门，曾入府学，后以得罪先生，改应武举及第。但金国只给安排了一个不起眼的小吏，王重阳于是愤然离去，到终南山刘蒋村隐居修行。传说在此期间，王重阳曾多方探究人生的终极意义，到正隆四年（1159 年），时近"知天命"的王重阳终于在甘河地方遇到两位游方道士的指点，得受秘文五篇。对这一顿悟式的宗教历程，教内名之曰"甘河遇仙"，将游方道士说成是钟离权、吕洞宾，或是刘海蟾等仙人，并在其地修建了遇仙宫以为纪念，这也可能是后人的附会。但王重阳由此成为道士，改名王喆，字知明，号重阳子，开始了创教的宗教生涯，却是事实。经过在南时村"活死人墓"中两年多的艰苦修炼，王重阳认为其宗教观已经基本形成。于是自大定三年（1163年）起，他回到刘蒋村，边修行边传道。

王重阳在陕西最初的传教可能不很顺利，遂只身远赴山东，并设法吸收了宁海大富翁马从义作为弟子，其传教事业的困局才得以打开。马从义即后来接任教主之位的马丹阳，王重阳在其家住居期间，曾修筑有全真庵，这大约是以"全真"作为其教派之名的最早记录。自马丹阳入道以后，远近信奉全真教者日众。其中最得意者，有马丹阳、谭长真、丘处机等七人，后人誉为"七真"，与王重阳等"五祖"（前四祖为东华帝君、钟离权、吕洞宾、刘海蟾，应系附会而成）相提并论。不久，全真教在山东北部沿海地带成立了五个宗教组织，其影响稳步扩大。

也许是为了进一步加大传教的力度，当然也可能还有其他原因，促使王重阳决定携门下高足返回他创教的陕西。但他不幸逝于途中开封，时在大定十年（1170 年）。史料有记："越大定九年，祖师唯挈邱、刘、谭、马云水西游，声传四海。而后南迈汴梁。祖师以教门后事付于丹阳。久而厌世，翛然返真。"马丹阳等将王重阳的遗骸运回陕西祖庭埋葬，守墓三年后对教务进行了分工与安排，"分方设教，导黎元之善气，噫大块之和风，破群蒙旷劫之重昏，觉有识多生之大梦。道之所在，物莫不尊。仙驭所临，人心自化。丐仙名求教字者，日以云屯。上卿列侯，才士时彦，勤诚请益者，有若归市"。其中马丹阳在陕西中部的传教进展较快，并引起了统治者的关注。大定二十一年（1181 年），朝廷下令金兆府的道士返回乡里，马丹阳不得不将教事托付给丘处机，自己返回山东去。这对于刚有起色的陕西全真教而言，也可说是一个打击。但在全真诸子的努力下，全真教在陕西、山西以及山东的教务，并没有受到太大的影响。

二、全真教与金廷的关系

全真教在中原大地的传播与发展，引起了当局的注意，并逐步传递到金朝最高统治者的耳中。大定二十七年（1187 年），金世宗征召全真教的王玉阳，命其住居于中都天长观内，并询以长生之法。王玉阳答以"惜精、保神乃修身之要，无为乃治天下之本"，大为称旨，金世宗赐予其金冠，并为之修建全真堂。次年，全真教另一巨子丘处机，也受金世宗的征召来到中都，同样住居天长观内，赐冠，并受命主持世宗的生日祭礼。事后，世宗又在宫内为丘处机建庵，供吕洞宾、王重阳、马丹阳等全真祖师画像，其费用皆由国库支应。金世宗后来又两次垂询丘处机，皆有奉答。

金世宗征召丘处机等人，对于全真教而言，可谓难得的发展机遇，而燕京地区的民众，也得以直观感受全真教之影响。但丘处机并未因此在燕京扎根，不久即回陕西祖庭，这与金廷清理度牒、整顿庵观的举措或有一定关系。鉴于滥发度牒已影响到国家财政收入，金世宗时已经开始停发，并进行整顿。明昌元年（1190 年）十一月，金章宗甚至"以惑众乱民，禁罢全真及五行毗卢"。[51]明昌六年（1195 年），又下令没收无敕名额的茅庵与道观。虽然这是针对整个道教的清理，但对于蓬勃发展当中的全真教而言，影响尤为剧烈。所幸不久金朝又因北方军务紧急，重新开始官售度牒及寺观名额，全真教乘机活动，购买庵观名额与道士度牒。承安二年（1197 年），王玉阳得到金章宗召见，还赐给了京城的修真、崇福两座道观。"全真七子"中的刘长生，也受到金章宗的召见，受赐五张敕名额。此时丘处机居于山东栖霞太虚观，金章宗亦给以敕名额，其元妃李氏还特意赐给丘处机和王玉阳《道藏》各一部。从这些情况来看，在金代中后期，虽然金廷推行的宗教政策使全真教的发展势头受到一定的抑制，但经过王玉阳、丘处机等人的努力，还是得以基本维持下来。不过由于此种波折的影响，全真教与金廷之间的关系，可能也发生了微妙的变化。

三、丘处机"西游"与元初全真教的勃兴

贞祐四年（1216 年），金宣宗召见丘处机，丘处机没有从行，此后屡有征召，均为婉拒。三年后的嘉定十二年（金宣宗兴定三年，1219 年），南宋宁宗召见丘处机，亦未从。同年（成吉思汗十四年）十二月，蒙古成吉思汗也遣使召见丘处机。据《元史》记载："岁己卯，太祖自乃蛮命近臣札八儿、刘仲禄持诏求之。处机一日忽语其徒，

使促装，曰：'天使来召我，我当往。'翌日，二者至，处机乃与弟子十有八人同往见焉。"[52]前后不过三年间，金、南宋、蒙古三帝先后征召丘处机，固然可见其影响之大，亦可觇知全真教在山东、河北、山西一带之势力，已足以引起三大政治势力之侧目。而丘处机之拒金、宋，应元廷，也应是他根据时势变化所做出的重大抉择。其时元在金中都附近屡败金兵，金被逼南迁，金中都已落入蒙古人手中。而南宋积弱，偏安一隅的局面似亦行将结束。丘处机看出大局变化的趋势，为了全真教今后的发展，遂接受了高足尹志平等人的建议，不顾年过七十的高龄，决定远赴元廷之召。

成吉思汗十五年（1120 年）正月，丘处机带领门下十八位高足，从山东昊天观出发西行。二月丘处机一行到达已为蒙古军攻占的燕京，"京官、士庶、僧道郊迎"。蒙古行省长官将其安顿在玉虚观中，"先驰表谢，拳拳以止杀为劝"[53]。这大概是由于对成吉思汗征召的诚意还没有十足把握，故丘处机又"宿留山北"，特意上奏说等成吉思汗西征归来后再前来拜谒，以为试探。[54]在此期间，丘处机多有活动，"一时燕京名流，均前往相交，身价倍增"[55]。"又明年，趣使再至，（丘处机等）乃发抚州，经数十国，为地万有余里"，在雪山觐见了成吉思汗，并多有建言。史料记载，"太祖时方西征，日事攻战，处机每言欲一天下者，必在乎不嗜杀人。及问为治之方，则对以敬天爱民为本。问长生久视之道，则告以清心寡欲为要。太祖深契其言，曰：'天锡仙翁，以寤朕志。'命左右书之，且以训诸子焉"[56]。丘处机在成吉思汗行宫逗留了一年多，大获恩赏，被封为国师，赐号"长春真人"，允许其居于蒙古统治辖区内任何地方。

丘处机率十八弟子远赴雪山，后人传其此行于中原民众贡献甚巨，有"万里西行，一言止杀"之誉，不仅载在全真教教内典籍，史书文献亦多有所记，似为不可置疑之事实，清代乾隆皇帝亦有题词予以肯定。但学者经过细心钩沉，却认为这可能是道教内部创造出来的神话，与历史并不相符。[57]其真相虽有待于继续研究，但不容置疑的是，丘处机"西游"成功，为全真教在元初的迅速发展打下了良好基础。元人蒲德修称"全真之道，自国朝龙飞肇造，长春子应诏北庭，而其教始兴"，即是对丘处机"西游"颇有助于全真教势的生动说明。辞陛后，丘处机于成吉思汗十九年（1224 年）回到燕京，先住于天长观内，后又到玉虚观等著名道观中居住。他乘西行之功，命弟子持度牒四处招抚道众，发展教势。其时战乱纷纭，流亡无依的贫苦百姓及下层文人末吏，纷纷加入教中，竟达数万人之众。史载"时国兵践蹂中原，河南、北尤甚，民罹俘戮，无所逃命。处机还燕，使其徒持牒招求于战伐之余，由是为人奴者得复为良，与滨死而得更生者，毋虑二三万人。中州人至今称道之。"[58] 燕京地区全真教的势力更是激剧增加，"自师之复来，诸方道侣云集，邪说日寝。京人翕然归慕，若户晓家喻，教门四辟，百倍往昔"[59]。于是在天长观建立平等、长春、灵宝、长生、明真、平安、消灾、万莲等八会，分别举行道教活动，影响日益扩大。

其时在燕京行省担任重要职位的札八儿，也给予丘处机以很大支持。丘处机道务之暇，好山水诗赋，札八儿于是将所辖城北旧金行宫琼华岛附近田地数十顷施舍给丘处机，作为全真教的道院。札八儿又颁发榜文，禁止民众入内樵牧渔猎，"遂安置道侣，日益修葺，后具表以闻，上可其奏"。丘处机又见所居天长观内建筑破旧不堪，"皆上颓下圮"，于是命其徒大加整治，"罅漏者补之，倾斜者正之"，并新建寮舍四十余间，使道观面貌焕然一新。[60] 这样，全真教在燕京的活动场所与经费都有了充裕的保证。此后，丘处机又主持了许多大型宗教活动。甲申（成吉思汗十九年，1224 年）九月荧惑犯尾宿，他应宣抚使王楫之请，作醮禳灾。丙戌（成吉思汗二十一年，1226 年）正月，丘处机往盘山，行三昼夜之黄箓醮。五月，又主持京师祈雨。次年夏，复祈雨，"果如其言"。

成吉思汗二十二年（1227 年）五月，道士王志明自行在传旨，将旧金行宫赏给丘处机，改名万安宫，又改太极宫为长春宫，"语天下出家善人皆隶焉。且赐以金虎牌"，命道教一切事务"一仰神仙（指丘处机）处置"。[61] 丘处机在元廷中的宠信，已臻其极。但丘处机不久即辞世，正史有载："六月，浴于东溪，越二日天大雷雨，太液池岸北水入东湖，声闻数里，鱼鳖尽去，池遂涸，而北口高岸亦崩。处机叹曰：'山其摧乎，池其涸乎，吾将与之俱乎！'遂卒，年八十。"[62] 弟子尹志平等人决定大兴土木，在长春宫东侧为其师营建藏蜕之所。此事得到燕京行省长官刘仲禄等人的支持与赞助，附近平阳、太原、坚、代、蔚、应等地的徒众也前来助工，经过半年的时间即告竣工，规模宏伟，遐迩轰动。丘处机忌日周年，为其举行了隆重的葬礼。燕京行省宣抚使王楫为之题写"白云"观名与"处顺"堂名匾额，为维护秩序，还派出重兵加以保护。王楫又亲自主持葬仪，造成了广泛的社会影响。据说启柩时，其遗体"容色俨然如生，远近王官、士庶、僧尼、善众，观者凡三日，日万人，皆以手加额，叹其神异焉。继而喧播四方，倾心归向，来奉香火者，不可胜计"，全真教的声势随之大增。[63]

丘处机故后，其得力弟子尹志平、李志常等先后继主其事，全真教继续发展。他们利用金元交替之际混乱不堪、饥馑相继的时机,在各地兴建道观,吸收信徒,拓展教务。在此期间全真教徒开展了一系列活动,包括大肆兴修与教祖王重阳相关的各道观,在山西龙山开凿道教石窟,在临汾玄都观编辑与刊刻《道藏》等等,都颇为引人注目。文献记载,自丘处机西行归来以后,"黄冠之人十分天下之二,声焰隆盛,鼓动海岳,虽凶暴鸷悍,甚愚无闻知之徒,皆与之俱化"。[64]在成吉思汗末年到蒙哥汗初年的二十年多间,全真教在以北京为中心的北方地区可谓称雄一时。当时除扩建天长观、将原太极宫奉旨改为长春宫建成奉教中心外,城内全真教新增创建的道观,就有白云观、明远庵、玉华庵、洞真观、静远观、清逸观、玉清观、玄喜观、崇真观、清真观、清本观、固本观、清都观、真元观、长生观、龙祥观、兴真观、寓真观等数十处。周边地区也有为数不少的道观由全真教重修或收编,据王宗昱教授的不完全统计,就有宛平县五华观、平谷县玄宝观、房山县清和观、昌平县五峰山修真观、顺义县白云观等多处。

四、全真教的受挫与中衰

全真教的迅速发展,逐步引发了与燕京儒教特别是与佛教之间的冲突与矛盾。窝阔台汗时,在燕京国子学的三位总教官中,全真教曾占据二席,一为任必阇赤的冯志亨,一为任御前宣国子学事的李志常。他们掌管国子学的日常教务,以及田产、钱粮等大权,逐步引起了儒学者的不满。又元初全盛时期的全真教徒,每以为丘处机"西游"暗应"老子化胡"的教内传统说法,故刊布《化胡经》,并造作《老子八十一化图》以为渲染,贬低佛教。而燕京佛教自金室南迁后,兰刹多有萧条荒芜者,代之兴起的全真教徒,亦不无乘机更改佛寺作为道观之举。如李志常改通玄关观音院正殿三间为道教殿堂,全真道士巩志良朗改资圣寺为葆真观,奉福寺为长春宫占据、吉祥院为长春宫占为窑场炼丹等等,就是其中的例子。也有一些道徒则恃势凌人,打着"丘神仙"的招牌,出入于燕京下属及周围各州县,企图统管佛教,甚至结伙进占寺庙,"不以道德为心,专以攘夺为务"。[65]据佛教方面的记载,其时被强行改为道观的佛寺,更高达482所之多。[66]这自然引起了佛教人士的强烈义愤,加上偏于佛教的耶律楚材等朝廷大臣的支持,争端遂趋于激烈。

面对全真教与儒、释两教的激烈矛盾,受命主持中原政事的忽必烈决定扶持儒、释,以牵制与打击迅速崛起的全真教。他勒令道士冯志亨将燕京国子学的财权交给儒生管理,其甲寅年(宪宗四年,1254

年）的诏书中明确说道，宣圣庙并赡地学土，"如今依先断定底庙舍土地分付与秀才每者，冯志亨先生每今后再不得争夺"。宪宗五年（1255年），少林寺名僧福裕（号雪庭）应诏至京，再将释道之争讼于宪宗，西僧那摩大师为之鼓应。次年，元廷集释道双方于上都举行辩论。佛教以福裕为首，道教以掌教大宗师张志敬为首，双方各十七人。结果全真教士落败，李志常等著名全真道士被迫诣龙光寺为"僧"，《化胡》等道经及雕版均令焚毁，二百余所被侵占的寺院重归佛教经管。元初佛、道之争虽表现为教义的论辩与理论的批判，但其实质当然是两家的"物质利益与政治利益之争夺"。而这对于发展势头正猛的全真教而言，无异于当头一棒。

虽然忽必烈即位以后，对"道誉甚著"的全真掌教祁志诚仍多有钦敬，尝为"叹异者久之"[67]，但亦继续推行借佛抑道的政策。至元十七年（1280年）二月丙申，忽必烈"诏谕真人（析）［祁］志诚等焚毁《道藏》伪妄经文及板"。[68]至元十八年（1281年），以佛僧奏称保定、真定、关西各处尚存应毁经板，忽必烈命僧录司各僧及文臣，偕正一天师张宗演、全真掌教祁志诚、大道掌教李德和等，遍检《道藏》，考其真伪。至十月，张易等奏言："参校道书，惟《道德经》系老子亲著，余皆后人伪撰，宜悉焚毁。"世祖"从之，仍诏谕天下"。[69]元廷集百官于悯忠寺，当众焚毁道经及长春宫所藏经板，并遣使周知诸路，不仅对全真教打击颇大，于道教其他各派亦不无影响。此后，中原地区一枝独秀的全真教势力开始衰落，逐渐与真大道教、太一教等大略相埒，而从江南北上的正一教，反而得以发展逐渐超乎其上。

第四节　正一教

正一教始自汉代张道陵，其后代迁居龙虎山后，江南一带颇传其教。宋金对峙之际，中原酝酿产生了三种新道教，而江南道教则基本承袭旧有道统，奉正一教为正宗，以天师世代相传，在社会上具有较大影响。元初完成统一，定都大都后，正一教又获得机遇北上，由此开始在北京地区传播。

一、天师入觐与正一教北上

宪宗九年（1259年）元军南进，其时主政中原事务的忽必烈督师围鄂州，于军务倥偬之际，密遣使臣王一清前往龙虎山向第三十五代天师张可大询问天下大势，张含糊答以"后二十年天下当混一"。[70]至元十二年（1275）四月庚午，已登上帝位的忽必烈见江南将定，或许忆及往事，"遣兵部郎中王世英、刑部郎中萧郁，持诏召嗣汉四十代天师张宗演赴阙"。[71]张宗演应命携道众来到大都，受到世祖特殊的礼遇："至则命廷臣郊劳，待以客礼。"觐见时，又"命坐，赐宴，特赐玉芙蓉冠、组金无缝服，命主领江南道教，仍赐银印"。[72]

觐见后，张宗演又在大都奉命举行了大规模的宗教活动，六月"设醮于内廷"，次年又于长春宫主持醮事，并得赐号"演道灵应冲和真君"。[73]从此正一教天师与元廷之间建立了较为稳定的联系，即历届天师都要来大都接受元廷的召见与册封，然后回龙虎山统领江南诸路道教。见于史籍者，如三十六代天师张宗演，于至元十八年、二十五年再次入觐。三十七代天师张与棣，至元三十一年赴阙，"卒于京师"。三十八代天师张与材，大德五年被召见于上都幄殿，成宗及武宗时又奉召至京。三十九代天师张嗣成，于延祐七年来大都觐见英宗。历届天师屡次出入大都，接受元室封号，为正一教在大都的发展打下了契机。

二、张留孙与正一玄教的兴起

但大都正一教传播的关键人物，并非即来即往的正一教各代天师，而是长期留居于此的道士张留孙、吴全节诸人。张留孙（1248—1321年），字师汉，信州贵溪（今江西贵溪）人，幼时即入龙虎山习道，有同道许以"神仙宰相"。张宗演北上时，张留孙作为门下高弟随行，"世祖与语，称旨，遂留侍阙下"。张宗演南归后，张留孙以其杰出的宗教才干，大得忽必烈亲信，甚至欲命为天师，张留孙以"天师"为世传尊号，"固辞不敢当，乃号之上卿，命尚方铸宝剑以赐，建崇真宫于两京，俾留孙居之，专掌祠事"[74]。张留孙善于斋醮、符箓等事，又常以黄老清净之旨游说帝前，"深契主衷"，在世祖一朝已得异恩，"授玄教宗师，锡银印"，并推恩及于其父。其后各朝亦加恩宠，屡赐封号。元成宗加号玄教大宗师，同知集贤院道教事，追封三代为魏国公。元武宗时升为大真人，知集贤院，位于大学士之上，不久又加特进。元仁宗时进开府仪同三司，加号辅成赞化保运玄教大宗师，赐玄教大宗师玉印。元文宗天历元年，则追赠道祖神德真君之号。张留孙"独以高道厚德服勤累朝，身受恩宠，超越常伦"，所传玄教"特被宠遇五朝四十七年"。[75]他在元廷中的地位以及在大都各界的影响，都大大超过远居江南的正一天师。

张留孙深得元室历代重视，固然因为其本人杰出的才能，更由于他是正一教在大都的代表，因而他也出任了各种重要道职。至元十五年（1278年）五月辛亥，"制授张留孙江南诸路道教都提点"。十六年二月壬辰，又"诏谕宗师张留孙悉主淮东、淮西、荆襄等处道教"。而在先年十月间主祀天师的正一祠建成之后，即已"诏张留孙居之"。[76] 也正是由于职责所在，留居大都的五十余年间，张留孙充分利用他与元室之间的密切关系，为正一玄教在大都的创立和传播做出了重大贡献。其主要宗教活动包括：[77]

1. 主持大型斋醮。一般而言，每届岁时，大都都要举办隆重而庄严的例行斋醮，张留孙即为重要的主持人。除此之外，元廷有时也特命张留孙主持大型斋醮为国家祛灾降福。如至元十六年（1279年）五月丙子，"进封桑干河洪济公为显应洪济公。命宗师张留孙即行宫作醮事，奏赤章于天，凡五昼夜"[78]。这对于在大都民众中宣传正一教义，扩大其影响，具有重要作用。

2. 培养人才。张留孙门下弟子有七十多人，其中杰出者众多。吴全节、夏文泳等七人被敕封为"真人"，命分任各地道教提点等职。其他何恩荣等九人，也被敕命为道宫提点。这些人中，"有职掌者余以诚、何恩荣、孙益谦、李奕芳、毛颖达、舒致祥，主御前宫观者薛廷凤、丁应松、张德隆、薛玄羲"，[79] 均是名重一时的高道。他们对于正一教在大都的传播与扩张，多起到了积极作用。

3. 建议设置道官。在张留孙的建议下，元朝政府将集贤院从翰林院中独立出来，成为管理宗教事务的专门机构，并在各州郡设立道官，用五品官印；又在各著名道观中设立主管等官，专司各种道教活动。

4. 保护道经。在打击全真教的过程中，至元中期忽必烈曾下诏焚毁除《道德经》以外的道教典籍。张留孙谒见皇太子真金时，乘机进言道家之法也可用于治理天下，不应一概废弃。"裕皇以公言入告，上（指忽必烈）为集廷臣议，存其不当焚者，而醮祈禁祝亦不废。"[80]

设置道官与保护道经，虽然是对于整个道教而建言的，但对于正一教在大都的长远发展，无疑也具有更为积极的意义。在张留孙的长期努力下，正一玄教得到很大发展，并超过正趋衰落的全真教，逐渐成为大都地区第一大道教宗派。

三、吴全节与正一玄教的发展

至治元年（1321年），张留孙病逝于大都，继其位者为门下高足吴全节。吴全节（1269—1346年），字成季，饶州安仁人。出身儒门，但自十三岁时即学道于龙虎山。大约是在至元二十四年（1287年）天师张宗演赴阙时，吴全节随从至京师，在张留孙引荐下觐见了元世祖，从此留于大都。成宗即位之初，"至自朔方，召见，赐古珊玉蟠螭环一，敕每岁侍从行幸，所司给庐帐、车马、衣服、廪饩，著为令"[81]。从此开始崭露头角。不久吴全节担任崇真万寿宫提点，开始协助张留孙开展道务活动。大德十一年（1307年），又授以玄教嗣师，"赐银印，视二品"。武宗时，先赐七宝金冠、织金文之服，复封赠其祖、父以爵，其地位日崇。张留孙死去次年（至治二年，1322年），"制授特进上卿玄教大宗师崇文弘道玄德真人、总摄江淮荆襄等处道教、知集贤院道教事，玉印一、银印二并授之"[82]。完全袭掌了张留孙在元室中之地位。

吴全节具有同乃师一样杰出的宗教才干，因而深得元室宠顾。他与人交接颇为"豪侠"，"雅好结士大夫，无所不倾其交，长者尤见亲而敬，推毂善类，唯恐不尽其力。至于振穷周急，又未尝以恩怨异其心，当时以为颇有侠气云"。[83]兼之他精通儒学，至顺二年（1331年）还曾向文宗进呈宋儒理学名家陆九渊的《陆文安公语录》，故文人士大夫均乐于与之交游，"至元大德之间，重熙累洽大臣，故老心腹之臣，莫不与开府（指张留孙）有深契。……而外廷诸君子，褒衣儒冠，论汉唐之治，无南北皆主于吴公（指吴全节）矣"[84]。朝廷重臣如何荣祖、王毅、李孟、王士熙等人，都曾谘以时政。而姚燧、阎复、卢挚、程钜夫、赵孟頫、袁桷等文苑名流，则常与其吟酒会诗，过从甚密。这使吴全节扩大了社会关系，获得了很好的社会声誉，亦有助于正一教势力在大都的巩固与发展。

吴全节承继了其师的宗教职责，并有所推进。在泰定元年（1324年）的大规模投龙简仪式中，吴全节以玄教大宗师玄德真人的身份，主持其事。[85]泰定三年（1326年）六月，吴全节又受命"修醮事于龙虎、三茅、阁皂三山"。[86]天历二年（1329年）秋，"遣道士苗道一、吴全节修醮事于京师，毛颖达祭遁甲神于上都南屏山、大都西山"。该年冬季，"受佛戒于帝师"，命帝师率群僧大作佛事，同时又命"道士建醮于玉虚、天宝、太乙、万寿四宫及武当、龙虎二山"，亦"遣使代祀天妃"。[87]在元廷举办的大型道教活动中，吴全节及同门毛颖达等都承担着最重要的职责。至于大都正一道观中岁时例行斋醮，或临时的宗教活动，吴全节更是理所当然的主持人。吴全节在位期间，正一玄教在大都的发展"达于巅峰"，其道众"已达千余人"。[88]他重修了太一延福宫，又完成东岳仁圣宫，有时还到全真教的长春宫来主持道事。

可见正一玄教的活动场所已有所拓展，甚至有凌驾于其他宗派之上的趋势。

吴全节接管正一教道务时，辅佐其事者为夏文泳。夏文泳也是张留孙门下博学多才的高足，"三教九流之书无所不读，而深明于先儒理学之旨"，与文人学士的交往尤其密切，"一时贤士大夫、馆阁名流，皆与为方外交"。至正六年（1346 年）吴全节死后，夏文泳同样升主大都正一教道务。元顺帝一如惯例，"授特进上卿玄教大宗师、元成文正中和翊运大真人，总摄江淮荆襄等处道教、知集贤院事"。[89]但他主持教事不久即因年高去世，故在元廷中的影响，以及对大都正一玄教的贡献，均远逊于张留孙、吴全节二人。

四、"天师宫"与"东岳庙"的建造

元代大都正一玄教前期最重要的道观为崇真万寿宫，即后来俗称的"天师宫"。据记载，张留孙随忽必烈幸日月山途次，为皇后祷病有验，且其神像与皇后所梦契合，"益以为神，（元世祖）乃诏两京各建上帝祠宇，各赐名曰崇真之宫，并以居公，赐平江嘉兴田若干顷，大都昌平栗园若干亩给其用"[90]。此即大都崇真宫之始，也就是至元十五年（1278 年）七月始建、十月落成的"汉祖天师正一祠"。[91]《析津志》又称为"天师宫"，或即出于"汉祖天师正一祠"之名。又史载，崇真宫告成之际，"而号公（指张留孙——引者注）曰'天师'"，张留孙以"天师有世嗣，臣不可称天师"为辞，"于是以宗演为天师"，诏张留孙为"上卿"，[92]也可能因此滋生"天师宫"的俗称。后来正一天师入京觐见时，又多住居于崇真宫之内，"天师宫"的俗称遂更为流行。

"天师宫"位于"艮位鬼户"，与元大都城制相合，时人认为可以"匡辅帝业，恢图丕基，乃不易之成规，衍无疆之运祚"，[93]故其地位很快赶上已有数百年历史的长春宫，成为元代中前期大都两大最重要的道观之一。当时由朝廷举办的大型斋醮活动，经常选择于崇真、长春两座道观进行，而以崇真为主。延祐七年（1320 年）七月戊寅，英宗"命玄教宗师张留孙修醮事于崇真宫"[94]。当然规模更大、规格更高的斋醮，则须在两宫同时进行。成宗时的一次斋醮，"内在仁智殿、延春阁，外则崇真、长春两宫。上常亲祠，其上章，皆亲署御名，每尽七日乃罢"[95]。为大都道教一时盛事。

元代中期以后，"天师宫"的地位似有下降。《析津志》记称："至顺二年（1331）七月十九日，奉旨为翰林国史院，盖为三朝御容在内，岁时以家国礼致祭。而翰林院除修纂、应奉外，至于修理一事，又付之有司。今公宇日废，孰肯为己任言于弼谐［阶］者乎？知治体者当何如哉！"大为感叹。[96] 这可能与大都"东岳庙"的修建不无相关。"东岳庙"之建始于延祐六年（1319 年），当时张留孙在齐化门外购地，拟兴建道观，供祀东岳大帝诸神。元仁宗闻之，欲加赞助，为张留孙婉拒。张留孙去世后，弟子吴全节继承其师遗志，主持营建，于至治二年（1322 年）修成主殿与大门，次年东、西庑殿竣工，元仁宗特赐以"东岳仁圣宫"之名，即后来所广为人知的"东岳庙"。泰定二年（1325 年），鲁国大长公主祥哥剌吉在返回封地之前，又发愿捐资兴建后殿神寝，成于天历元年（1328 年），元文宗赐名"昭德殿"。元代东岳庙正院主体建筑至此基本齐备，并逐渐成为大都正一玄教举办各种宗教活动的重要场所，对明清时期正一教在北京的延续有着重要的作用。

大都正一玄教除以崇真宫、东岳仁圣宫作为主要道观外，吴全节重修的太一延福宫，似亦为玄教主持。元代后期，道士张秋泉又在大都和义门内近北兴建了西太乙宫。张秋泉"本戴石屏之后，少年习吏，微责，弃俗而游京师"，大得名声，"当时名公巨卿，无不倾盖相亲"。张秋泉初在天师宫"放逸自居"，后奉吴全节之命为怀孟太后医病，"符药俱验"，因而"大称懿旨"。故张秋泉起意修建新观时，四方施助踊跃，"计年而成，其施助不言而至源源"。西太乙宫正殿供奉张留孙与吴全节二位玄教宗师，为正一玄教在大都的又一处重要宫观。[97]

元代雕塑家刘元，也是大都著名的道士，并在东岳庙修建过程中起了重要作用。刘元字秉元，蓟县宝坻人，"始为黄冠，师事青州把道录，传其艺非一"。后至大都，从阿尼哥学塑佛像，惟妙惟肖，大都及上都名刹多请其塑像，"神思妙合，天下称之"。元仁宗曾下敕，非获旨许不得请刘元塑造其他神像。吴全节建造东岳庙时，即通过关系请刘元主塑神像，"为造仁圣帝像，巍巍然有帝王之度，其侍臣像，乃若忧深思远者。始元欲作侍臣像，久之未措手，适阅秘书图画，见唐魏征像，矍然曰：'得之矣，非若此，莫称为相臣者。'遽走庙中为之，即日成，士大夫观者，咸叹异焉。"[98] 刘元后来爵至昭文馆大学士、正奉大夫、秘书卿，以技艺名于一时。

注释：

（1）参见舒焚：《辽上京的道士与辽朝的道教》，《湖北大学学报（哲学社会科学版）》1994 年第 5 期；王玲：《北京通史》第三卷，第 290—291 页。

（2）郑子聃：《中都十方大天长观重修碑》。

（3）《光绪顺天府志》京师志十六，寺观一，内城寺观。

（4）王鄂：《重修天长观碑略》，见《元一统志》。又见于《顺天府志》卷八。

（5）《元史》卷二百二，释老。参见［日］窪德忠著：《道教史》，第 216 页。

（6）济源县《萧道熙道行碑》。

（7）王恽：《秋涧集》卷六十一，《太一二代度师先考韩君碣铭》。以及《秋涧集》卷四十七，《太一二代度师赠嗣教重明真人萧公行状》。

（8）《滹南集》卷四十二，《太一三代度师萧公墓表》。

（9）王恽：《秋涧集》卷六十一，《太一三代度师先考王君墓表》。

（10）《滹南集》卷四十二，《太一三代度师萧公墓表》。

（11）《滹南集》卷四十二，《清虚太师侯公墓碣》。

（12）［日］窪德忠著：《道教史》，第 217 页。但前文第 216 页又记为"号一悟真人（还是元宪宗追赠的）"，两说似为矛盾。

（13）王恽：《秋涧集》卷四十七，《太一二代度师赠嗣教重明真人萧公行状》。

（14）王恽：《秋涧集》卷三十八，《万寿宫方丈记》。

（15）《滹南集》卷四十二，《太一三代度师萧公墓表》。并参见［日］窪德忠著：《道教史》，第 218 页。

（16）《滹南集》卷四十二，《太一三代度师萧公墓表》。

（17）王恽：《秋涧集》卷三十八，《万寿宫方丈记》。

（18）《元史》卷二百二，释老。

（19）王恽：《秋涧集》卷三十八，《清跸殿记》。

（20）《元史》卷二百二，释老。

（21）王恽：《秋涧集》卷四十七，《太一五祖演化贞常真人行状》。

（22）王恽：《秋涧集》卷三十八，《清跸殿记》。

（23）王恽：《秋涧集》卷四十七，《太一五祖演化贞常真人行状》。

（24）王恽：《秋涧集》卷四十七，《太一二代度师赠嗣教重明真人萧公行状》。

（25）济源县《萧道熙道行碑》。

（26）《元史》卷二百二，释老。

（27）王恽：《秋涧集》卷四十七，《太一五祖演化贞常真人行状》。

（28）王恽：《秋涧集》卷四十，《大都宛平县京西乡创建太一集仙观记》。

（29）《元史》卷二百二，释老。

（30）《刘静修集》卷十七，《洛水李君墓表》。

（31）王恽：《秋涧集》卷六十一，《太一三代度师先考王君墓表》。

（32）王恽：《秋涧集》卷四十，《大都宛平县京西乡创建太一集仙观记》。

（33）《潜研堂金石文跋尾》十九，《周天大醮投龙简记》。

（34）《元史》卷三十，本纪第三十。

（35）［日］窪德忠著：《道教史》，第 220 页。

（36）宋濂：《芝园后集》卷五，《书刘真人事》。

（37）田璞：《重修隆阳宫碑》。

（38）《元史》卷二百二，释老。

（39）田璞：《重修隆阳宫碑》；宋濂：《芝园后集》卷五，《书刘真人事》。又参见〔日〕窪德忠著：《道教史》，第222页。

（40）田璞：《重修隆阳宫碑》。

（41）《金史》卷九十一，列传第二十九，敬嗣晖传。

（42）宋濂：《芝园后集》卷五，《书刘真人事》。

（43）《真大道教第八代崇玄广化真人岳公碑》，《道园学古录》五十。

（44）《隆阳宫碑》。

（45）《元史》卷二百二，释老。

（46）《真大道教第八代崇玄广化真人岳公碑》，《道园学古录》卷五十。

（47）《真大道教第八代崇玄广化真人岳公碑》，《道园学古录》卷五十。

（48）《元史》卷二百二，释老。

（49）《天宝宫碑》，《吴草庐文集》二十六。

（50）《元史》卷二百二，释老。

（51）《金史》卷九，章宗纪。据元遗山《紫微观记》，起因乃是全真教势力太盛，"惧其有张角斗米之变"。但窪德忠对此记载的真实性持怀疑态度，因为全真教资料里又有其时刘通微受到章宗召见垂询的记载。见其《道教史》第231页。

（52）《元史》卷二百二，释老。

（53）《元史》卷二百二，释老。

（54）《元史》卷二百二，释老。又参见〔日〕窪德忠著：《道教史》，第233—234页。

（55）王岗：《北京通史》第五卷，第349页。

（56）《元史》卷二百二，释老。

（57）杨讷：《丘处机"一言止杀"再辨伪》，《中华文史论丛》2007年第1期。

（58）《元史》卷二百二，释老。

（59）李志常：《长春真人西游记》卷下。

（60）李志常：《长春真人西游记》卷下。

（61）李志常：《长春真人西游记》卷下。

（62）《元史》卷二百二，释老。

（63）李志常：《长春真人西游记》卷下。

（64）《修武清真观记》，《元遗山集》卷三十五。

（65）祥迈：《大元至元辨伪录》。

（66）张伯淳：《辨伪录序》，见祥迈《至元辨伪录》。

（67）《元史》卷二百二，释老。

（68）《元史》卷十一，世祖本纪。

（69）《元史》卷十一，世祖本纪。

（70）《元史》卷二百二，释老。

（71）《元史》卷八，世祖本纪。按所记"四十代天师张宗演"为"第三十六代天师"之误，见《元史》卷二百二，释老。又此事卷二百二记于"至元十三年"，为多数道教史著作采用，待考。

（72）《元史》卷二百二，释老。

（73）张继禹：《天师道史略》，第 199 页。

（74）《元史》卷二百二，释老。

（75）赵孟𫞩：《玄教大宗师张公碑》。

（76）《元史》卷十，本纪第十。

（77）参见王岗《北京通史》第五卷，第 354 页。

（78）《元史》卷十，本纪第十。

（79）《张留孙道行碑》，《吴文正公文集》卷三十二。

（80）《道园学古录》卷三十二，"张留孙墓志"。

（81）《元史》卷二百二，释老。

（82）《元史》卷二百二，释老。

（83）《元史》卷二百二，释老。

（84）《道园学古录》卷二十五，"河图仙坛之碑"。

（85）《潜研堂金石文跋尾》十九，"周天大醮投龙简记"。

（86）《元史》卷三十，本纪第三十。

（87）《元史》卷三十三，本纪第三十三。

（88）王岗：《北京通史》第五卷，第 355 页。

（89）（元）黄溍：《黄金华文集》卷二十七，"夏文泳神道碑"。

（90）赵孟𫞩：《玄教大宗师张公碑》。

（91）《元史》卷十，本纪第十。虞集《河图仙坛之碑》则称其建于至元十四年，或为动议时间，待考。

（92）赵孟𫞩：《玄教大宗师张公碑》。

（93）熊梦祥：《析津志辑佚》，第 33 页。

（94）《元史》卷二十七，本纪第二十七。

（95）《道园学古录》卷三十二，"张留孙墓志"。

（96）熊梦祥：《析津志辑佚》，第 33 页。

（97）熊梦祥：《析津志辑佚》，第 93—94 页。

（98）《元史》卷二百三，工艺，刘元传。

第三章　明清以后北京的道教

第一节　明代北京的道教

元代中期以后，大都地区曾盛行一时的全真派逐渐衰落，其他太一教、真大道教各派更迅速凋零，自江南北上的正一派则逐渐上升。此后道教诸宗派逐渐归于正一、全真两大派别，而明代北京舞台上道教的主角，也由元代的"群雄争竞"，变为正一教的"一枝独秀"。

一、正一教的贵盛

正一教与明廷的亲密关系，始自明太祖。朱元璋对道教两派态度明显有别，如称："僧有禅有教，道有正一有全真。禅与全真务以修身养性，独为自己而已；教与正一专以超脱，特为孝子慈亲之设，益人伦，厚风俗，其功大矣哉"。[1] 他扬显正一，而对全真则不无贬斥，主要是由他欲以"三教"巩固统治的宏旨决定的，但与全真教势力集于北方或也有一定关系。从历史来看，正一教较早就与明廷建立了正式关系。元末朱元璋率军攻下南昌后，当时的第四十二代天师张正常即"遣使上谒，已而两入朝"，洪武元年又"入贺即位"，虽被朱元璋诘以"天有师乎？"令改为正一嗣教真人，但仍"赐银印，秩视二品。设寮佐，曰赞教，曰掌书。定为制"。[2] 洪武五年，又敕令永掌天下道教事。正一真人被明廷敕封为道教领袖，正一派也由此逐渐占据了道教的主导地位，明代道教主要以法箓法术为用、以斋醮祈禳为职事的宗教功能也基本确定下来。后来正一道士借此在明代宫廷生活中扮演了十分重要的角色，对明代北京道教的发展产生了深远影响。

二、明帝崇道与北京新道观的建造

明朝历代帝王均有崇道之举，其源或可追溯到太祖朱元璋，其实则始于成祖朱棣。在争夺帝位的"靖难之役"中，朱棣即曾多次扬言得到道教北方之神"真武大帝"的帮助，或许以此因缘，登基后遂开崇道之风。明代都城北迁，也与朱棣将真武大帝视为自己"护国大神"的个人心态不无相关，营建都城时又特意布置了许多供奉道教神祇的建筑，如祭祀"皇天上帝"即玉皇大帝的"天地坛"（嘉靖后另建地坛，遂只称"天坛"）即是其一。由此给北京道教的发展注入了新的因素。

当时北京除了原有宫观的奉祀与修整外，在禁宫附近特意修建一些道教场所以供宫廷之用，并对整个明代都产生了广泛影响。其著名者首推灵济宫，始建于永乐十五年三月，"祀徐知证及其弟知谔"。徐氏兄弟虽于南唐时已有名声，又经宋高宗赐额，然尚为福建民间所祀地方之神。入明之后，始敕建于京师，其原因，据说是因为"入国朝，灵应尤著。上（指朱棣）闻之，遣人以事祷之辄应，间有疾或医药未效，祷于神则奇效。至是命立庙北京皇城之西，赐名'洪恩灵济宫'"。明成祖又加知证、知谔以封号，"仍命礼部新鳌峰之庙。春秋致祭，给洒扫五户"[3]。此后各朝承继其祀，时有修葺。明英宗登基为帝之初，即令"作灵济宫"。[4]次年正月，又为"御制洪恩灵济宫碑文"，述自永乐朝以来，"岁时荐祭，式丰以严。皇祖仁宗昭皇帝、皇考宣宗章皇帝率循旧章，咸隆祇礼。……惟神明之允［永］赖，仰体先志，增崇祠宇"，因而复上神号，并作诗铭颂之，略谓"宫城之西，灵宇岿然。皇图神祀，同千万年"云云。[5]灵济宫遂成为明代皇室重要的道观，徐氏也成为皇家供奉的国家"正神"，在北京得到迅速传播，获得了明廷以及都城民众的大量香火。

又有杭州道士周思得，擅长灵官法，祈奉宋代以来出现的"天将"王灵官，又习萨真君之符术。周思得多次扈从成祖北征，累有灵验，成祖呼为"活神仙"，特为其建天将庙及祖师殿（成化后改称显灵宫）于禁城之西。后周思得历事五朝，享年九十二岁，受赐"灵通真人"，得谥"弘真道人"，成为北京最有影响的道教人物之一。天将庙亦累经朝廷崇奉，"宣德中改庙为火德观，封萨真人为崇恩真君，王灵官为隆恩真君，又建一殿，崇奉二真君，左曰崇恩殿，右曰隆恩殿。成化初年改观为宫，加显灵二字，递年四季更换袍服，三年一小焚化，十年一大焚化，又复易以新制珠玉锦绮，所费不赀。每年万寿圣节、正旦、冬至及二真君示现之日，皆遣官致祭，其崇奉可谓至矣"[6]。

对灵济宫、显灵宫两座皇家敕建的北京道观，明人沈德符曾感叹其"雄丽轩敞，不下宫掖"，香火与名气都远远超过其他正祀大神，可见当时的规模与影响。[7]此外，真武信仰在北京的盛行亦始于明代。因朱棣"靖难"曾借真武"神威"，登基后又暗认"真武大帝"化身，大修武当，由此也确立了真武信仰在北京的发展势头。永乐十二年三月，朱棣下旨"于北京皇城之北"修建真武庙（后改称显佑宫）。[8]此亦为皇家道观，管理严格，香火也因而尊显。成化十年三月重修后，内官监太监宿政特意奏称公差御史、给事中、锦衣卫等官，"常于庙前、庙内集众理事，诚为亵渎。事下礼部，乞命都察院揭榜禁约，仍如例禁军民妇女入庙搅扰。从之"[9]。由此例可见其地位。北京其他地方也逐渐出现真武庙，甚至颇具规模。安定门外的真武庙，为"中官所营，正统中赐额，命道士王道昌主之"，有土地、畜牛、车辆等丰厚庙产。[10]正德年间，太监刘瑾又请于朝阳门外新建宫观，"奉北极玄帝，祝延圣寿"，后经赐额"大德玄明官［宫］"。刘瑾复请"香火地"，逼迫民人迁徙，"冤号之声，沸于郭外"[11]。该真武宫观的兴建，竟严重影响了附近民众的生活。而真武信仰由于得到明代皇家内廷的大力支持，影响不断加大，并成为明清以来北京最重要的道教神祇之一。

史家有言，"释、老之教，行乎中国也千数百年，而其盛衰每系乎时君之好恶"[12]。明初诸帝的态度，对北京道教影响甚大。明帝崇道之风，至嘉靖、万历臻于极盛，尤以嘉靖为最，从而大大促进了北京道教的发展。嘉靖"好鬼神事，日事斋醮"，为求长生，曾"日夜铸祠，简文武大臣及词臣入直西苑，供奉青词"，视道教斋醮为头等"大事"。[13]嘉靖十六年十二月，"以皇子诞生，命真人（官道）［道官］于玄极宝殿修建祇答洪庥金箓大醮七昼夜。礼部尚书夏言请上香、监礼、迎词、导引等使如前钦安殿祈嗣醮事例。上依拟，仍命百官各加恭敬，毋生毁恶"[14]。为其建醮求子"有功"的龙虎山道士邵元节被加封为一品，并授以礼部尚书，死后又追赠为"少师"。此已为历代罕见的旷典。后来接替邵元节之位的陶仲文更得异恩，"得宠二十年，位极人臣"，所得封赏"于真人外，加至少师兼少傅少保，并拜三孤，带礼部尚书封恭诚伯，则文武极品矣"。[15]更是空前绝后。嘉靖帝又不惜巨资大建宫观，"斋宫秘殿并时而兴"，"一意修真，竭民脂膏"，首都北京尤甚。著名的大高玄殿，即成于嘉靖二十一年（1542年）。嘉靖帝还因崇道而抑释，令将禁中大善佛殿改建为皇太后宫，又将其中所藏佛像佛牙等法物"燔之通衢，毁金银像［佛］像凡一百六十九座，头牙骨等凡万三千余斤"。[16]他的这些崇道举措，无疑极大激发了北京的道教氛围，加大了道教在民众中的影响。

三、东岳庙之修缮

明代正一教在北京之大行，也可以从东岳庙的修葺表现出来。入明后朱元璋将元"东岳仁圣宫"改称"东岳庙"，明初曾一度衰落。但随着正一教地位的上升，东岳庙也很快受到关注。作为正一教在北京的代表宫观，东岳庙屡次得到朝廷的整修与扩建。除零星小规模的工程不计以外，早期较大者为正统十二年，朝廷命工部右侍郎王佑修建东岳庙、城隍庙。[17]动工之前，还专门派他祭祀"司工之神"。[18]此次重修，始于正统十二年五月十八日，完工于八月十五日，恢复了东岳庙的基本建筑。既毕，明英宗特为"御制碑文"记其始末，略云"乃诏有司治故地于朝阳门外，规以为庙。中作二殿，前名'岱岳'，以奉东岳泰山之神。后名'育德'，俾作神寝。其前为门，环以廊庑，分置如官司者八十有一，各有职掌。其间东西左右，特起如殿者四，以居其辅神之贵者，皆肖像如其生。又前为门者二，旁各有祠以享某翊庙之神，有馆以舍其奉神之士。庙之广深凡若干亩，为屋总若干楹，壮丽宏伟。……岁时致以香币，冀神运生生之机于无穷，亦顺民所欲之一也"。并作辞为颂，"都人小大，皆感神惠。……上以祠神，下以顺民。民为[以]神式，神与民亲"云云。修缮完成后，工部请旨拨派庙户"以供洒扫"，帝允之。[19]

东岳庙经正统年间"易木石，耀金碧"[20]，其规制及壮丽已胜于元代鼎盛景况，在北京道教活动中发挥着重要作用。后经百余年风雨厮磨，到明代中后期复出现破旧之象，"庙寝倾圮，神将弗妥，士女兴嗟"。万历为帝后，其母特出首倡议修葺，"乃捐膏沐资若干缗"。在太后的带领下，万历"亦出内帑若干缗"，其他潞王、公主及宫妃、太监等也各有捐施。于是以司礼监太监冯保择内宦主持，于万历三年兴工，历时一年完竣。东岳庙此次修复工期更长，规格更高，工成后，"迥异畴昔，岿然若青都紫极矣"[21]。此后续有修葺，万历二十年朝廷又出内帑进行修缮，又在寝殿左右营建配殿，"崇构于未圮，神栖日丽，像设加严"。[22]《明实录》记称，万历二十一年五月，"赐大学士赵志皋、张位各银币，以东岳庙工完撰文故也"[23]。可见这次工程也得到万历的高度重视，连主持其事者亦有厚赏。经过万历年间较大的修缮，东岳庙继续维持着京师最重要道教场所的地位。终明一代，东岳庙在京城始终维持了较为稳固的影响，"国有祈祷咸诣焉"，[24]平时也是"朝廷每岁遣官致祀",祈祥禳灾更为常例。[25]

四、全真教之衰隐与白云观的修缮

明代正一派在北京政治舞台上的活跃,使道教的另一支派全真教黯然失色。承元代余势,洪武、永乐年间,全真教在北京仍有一定影响。但这仅为昙花一现,明代北京的全真教很快进入了二百余年的漫长衰隐时期。

元末动乱,太祖定都金陵之后,命人拆毁元大都宫室,故洪武年间北京地区的道教宫观,可能多受影响,颇为寂落。视为全真祖庭之一的长春宫,此时亦遭到非常严重的破坏,所剩无几。洪武二十七年(1394年),时为燕王的朱棣以长春宫东侧残存的白云观为中心,"命中官董工,重建前后二殿、廊庑厨库,及道侣藏修之室",于次年正月十九日"丘真人降诞之辰"竣工。届时燕王朱棣车驾亲临,降香瞻礼。洪武二十九年(1396年)是日,身为燕世子的朱高炽,又受命亲往瞻礼。[26]从此,长春宫废墟逐渐没于荒草,而明初扩建的白云观便代替了元代长春宫的位置与名声。

白云观复修之初,"屡建金箓大斋",曾盛于一时,后人甚至说道:"兹观之盛信于彼时,都城内外观址以千数,白云观实为称首。"[27]永乐七年七月仁孝皇后丧再期,"上辍朝三日,御西角门视事,文武百官素服行奉慰礼。命僧道于庆寿寺、白云观设斋醮十四日"[28]。永乐八年八月丁未,"命行在礼部集僧道于庆寿寺、白云观建斋醮三昼夜,资荐北征亡故军士"[29]。可见永乐初年间,白云观尚与明成祖保持着较为密切的关系。

但这种亲密关系未能持久。明都北迁后,由于明代诸帝崇道多以祈禳及方术为主,因而擅长其技的正一道很快即占据主导地位,白云观与朝廷的关系也大受影响。史料记载,永乐二十二年十月辛酉,"命礼部集僧道于庆寿等寺及灵济宫建荐扬大斋七昼夜,以太宗皇帝晏驾至此百日也"[30]。相关斋醮已不在白云观举行。此后多次较为重要的日期如冬至、朱棣梓宫发引、岁末,以及次年正月、清明,明仁宗均令于灵济宫为朱棣大建斋醮,资荐冥福。[31]这大概可以说明,全真教所属的白云观,从永乐朝后期开始,已逐步受到明廷的疏远。

由于明代全真教政治地位较正一道低下,且全真道士多以个人潜修为务,传教较为消极,因此北京的全真教也出现了萧条景象。白云观后来遂被正一道士占持,其修葺也由正一道士主持进行。宣德十年,出身于崇真万寿宫(即元代"天师宫")的右正一倪正道担任白云观住持，先后与中贵等建造或修复了玉皇阁、处顺堂、衍庆殿、四帅殿、棂星门等建筑，经过八年的大力营建，"兹观至是始克大备，视旧有加"，"宏耀京师"。[32]这是明初扩建之后白云观一次较大的兴建，但白云观也进一步成为正一教的活动场所，天师（正一真人）就多次来此举办大型斋醮。此后，又有"长春真人"刘渊然之徒邵以正，以师荐"召为道箓司左玄义。正统中，迁左正一，领京师道教事"。[33]于景泰年间新建七真殿与十八宗师殿，"既像真人于其中，复图十八大师暨祖师、先师之像于其壁"。[34]正德四年，李得晟复"思继先志，召匠鸠材，以坚易朽，补缺为完，比昔加壮丽焉"[35]。刘渊然、邵以正、李得晟虽自认为与全真教有深厚渊源，但实为兼承，而以正一为主。此后白云观又屡有修葺，但至明后期已逐步衰败。时人王世贞在赴白云观寻访道士钟丫髻时，曾感叹"明兴而其道少屈，以刘渊然之见崇，焦奉真之为幻，不能尽复其盛"。[36]明代白云观建筑的兴衰以及住持的更换，实为明代全真教在北京长期衰隐的生动写照。

第二节　清代京师的道教

一、全真龙门派的中兴与白云观的修葺

明初鼎革之际的因缘际会，使全真教获得了复兴的契机。此事的关键人物为全真道士王常月。王常月号昆阳子，山西潞安府长治县人，"生当明季之乱，慨然有出尘之心"，曾得龙门正宗第六代律师赵复阳授以戒律，后又"以天仙大戒授之"，遂居华山，道业大进，为龙门正宗第七代律师。据说其拜斗时，得斗姥授意"汝缘在北，勿滞于斯"。[37]又有文献称，其师赵真嵩（复阳）以明末动乱之后，已届"道行之时"，遂将"三百年独任之事"交付王常月，命其"二十年后游燕京，谒邱祖于白云观"，复兴其教。[38]此类道教内部记载的真实性虽待挖掘教外史料佐证，但明末王常月已著道名，又对全真教在有明一代的隐抑状况相当不满，因而或以振兴为己任，当无疑义。当顺治皇帝入关之后，亟图改变全真教长期衰隐现状的王常月以为机会已经来到，遂于顺治十二年秋北赴京师。他先挂单于灵佑宫，据说很快即得到清世祖的推重。次年三月之望，王常月"奉旨主讲白云观"，获得紫衣之赐。由此王常月名声大振，大江南北闻讯而来者不绝于途。顺治十五年、顺治十六年，王常月在白云观两次开坛，极大地扩大了全真教的影响，"凡三次登坛说戒，度弟子千余人，道风大振"[39]。后人甚

至称其时身为太子的康熙皇帝，也皈依于王常月门下。[40]还有的说又有"国师"之赐。[41]种种传说，虽未见于档案史料的佐证，但清代以后全真龙门派之兴盛由此肇端，却是事实。

王常月在白云观的大规模传戒，对全真教的复兴有着特殊意义。一是标志着从正一派手中夺回白云祖庭，为广大全真信徒增添了宗教自信心。二是获得新朝的保护和支持，为今后的传播和发展奠定了政治基础。三是收取大批优秀教徒，为教势复兴储备了人才基础。顺治帝去世以后，王常月继续得到朝廷支持。康熙二年（1663年），王常月又率弟子詹守椿、邵守善等南下传教，在江南金陵、湖州、杭州一带开坛说戒，还曾拜谒江南全真教重镇武当山，传戒于玉虚宫。而道业出众的龙门派传人，从此逐渐遍布于大江南北。著名者有陶守贞、黄守正、黄守中、伍守阳、郭守贞、施道渊、刘一明、牛太安、曾一贯等道士，均为王常月的门人或其再传弟子，并在江浙、江西、东北、西北、四川、广东等地相继开辟了多个支派，极大地促进了龙门派的兴盛与发展。

经王常月的大力开创以及其后人的苦心经营，龙门派在全国的影响迅速扩大，不仅一扫明代以来全真教的颓势，还被视为道教中的"显宗"，传有"临济、龙门半天下"之俗语。而清代龙门派的重心，则无疑为京师之白云观。继顺治年间在白云观大开戒坛之后，康熙十九年王常月病逝于此，并葬于西侧，遂成为龙门派之"圣地"。而其门下谭守诚则得其衣钵，担任白云观新的住持，此后递世相传。故由该观之修葺，不仅可见当时北京全真教之兴衰，亦可觇知龙门派在全国之概貌。

清前期朝廷与白云观保持较为密切的关系，对白云观时有修葺，而以康熙、乾隆两朝为最。据记载，"初观基隘窄，今我朝康熙四十五年，见其地基太狭，则易隙地以广之，峻其周垣，树植嘉木为荫，规模阔大"。此次重建殿宇，包括玉皇殿、三清殿、长春殿、七真殿、灵官殿、四圣殿、山门牌楼、石桥、旗杆、钟鼓楼、垣墙，以及钵堂、厨库、东西祠堂，道舍等众多建筑，"焕然一新，灵坛金碧，地附都城，平衍爽垲"[42]。康熙还对各殿赐以匾额，如玉皇阁书"紫虚真气"、七真殿书"琅简真庭"等等。因朝廷又追赠王常月为"抱一高士"，其弟子又于其墓上建响堂、塑法像，并在"祠堂"小院岁时祭拜以纪念其复兴全真教之功绩。斯时白云观建筑之壮丽，香火之鼎盛，冠于北京各道观之首。

乾隆年间，白云观又多次由朝廷主持修缮。史料记称："本朝乾隆二十一年、五十二年两次敕修，有圣祖及今上御笔书额，并御制碑。又真人像前有木钵一，乃刳木瘿为之，上广下狭，可容五斗，内涂以金，恭刻皇上御制诗其中。"[43]此外乾隆三十年亦发内帑葺修。复修完工后，乾隆亦仿其祖赐予匾额，并行幸瞻礼，撰联盛赞丘处机"万古长生，不用餐霞求秘诀；一言止杀，始知济世有奇功"。乾隆五十三年还特命勒碑，并做诗为记，称"完饰如旧"，"希敷万民福，宁渠为求仙"云云。[44]在皇家内廷的扶持下，清前期白云观的香火达到一个新的高潮。

二、雍正对道教的尊崇

虽然康熙、乾隆曾大力修葺白云观，但总体而言，清代对道教的信用与扶持大大低于明朝。有一定崇道倾向，并多少影响到道教发展者，清帝中仅有雍正帝一人。雍正《藩邸集》中收录有关道教与道士的诗文，如《群仙册》18 首、《赠羽士》2 首等，说明他早在皇子时期已与某些道士有过较为密切的交往，并对道教生发了好感。继位为帝后，雍正则以帝王之尊倡导三教调和，提出"以佛治心，以道治身，以儒治世"，试图充分利用宗教来巩固统治秩序。他除了发布保护道教的一些政策外，也亲身参加了许多有关道教的活动，包括以下方面：[45]

首先是在宫内特别安置道教器物。雍正八年秋冬，雍正特令内务府总管在养心殿西暖阁"着做斗坛一座"，雍正"将道神请到卧榻上，足见其对道教崇好之深"。雍正九年正月，雍正对御花园内斗坛的布置做了细致安排，该年秋冬又命在养心殿、太和殿及乾清宫安放道教"符板"，内务府造办处则奉命清理、制作了"一整套羽坛供器"，"交首领太监马温良持去"，安放于禁内供雍正"御用"。

其次是召集道士入宫。除了在宫内供奉道教器物外，雍正先后征召白云观道士贾士芳、龙虎山道士娄近垣入宫"修养性命"。雍正七年，怡亲王允祥曾将"通晓心性之学"的白云观道士贾士芳推荐给雍正，以未获旨意遣出。但此后不久，雍正因身体多病，多次密谕地方督抚寻访名医和精于修炼的"仙人"、道士，经宠臣李卫奏闻，即命河东总督田文镜速送河南"神仙"贾士芳赴京，并一度深得雍正信用，被誉为"异人"。但不到三月，贾士芳即以"妖妄"论斩，并命召正一法官娄近垣入内"作法驱邪"。娄近垣设坛礼斗，又施以符水，大见功效，遂获得雍正帝的极大信用，被授以龙虎山提点、司钦安殿主持等职，并特恩赐予四品，封为"妙应真人"。后来雍正帝又赐娄近垣各色法衣，一度在宫禁内为其盖房居住，又为之修整大光明殿，命为住持。这在清代历史上是空前绝后的。

再次是在圆明园炼丹。雍正召集道士入宫，除治病之需外，也有健身延年、追求长寿的欲望，甚至不乏"长生不老"的幻想。学者通过对现存清宫档案的细心梳理，发现雍正八年十一月以后，张太虚、王定乾等道士就开始在圆明园内偏僻的秀清村，奉命为雍正帝炼制了大量"丹药"。后来雍正盛年暴死，学者认为也存在"丹药中毒"的可能。

雍正帝对道教的好感和利用，在一定程度上有利于道教在清代社会上扩大其影响。娄近垣"礼斗有应"后，雍正帝命发内帑大修龙虎山大上清宫，又为龙虎山诸宫观置买香火田 3400 庙，还赐给御制碑文。雍正十一年又下发谕旨，要求地方文武大员"加意护持出家修行之人"。这些护持道教的政策，自然会激发道士的活跃。深受雍正帝恩宠的道士娄近垣，就创立了正乙支派，以北京大光明殿、苏州玄妙观和江西龙虎山为主要传播基地，一直传承到清末民国时期。[46]但雍正后来的暴死，也注定了道教在衰微之世的"回光返照"必然是短命的，此后道教与清宫的关系迅速疏远。

三、对正一天师的贬抑与东岳庙的衰落

清初全真龙门派一度中兴，但清代中期以后，道教的整体形势却是每况愈下。这固然主要出于社会变迁与道教本身等因素的影响，也与清廷对道教的态度变化有关。乾隆帝继位后，立即驱逐宫内的部分道士，不久又下令"清理"佛道两教，此后逐渐开始了贬抑正一天师的过程。

清初沿袭明朝制度给正一天师以品秩、道印，并时行朝觐之制。顺治六年第五十二代"正一天师"张应京奉命来京，赐宴"真人府"，后封为"正一嗣教大真人"，袭掌道箓。顺治七年修订《驿传应付则例》时，所规定的"张真人"待遇与衍圣公并列，与六部尚书、都察院左右都御史等同级。此后继任的正一真人张洪任、张继宗、张锡麟等，康雍两朝均有来京觐见之举。但此明初以来通行数百年之例，到清乾隆年间开始出现了变化。乾隆七年七月，乾隆下令："太常寺乐员，嗣后毋得仍习道教。有不愿改业者，削其籍，听为道士可也。"[47]明代以来用道士充任朝廷乐官的历史至此结束。而该年张遇隆承袭入觐，欲随班祝寿时，鸿胪寺卿梅觳成认为道士与朝官同列"有碍观瞻"，奏请"敕部定议，嗣后正一真人不必令入班行"，经乾隆帝批准，"免其列班行礼"。乾隆十二年，时任副都御史的梅觳成又以"正一真

人秩视二品，原系前明敝政"，奏请重定，后部议改为正五品，朝觐筵宴即行停止。[(48)]

虽然乾隆三十一年正一天师又奉旨"著加恩视三品秩，永为例"，且时有召见，正一真人的政治地位有所恢复。但"天师"与朝廷的关系，还是无可挽回地走向了疏离。乾隆五十四年，将真人来京朝觐由三年一次改为五年一次。嘉庆二十四年，重申正一真人"系属方外，原不得与朝臣同列，嗣后仍照旧例，一应朝觐筵燕概行停止"。道光元年，第五十九代正一真人张钰由江西巡抚代奏，恳请谒拜嘉庆帝梓宫，并来京叩陛，新继位的道光帝答以"张钰前经停其朝觐，著不准来京"。[(49)]传承数百年的"正一天师"朝觐制度，至此正式废除。

清廷贬抑正一天师的种种举措，对正一教在北京的传播与发展产生了相当消极的效果。清代中期以后，由于朝廷不断贬抑，正一教在北京已呈江河日下之势。朝廷赏赐的锐减与停止，使原来壮丽堂皇的京师道观大受影响。这从东岳庙的情况即可见端倪。康熙三十七年（1698 年）东岳庙毁于大火，两年后奉敕重建，历经三年建成。乾隆二十六年（1761 年）又加修葺，全部油饰一新。但此后来自朝廷的大规模资助基本停止，东岳庙越来越依赖于京城中下层信众的支持。道光年间，住持马宜麟募化十方，重建东西跨院。但这种个人的努力似已难挽颓势。同治年间，道录司曾对东岳庙的祭器进行过统计造册，多注明"霉变不堪"、"糟烂不堪用"、"残缺"、"无存"等字样。[(50)]由于较长时间缺乏朝廷的物质资助与政策支持，作为正一教在北京的主要据点，此时的东岳庙已呈现出相当破败的迹象。

四、高仁峒与清末白云观声势的高涨

在晚清道教走向衰落的大趋势中，白云观第二十代传戒律师高仁峒的所作所为，却似为全真教注入了一剂"强心针"，为北京道教史之引人注目者。高仁峒，字云溪，山东济宁人。出家后曾云游各地，同治十年来京，受戒于白云观住持张云樵。高仁峒"洞悉经教"，具有较好的宗教素养，兼之为人干练圆通，"广为利济"，又颇能结交权贵，因而在出任白云观监院及方丈以后，不仅他本人声名鹊起，也为所属道观争取了较好的社会条件与经济来源，白云观声势"一度高涨于京都"，于北京道教的发展亦极为有利。高仁峒所涉及之事众多，以下两事尤为后人留意。

一是与太监及内廷的交接。高仁峒与内廷的关系，时人多有流传，并成为治史者关注之焦点。金梁曾撰《高老道》一文叙高仁峒与内廷相通，在京师颇具影响，略云："高老道，白云观主持也，与李莲英有连，能通声气，奔走者争集其门。高讲修炼，谓有点金术，问其秘，终不言。或曰：此能富贵人，不较点金胜耶？高尝进金丹，时自诩曰：李总管献何首乌，其功不小，然亦金丹力，故太后老而不衰，能驻颜且健步也。高每入城，必寓万福居，特为留静室。万福居，饭馆也，以此得名。"[51]又有文献径斥其"交通宫禁，卖官鬻爵"。[52]故后来道教史著作言称，白云观第二十代住持高仁峒，"受慈禧宠信，势倾京师"，"为社会人士所不齿"云云。[53]但专治道教史者认为，类多属市井流传，"所据之确凿史料甚少，无可深究"。[54]

明确见于史料者，则为高仁峒与太监刘诚印之亲密关系。据载，同治庚午（九年，1870年）张园璿（字耕云）住持白云观时，"值皇亲照公府太夫人灵寄观中，师为虔诵《血湖经》一藏半载之久，靡有殆容。蒙慈禧皇后恩赐紫袍玉冠，捐金助坛，大开戒场"[55]。或因此机遇，时为内宫副总管的太监刘多生遂皈依于张圆璿门下，法篆诚印，号素云道人，与高仁峒建立了师兄弟关系。受戒后，刘诚印笃心护道，"为护坛化主"，多次捐资给白云观为传戒费。高仁峒担任住持后更为积极。仅光绪八年、光绪十年两次，刘诚印即分别捐募七千金与九千余金，为九百余人于白云观之受戒费。他又大力整修道观屋舍，重刊漫漶碑刻，印制道经，还捐出三千二百六十金的巨资，购买昌平良田十五顷作为白云观举办"燕九"、"九皇"两会的永久资产。种种"善举"不断，住持高仁峒大为感动，"因为之立石，以传不朽云尔"[56]。刘诚印的鼎力支持，有力地扩张了白云观的声势。

二是与外国人的交接。据白云观碑刻记称，"当联军甫至，京外震惊，方丈（指高仁峒——引者）坐镇雍容，推诚联络，卒化嚚竞为礼让，民得安堵。又募劝华俄总领事李大善士桥梓，设厂施粥，全活无算"。即光绪二十六年（1900年）八国联军侵入京城时，高仁峒曾出面联络。同时，又设法劝募华俄银行总领事璞科第父子设置粥厂，与留守的清廷官员一起"弹压防护"，使附近"得免锋镝沟壑之虞"。高仁峒还提到"仁峒与封翁桥梓患难相依，仰荷护法多年，笔难罄述"[57]。由此记载，足以表明高仁峒与华俄银行总领事等外国人之间，早就有了往来。也可能是出于这样的关系，后人甚至认为在辛丑和谈中，作为道士的高仁峒还起到过某种特殊作用，"条约内容实际上是事前在白云观后花园中秘密商订的，其后才由李鸿章出面公开"。[58]然而这种传言，尚未见于档案佐证，有待进一步考察。

由于高仁峒的内外逢源，在其担任方丈期间，白云观道务大有发展。他拓展、重修了吕祖殿、云集山房等观内建筑，时兴土木。同时，白云观庙产也有了很大增加。如隶属白云观下院的左安门内玉清观，就有田产四十四顷七十八亩三分。阜成门内吕祖宫叶合仁道士，则愿将典置香火地一顷二十三亩半"施予"白云观。这为其宗教活动提供了可靠的经济保证。同时，高仁峒还抬举对白云观有巨大贡献的刘诚印与他同任白云观方丈（应为"名誉方丈"），并促成后者创立了一个新的全真教支派——霍山派。

据白云观《诸真宗派总簿》载，第八十派霍山派为丘祖"宗"字分支岔派，"光绪甲申秋间，（张宗璿）重赴白云观传法，门下弟子等因徒众人繁，叩求原遵宗字为第一代号"。其派字谱系为"宗诚信崇绪，修善法德超。璿律传千士，智慧贯天高。耕兴龙门教，静参玄中妙。云度众生戒，万载尊师道"。学者据以认为，霍山派由刘诚印倡议，并得到高仁峒的支持，创立于1884年。霍山派以白云观第十九代传戒律师张宗璿为第一代宗师，其徒众则主要为宫内太监。这批身份独特的道士"自此有了自己的道派，归为全真龙门道徒"，调动了他们的宗教热情，先后在市内外修建了大小道观二十多处，海淀之立马关帝庙、房山之玉虚宫，即其中较为著名者。这对于加强道教与清宫的联系，扩大白云观之影响，甚至促进整个北京的道教活动，都是具有某种作用的。[59]

第三节　民国年间北京的道教

"辛亥革命"之后，在民国年间新的社会历史条件下，道教虽续有活动，然其沉沦的历史进程不仅未能止步，且有加剧的趋势。作为道教重心之一的北京，表现得更为明显。直到1949年之后，北京道教方获得了在新时代更新的机会。

一、民国初年北京的道教

民国初立，白云观第二十一代传戒律师陈明霈等人为了适应社会的发展，邀约18名全真教派代表，以"信教自由，载在约法"，筹备成立"道教会"。他们拟定了道教会《宣言书》、《大纲》与《请求国民政府承认条件》三份文件，呈请立案，不久即得到批准。其组织机构，为北京设立中央道教总会，本部即在白云观，各省设总分会，城镇乡设分会，"道教信士及一切善男信女（不限种族、不限国籍、不限行业），志愿助扬道教、度化众生者，皆可入会"。试图用全国性道教组织来获得新政权的承认，并联络教徒，扩充教务，维持道教的发展。但几乎与此同时，正一派第六十二代天师张元旭也在上海召集苏浙等地正一宫观的代表，发起成立"中华民国道教总会"。这对北京的"道教会"不无影响，因此其名虽冠以"中央"，实为北方全真派的地域性道教组织。且因经济拮据，"推广慈善事业"的活动亦难以展开，北京"中央道教总会"很快即形凋落。

尽管如此，陈明霈还是利用民初的新形势，尽力维持与推动道教活动的开展。民国三年（1914年）四月，陈明霈在白云观开坛传戒，"得戒徒侣三百余人，一时都下硕彦名流，毕集斯会"。不几年，又第二次传戒，"定期百日，说法三坛"，各地不远千里而来求戒者计四百一十二人。这两次大规模的传戒活动，在北京产生了巨大轰动，"京华人士，偕临观礼；地方文武，共仰玄微"[60]。这对于北京道教试图重塑社会变革之后的新形象，或者也具有一定作用。

二、知识界对道教的批判与"神祠废除标准"的颁布

民国建立以后，随着政治制度的更新，以及思想解放运动的推进，欲以西方思想拯救时弊的先进分子开始高扬"科学"、"民主"两大旗帜，视中国传统的"孔教"为赘疣，对道教的揭露与打击也不遗余力。北京作为新文化运动的中心，对道教的批判尤其激烈。鲁迅在与人的通信中提及"中国根柢全在道教"以往曾被视为肯定道教的"至理名言"，但从鲁迅的本意及当时的社会语境来说，更应理解为一句具有强烈讽刺意义的"反语"，也就是说，鲁迅其实是将道教视为中国愚昧、落后之根源来看待的。[61]此后鲁迅涉及道教的言论，亦多持批评与斥责的态度，甚至指斥为"无特操"之徒。这种较为激进的观点并非特例，而几乎成为当时先进知识分子的共识。与鲁迅关系亲密的周作人、钱玄同、陈独秀等人，也在不同场合中称中国道教"最野蛮"、"古说最为害于中国者"、"去邪说正人心，必自此始"等等，批判道教者一时蔚然成风，成为北京乃至全国知识界的主流。

北洋军阀政权结束后，知识界对道教的批判又上升到国家政策层面。民国二十七年（1928年），国民政府颁布"神祠废除标准"，欲以规范盛行于民间的各类神祇。"标准"规定日、月、火、五岳、四渎、龙王、城隍、文昌、送子娘娘、财神、各种瘟神、狐仙等神祠，均在废除之列，不得跪拜祭祀。道教常用的画符念咒等内容，也被视为"迷信活动"予以禁止。但"标准"同时也容许保留太上老君、元始天尊、三官、天师、风雨雷神、吕祖等道教神祇。这种界限不清、自

相矛盾的存废"标准",使其在各地的实行过程中大打折扣。但不管如何,对道教尤其是正一教的冲击还是很大的。1929 年北京市政府转发社会局的《寺庙管理条例》中就明确提出:"寺庙僧道有破坏清规、违反党治及妨害善良风俗者,得由该管市县政府呈报直辖上级政府转报内政部核准后,以命令废止或解散之",寺庙要根据其庙产与规模,"自行办理"一种或数种"公益事业",包括各类学校、图书馆、体育场、救济院、贫民医院、贫民工厂、合作社等。又规定"寺庙财产应照现行税则一体投税"等等。[62]

在此背景下,北京不少道庙宫观大受影响,或被人强占,或改为学校等公益场所,或受到勒索刁难,香火迅速萧条。这种现象从民国初年就开始了,"神祠废除标准"颁布以后更是愈演愈烈。雍正年间敕建的北京凝和庙,祭祀云神,俗称"云神庙",进入民国后被改为学校。昭显庙即俗称的"雷神庙",民国时期成为北京教育会办公场所,1925 年春又在此召开了"国民会议促成会全国代表大会"。甚至连全真派祖庭白云观,除供神外,1936 年北京市寺庙登记时,也设立了"小学堂"。[63]至于正一派据点东岳庙,虽仅书"除神殿及自住房屋外余房出租停灵",未言及其他"公益事业"的开展。[64]但情形似乎更为糟糕。后来日本学者窪德忠考察北京东岳庙时,发现其景象已由1920 年左右的"宗教气氛很浓,有十多名道士",一变而成为"一部分地方辟为小学,一部分地方被警察占用,道士减到九名",作为道观的作用也已经"微乎其微"。[65]白云观衰落之始,极可能要追溯到 1937 年之前。

三、赵避尘与千峰派

20 世纪 20 年代前后,道士赵避尘在北京西北山区的桃源观(又名桃园观)创立了一个新的支派——千峰派,这是民国年间北京道教发展史上的重大事件之一。赵避尘(1860—1942 年),北京昌平阳坊镇人,道号一子,自号千峰老人。他幼年拜附近桃源观的道士刘名瑞为师。刘名瑞(1839 年—?)字秀峰,号盼蟾子,又号敲蹻道人,为道教全真南无派二十代传人,后住持桃源观。桃源观坐落于北京西北凤凰岭北路的山坳间,距京城六十里,传说八仙中的铁拐李(即北五祖之首钟离权)曾在此修仙,原名妙峰庵,始建于明代嘉靖年间,因地处偏僻,俗称"旮旯庵"。刘名瑞善医,赵避尘"光绪初年曾得便血之病",为其祖母带到桃源观,"求庙内刘名瑞老师看病。因病痊愈,认为道师,赐名赵大悟",从此拜入其门下。

据赵避尘自称，他在拜刘名瑞为师之后，又广为求教，"遍访名师数十年，所遇真、伪师不下三十余位"。光绪二十一年（1895年），赵避尘又在江苏镇江金山寺内谒拜了然、了空为师。了然、了空虽为佛教禅宗临济派弟子，但又是全真龙门派第九代柳华阳的得意弟子，道号"清禅"、"清静"，尤于性命双修内丹养生学颇有成就，自称"余身释教，实在是龙门传留丘祖龙门派也"，以龙门派第十代得道高师自居。得到了然、了空修炼性命双修的"全诀"后，赵避尘遂自称为龙门十一派。辛亥改元之后的民国九年五月，其师了空"法驾至京北平西府镇盐店"，"赐天命，又蒙众位老师公推千峰衍派。胞兄赵魁一为开荒师，加字赵顺一子为普度师，苑清姑为帮衬师"，命其"火速行道"。赵避尘以"深知胞兄度人之艰难，故在家不出度"。此后"身受天谴"，八年间两次入狱，于是"在狱始行发愿，出狱之期，即我度道结缘之期"。民国十七年（1928年）四月赵避尘出狱后，即于"十七日出度北平。度弟子八百余人，传千峰先天派金仙大道"，并决定了"玄妙先天道，自然性体空"等四十字宗谱。

由此赵避尘正式确立了千峰先天派，形成了一个新的道教内丹法派。赵避尘称得其"全诀全法"、具有"开荒师"资格的十六位大弟子，为涿县慈善堂吴文焕（号玄阳子）、北平西直门外本善堂徐秀峰（号玄正子）、北平西单牌楼乐善坤堂刘葛仲芳（号玄润姑）、北平平则门普善堂徐忠山（号玄法子）、昌平县留芳卷村修善堂戴文宣（号玄举子）、北平北新桥至善堂马元良（号玄诚子）、河北南乐县楼家营村从善堂李从贤（号玄从子）、北平南横街路善堂万庆华（号玄路子）、北平后门外守善堂赵潜虚（号玄朕子）、北平香厂悟善堂李国升（号玄先子）、天津河北三马路东兴里宏善堂朱锡堂（号玄宏子）、天津德国界牛庄路乾善堂胡志忠（号玄乾子）、平南长辛店街积善堂梁珍（号玄拂子）、丰台孙家庄一善堂孙照元（号玄清子）、北平西城沈篦子胡同宁善堂张执中（号玄宁子）、河北满城县两渔村季辅臣（号玄信子），遍布于北京内外，一时颇有影响。赵避尘声称欲"通传十六位大弟子接度，使天下人人得有性命双修之分，有所皈依，不致再误入歧途"，另有传法弟子多人，到1937年，徒众更达到二千余人。但桃源观不久被日本侵略者焚毁，对千峰先天派的传承带来很大打击，1942年赵避尘亦羽化。直到2004年，桃源观方经批准复建，并恢复为道教活动场所。尽管如此，赵避尘对于近代北京道教之传播，仍不乏重要影响。尤其是千峰先天派的创立，在近代中国传统养生文化的传播发展史上有着特殊的意义。赵避尘先后著有《性命法诀明指》、《卫生性命生理学》、《内修秘要》等。其胞兄赵魁一也是一位卓有成效的修炼者，亦为千峰派的创立做出了贡献。经赵避尘批注的赵魁一著《三字法诀经》，也是关于先天派内修理论和方法的重要道书。[66]

四、1937年之后的北京道教

沦陷时期的北京道教，以地安门外火神庙住持、正一道士田子久最为活跃。田子久法名田存续，据说出自北京钟楼豆腐池胡同田姓，清代曾为官宦之家。田子久好交际，与政府要员、遗老遗少、绅商名流等各界人士都有密切交往，民间传为"京城四公子"之一，又有"北平第一美老道"之称。他曾与北平二十余位闻人结为"金兰之好"，如平易银号经理徐子才、经商致富后出任二郎庙住持的张子余、曾在京兆侦缉处任职的常旭升、大豪绅鲍镜如、元昌厚茶庄经理魏子丹、饭庄老板郭子玉、电车公司总交涉员傅俊山等人，均系北京城内颇有影响的人物。田子久又有赵心明等精明能干的四大徒弟鼎力协助，因而在北京道教界声名鹊起。日伪占领北京后，试图拉拢宗教为其侵略服务，由伪"兴亚院"授意，经伪"华北政务委员会委员长"王揖唐批准，1941年在北京成立"华北道教总会"，"选举"担任过国务总理的靳云鹏为会长，而实权即由副会长田子久掌握。

但这激起了北京全真派尤其是白云观住持安世霖的不满。因为自清初龙门派"中兴"以后，全真派已在北京道教界中牢牢占据优势地位，白云观更成为道教内久著盛名的"十方丛林"。田子久主权的"华北道教总会"成立后，安世霖却下令观内道士均不得加入"华北道教总会"。安世霖又试图拉拢田子久的"盟兄弟"张子余等，并设法请出曾担任过"维持会长"的江朝宗以为靠山。田子久亦针锋相对，借口白云观为华北道教"祖庭"，呈请以该处作为总会会址。虽然后来王揖唐批准了"华北道教总会"的相关"公事"，但由于江朝宗等人的极力反对，田子久"接收"白云观的愿望最终未能实现。[67]

由此两派的积怨更加尖锐。"华北道教总会"配合日伪而举行的"祈祷和平"、"悼念中日阵亡将士"、"祝祷东亚共荣"等斋醮活动，受到了一些全真道士的抵制。但太监出身的道士信修明却受到拉拢，担任了伪华北道教总会北京市分会会长之职，田子久则不断滋事以挤压和打击安世霖与白云观。面对这种内部的争权夺势，一些道士只能采取避而远之的办法，以示洁身自好。

1944年秋田子久病死，东岳庙、和平门半壁街吕祖阁及田子久住持的火神庙联合为其操办了声势浩大的"无上资度升天道场"和出殡仪式，轰动一时，观者如潮。但这是非正常的"繁荣"表象，且两派的争斗仍未结束。日伪投降之后，由于长期以来的香火凋落，经济枯竭，白云观内道众的矛盾开始激化，田子久的信众又借机挑拨。1946年冬，道士许信鹤、杜信灵、马至诚等人，以白云观住持安世霖在生活作风上违背戒规，又克扣道众生活费，串通观内少数道士和市内其他道观的道士，于 11 月 12 日深夜进入白云观内，将住持安世霖、知客白全一活活烧死于四御院内。第二天许、杜等人自首，惨案传出，全市哗然，讥议之声不绝于途。在道教日趋衰落的大背景下，这一事件不仅使白云观的声誉直接受到影响，整个北京道教在社会上的地位也是雪上加霜。此后两三年间，北京道教一蹶不振，仅能苟延残喘而已，"可以说是它最不景气的时期"。直到 1949 年中华人民共和国成立后，方有机会在新时代翻开其历史的新页。[68]

1937 年之后的十多年间，北京道教的发展几乎乏善可陈，但于学术史而言，却颇有值得揭出者，这就是日本学者对北京道教的考察与研究。早在 1920 年，日本学者常盘大定就来到北京考察道教。1937 年之后，由于种种原因，日本学者研究中国道教的热情似乎更为高涨。1939 年，日本汉学家小柳司气太来白云观考察，回国后写了《道教概说》的小册子，又为白云观、东岳庙撰有观志。此后吉冈义丰、福光永司、窪德忠等人接踵而来，并续有著作问世，如吉冈义丰的《白云观与道教》（日文），在道教学术史上颇有影响。这些日本学者较长时间地系统考察白云观等北京重要道观，对道教规制、教理、仪式与历史沿革、相关的道教风俗等内容进行了较为详细的研究，也刺激了中国本土学者关注道教的学术热情，在一定意义上开启了中日道教文化及学术交流的先河。

第四节　《道藏》的编纂与流传

自道教创立与传播以来，作为道教经籍总集的《道藏》历经编纂，所收道经种类与卷数也逐渐加增。其历史，有的学者上溯到班固《汉书》"艺文志"著录的道经，有的则以葛洪《抱朴子》"遐览篇"为始。至南北朝时期，著名道士陆静修将道教经书及药方符图共一千二百二十八卷编纂成《三洞经书目录》，并进呈明帝。这是受皇帝敕令而编的第一部道经书目，而陆静修按"三洞"分类的方法，也对后世产生了重大影响。此后整理与编纂道经者，历代亦不乏其人，由于篇帙巨大，许多得到当时朝廷或权贵的资助与主持，如唐代《三洞琼纲》

（或称《开元道藏》）、宋代《大宋天宫宝藏》。而成于北方者，则有金代《大金玄都宝藏》、元初宋德方校刊的《玄都道藏》等。

一、金元《玄都宝藏》

金大定四年（1164 年），即宋金重定和议之际，金世宗命将北宋徽宗时修成的《政和万寿道藏》经板，运至燕京十方大天长观收藏。这可能是北京历史上存有道藏经板之始。明昌元年（1190 年）在天长观构筑奉祀太母本命神之"丁卯瑞圣殿"，金章宗复命时任天长观提点的"冲和大师"孙明道补辑刊印《道藏》，"仍署文臣二员，与明道经书参订，即补缀完成，印殿一藏"。孙明道奉诏后，"不遑居住"，分遣道侣四出搜访，"凡得遗经千七十四卷，补板者二万一千八百册有畸"，又经赵道真"丐化"板材，于是"依三洞四辅，品详科格，商较同异，而铨次之，勒成一藏"，题名《大金玄都宝藏》，共计六千四百五十五卷，分为六百零二秩。[69]

《大金玄都宝藏》刻成数年之后的泰和二年（1202 年），天长观所藏经板即毁于大火，因此刷印流传的数量可能有所局限，其影响也受其制约。兼之金末兵燹频仍，北方各地入藏的《大金玄都宝藏》，也基本被损毁殆尽。元初全真教振兴之后，随侍丘处机入居燕京长春宫的宋德方，曾对其师言及"道经泯灭，宜为恢复"，倡议重新编刊《道藏》。也许是其时条件尚未具备，丘处机答以"兹事体甚大，我则不暇"，并嘱"他日尔当成之"。丘处机逝后，新任教门提点的宋德方忆及前言，"遂与门人通真子秦志安等谋为锓木流布之计"，后在平阳玄都观设总局，又在秦中、太原、怀洛等地设立二十七处分局，组织高道多人，搜求佚经，校雠刊刻，"始终十年，朝夕不倦"，于马真皇后称制三年（1244 年）成藏，凡七千八百余卷，亦名《玄都宝藏》，后逐步入藏燕京长春宫、陕西终南山重阳万寿宫、江西龙虎山上清正一宫等南北重要道观。

元初《玄都道藏》之刊刻行世，与当时燕京的长春宫大有关系。宋德方之举系遵乃师遗愿，其编纂创意，即萌发于此。同时，继主全真教的燕京长春宫大宗师尹志平对此事的鼎力支持，也是全藏得以迅速告成的决定性因素。在全教上下的通力协作下，他们首先设法取得了当朝皇太子与皇太后等权贵的支持。而为了解决刊刻《道藏》所需板材、纸张、油墨、面粉等庞大的经费，尹志平等人又出面组织全真道士向社会广泛募集，大有收获。丞相胡天禄即捐出白金一千五百余两，其他朝野官员亦各有奉献。所有这些，对于元初《道藏》的编纂与刊行，其意义是不言而喻的。

二、明代《道藏》的编纂

　　金、元两代《玄都道藏》，对于道经的整理与流传，以及道教在北方的发展，都产生过较大作用。但元代后来曾两次下令焚灭道经，又经元末兵燹，元初所刊《道藏》遂多损毁，故入明后朝廷即酝酿重修。明初建文帝曾下令编纂《道藏》，因"靖难之役"旋起未有结果，也可能并未实际开工。明成祖继位后，或是出于"靖难之役"中多次扬言玄武大帝"相助"的因缘，或是欲以重整"文教"立国，非常重视道教经典的修整，于永乐四年诏命第四十三代天师张宇初编修"道书藏"。永乐八年，张宇初辞世，其弟张宇清为第四十四代天师，继承兄志继续主持编纂之事。虽然明版《道藏》至明英宗正统年间方正式颁行，但明成祖已为之撰有《序言》，略谓："朕惟大道无名，非言不足以显其妙；圣神设教，非言不足以广其传。粤自问道崆峒，著书函谷，立言垂范，其来远矣。……朕嗣抚鸿图，心存至道，仰虚玄之妙法，启元始之真文，乃于万几之暇，爰集道流重加纂辑。以永乐己亥五月二十一日为始，至壬寅冬十月日毕工，合道藏诸品，凡五千一百三十四卷，计四百六十四函。"[70]永乐己亥为十七年，壬寅为永乐二十年。四十三代天师张宇初曾记载："永乐四年夏，伏蒙圣恩委以纂修道典，入阁通类。……两承敕旨之颁，时蒙宣室之问。"[71]在另一处序言中，他又说到："今年夏蒙旨纂修道典，谨以是录正而附之。"[72]又何乔远也说到："永乐五年，（张宇初）编修道书。"[73]可知己亥似为"丁亥"之误，或为基本编成后始刻之年。但永乐年间张宇初奉旨开始编纂的"道书"，前人多认为与《道藏》有关。而且到永乐后期，其书成"五千一百三十四卷，计四百六十四函"，已非常接近《道藏》正统年间定版的规模。

　　但不知为何，此后《道藏》刊刻工作便停顿下来，或与永乐朝后期忙于都城北迁有关。此后，编纂《道藏》的工作逐步移至北京，使这里成为《道藏》编纂与流传的中心。正统九年，明英宗命道士邵以正督校《道藏》，其事见于《明实录》："（正统九年十月）丁未，命道录司右演法邵以正点校《道藏》于禁中。"[74]但《名山藏》卷十一"典谟记"云，正统九年十月甲子"颁释道大藏经典于天下寺观"。今存《道藏》卷首，则有正统十年十一月十一日"御制"题识。而正式下诏分颁天下宫观，则已至正统十二年。《正统道藏》篇幅浩大，共五千多卷，其编纂与校对刊刻绝当非短时间即能全部完工。综合上述史料，或应推测《道藏》编纂到正统九年已基本定型，故该年有颁赐之命。而命邵以正"督校"者，或者是对其此前工作的正式表态，也可能不过是付以"总校"荣誉而已。至于正统九年到十二年，已届《道藏》刊刻的收尾阶段，如每函卷首卷末图板的增雕，以及开板刷印，估计就是此期间的主要工作。

新修成的《道藏》总计5305卷，用"千字文"编为函目，自"天"字到"英"字凡480函，因刊刻于正统年间，故称为《正统道藏》。正统十二年八月初十日，明英宗特意下诏分发全国各重要道观收藏、翻阅。其圣谕云："皇帝圣旨：朕体天地保民之心，恭成皇曾祖考之志，刊印《道藏》经典颁赐天下，用广流传。兹以一藏安奉，永充供养，听所在道官道士看诵赞扬，上为国家祝厘，下与生民祈福。务须祗奉守护，不许纵容闲杂之人私借观玩，轻慢亵渎，致有损坏遗失。违者必究治之！谕。"[75] 由于刷印需时，以及运输路途的远近，《正统道藏》到达各观的时间，当略有前后。即使京城所在的白云观，大概也是一年以后方能正式入藏，并勒石为记。[76] 路远之道观接受《正统道藏》，或更在其后。

《正统道藏》刻成颁发后，嘉靖三年、万历二十六年又进行了全部或部分的重印。柳存仁先生认为在这两次重印过程中，可能曾对初版《正统道藏》有所修补。虽然增补的内容至今未有详细考证，但这种对已有刻板的修整，估计是较少的。但也许正是鉴于《道藏》对以往道经有所缺收，且正统以后又不断有新的道教著作出现，因此明神宗复命第五十代天师张国祥进行全面的补充。此项工作，基本上是张国祥等道士在北京组织进行的。到万历三十五年，张国祥共搜集《正统道藏》未收道经180卷，附刻于原书之后，仍按原来编目，自"杜"字至"缨"字，凡32函，称为万历《续道藏》。

三、明版《道藏》的修补与流传

明代《道藏》两大部分编辑完成以后，遂成为相对完整、规范的道教典藏，在后世辗转传布。由于时事变迁，正续《道藏》或有损佚，故明清以来仍时有修补。其中在北京进行者，有两次影响较大。一是晚清道光二十五年（1845年），王廷弼资助对正统十三年入藏白云观的《正统道藏》补充遗缺，是为"道光修补本"。一次是在民国年间，由于白云观所藏的一部《正统道藏》已缺失2734卷之多，星桥、董康、傅增湘等人在白云观后花园设立了"修补明版道藏经办事处"，在"道光修补本"的基础上又形成"民国修补本"，后来移藏国家图书馆。

正续《道藏》刻板十二万一千五百八十九叶，明代原庋藏于北京城外灵佑宫，入清后移入城内大光明殿，历代有所损佚，至光绪二十六年（1900年）"庚子事变"尽毁于一旦。加上各地所存《道藏》亦陆续流失，白云观等地幸存的明版《道藏》遂成为难得一见的道教典籍。有鉴于此，1923年10月，时任大总统的徐世昌倡议以白云观《道藏》影印行世，命教育总长傅增湘主持其事，后由上海涵芬楼线装缩印，至1926年4月成书，凡1120册。此举迅速扩大了明版《道藏》的流传，"玉籍金函，流传薄海，内外真诠秘典，因之大彰"，大大方便了海内外学者对道教典籍的阅读、研究与利用，白云观也因之扬名宇内。时任方丈的陈明霖对其事大力襄助，实有远见之功。[77]

四、房山云居寺道经刻石

除了正续《道藏》的编纂、刊印外，北京道教文物值得一提还有云居寺石经中的少量道经。北京房山云居寺石经为举世无匹的佛教文化遗产，但也许不会有太多的人会想到，在石经山藏经洞中也混有少量的道教石经。明代宣德三年（1428年），道教中人包括北方全真派的陈风便、南方正一派的王至玄等人，亦想仿效静琬之举，刻藏道经于石经山中。这正是朱棣下诏编纂《道藏》不久，也许道教界受此鼓舞，曾有过一个较为宏伟的计划，但未知何故，或者是由于佛道之间的竞争，或者是出于道教内部的分歧，总之仅摹刻了《玉皇经》，包括《高上玉皇本行集经髓》、《太上洞玄灵宝高上玉皇本行集经》、《玉皇本行集经纂》、《无上玉皇心印经》等四部，共刻石八块，送至石经山入藏第七洞中，便告一段落。[78]此事虽然规模不大，因而影响较小，但或许亦从侧面反映出入明之后道教人士的某种心态变化。

第五节　道教风俗

学界一般认为，明清以后道教逐渐式微。但在此期间，道教日益与民俗等相结合，在民间社会的影响反而有增大之势，这在明清以来的北京表现尤其明显。以元代后长期盛行的北京风俗而言，很多方面就体现出道教广泛而深刻的影响，以致一年之中形成了众多的道教节日，香火盛行。如北京有二百多所专祀或合祀关帝的庙宇，其数量在京城庙宇中名列第一，并形成了相应的道教风俗，培养了大量的信众。其中年初正阳门关帝庙抽签曾极为轰动，乾隆年间就有竹枝词称"灵签第一推关庙,更去前门洞里求"[79],这与明清广大应试士子的积极参与有很大关系。五月十三日为关帝诞日,北京各关庙也要举办庙会以为庆贺,民众则演戏赛会,"每至五月,自十一日起,开庙三日,梨园献戏,岁以为常"[80]。又传说关帝诞辰在六月二十四日,十里河关帝庙仍有庙会,盛况不减五月,人称"东南古迹亦繁多,俗尚惟知十里河(五月十三日、六月二十四日俱有人献戏,故名盛一时)"[81]。又如四月下旬到五月中旬,宛平县城隍、大兴县城隍、都城隍庙城隍先后"出巡","此固荒诞无稽事,然沿街空巷,逐队而观,甚至有各种香会随之,谓之献神(如秧歌、高跷、五虎棍之类),又有舍身还愿者"[82]。此后七月十五日"中元节"、十月朔日,均有城隍"出巡"之举。其他如正月初二日前往五显财神庙"借元宝"、初八日白云观祭星、十五日各宫观举办"上元节"等,都是深具道教特色的北京风俗。此外正月初九日"玉皇圣诞"、二月初三日"文昌圣诞"、三月初蟠桃宫庙会、三月初三日"玄武大帝圣诞"、三月十五日"财神(赵公元帅)圣诞"、四月十四日"吕祖圣诞"、九月初九日"九皇会"、十月十五日"下元节"、冬至日"元始天尊诞辰"、十二月二十五日"玉皇降圣"等道教神祇纪念日,以及种类繁多的土地庙、龙王庙、药王庙、五圣祠、七圣祠等等,都有大量民众参与的道教仪式与风俗活动。而最著者,当为白云观"燕九节"、东岳庙"掸尘会"、五顶及东西二山的碧霞元君"娘娘"信仰。以下以三者简略述之,以窥元代之后北京道教在广大民众中间的巨大影响。

一、白云观"燕九节"

"燕九节"即正月十九日都人各界群游白云观,元初之后不仅是重要的道教节日,更逐渐发展成为北京最为盛大的岁时节日之一。元初白云观藏入长春真人丘处机的遗蜕后,成为全真教三大祖庭之一。而正月十九丘处机诞辰纪念日,附近信众民人亦多来烧香祈福,积久相沿,最终成为一项举城参与的宗教风俗活动。元代志书记载:"至(正月)十九日,都城人谓之燕九节。倾城士女曳竹杖,俱往南城长春宫、白云观宫观,蒇扬法事、烧香,纵情宴玩,以为盛节,犹有昔日风纪。"[83]可见"燕九节"之名在元代即已正式形成,至元中后期已颇具规模与影响,大都民众踊跃参与,成为一项非常重要的风俗活动。在经历了元明鼎革之际的短暂沉寂后,随着洪武年间白云观的整修扩建,以及永乐年间都城的北迁,明代京师"燕九节"道教风俗很快又重新繁盛。其活动地点则由元代的长春宫、白云观并重,转而专以白云观为核心。到明代中后期，白云观"燕九节"香火已远近闻名。史料记称，"（丘）真人生于金皇统八年戊辰正月十九日，自元以来历数百禩，京畿黎庶每于是日致浆祠下，不啻归市"[84]。明代出现了"宴丘"、"烟九"、"淹九"、"阉邱"等多种同音不同字的记载，正体现出"燕九节"在不同阶层、不同地区间的广泛流传。而后来脍炙人口的"白云观里会神仙"之说，也开始见诸记载，《帝京景物略》即称："相传是日真人必来，或化冠绅，或化游士冶女，或化乞丐，故羽士十百，结圜松下，冀幸一遇之"云云。[85]

入清之后，白云观作为"首善之区"最重要的道观，继续得到皇家内廷的扶持，"燕九节"之俗亦不减胜朝。文献记载，清初康熙年间，"京师以正月十九日为燕九之会。相传元时邱长春于此日仙去，至今远近道流皆于此日聚城西白云观；观即长春修炼处也。车骑如云，游人纷沓，上自王公贵戚，下至舆隶贩夫，无不毕集，庶几一遇仙真焉"[86]。至晚清时期，尤是"每至正月，自初一日起，开庙十九日。游人络绎，车马奔腾，至十九日为尤盛，谓之'会神仙'"。[87]并一度引发当政者的担忧，有御史专门上奏称白云观"每年正月十五至二十等日兴举大会，男女杂沓，举国若狂"云。[88]清廷曾据此下令查禁[89]，但其盛况并未有太大变化。成于清末民初的史料仍称："按'燕九'原是邱真人的生诞，是日在白云观开贺。……传流至今，仍为各界所欢迎。……每年一到正月十九，游人异常踊跃。"[90]甚至到民国年间，白云观香火也未受政局变幻的影响。以致时人感叹道："夫都门之古庙多矣，如护国寺、白塔寺等皆颓败不堪，神像残剥，荆棘丛生，而此观独巍峨壮丽，未改旧观。香烟袅袅，钟磬铿锵，且每届新正游人络绎。夫同为数百年之古庙，同在首都范围之内，规模相埒，古迹俱全，岂亦有幸有不幸欤？"[91]

自元初始兴，迄至 1949 年后被归于"旧俗"而停止，白云观相沿七百多年的"燕九节"吸引了京师民众大量的香火。"燕九节"含有多项风俗内容，并随着时间的迁移不断增衍。除影响深远的"会神仙"传说外，尚有"窝风桥打金钱眼"、"摸猴"与"寻猴"、"摸铜骡子"、"骑毛驴逛白云观"等深受民众欢迎的风俗活动。清代以后，玉器会馆主持的"施馒首"活动，也成为白云观道教风俗的重要组成部分。所有这些，对京城数十代民众的精神生活产生了持久影响。而在漫长的历史演化过程中，"燕九节"之风也向四周浸润，顺义、房山等地都有是日登高以"踵都门白云观之意"，甚至还被都人带到遥远的他乡。清代广州人即于是日结伙游览城内道观三元宫，并举行各种活动，当地人有诗为记,并注明"都门正月十九,群游西顶白云观以谒长春真人邱处机,名曰燕九。自元迄今,习俗相沿。两藩将军卒将北产,于是日共登三元宫以当燕九,香车宝马,络联若云",至清末犹赓续未断。[92] 故北京"燕九节"之道教风俗,元明以来不仅在附近风行,在全国范围内也不乏分布与影响。

二、东岳庙"掸尘会"

三月二十八日祭游东岳庙,是京城民众又一重要的道教风俗。东岳庙主祀东岳大帝,道教称其主掌人世富贵贫贱尊卑之数,以及十八地狱、七十二司、生死修短之权,故东岳庙在元代中后期建成以后,立即吸引了大都民众的信仰。兼之东岳庙得漕运要道的地利之助,而玄教宗师在元代更深受帝王尊崇,庙内神像为塑像圣手刘元所造,故东岳庙大帝诞辰日很快发展成为举城参与的道教风俗。史料记载:"每岁自三〔二〕月起,烧香者不绝。至三月烧香酬福者,日盛一日。比及廿日以后,道途男人□□赛愿者填塞。廿八日,齐化门内外居民,咸以水流道,以迎御香。香自东华门降,遣官函香迎入庙庭,道众乡老甚盛。是日,沿道有诸色妇人,服男子衣,酬步拜,多是年少艳妇。前有二妇人以手帕相牵拦道,以手捧窑炉,或捧茶、酒、水之类,男子占煞。都城北,数日,诸般小买卖、花朵小儿戏剧之物,比次填道。妇人女子牵挽孩童,以为赛愿之荣。道旁盲瞽老弱列坐,诸般楫〔揖〕丐不一。沿街又有摊地凳槃卖香纸者,不以数计。显官与怯薛官人,行香甚众,车马填街,最为盛都。"[93] 呈现出一幅举城同庆的生动图景。

明代之后,东岳庙香火持续相仍。正统年间又增大规模,并塑造了在民间影响广泛的地狱七十二司,"塑各种鬼物,须眉活现"。[94] 此后逐渐形成了以行业善会为主的"掸尘会"。这是由民间香会主持的大型风俗活动,明代《宛署杂记》有记:"三月二十八日,俗呼为(东岳神)降生之辰,……民间每年各随其地预集近邻为香会,月敛钱若干,掌之会头。至是盛设鼓乐幡幢,头戴方寸纸,名甲马,群迎以往,妇人会亦如之。是日行者塞路,呼佛声振地,甚有一步一拜者,曰拜香庙。"[95] 其中"出巡"即将神像由庙中"请"出沿街巡游,更是盛况空前。《帝京景物略》谓:"三月廿八日帝诞辰,都人陈鼓乐旌帜、楼阁亭彩,导仁圣帝游。帝之游所经,妇女满楼,士商满坊肆,行者满路,骈观之。帝游聿归,导者取醉松林,晚乃归。"[96] 迨到清初,每逢东岳大帝诞辰,朝廷均派官员致祭。民间结会之举则更为发达,并代代相沿,影响不断累积与扩大。清代二百多年间,"掸尘会"之俗不断见诸文献。民国年间"掸尘会"稍受时局影响，但仍基本维持了清代以来的鼎盛局面。《北平旅行指南》将此俗作为北京的一项重要内容，向外国人做了专门介绍。据时人调查，"大形热闹的日期，是在历年三月十五日至月底连开半个月，游人连烧香的非常拥挤，连乡下人也有不少参与这个盛会的"[97]。

明末清初以来，东岳庙逐渐成为北京行业祖师信仰的总场所，主持"掸尘会"者多是北京各行业的善会组织，包含了庆典、商贸、娱乐、行善等多方面的内容。成于清末的《风俗志》说到："三月十五日起，朝阳门外东岳庙，日日士女拈香供献、放生还愿等善事。及各行工商建会，亦于此庙酬神。……至二十八日为东岳齐天圣帝生辰，特建掸尘等会，其游人与修善者，较平日称为更胜。"[98]其名目，有掸尘老会、擦尘会、净炉会、香灯会、献花会、献纸会、放生会、敬惜字纸会、三伏净水会、蜜供会、灯笼会、供粥会、施茶会、献盐会、香火供膳会等等。它们各有专责，构成一个既互相区别又互相补充的东岳庙奉神、酬神系统，同时又各有信众，在民众中产生了广泛而深远的影响。

东岳庙供奉着七十二司，相传以东岳大帝为首的诸神像最多时有三千余尊，民间称"此庙水陆诸天神像最齐全，故酬神最易"。人们在生活遇到各种困难、不安或委屈，都可能诉诸东岳庙。俗传"东岳庙的铜骡子能治病"，这一习俗始于清代，延至民国，而在明代就已有东岳庙浴盆水可以治眼病的风俗。参加"掸尘会"的普通信众，许多就怀有祛病健身的祈求，体弱年高或家有病患者尤多。庙之西庑配殿为广嗣殿，北京来求子嗣者的妇女多在此"拴娃娃"。此外，传说逛庙会时围绕"寿槐"（也称"福树"）三圈，就能身康体健，祈求福分，人称"借问祈福何处好，路人皆指东岳庙"。所有这些与生活息息相关的民众信仰需求，或许正是东岳庙香火持续相沿的重要原因。

三、"五顶"及"二山"娘娘信仰

明代中晚期，碧霞元君娘娘信仰逐步发展成为北京民众精神生活的重要组成部分。碧霞元君全称东岳泰山天仙玉女碧霞元君，俗称"泰山奶奶"，民间传说其神通广大，明清以来北方地区信仰极盛，北京民间对之十分崇拜，先后建造了众多的娘娘庙，逐渐形成了"五顶"、"二山"之说。所谓"五顶"，就是北京城附近五座最著名的娘娘庙。《帝京景物略》称："麦庄桥北，曰西顶；草桥，曰中顶；东直门外，曰东顶；安定门外，曰北顶。盛则莫弘仁桥若，岂其地气耶！"

弘仁桥元君庙，即明代之"南顶"，清代改以大红门外之元君庙为南顶，又称"小南顶"。这种基于方位分布的京城"五顶"之说，生动反映了北京娘娘信仰之盛，"夫亿万姓所皈礼，以俗教神道焉，君相有司不禁也"[(99)]。

明代"五顶"以南顶弘仁桥香火最旺。"岁四月十八日元君诞辰，都（城）士女进香。先期，香首鸣金号众，众率之如师、如长令、如诸父兄。月一日至十八日，尘风汗气，四十里一道相属也。舆者、骑者、步者、步以拜者、张旗幢鸣鼓金者"[(100)]，其盛况与东岳庙相颉颃，从左安门至弘仁桥四十里路上，人群来往不绝。清代南苑大红门外元君庙受到清室垂青，都人于是转以该庙为南顶，又称"小南顶"，以明代弘仁桥为"大南顶"。清代南顶于五月上中旬开庙，京师年少者终日竞骑夸胜，时人称"但开南顶（五月初一日起，十八日止）极喧哗（纨绔少年多于此地生事），近水河棚数十家。纨绔子弟归更晚，天桥南面跑新车"。[(101)]清末光绪年间以事关城门之禁，经御史上折受到查禁。从此南顶开始败落，"遂废其事，与昔日金鱼池相仿佛"[(102)]。

"五顶"另一重要的地方是西顶。明万历年间西顶娘娘庙落成后，"其地素洼下，时都中有狂人倡为进土之说，凡男女不论贵贱，筐担车运，或囊盛马驮，络绎如织。甚而室女艳妇，藉此机会以恣游观，坐二人小轿，而怀中抱土一袋，随进香纸以徼福焉"，[(103)]曾盛极一时。清代又给西顶以特殊礼遇，"每开庙时特派大臣拈香，与丫髻山同，他处无之"。[(104)]庙会随之繁盛，后人记称"每年四月初一日起至十五日止开庙，香火极盛。盖宫之左近各营房及海淀村民来游者甚多，宫门内外赶集，设摊极夥"。[(105)]此外中顶也较为繁荣。其庙在右安门外十里草桥，始于明天启间，"岁四月，游人集醵且博，旬日乃罢"[(106)]。清代有所修葺，并改于六月间开庙，文献记载，"六月朔日，各行铺户攒聚香会，于右安门外中顶进香，回集祖家庄回香亭，一路河池赏莲，箫鼓弦歌，喧呼竟日"[(107)]。又称，"市中花木甚繁，灿如列锦，南城士女多往观焉"[(108)]。相比较而言，"五顶"中以东、北两顶略为逊色。东顶在东直门外，每岁四月有庙会，但规模不大。北顶曾有宣德铜钟等明代文物，清乾隆年间又奉敕重修，每年四月开市，主要是昌平、沙河一带农民的商品交易地，"市皆日用农具，游者多乡人"。[(109)]明清时期北顶香火远逊于西、南、中三顶，但现在却成为京城"五顶"的留存较为完备者，且因位于奥林匹克公园内，得到海内外上百万游人之观瞻。其间的因缘际会，又岂是当时之人所能预知焉。

明代北京娘娘信仰，著名的还有涿州庙，"二月，都人进香涿州碧霞元君庙,不论贵贱男女,额贴金字,结亭如星,坐神像其中,绣旗瓶炉前导,从高梁桥归,有杂伎人腾空旋舞于桥岸,或两马相奔,人互易之,或两弹追击,迸碎空中"[110]。此与明代后期宫中独重此庙有一定关系,但入清后其俗没有得到发展。清代以来兴起者,当属"朝山",即东边的丫髻山与西边的妙峰山,俗称东、西二山。学者研究后认为,北京附近共有娘娘庙宇三十余座,但"集中在妙峰山、五顶和丫髻山",尤以两山最盛,"五顶碧霞元君信仰始终没有达到丫髻山和妙峰山的兴旺程度"。[111]"二山"并非同时而盛,大致有先后承递的关系。清代中前期以丫髻山为重,清代后期及民国年间则妙峰山独擅胜场。

丫髻山娘娘信仰在明代就萌芽了。据官书记载,"怀柔县丫髻山碧霞元君祠,创自嘉靖中"。[112]进入清代以后,丫髻山名气很快上升,前来进香的人数迅速增加,这可能与清初最高统治者的提倡大有关系。清朝中前期,皇帝多有夏初"移驾"避暑山庄之举,此时恰届丫髻山开庙前后,而其地又正好处于京师与承德"离宫"的交通要道之侧。或者为了显示"与民同乐",当然也不乏"神道设教"的教化之意,清廷遂在此建筑了行宫,并多有祭祀与兴修之举,"宝殿千花,崇墉百雉,尤为壮丽"[113]。尤其是康熙五十二年玄烨六十大寿时举行了隆重的祝寿仪式,"至(三月)十八日万寿节,在京皇会至山进香,綵楼仪仗,凡二三万人"[114],后来臣民又在东山顶上专门建造玉皇庙为其祝厘。这也为后代清帝重视丫髻山打下了基础。雍正帝曾下旨拨款修缮,乾隆帝则亲临拜祭,道光时又立有御制碑等。每逢庙会,清廷内务府"例以四月十八日致祭",派官员或皇亲贵族前往行礼。[115]这些对丫髻山香会的兴旺和持续产生了特殊的刺激作用,以致"每四月初一至十五,香火极盛"。[116]有的更称,届期"焚楮帛献牲醴者,自春入夏,合齐、鲁、赵、魏、秦、晋之乡,男妇担簦杖策,竭丹诚而叩祝者,毂相击、趾相错也,而神之灵异,亦最著"云。[117]

清代晚期国势日衰,清廷"移驾"承德之举停止,丫髻山庙会也开始衰落,而京西的妙峰山后来居上,并最终取而代之。关于妙峰山香会的起源,前人曾认为在明末崇祯年间或以前,但现存相关碑刻,则明确始于清初顺康年间。[118]清代中前期妙峰山虽少见于文献记载,但从现存碑刻看,民间香会还是在平稳地发展。而到晚清时期,由于种种机缘,妙峰山香会迅速崛起,并很快取代了丫髻山的位置。《燕京岁时记》记载:"每届四月,(妙峰山)自初一日开庙半月,香火极盛。……自始迄终,继昼以夜,人无停趾,香无断烟。奇观哉!……

以各路之人计之，共约有数十万。以金钱计之，亦约有数十万。香火之盛，实可甲于天下矣"。[119]进入民国，妙峰山香会仍然旺盛。《北平旅行指南》盛称"（妙峰山）为最著名之大香火山，……每年由旧历四月初一日至十五日，列〔例〕有庙会半月，善男信女，率皆不辞跋涉奔走数百里长途，于此进香朝顶。而津保一带信士，亦多有来此者。……每届庙会之期，沿路茶棚林立，灯火相属有如星宿。男女香客，纷至沓来，莫不诚敬惟谨，甚有一步一揖、三步一叩首者。迄至山顶，不惮疲劳。娘娘之魔力，较之名贤当道殆又过之矣"。[120]其中清季天津民众的加入，为妙峰山香会注入了新的力量。天津来妙峰山进香者俗称"富香"，多为有钱人，体现了天津近代以来开埠以来财力的上升，并因此与北京城内的传统香会形成明争暗斗的竞争关系。[121]

妙峰山香客，上山皆各道"虔诚"，下山则改为"带福还家"。大多数香客，都隶属于庞大的香会组织。这些香会自称"为老娘娘当差"，分为文、武两大类，据说最多时有四百余会，各有会头、会规等，组织严密，传承不绝。他们在香会期间举办特定的服务，对妙峰山元君信仰风俗的发展和繁荣起着重要作用，也正是道教在以北京为中心的广大民众中间有着深远和持续影响的生动体现。

注释：

（1）朱元璋：《御制玄教斋醮仪文序》，洪武七年十一月。《道藏》第九册第 1 页。

（2）《明史》卷二九九，方伎。

（3）《明太宗实录》卷一八六，页三。

（4）《明英宗实录》卷七，页七。

（5）《明英宗实录》卷十三，页四。

（6）《春明梦余录》引"倪文毅岳疏言"，见《光绪顺天府志》京师志十六。

（7）沈德符：《万历野获编》，补遗卷四。

（8）《明太宗实录》卷一四九，页七。

（9）《明宪宗实录》卷一二六，页五。

（10）《明英宗天顺实录》卷二九一，页一一。

（11）《明武宗实录》卷四七，页八。

（12）《元史》卷二百二，释老。

（13）《明史》卷三百七，佞幸，邵元节、陶仲文。

（14）《明世宗实录》卷一九四，页九。

（15）沈德符：《万历野获编》，补遗卷四。

（16）《明世宗实录》卷一八七，页四。

（17）《明英宗实录》卷一五三，页六。

（18）《明英宗实录》卷一五四，页五。

（19）《明英宗实录》卷一五七，页六。

（20）郭惟清：《东岳庙重新圣像记》。

（21）张居正：《敕修岳庙记》。

（22）赵志皋：《敕修东岳庙碑记》。

（23）《明神宗实录》卷二六〇，页八。

（24）谭敬伟：《岳庙会众碑记》。

（25）刘效祖：《东岳庙供奉香火义会碑记》。

（26）胡濙：《白云观重修记》。

（27）赵士贤：《白云观重修碑》。

（28）《明太宗实录》卷九四，页一。

（29）《明太宗实录》卷一〇七，页三。

（30）《明仁宗实录》卷三下，页五。

（31）分别见于《明仁宗实录》卷四、卷五、卷六、卷八。

（32）胡濙：《白云观重修记》。

（33）《明史》卷二九九，列传，方伎。

（34）邵以正：《重修白云观长春殿碑略》。

（35）李得晟：《长春殿增塑七真仙范纪略》。

（36）王世贞：《弇州山人续稿》卷一。

（37）完颜崇实：《昆阳王真人道行碑》。

（38）闵懒云撰：《金盖心灯》卷一。参见王志忠：《明清全真教论稿》，第77—79 页。

（39）完颜崇实：《昆阳王真人道行碑》。

（40）李养正：《新编北京白云观志》，第21 页。

（41）王志忠：《明清全真教论稿》，第78 页。

（42）王常月：《重修白云观碑记》。

（43）吴长元：《宸垣识略》，北京古籍出版社1982 年版，第267 页。

（44）清高宗：《御制重修碑记》、《御笔诗碑》。

（45）参见李国荣：《雍正与丹道》，《清史研究》1999 年第2 期。

（46）参见曾召南：《娄近垣及其与正一支派的关系》，《中国道教》1995 年第1 期。

（47）《清实录》第十一册，《高宗纯皇帝实录（三）》卷一百七十，乾隆七年七月上。

（48）关于这两则史事的时间，以往道教史著作，多依《清史稿》误系于乾隆五年和乾隆十七年。参见郑永华：《清代乾隆初年道教史事两则考订》一文。

（49）托津等奉敕纂：（嘉庆朝）《钦定大清会典事例》卷三百九十，正一真人事例。

（50）道录司造送东岳庙祭器清册，同治十一年七月。

（51）金梁：《光宣小记》，第 94 页。

（52）《清朝野史大观》卷一，《白云观道士之淫恶》。

（53）任继愈主编：《中国道教史》（增订本），第 854 页。

（54）李养正：《新编北京白云观志》，第 26 页。

（55）《太上律脉源流》。

（56）禧佑：《刘素云道行碑》。

（57）参见高仁峒：《粥厂碑记》，及"西便门内外二十一村"所立《云溪方丈功德记》。

（58）李养正：《道教概说》，第 209 页。

（59）参见李养正：《新编北京白云观志》，第 28—29、504—506 页。

（60）参见江朝宗：《白云观陈毓坤方丈传戒碑记》；又及李继沆：《白云观陈毓坤方丈二次传戒碑记》。

（61）关于这一学术公案，不仅严肃的学术刊物上多有关注，网络上的讨论尤其热烈。总结性论述，参见田垣：《关于鲁迅名言"中国根柢全在道教"的争论》，《中国社会科学院院报》2004 年 6 月 10 日。

（62）《北京历史寺庙资料》，第 2—4 页。

（63）《北京历史寺庙资料》，第 594 页。

（64）《北京历史寺庙资料》，第 584 页。

（65）［日］窪德忠：《道教史》，第 286 页。

（66）参见千峰老人赵避尘著：《性命法诀明指》。

（67）参见常人春：《地安门外火神庙》。

（68）参见李养正：《新编北京白云观志》，第 30—32 页。

（69）魏抟霄：《十方大开长观玄都宝藏碑铭》。

（70）朱棣：《大明太宗皇帝御制集》。

（71）张宇初：《〈道门十规〉序》。

（72）张宇初：《〈华盖山三仙事实〉序》。

（73）何乔远：《名山藏》，方外纪，张真人世家。

（74）《明英宗实录》卷一二二，页一。

（75）综合许彬《赐经之碑》与《皇明恩命世录》卷六而成。

（76）许彬：《赐经之碑》。

（77）参见李养正：《新编北京白云观志》（第 491—493 页），以及朱越利：《〈道藏〉的编纂、研究和整理》（《中国道教》1990 年第 2 期）、刘永海与武善忠：《论〈元道藏〉的编刊与庋藏》（《图书馆学刊》2006 年第 5 期）。

（78）刘亚军主编：《图说房山文物》，第 47 页。

（79）杨米人：《都门竹枝词》，《清代北京竹枝词》（十三种），第 19 页。

（80）富察敦崇：《燕京岁时记》，第 65 页。

（81）得硕亭：《草珠一串》，《清代北京竹枝词》（十三种），第 56 页。

（82）崇彝：《道咸以来朝野杂记》，第 89 页。

（83）熊梦祥：《析津志辑佚》，213 页。

（84）蒋一葵：《长安客话》，第 65 页。

（85）刘侗、于奕正：《帝京景物略》，第 138 页。

（86）袁启旭：《燕九竹枝词序》，《清代北京竹枝词》（十三种），第 3 页。

（87）富察敦崇：《燕京岁时记》，第 49 页。

（88）御史张廷燎奏请旨饬下地方官严查白云观倡为神仙之说及夜间容纳妇女事折，见录副奏折，档号 03－5512－064，缩微号 416－1688。原件无日期，参以《清实录》及张廷燎"奏请饬查在籍大员责令销假当差事折"之时间，可断为光绪十一年正月二十五日。

（89）《德宗景皇帝实录》（三），光绪十一年正月乙丑。

（90）逆旅过客：《都市丛谈》，第 164 页。

（91）汪剑森：《白云观会神仙》，《新轮》1940 年 4 月。

（92）樊封：《南海百咏续编》卷二。

（93）熊梦祥：《析津志辑佚》，第 54—55 页。

（94）汤用彬等编著：《旧都文物略》，第 54 页。

（95）沈榜：《宛署杂记》，第 191 页。

（96）刘侗、于奕正：《帝京景物略》，第 64 页。

（97）芙萍：《新年之调查》"东岳庙考"，《益世报》1927 年 2 月 13 日。

（98）让廉：《京都风俗志》，第 10 页。

（99）刘侗、于奕正：《帝京景物略》，第 133 页。

（100）刘侗、于奕正：《帝京景物略》，第 133—134 页。

（101）得硕亭：《草珠一串》，《清代北京竹枝词》（十三种），第 58 页。

（102）震钧：《天咫偶闻》卷九。

（103）刘若愚：《酌中志》，第 111 页。

（104）富察敦崇：《燕京岁时记》，第 59 页。

（105）《北京市志稿》第 7 册，第 383 页。

（106）刘侗、于奕正：《帝京景物略》，第 120 页。

（107）潘荣陛：《帝京岁时纪胜》，第 23 页。

（108）富察敦崇：《燕京岁时记》，第 69 页。

（109）富察敦崇：《燕京岁时记》，第 60 页。

（110）《光绪顺天府志》第 2 册，第 586 页。

（111）参见吴效群：《妙峰山——北京民间社会的历史变迁》，第 33—39 页。

（112）《乾隆大清一统志》卷七。

（113）《鸿雪因缘图记》，丫髻进香。

（114）康熙《怀柔县新志》卷二。

（115）《鸿雪因缘图记》，丫髻进香。

（116）巴哩克杏芬辑：《京师地名对》卷上。

（117）俞蛟：《梦厂杂著》，见《清代笔记小说》第十八册，第 305 页。

（118）参见郑永华：《〈妙峰山香会序〉碑刻之年代订误》一文。

（119）富察敦崇：《燕京岁时记》，第 59—60 页。

（120）马芷庠编：《北平旅行指南》，第 57—58 页。

（121）参见吴效群：《妙峰山——北京民间社会的历史变迁》，第 176—189 页。

第三篇　北京伊斯兰教史

第一章　元代以前北京地区的伊斯兰教

第一节　伊斯兰教概说

伊斯兰教在七世纪初产生于阿拉伯半岛。它的始传人是穆罕默德。穆罕默德（570—632年），出生于麦加古莱氏部落哈希姆家族一个普通家庭。父亲在他未出世时就去世了，母亲在他很小的时候也离他而去。他童年时曾经放过羊，经过商。结婚后，经济条件得以改善，开始探索人生和社会问题。在610年，穆罕默德得到真主的启示，宣布自己是真主的使者，开始传播伊斯兰教，并逐渐建立一套完备的制度。

伊斯兰教的经典包括《古兰经》和圣训。《古兰经》是伊斯兰教的根本经典。圣训包括穆罕默德本人、弟子及再传弟子的言论和行为。

伊斯兰教有六大基本信仰、五项功修、三大节日，现分别简单介绍如下：

六大基本信仰：

一、信真主。信真主是伊斯兰教六大信仰的核心，也是伊斯兰教六大信仰中最根本的信仰。伊斯兰教认为真主是独一无二的，是宇宙万物的创造者和主宰者。真主具有无限的本能，创造一切，化育一切，主宰一切。

二、信天使。天使是真主用火焰创造的一种妙体。它们圣洁无邪，没有性别，长着翅膀。天使数目很多，绝对顺从真主，执行真主的命令，而且是人们行善作恶的见证与记录者。伊斯兰教强调信天使，但不允许崇拜天使。

三、信使者。使者接受了真主的启示向世人传播宗教。伊斯兰教相信真主在不同的历史时期向不同的民族派遣过使者。这些使者受到真主的启示，负有传播宗教的使命。《古兰经》中提到了很多使者，其中阿丹、努海、易卜拉欣、穆萨、尔撒和穆罕默德是最著名的六大使者。穆罕默德是最后一位封印使者。

四、信经典。信经典就是信奉真主在不同的历史时期降示给使者们的经典。伊斯兰教认为，《古兰经》是真主通过天使哲布勒伊来降给使者穆罕默德的最后一部真理的经典。它是完美无缺的。因此，穆斯林应当信奉《古兰经》，遵守《古兰经》的教诲。

五、信后世。伊斯兰教提倡两世兼顾，号召穆斯林既要在现世努力创造美满生活，亦应以多做善功为未来的后世创造条件，认为今世是短暂的，后世是人的最终归宿，是永存的。后世有天园和火狱。天园是伊斯兰教忠实的信仰者、行善者的后世。火狱则是恶者的后世，他们将在火狱里遭受煎熬。

六、信前定。伊斯兰教认为世间一切事物及其变化都是真主预定和安排的。但是信前定并不否认人类意识的能动性，真主也赋予人类理智选择善恶行为的自由。

五项功修：即念功、礼功、斋功、课功和朝功。五功概括了穆斯林的基本义务、习俗和信仰。

念：念功是五功之首。念功就是念诵清真言，即"万物非主，惟有真主，穆罕默德是主的使者"。伊斯兰教认为，凡是当众念诵此言者，就已经皈依伊斯兰教。清真言是穆斯林一生中念诵最多的一句话。念包括口念和心念，口念即高声赞念，心念即无声之念，聚精会神地思念真主。

礼：礼功即礼拜。伊斯兰教的礼功包括每日五时拜、七日一次的聚礼和一年两次的会礼。五时拜：第一次礼拜称晨礼，在太阳还没有出来，天刚刚亮的时候进行。第二次礼拜称晌礼，在刚过中午至日偏西之间进行。第三次礼拜称晡礼，在晌礼后到日落前的时间进行。第四次礼拜称昏礼，在日落后至晚霞消失前进行。第五次礼拜称宵礼，在晚霞消失后至次日拂晓前进行，共五拜。聚礼又称主麻日礼拜，是集体的公共祈祷，在星期五举行。聚礼的时间与晌礼相同，由伊玛目或当地宗教领袖领拜。聚礼除了礼拜外，还要诵经和听领拜人念胡图白。会礼是穆斯林在每年重大节日时期举行的集体礼拜，在开斋节和古尔邦节举行。

斋：斋功即斋戒，中国穆斯林又称之为"封斋"、"把斋"。伊斯兰教规定健康的成年穆斯林每年斋月（伊斯兰教历的九月）要实行一个月的封斋。封斋是指在斋月期间，每天从日出前到日落，禁止一切饮食、饮水以及房事等。斋戒期满即为开斋节。

课：课功即"天课"。天课制度规定："凡穆斯林每年除正常开支外，其盈余的财产，如金银、牲畜、五谷、矿产品和商品等皆按不同的课率交纳天课，金银、现金的最低课率是百分之二点五，田园、房产等不动产可按时价折现金计算付天课。天课有不同物类的最低征收率，但无最高限额，一般是每年交付一次。"[1]天课收入用来资助穷人、陷入困境的人、无法还债的人、旅行中发生困难的人和无力赎身的人等等。

朝：朝功即朝觐。如果经济、身体条件允许，每个穆斯林一生中至少要去麦加朝觐一次。朝觐又分为正朝和副朝。其中，在伊斯兰历12月9日至12日参加朝觐的被称为正朝。朝觐者的活动主要包括沐浴受戒、游转天房、奔走、进驻阿拉法特山、射石、宰牲和辞朝等。凡是到麦加参加朝觐的穆斯林被称为哈吉。

伊斯兰教节日很多，是穆斯林宗教活动的重要组成部分。节日的日期是按照伊斯兰教历即希吉来历确定的。希吉来历又被称为"回回历"或"回历"。"希吉来"，阿拉伯语"迁徙"的意思，是为了纪念622年穆罕默德率众穆斯林由麦加迁徙到麦地那这一重要历史事件而规定的。希吉来历以公元622年7月16日为元年元旦。以月亮圆缺一次为一月，月亮圆缺十二周为一年。月有大有小，小建二十九日，大建三十日。它不置闰月，不追求与公历月份及四季的对称。这样一来，穆斯林举行宗教节日的日期，在希吉来历是固定的，但在阳历中，春夏秋冬四个季节甚至每一个月，都有可能遇到。希吉来历计算"天"的方法也与阳历不同，它是以日落为一天之始，到次日日落为一日。开斋节、宰牲节和圣纪被称为伊斯兰教的三大节日。

开斋节：即肉孜节，是伊斯兰教的重大节日。开斋是和封斋相对而言的。伊斯兰教规定，凡符合条件的穆斯林每年斋戒一个月，是伊斯兰教重要功课之一。《古兰经》上说："斋戒的夜间，……可以吃，可以饮，至黎明时天边的黑线和白线对你们截然划分。然后整日斋戒，至于夜间。"[2]我国清代伊斯兰教经学家刘智对于斋戒曾有如下表述："斋者，止食色以谨嗜欲也，每年一月。鸡鸣而食，星灿而开。一日之中，省躬涤过。故斋之日，官不听讼，民不列市，君不设朝，不幸野。"[3]伊历九月斋戒期满，举行会礼和庆祝活动，称开斋。开斋节是穆斯林非常重视的一个节日，凡有条件的穆斯林都要参加，节日期间非常热闹。

宰牲节：宰牲节即古尔邦节，是伊斯兰教又一重大节日。宰牲节在开斋节后七十天举行，即希吉来历 12 月 10 日。此节日是根据古代阿拉伯地区的宗教传说演变而来的。四千多年前，一天夜晚，易卜拉欣梦见真主命他宰杀自己的爱子易司玛仪献祭，以此来考验他对真主是否忠诚。当他把这件事告诉儿子时，儿子欣然表示同意。于是，易卜拉欣遵行真主的意旨，将自己的儿子带到麦加城的郊区米那山谷。但是，当易卜拉欣举刀准备动手时，真主派遣大天使哲布拉伊牵来一只羊，命易卜拉欣以宰羊代替献子。穆罕默德创立伊斯兰教后，于希吉来历第二年将献祭的这一天即希吉来历 12 月 10 日定为宰牲节。宰牲节这一天，穆斯林要宰杀牛、羊等牲畜，到清真寺参加会礼等宗教活动。宰牲节，顾名思义宰牲成了这一节日的重要功课之一。所宰牲畜必须头角端正、体窍完整、健壮，没有任何缺陷。宰牲时，主人必须在场，并由阿訇念"清真言"。所宰之肉分成三份，一份自己食用，一份送亲友邻居，一份施舍给穷人。穆斯林宰牲时采用断喉法，即切断畜禽的食管、血管、气管，控净血液之后剥皮或拔毛收拾，禁止用开水烫皮、烫毛。

圣纪：是伊斯兰教三大节日之一，是伊斯兰教创始人穆罕默德诞辰和逝世的纪念日。相传穆罕默德于伊斯兰教历纪元前五十一年三月十二日诞生，伊斯兰教历十一年三月十二日因病归真。由于穆罕默德的诞辰与逝世恰巧都在伊斯兰教历三月十二日，因此，穆斯林一般合称"圣纪"。节日这一天，穆斯林聚集在清真寺诵经、赞圣、礼拜，并由阿訇宣讲穆罕默德的生平业绩。

第二节　伊斯兰教传入北京

伊斯兰教创立后不久，就传入了中国。至于伊斯兰教传入中国的具体年代，长期以来众说纷纭，至今尚未定论。概括起来，主要有下述五种说法：隋开皇中说、唐武德中说、唐贞观初说、唐永徽二年说、8 世纪初说。多数学者赞成唐永徽二年说。唐高宗"永徽二年始遣使朝贡。其姓大食氏，名密莫末腻。自云有国已三十四年，历三主矣"。多数学者认为，这是伊斯兰教传入中国之始。[5]唐朝时期中外经济贸易往来密切，大批穆斯林移居中国，伊斯兰教随之传入中国。杨怀中在《伊斯兰教与中国文化》一书中曾说："佛教文化传入中国，是由少数高僧把佛教从印度介绍到中国奉献给中国帝王士大夫的。……伊斯兰文化则是由阿拉伯、波斯贡使、商人及东来的回回人带到中国本土，他们是伊斯兰文化的传播者，又是伊斯兰文化的载体。"[6] 其实这段话也同样适合于北京地区的伊斯兰教。

关于伊斯兰教何时传入北京，目前学术界对此观点并不一致。一部分学者坚持北宋至道二年或辽统和十四年说，一部分学者坚持元初说。后者为姜立勋等著的《北京的宗教》一书所提出。北宋至道二年或辽统和十四年说的主要根据是俗称白匾的《古教西来历代建寺源流碑文总序略》。据载："宋真宗至道二年，有'筛海'革哇默定者，西域辅喇台人氏，入觐中国。……生三子：长曰'筛海'赛德鲁定，……次曰'筛海'那速鲁定，……又次曰'筛海'萨阿都定……这二君者，性近幽处，不干仕进，上赐官爵，坚辞弗受，是以授为清真寺掌教，留居东土。而二君具其先见之明，知燕京为兴隆之地，可以开万世帝王之鸿业，遂请颁敕建寺，世为清真寺掌教。都定君奉敕建寺于东都，鲁定君奉敕建寺于南郊，而皆受赐基以茔墓于西阜焉。原夫鲁定君之地，即吾牛街寺也。旧名柳河村岗上。……"在南郊所建者即是今牛街礼拜寺。另外，据考证，牛街礼拜寺窑殿内部藻井彩绘装饰为宋式图案。"解放后据南京工业学院刘敦桢教授鉴定，该寺拜殿的后窑殿藻井彩画，系出自北宋年间建筑绘画家，可作该寺始建年代的佐证，也是伊斯兰教传入之时。"[7]《旧都文物略》"寺为北宋时所建"[8] 的记载也是此说的一个强有力的证明。

清真寺是穆斯林进行宗教活动的重要场所，哪里有穆斯林哪里就有清真寺。牛街礼拜寺的兴建，标志着北京地区已经有穆斯林居住，伊斯兰教已经传入北京地区。从历史文献来看，宋辽时期北部中国与西域各国的往来十分频繁。辽代的最高统治者还经常到南京（今北京）来，并且在北京地区多次会见回鹘使者。伊斯兰教在北京较大规模的发展，还是在元代。

注释：

（1）马启成、丁宏：《中国伊斯兰教文化类型与民族特色》，第47页。

（2）马坚译：《古兰经》，第二章。

（3）（清）刘智著，张嘉宾等点较：《天方典礼》，卷七。

（4）北京市政协文史资料研究委员会等编：《北京牛街志书〈冈志〉》，第32页。

（5）（后晋）刘煦等：《旧唐书》，卷一百九十八。

（6）杨怀中、余振贵主编：《伊斯兰教与中国文化》，第 141 页。

（7）彭年编著：《北京的回族与伊斯兰教史料汇编》，第 252 页。

（8）转引自：曹子西主编《北京通史》（辽代卷），第 307 页。

第二章 元代大都地区的伊斯兰教

蒙古人的西征对当地百姓造成苦难，但大量西亚回回的东来，却开启了伊斯兰教在中国传播和发展的有利契机，正如白寿彝先生所言"中国回教之发达正由于西亚回教国之残破"，北京地区也是如此。[1]

第一节 元代对伊斯兰教的基本政策与机构

回回在元朝建立和巩固过程中发挥了很大的作用，他们的政治地位很高。这客观上为伊斯兰教创造了一个有利的发展环境。当时，北京是中国的政治中心，元朝政府的宗教政策直接影响着北京地区伊斯兰教的发展。因此，有必要对元代的伊斯兰教政策和机构进行阐述。

白寿彝先生曾提出："回教人之政治地位，除若干极特别之情形外，每每与蒙古人享受同等之待遇。"[2]应该说，白寿彝所言在某种程度上是有一定道理的。

元朝实行民族等级制度，在职官、科举、刑律等方面都有差别。臣民被分为四等，即蒙古人、色目人、汉人、南人。色目人低于蒙古人，高于汉人和南人。而在所谓的色目人中，回回占多数。因此，他们在职官、科举、刑律等方面都享有优待。如：《元史·科举表》载，科举时，以蒙古色目人为一榜，汉人南人为一榜，前者所试较易。"蒙古色目人愿试汉人、南人科目，中选者，加一等注受。"又据《元史·选举志》"铨法"载，"诸色目人比汉人优一等荫叙。"另据《元史·刑法志》"盗贼"载，"诸色目人犯盗免治。"可见，元朝政府为色目人在享有的权利方面设置了种种特殊规定。

在实际的政治生活中，回回也确实充当着重要的角色。仅据《元史·宰相表》和《新元史·宰相年表》记载，回回人在元朝朝廷担任过右丞相（正一品）的有一人，左丞相（正一品）的三人，平章政事（从一品）的十一人，右丞（正二品）的一人，参知政事（从二品）的一人。在元代历朝中央最高行政机关中书省，担任右丞相、左丞相、平章政事、右丞、左丞、参知政事的回回人，世祖朝十一人，成宗朝九人，仁宗朝四人，泰定帝朝三人，顺帝朝三人。[3]据此，有的学者提出："在从中央到地方的官府中，他们（回回）不仅是蒙古统治者的副手，而且在蒙古人手不足，特别是在才能不及的情况下，甚至更扮演着主要的角色。"[4]

元代还设专官办理回回事务。中书省左司设回回掾史九人，右司设回回掾史五人；左右司各设回回书写一人；中书省断事官设回回令史一人；架阁库设回回管司一人，典史二人。六部设回回令史，吏部、礼部、刑部各二人，户部六人，工部四人，兵部一人。各部下属机构也有设回回令史者，如京畿都漕运使司设一人，其他如宣政院、宣徽院、中政院、储政院等也设回回掾史二人，大都留守司、大司农司、太仆寺、都水监等都设有回回掾史一人。大都路都总管府也设有回回掾史一人。此类回回属员的大量设立，说明随着人口的大增，回回事务已经成为行政事务的重要内容。

随着回回的东来，他们也将天文、医药、火炮等科学技术带到中原。而这也是一个政府能够正常运转不可缺少的组成部分。因此，元朝政府特专设机构，以充分发挥他们的才智，进而更好地为政府提供服务。如《元史·百官志》记载：

回回司天监：秩正四品，掌观象衍历。提点一员，司天监三员，少监二员，监丞二员，品秩同上。知事一员，令史二员，通事兼知印一人，奏差一人。属官教授一员，天文科管勾一员，算历科管勾一员，三式科管勾一员，测验科管勾一员，漏刻科管勾一员，阴阳人一十八人。世祖在潜邸时，有旨征回回为星学者，扎马剌丁等以其艺进，未有官署。至元八年，始置司天台，秩从五品。十七年，置行监。皇庆元年，改为监，秩正四品。延祐元年，升正三品，置司天监。二年，命秘书卿提调监事。四年，复正四品。

广惠司：秩正三品，掌修制御用回回药物及和剂，以疗诸宿卫士及在京孤寒者。至元七年，始置提举二员。十七年，增置提举一员。延祐六年，升正三品。七年，仍正五品。至治二年，复为正三品。置卿员四员，少卿、丞各二员，后定置司卿四员，少卿二员，司丞二员，经历、知事、照磨各一员。大都、上都回回药物院二，秩从五品，掌回回药事。至元二十九年始置。至治二年，拨隶广惠司。定置达鲁花赤一员，大使二员，副使一员。[5]

回回砲手军匠上万户府：秩正三品。至元十一年，置砲手总管府。十八年，始立为都元帅府。二十二年，改为万户府。后定置达鲁花赤一员，万户一员，副万户一员，经历、知事、提控、案牍各一员，令史四人，译史一人，镇抚二员。

回回国子监学：延祐元年，别置回回国子监学，以掌亦思替非官属归之。

元代时，回回人之所以能够受到元朝统治者的重用并取得较高的社会地位，是由诸多因素造成的。首先，他们在元朝建立和巩固发展的过程中发挥了重要的作用，既包括军事、政治、经济方面，也包括科技文化领域。回回在蒙古统一的过程中，立下汗马功劳。成吉思汗在争战时，先后有许多回回归附，他们被编入回回军，跟随蒙古军队作战，为蒙古的最终胜利做出了很大的贡献。回回人不但在军事上帮助蒙古人东征南战，同时，还帮助他们理财，其中最有影响者是阿合马。至元三年（1266年），元朝设立制国用使司，阿合马以平章政事兼领此职。制国用使司的职责是"通漕运，谨出纳，充仓廪，百姓富饶，国用丰备"。可见，阿合马承担着全国财赋的重任。虽然，后来阿合马"挟宰相权，为商贾，以网罗天下大利，厚毒黎民"[6]，暴露出残暴的一面，但他为元朝的巩固所起的重要作用仍然不可忽视。赛典赤·瞻思丁是穆斯林中的另一位杰出的理财家和政治家。他出生于伊斯兰教世家，在担任燕京路断事官、燕京路总管和燕京路宣抚使期间，一方面打击不法权贵、投机商人和高利贷者，另一方面兴办水利、开垦荒地，促进生产的发展。在他担任中书省平章政事兼管全国财政期间，控制交钞发行量，有效控制了通货膨胀。在云南任职期间，他在生产、交通和文教等各方面做了很多事情。

另外，元代回回人在其他方面做了很多事。如：在手工业上，回回工匠带来中原没有的手工业品纳失失和撒答剌欺。窝阔台曾迁三千户回回，设局织造纳失失。元朝还专设"撒答剌欺提举司"，由回回人扎马剌丁率领回回工匠织造撒答剌欺。这些丝织品深受蒙古贵族欢迎。在建筑方面，亦黑迭儿丁在设计建造元大都宫殿建筑方面做出了杰出的贡献。明清乃至今天的北京城是在元代大都的基础上逐步改造和发展起来的。据欧阳玄《圭斋集》记载，也黑迭儿丁"系出西域，……

世祖即祚，命董茶迭儿局。……茶迭儿云者，国言庐帐之名也。至元
三年，定都于燕，八年领茶迭儿局诸色人匠总管府达鲁花赤，兼领监
宫殿。属以大业甫定，国势方张，宫室城邑，非巨丽宏深，无以雄视
八表。也黑迭儿受任劳勋，夙夜不遑，心讲目算，指授肱膴，咸有成
画。［太史练日，冬卿抡材，］魏阙端门，正朝路寝，便殿掖廷，承明
之署，受厘之祠，宿卫之舍，衣食器御，百执事臣之居，以及池塘苑
囿游观之所，崇楼阿阁，缦庑飞檐，具以法。……修筑宫城，乃具畚
锸，乃树桢干，伐石运甓，缩版覆篑。兆人子来，厥基阜崇，厥地矩
方。其直引绳，其坚凝金”[7]。从上述记载中，我们可大致了解这位伟
大穆斯林建筑家的家世、为官经历，以及他在设计建造元大都工程中
的艰辛努力。亦黑迭儿丁主持设计的元大都气势恢弘，集中国古代建
筑艺术与伊斯兰建筑风格于一身，堪称世界建筑史上的壮举。在兵器
制造方面，阿瓦老丁和亦思马因制造的回回炮，在元军争战过程中发
挥了很大的作用。至元八年（1271 年），他们应诏举家前往大都。九
年（1272 年）年底，他们制成回回炮，在大都五门前试射。元世祖亲
临观看，非常满意，赐给衣物绸缎，命令他们前往襄樊助战。回回炮
在元朝对南宋战事过程中产生了重要影响。回回炮是一种抛石机，所
用弹石重达一百五十公斤，以机发射，用力省而射程远。阿瓦老丁和
亦思马因也因制造回回炮而受到元朝统治者的嘉赏。由此可见，元代
回回人拥有较高的政治地位绝不是偶然的。

　　元朝政府对各种宗教采取兼容并蓄的政策，伊斯兰教自然也不例
外。特别是鉴于穆斯林在军事、政治、经济、文化各方面的重要作用，
元朝统治者对伊斯兰教政策较为优容。

　　为了维护统治，元朝统治者对各种宗教都加以利用。蒙古帝国的
创立者成吉思汗信仰萨满教，同时对那些产生于世界其他地区不同的
宗教派别，则采取既不信仰，也不压制的态度，尽量收为己用。成吉
思汗对宗教“没有偏见，不舍一种而取另一种，也不尊此抑彼……他
尊敬的是各教中有学识的、虔诚的人，……他一面优礼相待穆斯林，
一面极为敬重基督教徒与偶像教徒”。[8]由此可以看出，成吉思汗优待
者的条件是“有学识”和“虔诚”，对他们的宗教信仰并未干涉。

　　成吉思汗死后，窝阔台即位，他对伊斯兰教采取保护政策。窝阔
台在都城和林修建各教的寺庙，当然也包括清真寺，供穆斯林履行宗
教仪式。他对诬蔑伊斯兰教的人给予极为严厉的惩罚。《世界征服者
史》“嘉言懿行”记载了几件窝阔台礼遇和保护穆斯林的事例。他重用
的大臣中如，阿吉思·牙老瓦赤、答失蛮哈只、奥都剌合蛮等人都是

穆斯林。

窝阔台死后，贵由即位，他已经放弃了成吉思汗兼容并蓄的宗教政策。贵由倾向于基督教，他重用基督教徒。对其他的宗教派别，特别是伊斯兰教，则给予种种打击。"当这事到处盛传时，传教士就从大马士革、鲁木、八吉打、阿速和斡罗思奔赴他的宫廷；为他服务的也大部分是基督教医师。因为合答和镇海的侍奉，他自然倾向于攻击穆罕默德的宗教。……结果基督教的教义在他统治期间兴盛起来，没有穆斯林敢于跟他们顶嘴。"[9]但贵由在位时间较短，贵由病死后，他手下的基督教大臣很快就失势了。元朝政府对伊斯兰教的政策与穆斯林在统治阶级中的政治地位密切相连，这是影响不同时期伊斯兰教政策的一个重要因素。

贵由死后，蒙哥即位，由忽必烈主管中原政事。忽必烈崇尚佛教，但对其他各教并不打击。忽必烈任用的大臣中有许多信仰伊斯兰教的穆斯林。伊斯兰教随着在北京地区逐渐发展起来。再加上这时从西域各地征调的大量色目卫军、工匠到大都定居，众多的西域商人也长期汇聚在这里，伊斯兰教的影响越来越大。但是，由于伊斯兰教教俗比较特殊，再加上部分信仰该教的穆斯林大臣政治腐败、声名狼藉，社会上其他宗教派别对其攻击和诋毁，忽必烈一度对伊斯兰教产生反感，发生了一些打击该教的事件。

但是，总体而言，忽必烈在位期间，并未违背成吉思汗兼容并蓄的宗教政策。他曾说过，"我对四大先知（耶稣、穆罕默德、摩西、释迦牟尼）都表示敬礼……"[10]他重用的大臣中有许多信仰伊斯兰教的回回人。

元朝政府对伊斯兰教实行宽待优容政策的同时，也采取了限制与打击的措施，绝不允许穆斯林有忤逆蒙古统治者的行为，甚至以行政命令干预穆斯林的风俗习惯，其中尤以断喉法与破腹法之争较为激烈。但最终统治者收回了禁令。

元代，穆斯林数量大增，伊斯兰教随之得到广泛传播。于是，元朝政府在北京设立回回掌教哈的所，专门负责管理穆斯林之间的民事和宗教事务。"哈的"是阿拉伯语译音，教法执行官的意思。

目前关于回回掌教哈的所的资料并不多。具体如下：

《元史》卷二十四：元至大四年（1311年）四月，罢回回哈的司属。

《元史》卷二十四：皇庆元年（1312年）十二月，敕回回合的如旧祈福，凡词讼悉归有司，仍拘还先降敕书。

《元史》卷三十三：致和元年（1328年）八月，罢回回掌教哈的所。

《元史》卷一百二：诸哈的大师止令掌教，回回人应有刑名、户婚、钱粮、词讼并从有司问之。

《通制条格》卷二十九：至大四年十月初四日，中书省钦奉圣旨：哈的大师每只教他们掌教念经者。回回人应有的刑名、户婚、钱粮、词讼、大小公事，哈的每休问者，教有司官依体例问者。外头设立来的衙门，并委付来的人，革罢了者。么道圣旨了也。钦此。

从上述几个简单的记载，可知：

首先，回回哈的所设立时间。虽然首设时间不详，但这个机构在历史上是确实存在的。回回棠教哈的所是元朝政府设立的正式机构，所以才会有随后的裁撤及对其权限的调整。它首设于至大四年（1311年）四月以前，此后暂被裁撤。再设于皇庆元年（1312年）十二月，致和元年（1328年）八月再次被撤销。随着伊斯兰教的发展及信仰伊斯兰教队伍的壮大，设立专门机构是完全有必要的。成吉思汗面对帝国疆域辽阔，民族众多的现实，确立了"尽收诸国，各依本俗"的治国策略。这一政策被后世诸帝所继承。因此，设立机构专门掌管穆斯林事务也就是顺理成章的事了。元末来华的伊本·白图泰对此有所记述，他说当时回回人聚居区都有自己的掌教和哈的，掌教总管教民的一切事务，哈的专掌审判。"城的一个地区是穆斯林居住区，内有清真大寺和道堂，并设有法官和谢赫。中国每一城市都设有谢赫·伊斯兰，总管穆斯林的事务。另有法官一人，处理他们之间的诉讼案件。"[11]

其次，回回哈的权限。回回哈的权限一度非常大，不仅管领伊斯兰教的教务，而且还要依伊斯兰教教法对穆斯林行使司法权，受理穆斯林之间刑名、户婚、钱粮、词讼等事务，哈的大师兼有世俗与宗教双重身份。但后来，其权限变小。因回回哈的享有广泛的司法权限，以至于与中央王朝的司法权限相冲突。所以，元朝政府开始限制哈的权限。至大四年（1311年）元廷发布了罢回回哈的司属的诏令。这标志着回回哈的职能已经开始受到限制。皇庆元年（1312年）十二月，元朝政府明确回回哈的如旧祈福，只掌管宗教事务。这样穆斯林民事事务交由相关机构处理，掌教念经、为国祈福职能被延续。元朝统治者对各种宗教采取兼容并蓄政策的根本原因是为了利用宗教维护其封建统治，伊斯兰教也是如此。元代伊斯兰教的主要职责是为皇帝祈祷祝福。《多桑蒙古史》二卷六章曾引《世界侵略者传》载："650年（1252年），伊斯兰斋节日，蒙哥所之诸伊斯兰集于皇帝之斡耳朵前，盛礼庆贺此节。先由忽毡城人大法官札马鲁丁马合木主持祈祷，为皇帝祝寿。蒙哥命其重祷数次，遂以金银及贵重布帛数车赐之。并于此日大赦，遣使至各地，命尽释狱中诸囚。"[12]可见，为国祈福是回回哈的的一项重要职能。

第二节　元代伊斯兰教在北京地区发展状况

元朝最高统治者在军事、政治、经济、文化等方面对穆斯林人才的依靠，为伊斯兰教的发展提供了有利的客观环境。《冈志》作者所言"终元之世，王侯将相不可枚举。回教之盛，莫盛于元，截取元史读之自见"[13]，应该是有一定道理的。伊斯兰教在元代有了较大的发展，得到广泛传播。虽然，元代伊斯兰教在中国尚无固定的名称，但作为一种宗教已被人们所认识，并得到社会的承认。随着穆斯林在中国各地包括北京地区的广泛分布，他们的宗教信仰也随之传播开来。

穆斯林是伊斯兰教传播和发展的载体，元代北京地区穆斯林的大增是伊斯兰教发展的一个重要标志。元时，穆斯林人口迅速增多，形成"元时回回遍天下"的局面，北京地区也是如此。

首先，大量东来的回回人，来到中原并定居繁衍，打下了伊斯兰教在北京得以进一步发展的重要基础。蒙古西征，带来大批波斯人、阿拉伯人，他们被称为色目人，其中回回人数较多。他们中有士兵、工匠、普通百姓，还有带部族归附的上层人士、东来经商的商贾，这使得穆斯林人口大增。不仅如此，蒙古人西征打开了中西交往的通道，再加之，元朝政府对色目人的种种优待政策，所以，大批回回陆续东来，他们或经商或做官，人数很多。随着穆斯林大批东迁，他们的宗教信仰——伊斯兰教在中国各地尤其是北京地区得到发展。

这些穆斯林与唐宋时期来中国的阿拉伯商人不同，其身份已经由番客变为中华民族大家庭的一员。元朝政府将他们视为自己的臣民，元太宗窝阔台统治时期，在乙未年（1235年）元朝政府还正式颁布诏书，允许在华的穆斯林正式入籍。"不论达达、回回、契丹、女直、汉人等，如是军前掳到人口，在家住坐，做驱口；因而在外住坐，于随处附籍，便系是皇帝民户，应当随处差发，主人见，更不得识认……"[14]这就是著名的"乙未籍户"。以后宪宗蒙哥二年（1252年）的"壬子籍户"和世祖至元八年（1271年）颁布的《户口条画》又进一步明确了占籍的回回人为"回回户"。元朝政府通过籍户，发给居民户贴，注明该户丁口、资产及所要承担的赋役情况。籍户的本意是为了增强元朝政府的财力和物力，但此举使得回回人被政府允准正式落户，他们的身份已经由番客质变为回回户。回回人正式编入户籍，标志着他们正式成为中华民族大家庭的一员。于是这些来自西域的回回就在中国包括北京地区定居下来。他们和当地老百姓一样，"皆以中原为家"[15]。白寿彝先生称元代为"伊斯兰移植时代"[16]。这进一步吸引着更多的穆斯林来中国尤其是首都北京地区经商、仕宦。

元代也有不少蒙古人和汉人信奉伊斯兰教。这也是穆斯林人口大增的一个重要因素。蒙古人虽然征服了中亚的许多穆斯林，但是，一些蒙古征服者后裔却被伊斯兰文化所熏陶，成为伊斯兰教的坚定信仰者。例如镇守唐兀（西夏）的阿难答，所部十五万人，包括不少蒙古和汉人在内，其中大半变为穆斯林。[17]阿难答是元世祖忽必烈的孙子，袭父职为安西王，镇守唐兀。他自幼被一位中亚穆斯林抚养长大，受家庭宗教文化熏陶，信仰伊斯兰教。阿难答所率部下又跟随他信仰伊斯兰教。元成宗听说此事后非常生气，派人去劝阻，但被阿难答拒绝了。元成宗甚至下令把阿难答囚禁起来，但即使这样也不能动摇他对伊斯兰教的信仰。跟随阿难答皈依伊斯兰教的穆斯林生活在西北地区。阿难答及其所部皈依伊斯兰教这件事本身客观上为伊斯兰教的发展造成有利的社会环境。据载，"偶像教徒之儿童沦为回教徒奴婢，曾在其教中养育成人者；偶像教徒之自愿改从回教者；复次，成吉思汗有数王曾改信吾人之宗教而为其臣卒士民所效法者，皆其类焉"[18]。当然，穆斯林政治地位很高，受到统治阶级的重视，是吸引非穆斯林信仰伊斯兰教的一个重要原因。另外，回回人与汉人的通婚使得一定数量的汉人也融入回回人之中。这也是穆斯林人数大增的一个原因。

总之，元代北京地区的穆斯林有了较大的增长。中统四年（1259年），北京地区的回回已达两千九百五十三户，每户以四人计算，信仰伊斯兰教的穆斯林人口达万人以上，其中"多系富商大贾，势要兼并之家"[19]。这样，元代众多的穆斯林在北京地区定居，他们的宗教信仰也随之得到广泛传播。

元朝时期穆斯林人口大增，清真寺也被普遍修建。据摩洛哥旅行家伊本·白图泰说："中国的各城市都有专供穆斯林居住的地区，区内有供举行聚礼等用的清真大寺"[20]。至正八年（1348年）所立定州《重建礼拜寺记》中说，"今近而京城，远而诸路，其寺万余"，远非唐宋时期所能比，证明此时期供穆斯林进行各种宗教活动的场所已经广泛建立。当然，此时伊斯兰教寺院并无统一的称谓，但在文献记载中已经出现"回回寺"的称谓。[21]可以想见，作为元朝首都，北京地区

一定会有敕建的清真寺。但是由于年代久远，寺址无存，缺乏足够的
证据，目前对元代北京地区的清真寺具体状况尚不十分清楚。但学术
界一般认为锦什坊清真寺、东直门二里庄清真寺、安定门二条法明寺
均为元代所建。有些学者认为锦什坊普寿寺为元代敕赐之寺。其原因
主要有以下几点：此寺位于西城，与伊斯兰教起于西方，穆斯林来自
西域相符；《析津志》和《京师五城坊巷胡同集》中关于此地"施水
堂"、"水车胡同"的记载；晚明沈榜《宛署杂记》将普寿寺误收录为
寺庙；该寺建筑规模客观足称国立规格；明初政府对此寺的重视。[22]该
寺附近，自元明时期，一直是回回仕宦人家聚居的地方，因此，它始
建于元代也是很有可能的。该寺始建年代还存在另一种说法，即始建
于明初。[23]另外，通州清真寺始建于元代延祐年间（1313—1320 年），
位于牛市口。元代设立牛市管理畜牧，通州所设的牛市地势高耸，被
称为牛市岗，后称牛市口，即今天的回民胡同西头。牛羊业是回回的
主要行业之一，因此，这里逐渐成为回民聚居区。为满足从事牛羊贸
易的回回和来往客商参加礼拜活动的需要，清真寺的修建成为必然。
金吉堂先生在《敕赐清真寺的五百年》一文中曾提及，陈如松于万历
二十一年（1593 年）对此寺进行重修。可见，通州清真寺始建于元代
还是很有可能的。初建时期的通州清真寺规模尚小，以后历经明清两
代的重修、扩建，逐渐成为北京地区一座著名的清真寺。

注释：

（1）李兴华、冯今源编：《中国伊斯兰教史参考资料选编》上册，第 168 页。

（2）同上，第 172 页。

（3）杨志玖：《元史三论》，第 245 页。

（4）姜立勋等：《北京的宗教》，第 190 页。

（5）《元史》，卷八十八。

（6）《元史》，卷二百五。

（7）李兴华、冯今源编：《中国伊斯兰教史参考资料选编》下册，第 971—972
页。

（8）［伊朗］志费尼撰、何高济译：《世界征服者史》，第 29 页。

（9）同上，第 301—302 页。

（10）《马可波罗游记》，第 87 页。

（11）［摩洛哥］伊本·白图泰著、马金鹏译：《伊本·白图泰游记》，第 552
页。

（12）［瑞典］多桑著、冯承钧译：《多桑蒙古史》，第 264—265 页。

（13）北京市政协文史资料研究委员会、北京市民族古籍整理出版规划小组编：

《北京牛街志书——冈志》，第 33 页。

（14）黄时鉴点校：《通制条格》，卷二。

（15）（宋）周密：《癸辛杂识续集》上。

（16）李兴华、冯今源编：《中国伊斯兰教史参考资料选编》上册，第 55 页。

（17）［瑞典］多桑著、冯承钧译：《多桑蒙古史》，第 345 页。

（18）李兴华、冯今源编：《中国伊斯兰教史参考资料选编》上册，第 198 页。

（19）（元）王恽：《秋涧先生大全文集》，卷八十八。

（20）［摩洛哥］伊本·白图泰等著、马金鹏译：《伊本·白图泰游记》，第 546 页。

（21）《元典章》，卷十七。

（22）姜立勋等著：《北京的宗教》，第 204—205 页。

（23）李兴华、冯今源编：《中国伊斯兰教史参考资料选编》上册，第 478 页。

第三章　明代北京地区的伊斯兰教

明代是北京地区伊斯兰教发展的一个特殊时期。统治者对伊斯兰教实行既宽容又限制的政策，北京地区伊斯兰教在这种社会环境下，得到一定的发展。

第一节　明代北京地区伊斯兰教发展的社会环境

明代是伊斯兰教在北京地区进一步发展的时期。在推翻元朝统治的过程中，回族将领常遇春、胡大海、沐英、蓝玉等跟随朱元璋参加反元斗争，为建立和巩固明王朝政权，立下了赫赫战功。朱元璋对他们的开拓之功十分肯定。[1]因此，他对回族将领的宗教信仰也显得十分宽容。朱元璋在北伐檄文中就曾说："如蒙古、色目，虽非华夏族类，然同生天地之间，有能知礼义，愿为臣民者，与中夏之人抚养无异。"[2]攻破元大都后，朱元璋下诏"蒙古、色目人既居我土，即吾赤子，有才能者一体擢用"[3]。可见，朱元璋认为生活在中国领土上的蒙古、色目人只要"能知礼义"，就是他的臣民。在此，朱元璋并未对色目人的宗教信仰做出限制，表明他对伊斯兰教是比较宽容的。明朝建立后，统治者为了维系回臣之感情，注重尊崇回民之信仰。[4]朱元璋于洪武元年（1328）敕建礼拜寺于南京，并御制《百字赞》，表明他对穆斯林宗教信仰的尊重。《百字赞》被收录在清代刘智所著的《天方至圣实录》内，具体内容为："乾坤初始，天籍注名，传教大圣，降生西域，受授天经，三十部册，普化众生，亿兆军师，万圣领袖，协助天运，保庇国民，五时祈祷，默祝太平，存心真主，加志穷民，拯救患难，洞彻幽冥，超拔灵魂，脱离罪业，仁覆天下，道冠古今，降邪归一，教名清真，穆罕默德，至贵圣人。"[5] 短短的百字洋溢着朱元璋对伊斯兰教褒扬之意，他将穆罕默德称为"传教大圣"、"万圣领袖"、"至贵圣人"，地位十分崇高。同时我们也可以看出，朱元璋将伊斯兰教的功能定位为"协助天运，保庇国民，五时祈祷，默祝太平"。《百字赞》除在南京净觉寺存有碑刻外，西安化觉寺、杭州清真寺、重庆奉节清真寺、山东青州清真寺等寺都有碑文，并被载入中国伊斯兰教典籍之中。《百字赞》表明朱元璋对伊斯兰教的尊崇，它在全国穆斯林中广为流传，对全国各地包括北京地区伊斯兰教都产生了影响。而且，作为一位开国皇帝，朱元璋对伊斯兰教的态度对后世诸帝对伊斯兰教的政策也产生了一定的影响。

波斯旅行家阿里·阿克巴尔于弘治十三年（1500 年）游历中国，回国后写成《中国纪行》一书。该书全面介绍了当时中国社会政治、经济、法律、军队、省份、城市、监狱、历史、地理、教育、学校、农业、宗教、文化艺术、社会习俗、宫廷礼仪等各方面的状况。书中第二章《中国人的宗教信仰》附有《中国皇帝每年出宫的情况》，专门记述了明朝皇帝到清真寺礼拜的情景。书中还记述了中国伊斯兰教，特别是明朝王室与伊斯兰教的关系。他说："从皇帝的某些行为看，他已转变成信奉伊斯兰教了，然而由于害怕丧失权力，他不能对此公开宣布。这是因为他的国家风俗和法规所决定的。"[6] 阿里·阿克巴尔的描述是根据他的耳闻目睹所写，就某种程度而言应该是可信的。

明朝甚至还出现了一位非常热衷伊斯兰教的皇帝，他就是明武宗朱厚照。武宗曾对侍臣评论诸教，他说："儒者之学虽可以开物成务，而不足以穷神知化；佛老之学，似类穷神知化，而不能复命皈真。然诸教之道各执一偏。惟清真认主之教，深原于正理，此所以垂教万世与天比久也。"可见，较之儒、释，武宗对伊斯兰教表示出更多的青睐。他还曾作《尊真主事诗》表明自己对伊斯兰教的推崇，具体内容如下："一教玄玄诸教迷，其中奥妙少人知，佛是人修人是佛，不尊真主却尊谁?"[7] 武宗还取了一个阿拉伯文名字，叫做妙吉敖兰，意思为真主的荣耀。由于崇信伊斯兰教，武宗还向回回学习阿拉伯语。[8]

明朝政府一方面笼络安抚穆斯林，另一方面对穆斯林进行防范。为限制穆斯林人口增长，明朝律法规定："凡蒙古、色目人，听与中国人为婚姻，不许本类自相嫁娶。违者，杖八十，男女入官为奴。"[9] 明朝初年，还禁止胡服、胡语、胡姓。[10] 因而，改汉姓之风日盛。明朝统治者又觉得难以区分种族，遂于洪武三年（1370 年）四月再次下诏"禁蒙古、色目人更换姓氏"。这则谕旨的具体内容如下："天生斯民，族属姓氏，各有本源。古之圣王尤重之，所以别婚姻重本始，以厚民俗也。朕起布衣，定群雄，为天下主，已诏告天下，蒙古、诸色目人等，皆吾赤子，果有材能，一体擢用。此闻。入仕之后，或多更姓名，朕虑岁久其子孙相传，昧其本源，诚非先王致谨民族之道，……如已更易听其改正。"[11] 明朝政府以行政手段干涉少数民族其中包括回族穆斯林的社会习俗，不管是禁止同族嫁娶，禁止胡服、胡语、胡姓，还是禁止更换姓氏，都是为了引导穆斯林与儒家传统文化靠拢，以此达到控制和利用的政治目的。民族文化的融合是历史的必然。

明朝政府还直接加强对伊斯兰教的控制，限制教长的权力。薛文波在所著《明代与回民之关系》一文曾对此有所揭示。他说：明代"回民只有教长而无法官；教长只有传道布教之权，而不能掌理民间诉讼。明代所顾虑者，乃外族政治势力之膨胀，有碍国家之司法权，政府当不容许其存在"[12]。可见，明代教长与元代回回掌教哈的所拥有的宗教、司法管理权限在本质上已经不同。

另外，社会上还存在着对穆斯林的偏见或歧视。对此，时人留下了一些记载。如：陆容《菽园杂记》记载："夷人党护族类，固其习性同然，而回回尤甚。尝闻景泰间，京师隆福寺落成，纵民入观。寺僧方集殿上，一回回忽持斧上殿杀僧二人，伤者二三人，即时执送法司鞫问。云见寺中新作轮藏，其下推转者，皆刻我教门人像。悯其经年推运辛苦，仇而杀之，无别故也。奏上，命斩于市。"[13] 隆福寺是京师唯一一座喇嘛、和尚同驻寺院，始建于景泰年间，轮藏是寺院中修建的可以回转的藏书架。隆福寺公然将轮藏推转者刻画成穆斯林模样，这无疑是对穆斯林的一种偏见。再如明末张萱《西园闻见录》记载："宣武门外，多回夷聚居，以宰牛为业。巡按杨御史四知，榜禁之，众皆鼓噪。时申文定公与同官出长安门，则夹道号呼陈诉者殆万人。问故，则曰诸夷以牛为命，禁杀牛是绝其命也。"申文定公停车安慰穆斯林，向朝廷请旨收回此令。[14] 从历史上来看，到明朝时期宰牛业、牛羊肉业、饮食业已经成为穆斯林的传统职业，在宣武门地区，以宰牛为生的穆斯林就有上万人之多。官员贸然对此进行禁止，实为不妥。明末清初大思想家顾炎武曾经提出，以禁止穆斯林杀牛为突破口，来逐步规范他们的风俗习惯。[15] 可见，无论是政府官员、有识之士还是普通百姓对穆斯林及其宗教信仰都不甚了解，对穆斯林的风俗习惯持有偏见或歧视。

明朝时期，北京地区伊斯兰教得到了一定的发展，穆斯林人数较多。但同时，社会上也存在着一种不利于伊斯兰教发展的社会环境。

所以，有的穆斯林在逐渐淡化自己的宗教信仰。对此，刘凤五在《回教徒与中国历代的关系》一文中曾这样写道："中国回教徒在社会中有地位者，对于他们固有的宗教信仰之态度，于此可见一斑，故俗云'回教徒官至二品即反教'，也并非是捕风捉影之谈。"[16] 同时，清真寺的兴建和管理更多地表现出政府色彩，穆斯林人口的数量也受到一些外界因素的影响。

第二节　四大官寺及其他

清真寺是伊斯兰教的重要标志，是伊斯兰教的象征。明朝初年，朱元璋就敕修清真寺于西安、南京以及云南、福建、广东各省，朱元璋的敕令为当时清真寺的修缮提供了种种便利。

清真一词在明朝时期被比较普遍地应用于伊斯兰教。宋元时期，伊斯兰教在中国并无固定的称谓。洪武元年（1368 年）《百字赞》中有"教名清真"一语，说明清真在当时已成为伊斯兰教的一种通称。明朝时期穆斯林人口逐渐增多，清真寺也随之增加。北京著名的四大官寺就是在此时赐名修建的。

北京清真寺中，有俗称四大官寺者，即"清真"、"礼拜"、"普寿"、"法明"四寺。所谓"清真"即东四牌楼清真寺，"礼拜"即牛街礼拜寺，"普寿"即阜成门内锦什坊普寿寺，"法明"即安定门内二条法明寺。其所以俗称官寺者，"盖其寺中首领，囊昔由朝廷中正式任命为回民之长官之故所致"[17]。

东四清真寺：东四清真寺初名礼拜寺，以所在街市而名，"东大市街有坊四，俗称东四牌楼"[18]。东四清真寺始建于明英宗正统十二年（1447 年），[19] 是由府都督陈友个人捐建。景泰元年（1450 年），代宗题"清真寺"匾额，故有官寺之称。北讲堂具有显著的明代建筑特征，"前廊雀替是蝉肚形，面上雕刻卷草也极为丰满，深厚有力，是相当好的明代雕刻，抱头梁相当窄小，与清式有显著不同"[20]。明成化二十二年（1486 年）曾建成一座两层方形攒尖顶宣礼楼，清光绪末年毁于地震。现寺内仍保存有楼顶铜宝瓶，内侧铸阳文"成化丙午年造"。大殿抱厦南侧立有明万历七年（1579 年）清真法明百字圣号碑记，称颂先知穆罕默德的圣迹。碑阴为阿拉伯文，中间刻"理本无极"四字。

牛街礼拜寺：学术界关于牛街礼拜寺的始建时间尚无定论，明朝对牛街礼拜寺多次修缮。宣德二年（1427 年）翻修扩建，正统七年（1442 年）增修对厅，为讲经集会之需。成化十年（1474 年）指挥詹升请赐名号，朝廷敕赐"礼拜寺"。自此，牛街礼拜寺成为四大官寺之一。弘治九年（1496 年），牛街礼拜寺扩建了大殿，两侧接建了围廊，并且新建了两座碑，记载了牛街礼拜寺的寺史及此次重修的过程。万历四十一年（1613 年），后楼倾塌，再次重修，奠定了今日牛街礼拜寺的规模。

锦什坊普寿寺：坐落在阜成门内锦什坊街中间路西，占地面积约六亩。外门分而为三，中间大，两旁小。中间大门门额上有"敕赐普寿寺"的匾额。始建于元朝，具体年代不详，天启六年（1626 年）重修。相传当时该寺规模很大，南至王府仓胡同，北至大水车胡同。[21]

安内法明寺：位于安定门内二条。始建于元朝，法明寺初名礼拜寺，正统重修。据《敕赐法明寺重修碑记》载，法明寺"在京城崇教坊，厥位面震，此礼拜寺所由建也。盖上以视圣皇齐天之寿，而下以遂臣子忠孝之情于无穷焉。寺成，蒙恩赐额曰法明寺。盖经始于正统十二年二月十九日，落成于明年五月五日"[22]。

关于明代北京建有四大官寺和国内敕赐清真寺的情况，当时波斯人阿里·阿克巴尔曾有记载："中国皇帝在汗八里（北京）为穆斯林建造了四座清真寺。中国境内共有九十座清真寺，都是政府为穆斯林建造的。各个部族都有自己的标志和政府设立的礼拜处所。"[23]

清真寺的兴建与回回将领驻军有关，这是明代北京地区清真寺的又一特点。洪武元年（1368 年），明军攻陷大都，朝阳区常营、康营、顺义区高丽营、回民营，大兴薛营、崔指挥营等，相传都是明朝回回将领屯兵之地，他们在当地兴建了一些清真寺。

常营清真寺：位于朝阳门外常营，因明朝开国元勋常遇春在此驻军而得名。据载，常遇春曾"与大将军（徐达）下河北诸郡，先驱到德州，将舟师并河而进，破元兵于河西务，克通州，遂入元都（北京）。别下保定、河间、真定（正定），与大将军攻太原"[24]。可见，常遇春确曾驻军于北京地区。关于常遇春的宗教信仰，《清真释疑补辑》曾有记载：常遇春"生平勤斋拜，当戎马倥偬，口即入寺谈经习礼，虽在军中亦然。又请敕建礼拜寺于金陵城内，落成，高皇帝频临幸焉"[25]。可见，常遇春确为一穆斯林，在他驻军之地兴建清真寺是很有可能的。常营清真寺始建于武宗正德年间，清代曾一度被毁，嘉庆元年（1796 年）三月重修，三年（1799 年）十月竣工，基本奠定了今日清真寺的格局。寺内存有两碑，分别为清嘉庆年间和民国时期所立，记述了本寺的建造历史、管理制度和寺产情况，成为研究本寺历史的珍贵文物。

　　昌平西贯清真寺：洪武元年，徐达攻破大都，元顺帝北逃，燕王朱棣奉命驻守北平，有一部分回族人随军北上，西贯地区自明朝开始成为回民的聚居区。西贯清真寺始建于明弘治七年（1494 年）。万历年间加修正门，以后清代、民国时期，又有所扩建。

　　花市清真寺：位于崇文门外花市，在崇文门和东便门两门之间。花市位于北京东南隅，因"北京市纸花业依此地聚集成市而得名"。此寺外观普通，但内部建筑宏伟，是北京著名古寺。相传，此寺大殿地基尺寸是由常遇春持弓射箭，自常遇春所立处起始，至箭落处为止，以五间作宽度，其长度即以射箭为标准，依箭度为基，建立殿宇三十三间。前廊抱厦宏伟，丈量尺寸较比他寺为大，可容两千人礼拜之用，故开斋节、宰牲节、聚礼日，不致有拥挤之患也。相传本寺大殿前窗原有金钉九支，长可数寸，为常遇春到寺礼拜，挂盔甲所用。[26] 花市清真寺自永乐十三年（1415 年）兴建后，崇祯元年（1628 年）、康熙四十一年（1702 年）、乾隆三十五年（1770 年）、光绪二十五年（1899年）等又多次对此寺进行重修。

　　笤帚胡同清真寺：始建于明朝，但具体年代不详。常遇春在建昌平、花市清真寺的同时，命令部下与驻守北平府官兵回回军人共同创建笤帚胡同清真寺，位于前门西南侧，建筑采取中国古典砖木结构四合院式。主体建筑礼拜大殿，内设窑殿，顶上有六角亭，正前方为领拜处，北侧设宣讲台，四壁悬有多幅阿拉伯文匾，卷门两侧青石浮雕，抱厦隔扇有木刻"一利万代"图案。殿内装饰古朴、典雅，宽敞明亮。康熙、乾隆时期对此寺进行了重修。

　　此外，北京地区还修建了三里河清真永寿寺、教子胡同新礼拜寺、蓝靛厂清真寺等。其中，三里河清真寺又名清真永寿寺。因其初建时距阜成门三里地，还有一条河，故称为三里河清真寺。据载，景泰七年（1456 年）在三里河一带已经形成了一个相当大的专门穆斯林墓地。万历三十三年（1605 年）夏，穆斯林司礼监秉笔太监李寿、锦衣户侯董应元倡导内外官庶教众各捐己资，购买阜成门外三里河佛教一处荒堂，改建清真寺。三十六年（1608 年）春，重修。四十八年（1620 年）秋，创建抱厦。天启甲子（1624 年），钦差提督京城内外禁门地方巡城点军司礼监文书房太监金良辅再修，"美轮美奂，焕然一新"。至此，三里河清真寺已经粗具规模。另外，唐宗正认为三里河清真寺有可能是宋代所建，他说本寺大殿与牛街清真寺"无殊少异，且坟墓多为牛街之教民，故以种种事实考查，本寺或抑宋代所建"[27]？但据碑文记载，该寺建于明朝更可信。另外，如通县张家湾等清真寺也兴建于明代。

第三节　穆斯林的构成和数量

明代，北京地区穆斯林群体的壮大，一方面是元代北京地区穆斯林自身繁衍的结果。明代，回族共同体最终形成。伊斯兰教是回族形成的一个重要因素，回族的形成亦壮大了穆斯林群体的力量。另一方面，南方穆斯林的北迁壮大了北京地区穆斯林的队伍。《冈志》作者认为："今燕都之回回，多自江南、山东二省分派来者，何也？由燕王之国护围（卫）军僚多二处人故也。教人哭父曰：'我的达'，其亦山东之俗也。"[28] 所谓由燕王之国，即指明成祖朱棣，曾被封燕王，治理今天的北京地区。明朝时期实行的移民和军屯中也有一部分穆斯林。应该说，北京穆斯林的来源是多方面的，他们来自全国各地。北京有些回民的姓氏堂号，如大同马家、泊头曹家、韦河张家、沧州刘家、陈家、陕西古家等等表明他们的来源。明代禁止外族自相嫁娶的禁令进一步促进穆斯林人口的壮大。禁令本为限制包括回族在内的少数民族人口的增长，但是，实行的结果却导致穆斯林的增加。因为，根据伊斯兰教教法规定，穆斯林实行教内通婚，即只能与信仰相同的人结婚。若要与外教人结亲，则须先使对方改奉伊斯兰教。如果穆斯林所娶女子或所嫁男子改信伊斯兰教，也可。明朝政府的同化政策，使得穆斯林与异教通婚成为合法化。久而久之，穆斯林所娶的汉族女子，穆斯林所嫁的汉族男子，基本改为信仰伊斯兰教，所以，穆斯林群体反而日益壮大。

总体而言，在明朝时期北京地区的穆斯林已经比较多了。他们大多聚集在城区，据说当时在北京聚居的回回、蒙古人"较之畿民三分之一"[29]。如：宣武门西南牛街地方，居住教人数十家，他们多以屠贩为生。东四、西四牌楼地区居住的是伊斯兰教中的上层人物，即所谓"教之仕宦者"[30]。到明朝中叶以后，在北京城区及郊区形成了一些比较大的回族聚居区。成书于嘉靖三十九年（1560 年）的《京师五城坊巷胡同集》留下了许多与伊斯兰教有关的北京胡同名称。如：西城阜财坊白帽胡同、白回回胡同，金城坊的金城坊胡同、水车胡同、礼拜寺、羊市口、羊毛胡同，河槽西坊的回回厂，咸宜坊的羊肉胡同；南城白纸坊的牛肉胡同、羊肉胡同、礼拜寺（即牛街礼拜寺），崇北坊的羊肉胡同、唐刀儿胡同，正西坊的羊肉胡同；北城发祥坊的三保老爹胡同（因郑和居此地而得名）；中城大时雍坊的牛肉胡同、安富坊的杨刀儿胡同等。这些胡同记录与北京地区穆斯林的居住及伊斯兰教的发展有很大联系。

第四节 世袭掌教制的形成与变迁

明朝时期，敕命兴建的清真寺或规模较大的清真寺的掌教或伊玛目由政府任命，礼部发给札副，作为主持该寺的凭证。如东四清真寺掌教马氏，自洪武年间赐汉姓，弘治年间给予札副，"住持是寺，绵绵延延，世袭至今"形成世袭掌教制。据《马氏年谱》载："……太祖高皇帝（洪武）赐中国姓名马信。……信生义，任中书舍人，直内译写制敕文字，学行纯全，仪形教众。义生健，任光禄寺署正，亦直内阁中书，译写制敕，德量宽洪，学术正大，世世相承，领众拜天，祝延圣寿，后先相望，俱常住是焉。健君敬孝存心，刚正处己，慈惠待人，人皆知为有隐德。健君殁，众相语曰：'主斯教者非颙不可也'，乃保之于大宗伯，给札为是寺住持。自弘治癸亥迄今四十余载，其为教不徒以言而先知。观其拜天祝圣，无论寒暑，问孤吊死，不弃贫困，制行完洁，仪容庄重，凡见之必知为有德人也。平生乐闲，不干仕进，因号曰'静厂'。八旬有五，尚清健，有德。"[31]

掌教世袭成为冠带住持，他们持有官方文书札副，有领众焚修，祝延圣寿，使穆斯林安分守礼，不混乱清规为职责。这是伊斯兰教传入中国后与封建制度相结合的一个显著特点，是明朝政府加强对伊斯兰教控制和管理的一个重要举措，是元朝时期回回掌教哈的主持"为国祈福"、"为皇帝祝寿"的一种延续。

清真寺掌教领有礼部发给的"札副"，冠带荣身，蠲免一切差徭，个人权威和政治经济地位得到加强，成为穆斯林的表率，有利于组织宗教活动。但同时由于掌教之职权重位崇，常常引起众人觊觎，从而导致权位之争。牛街礼拜寺所存一份崇祯三年（1530年）三掌教的札副对此进行了揭示。这是一则牛街教民许林等向礼部保举王永寿为冠带住持，八继德为协教、白汝谨为赞礼的呈文，具体内容如下："明崇祯三年（1530年）牛街教民许林等，向礼部保举王永寿、八继德、白汝瑾三人为牛街礼拜寺住持（伊玛目）、协教（海推布）、赞礼（穆安津），剖副中记载：'职等俱系回回教门，切遵旧制，原为敕建礼拜寺，坐落宣南地方，历蒙部给主持、协教、赞礼各一人，领众焚修，祝延圣寿无疆，祈祷地方宁静，凡遇有本寺有缺，许本教官员士庶人等保举，代代相传，遵奉年久，今因本寺协教八光祚去年病故，赞礼王永寿师兄白继祖今年病故，见今王永寿系先年已过主持之嫡孙，自幼习读经书，深通教典，乡评雅众，精研焚修，身家良善，毫无违碍，堪合顶补已过师兄白继祖冠带主持名缺，八继德礼合顶补故父八光祚协教名缺，白汝瑾礼合顶补赞礼王永寿名缺，皆系顺挨，并无搀越……'"[32]世袭掌教制形成之后，应该是子承父业，继任教职。但是，因为三掌教中权位不一，冠带住持即掌教居首，位高权重，赞礼则无足轻重，所以掌教之位经常被他人觊觎。依制，掌教白继祖死，由其子白汝瑾继承其位，协教八光祚死，由其子八继德继承其位。但赞礼王永寿觊觎掌教之位，怂恿教民呈书礼部，保举他为掌教，让本该为掌教的白汝瑾担当赞礼之职。另外，牛街礼拜寺明弘治九年（1496年）碑内容与掌教世袭制有关，有的宗教师为争夺掌教权位，竟将该碑击毁。应该说世袭掌教制与封建世袭制一样，本身存在着一定的弊端，因此，明朝时期形成的世袭掌教制也处于不断变化过程中。清朝康熙时期，北京清真寺已经出现世袭掌教制与聘任阿訇并存的过渡阶段。辛亥革命推翻了封建帝制，世袭掌教制失去了存在的社会基础，开始发生动摇。新建的清真寺和一些普通的寺开始采用延聘掌教制，与世袭掌教制并行。如民国十一年（1922年）新建的鼓楼清真寺，首位阿訇王炳坤规定："本寺不设掌教，以免专人把持之弊。"而后于民国十六年（1927年）西北五省旅京的穆斯林兴建的天桥清真寺，民国二十九年（1940年）西北在京的穆斯林商界兴建的米市胡同清真寺，也不存在世袭掌教制。[33]

注释：

（1）（明）黄金：《皇明开国功臣录》，卷一。

（2）《明太祖实录》，卷二十六。

（3）《明太祖实录》，卷三十四。

（4）李兴华、冯今源编：《中国伊斯兰教史参考资料选编》上册，第220页。

（5）同上，第70页。

（6）[波斯]阿里·阿克巴尔著、张至善等译：《中国纪行》，第45页。

（7）李兴华、冯今源编：《中国伊斯兰教史参考资料选编》上册，第499页。

（8）《明史》，卷三百二十五。

（9）《大明律附例》，卷六。

（10）《明太祖实录》，卷三十。

（11）《明太祖实录》，卷五十一。

（12）李兴华、冯今源编：《中国伊斯兰教史参考资料选编》上册，第212页。

（13）（明）陆容：《菽园杂记》，卷六。

（14）（明）张萱：《西园闻见录》，卷九十六。

（15）顾炎武：《日知录》，卷二十九。

（16）李兴华、冯今源编：《中国伊斯兰教史参考资料选编》上册，第 150 页。

（17）同上，第 473 页。

（18）同上，第 487 页。

（19）另有学者认为东四清真寺始建于元朝，根据是：牛街礼拜寺所存木匾记载中说"有撒阿都定，奉敕建寺于东郭"。东四一带自元代以来一直都是回民聚集区。东四清真寺是北京各寺中唯一存在"无梁殿"的清真寺。专家认为，凡有无梁殿建筑的清真寺，都有始建于元代的记载。因此，东四清真寺也不例外。另外，该寺藏有一部《古兰经》，成书时间为元代。详见彭年编著：《北京的回族与伊斯兰教史料汇编》，第 113 页。

（20）刘致平：《中国伊斯兰教建筑》，第 109 页。

（21）李兴华、冯今源编：《中国伊斯兰教史参考资料选编》上册，第 476 页。

（22）姜立勋等著：《北京的宗教》，第 212 页。

（23）[波斯] 阿里·阿克巴尔著、张至善等译：《中国纪行》，第 46 页。

（24）《明史》，卷一百二十五。

（25）《清真释疑补辑》，转引自余振贵：《中国历代政权与伊斯兰教》，第 118 页。

（26）李兴华、冯今源编：《中国伊斯兰教史参考资料选编》上册，第 454—456 页。

（27）同上，第 438—439 页。

（28）北京市政协文史资料研究委员会、北京市民族古籍整理出版规划小组编：《冈志》，第 33 页。

（29）《明世宗实录》，卷八十九。

（30）北京市政协文史资料研究委员会、北京市民族古籍整理出版规划小组编：《冈志》，第 1 页。

（31）李兴华、冯今源编：《中国伊斯兰教史参考资料选编》上册，第 495—496 页。

（32）杨永昌：《漫谈清真寺》，第 25—26 页。

（33）北京市民族事务委员会、北京市宗教事务局史志办公室：《北京宗教志·伊斯兰教章》（讨论稿），第 13—14 页。

第四章　清代北京地区的伊斯兰教

　　清代是北京地区伊斯兰教在曲折中不断发展的时期。清初实行的分城居住政策，使得穆斯林居住区域扩展。随着穆斯林居住地区的扩展，北京地区的清真寺也随之增加。清真寺数量多，分布广，向外城扩展。同时，清代也是伊斯兰教文化发展的一个重要时期。

第一节　清真寺的大量兴建与修缮

　　清真寺向外城扩展，是清代北京地区清真寺分布格局的一个重要特点。这与清初实行的分城居住政策及由此引起的穆斯林居住区域的扩展有关。清初实行满汉分城居住政策，导致清真寺分布格局发生变化。顺治元年（1644）五月，清政府宣布实行分城居住制度，北京内城由八旗依方位而居，原住内城居民包括穆斯林一律迁居外城。哪里有穆斯林，哪里就有清真寺。这样，随着穆斯林居住区域的变化，清真寺逐步向外城、近郊扩展，一大批新寺被建立。如：朝阳门外南中街清真寺、德胜门外大关清真寺、德胜门外马甸清真寺，西郊海淀清真寺、西王府清真寺、蓝靛厂清真寺、安和桥清真寺、树村清真寺，北郊清河清真寺等、朝阳门外八里庄清真寺、西直门外南关清真寺、崇文门外堂子胡同清真寺和崇文门外上唐刀胡同清真寺等。[1]

　　穆斯林生活区域扩大，带动清真寺的修建。德胜门外马甸清真寺的修建，与这一带居住的穆斯林有着密切的关系。马甸地区历史上就是沟通北京与蒙古地区商业往来的必经之地，因此，聚居了大量从事牛羊业的穆斯林。他们充当联络买卖双方的中介人，在牛羊售出前，替卖方喂养，双方成交后，从中收取佣金。马甸地区自明代以来就是穆斯林聚居区，其"回民之多，不下牛街"[2]。到了清朝时期，牛羊业得到进一步的发展，每年从蒙古、张家口一带贩运到北京的"牛羊达十几万头"[3]，从事牛羊业的穆斯林进一步增多，清真寺的修建成为必然。据寺内所存石碑记载，此寺创自康熙年间，为穆斯林礼拜之地。道光时期由于年久失修，由社会各界捐资三千余两进行重新修缮。这次修缮在道光三十年（1850年）进行，当地十三家羊店和源顺马店是主要捐资者，修毕后，在院中立一石碑，上刻《重修京都德胜门外马甸礼拜寺碑记》，对这次修缮进行记载。重修后的马甸清真寺，规模宏大，"金碧辉煌，琳琅焕彩，大殿广十六间，饰以支鸟鹊，阶崇九级，蟠以蛟虫离"。另有房屋二十一间，左侧为讲学经堂，右侧是清真小学讲堂及乡老起居之所。[4]

内城清真寺的兴建以回回营清真寺的建立为标志。乾隆时期因平定新疆而在内城修建清真寺，对全国穆斯林实行笼络安抚政策。乾隆二十五年（1760年）正月定边将军兆惠平定回疆凯旋。乾隆皇帝特命在京安插降服大和卓部头领及族众，将他们编为一佐领，并设办理回人事务的佐领，授白和卓为佐领。[5] 清廷特在西长安街路南辟回营一处，建造营房一百四十七间，供留居北京穆斯林居住。为尊重他们的伊斯兰教信仰，方便做礼拜，乾隆皇帝下旨兴建清真寺，并赐名"清真普宁寺"，即回回营清真寺。回回营清真寺建自乾隆二十七年（1762年）春，至二十九年（1764年）夏竣工，占地面积二十五亩有余，"费用官银至一帑之巨"。寺成，乾隆皇帝亲自撰写《敕建回人礼拜寺碑记》，以汉满蒙藏四种文字书写。回回营清真寺是乾隆皇帝特批的敕建工程，动用的是国库内帑，因此该寺规模十分宏大。大殿建筑，破费匠心。明九暗七，四面是走廊，周围是四座角亭。"殿中央起作为亭式，金顶火檐，高起云涌，有如天坛之钦年殿然，碧色之琉璃瓦与朱色窗柱相映壮丽，极尽辉煌之能事"。此外浴室及讲堂等建筑布置与其他礼拜寺相似。寺外，种植百余株柏树、柳树，每至夏天，绿色苍荫，幽静庄严。[6]

回回营清真寺的建立，标志着清代北京伊斯兰教的新发展，为北京穆斯林注入了一股新的血液，同时也是清代北京地区内城修建清真寺的开始。其后内城陆续兴建了一些清真寺。如崇文门内苏州胡同清真寺、朝阳门内豆芽菜胡同清真寺、王府井大街清真寺、东直门内南小街清真寺、西直门内沟沿清真寺、西四牌楼粉子胡同清真寺、西单牌楼清真寺、宣武门内手帕胡同清真寺、宣武门内牛肉湾清真寺等都是在清代修建的。

清朝除兴建清真寺外，还注重对前代清真寺进行修缮和扩建。牛街礼拜寺历史悠久，清朝政府对此寺非常重视。康熙三十五年（1696年）对礼拜寺进行修饰，并敕赐礼拜寺横额。笤帚胡同清真寺修于明末，康熙十九年（1680年）、乾隆六十年（1795年）进行重修。崇文门外花市清真寺建于明永乐年间，康熙四十一年（1702年）重修，经荣禄大夫张公董理修造，"宏厂〔敞〕壮丽，极一时之盛"。雍正七年（1729年），建立宪宗训谕碑亭一座。乾隆十八年（1753年），张姓捐地五丈，刘姓造厅五间。乾隆三十年（1765年），脱、马、高、穆、赵等姓捐地，刘姓造屋三间。此外，乾隆三十一年（1766年）、乾隆三十五年（1770年）也曾对此寺进行修缮。[7]

第二节　经堂教育改革

经堂教育又被称为寺院教育或回文教育，是指在清真寺招收学生，以培养宗教经师和普及宗教知识为目的的一种教育方式。经堂教育的创始人是胡登洲（1522—1597年）。胡登洲，陕西咸阳人，一说渭南人。他鉴于长期以来中国伊斯兰教"经文匮乏，学人寥落，既传译之不明，复阐扬之无自"[8]的落后状况，并凭自己家境丰裕的有利条件，收徒讲学。其后，在胡登洲及其弟子的努力下，各地清真寺纷纷效法，从而形成具有中国伊斯兰教特点的经堂教育。经堂教育在清真寺内进行，由开学阿訇招收学生即"海里凡"，传习阿拉伯文和波斯文及伊斯兰教经典。学生食宿由教民供给，招生人数视教民的供给能力而定，一般几人至几十人不等。经堂教育分"大学"、"中学"和"小学"三种。大学，"造就阿衡之学府也"，主要对学生进行系统、专业的宗教教育，包括阿拉伯语和波斯语语法学、修辞学、逻辑学等基础课程和认主学、《古兰经》及经注学、教法学、圣训学、哲学等专业课程。学生经过系统学习，毕业时举行穿衣挂幛仪式，日后可充当阿訇。中学，"中年失学者之受教处也"。小学，"儿童之教育机关也"[9]，主要是向穆斯林儿童进行启蒙教育，让他们通过学习，掌握一些伊斯兰的基本知识。小学不分级别班次，随来随学，学生水平参差不齐，无固定的学习年限，以学会基本的宗教知识为准，一般是三至四年，主要教授阿拉伯语和初级宗教知识。

经堂教育与传统的口头传授不同，是一种新的教授方式。学员必须遵守经堂的规章，课程由开学阿訇担任，一般晨礼结束后一会儿就开始上课，有时讲堂尚黑则燃灯授课。学员下堂后，要在自己座位上温习当日所讲功课，十一时可午睡。午后一时响礼后，教师或继续授课，或听学员朗诵午前课程。学员可以向教师请教，也可三五一群互相讨论。那些较为优秀的学员可以帮助那些较差的学员补习功课。晡礼后，学员可自由休息。昏礼后，朗诵当天课程。宵礼后，预习次日课程。夜里十时才可就寝。这是经堂的通例，学员必须严格遵守。学员还必须遵守宗教上的规则，如不许穿绸缎，禁止入娱乐场所。学员告假外出，日落前必须返校。入夜才归便是犯禁，隔夜回校更是大忌。学生一旦犯大忌，立即被开除。[10]在这些严格的规章制度下，经堂教育培育出一大批优秀经师。

胡登洲在陕西开创经堂教育以来，各地也相继兴起。他的弟子和再传弟子们将经堂教育进一步加以发展完善。到了清朝，他的再传弟子们活跃于东西南北各地，并逐步形成各具特点的不同学派。陕西学派，以胡登洲及其初传弟子为代表，其经学风格是精而专。山东学派，由胡登洲的四传弟子常志美、李延龄所倡导，其经学风格是博而熟。此外，还有云南学派等。北京是全国文化交流中心，吸引了全国许多著名的阿訇及伊斯兰教学者。常志美的弟子也曾先后来京讲学。他们在北京著书讲学，对北京地区经堂教育的发展起到了重要作用。

经堂教育在历史上曾经起到积极的作用，为伊斯兰教的传播和发展做出了贡献。然而，它也有自身的弱点。随着时代的发展，这种教育方式暴露出许多弊端。传统的经堂教育对学生主要进行经文教授，其目的主要是为了培养伊斯兰教经师，维护伊斯兰教宗教信仰。但这却导致学生不懂汉文、不了解其他科学知识，谋生能力较差。尤其是到了清朝末期，经堂教育的弊端日益突出。正如赵振武所说："经有清二百年之摧抑，回民乃变其积极态度而为消极，退居寺内，仅守教功。阿衡之所倡，教民之所由，厥为寺的教育而已。"特别是由于不学习汉语和其他科学课程，造成学生汉文水平较低或极低、知识面很窄，致使穆斯林普遍贫愚，[11]改革经堂教育势在必行。

庚子事变后，清政府战败求和，签订了丧权辱国的卖国条约，激起全国人民的义愤。资产阶级广开民智，以图自强，一时北京兴建了许多学校。穆斯林中的有识之士，提出改革经堂教育，兴建回民学校，普及回民教育。王宽是他们中的优秀代表。王宽（1848—1919年），字浩然，世为牛街礼拜寺阿訇。王宽少承家学，长大后跟随明师，学业大进。光绪三十一年（1905年）9月，他偕弟子马善亭赴麦加朝觐后，特意到土耳其伊斯坦布尔进行实地考察。此行令他感慨颇深，"始知世界大势非注重教育，不足以图存"[12]，乃锐意兴学。

光绪三十三年（1907 年）王宽与王友三等人发起，在牛街礼拜寺创办回文师范学堂，由其得意门生达浦生担任校长，主持教务。这是改良传统经堂教育的第一所学校。回文师范学堂与传统的经堂教育的区别主要在课程上，经堂教育教授伊斯兰教经文，回文师范学堂除经文之外，还教授汉文及各种科学。回文师范学堂以培养经汉兼通为主旨，是对传统经堂教育的一大突破，是"中国回教有新式学校之权舆"(13)。可惜不久，因经费和师资困难，被迫停办。

在回文师范学堂停办的第二年，王宽又联合马振武、孙芝山、马少衡、冯余轩、古亮臣、马瑞川等人创办了清真两等小学堂，即清真第一两等小学堂，校址在牛街礼拜寺后院。马邻翼任监督，王宽任校长，教师中有很多知名人士，如米有山、达禹书等。课程设置按照学部制定的学制，与一般学校相同，只是每逢主麻日下午，放假半天，以便回民子弟到清真寺作聚礼，参加伊斯兰教活动。

王宽创办的清真第一两等小学堂，虽然是一所普通小学校，但它对北京甚至全国的回民教育来说，意义深远，"自是厥后，各地回民莫不闻风兴起"(14)。清真两等小学堂建立后不久，北京其他穆斯林聚居区相继设立清真小学堂。第二小学在三里河，第三小学在花市，第四小学在教子胡同，第五小学在西郊海淀。回民教育大有蒸蒸日上之势。但是，王宽办学时值清末，社会动荡，经济衰败，筹款维艰。学校经费没有固定的来源，主要靠王宽等热心教育人士自己筹措。为了维持学校的生存，王宽甚至典当衣物作为经费。而且，随着学校规模日益扩大，开支越来越多，经费困难也就越来越大。最后，清真第一两等小学堂由官方接收。双方协议，校长由回民担任；每周加授两节阿文课程；主麻日放假半天，以使学生参加聚礼。这样，清真第一两等小学堂于民国元年（1912 年）改为官办，民国十七年（1928 年）改名牛街小学。(15)

第三节　教礼之争

北京地区伊斯兰教教礼之争不断，发展到清朝时期尤甚，"礼教〔教礼〕之是非，无岁不有，掌教之是非，无月不有，而寺中之是非，又无日不有，书之将不胜书"(16)。下面简单进行介绍。

一、连、独之争

又被称为康熙己卯年讲班。康熙己卯即康熙三十八年（1699 年）。

这是一场关于穆斯林在做礼拜时，是执行连班还是独班仪式的争议，是自明朝后期以来连、独之争的继续和发展。

所谓连、独，即独班与连班。穆斯林在做礼拜时，要排成班，由伊玛目率领大家礼拜。领拜人与众穆斯林站在一起，排在行内，不单独地站出来叫连班。领拜人独自一人，站在行列的前面叫独班。采取连班或独班进行礼拜，本是对教规的不同理解，但历史上常常由此导致两派之间的争论。连独之争始自明朝后期。明代以前穆斯林一律实行连班礼拜，明朝后期，陕西胡、马、海三氏提出伊玛目独立站在前面，倡改独班。当地穆斯林从违各半，引起两派之间的争论。北京地区是伊斯兰教文化交流的中心，因此，北京地区穆斯林对此反响十分强烈。

明朝崇祯年间，北京地区伊斯兰教众关于连、独之争已经很激烈。如牛街礼拜寺，连班穆斯林杨、李二姓不满该寺改为独班，誓不从独，联合连班信徒，另建教子胡同清真寺。后牛街礼拜寺复改连班，此寺遂废。康熙初年，独班渐盛，张、阎等姓对教子胡同清真寺再加营建，成为独班新寺，二三十户穆斯林跟从他们，加入独班行列。连班穆斯林对独班穆斯林非常厌恶，诋毁独班人为"独头蒜"，独班人也不示弱，称连班人为"连络保"，双方互相攻击。至康熙三十年（1691年）以后，连、独两方更加不和，"同席共座常起争端，父子兄弟也各分各派"。康熙三十六、三十七年（1697—1698年），双方之争更甚，"虽妇人每因争论班制而愤愤然。即街巷中酒徒无赖亦为班而操拳，问其所已〔以〕，则又毫无所知，是以有己卯之讲班"[17]。

关于这次争论，《冈志》作者对其争论前的紧张气氛、连班取得胜利的原因、讲班的过程有较为详细的记载。在初闻会讲之时，连班穆斯林惴惴不安。掌教白养恒束手无策，"出入涕泣"。与众人昼夜商议，没有结果，已有认输之意。在这场争论中，马君锡和马昆如起了很大的作用。马君锡，"经义不甚通，扬声厉语，以好辩雄诸师"，奋然而出说："事至此，不讲不已，有经典在，何怕人多。彼虽请圣贤来，有问皆余应之，无预诸公事。"马昆如挺然道："诸公毋忧，我助君锡成此大事。今脸面为重，何论经书。纵独班人之言是，我亦曰非；君锡之言非，我亦负曰是。彼听讲者，皆不知经文，岂能辩其真是、真非也哉！"[18]

讲班前一日，气氛已经非常紧张。据载，"先一日，（牛街礼拜寺）……百余人聚谋：'我连班数百年之制，胡可改也。今日独是，则我先人所为皆非矣。吾辈即不肖，忍彰祖父之过耶！护教门，攻异端，正在今日。'于是沐浴更衣，留遗嘱于妻子，各持刀斧梃杖，往候于门外。约：闻若改班矣，即夺门入，独班人无少长当尽歼之"[19]。

康熙三十八年（1699年）五月初十日，"张封翁率群载一车健卒数十人，列于改家厅事之左。白养恒率连班人，列于厅之右。养恒战栗，面无人色，君锡、昆如颈粗眦裂，气勃勃然。及展开讨论，君锡不按经文，违心悖理；昆如又在旁附会之。独班人相顾愕然，不容开口。其听讲者，率皆贸易庸俗，耳聋目眩，不辨谁是；且门外林立数百人，皆操刃持斧以待，横尸血流，在俄倾间矣。独班人闻知夺气，始唯唯不辩驳，任其胡言，愿善罢以图结局焉。连人方面有马秃指者，杂于（按：疑此处缺一'人'字）丛中听讲，眉目屡动，及散，因趋走张皇，怀中坠落枣木棒槌一根，震地有声，众师骇然"[20]。

当时"京都十寺九为独班制，冈上守连班之旧"，[21]在这种形势下，连班穆斯林能够取得胜利是不容易的。这次讲班对连班穆斯林来说是一次挑战。其实，应该说采取连班或独班进行礼拜，本是对教规的不同理解。北京是全国的政治文化中心。牛街礼拜寺是"天下连班之所瞻仰"[22]。这场连独之争对全国穆斯林做礼拜采取何种仪式起着不可忽视的影响，因此，双方对此次争论十分重视。

二、舍王之辩

舍即舍云善，王即王允卿，他们都是山东著名经师常志美和舍延龄的弟子。据载"允卿通典故，云善熟性理，……贯串博雅者，推云善为最"。后王允卿游学至北京，牛街穆斯林对他十分尊重。老少数十人，在良乡迎接，开寺正门迎入。"馈食献帛，仰若神明。"掌教白世祥"齿德兼隆，亦不敢违拂众意，俯身降体，执经门下"。王允卿"讲说典故，侈演天堂地狱之说，冈人益神之"。从以上，我们可以看出，牛街穆斯林非常欢迎游学来京的著名经师。不久，舍云善也来到北京，迎接仪式稍逊于王允卿。舍云善擅长讲解性理之学，牛街穆斯林不是很感兴趣。后来，舍云善便被豪富金、张等姓接到东城。因王允卿与舍云善二人素来不和，遂在背后进行诋毁。据传，牛街乡老马次泉认为应该让二人进行辩论，让常经师的另一个徒弟安宁宇主持双方论战，以定二人的正邪。安宁宇起初并不愿意，想借口推辞，最后被迫答应。当时的情形如下："众曰：'善，若彼不以实对，先挝杀之。'宁宇惧，匿厕中。众以击户曰：'老安！汝知而不言，陷我愚人于外道，尔不出，拆尔室矣。'宁宇始开门揖众入，泣曰：'先师封锢此经久矣，谓出外道之手，后学不可习也。'众曰：'决！吾等将扯舍、王二师会讲，以师为证，师毋辞。'"这次辩论在琉璃厂巴振宇家进行，参加者有牛街、东四清真寺教众数十人，论战以舍云善的胜利告终。[23]

三、看月之争

斋戒是穆斯林的重要功课之一。斋戒在伊斯兰教历九月即莱买丹月进行，这一月称为"斋月"。伊斯兰教确定斋月的开始与结束，根据圣训有两条规定，一是以看见新月为进入斋月或结束斋月的标准；二是在未见新月的情况下，补足入斋与开斋月三十天。由此导致不同教派关于看月之争。《冈志》作者记载了康熙五十五年至五十七年（1716—1718 年）掌教白养恒、白元辅和马君锡关于斋月开始和结束日期的争论。

康熙五十五年（1716 年），掌教白养恒宣布于七月初三日入斋。马君锡提出："见月入斋，见月开斋，不许推测。今预定初三日入斋，是重推测之术，而废看月之制也。"最终，众穆斯林七月初三日入斋，八月初三日开斋，唯独马君锡初四日开斋。康熙五十六年（1717 年）掌教白养恒死，白元辅继任掌教，马君锡为协教。第二年，白元辅宣布七月初三日入斋。马君锡再次提出反对，认为应该见月而斋，众穆斯林遵从马君锡，结果"初三日月见甚高，体大而光盛。或谓初三〔二〕日之月也，众论嚣然"。因此，开斋节时，白元辅提出：八月初二日看月，若有月，初三日开斋；若无月，则初三日月限已尽，不必看月即于初四日开斋。封斋已经三十日，所以不必看月，即可开斋。马君锡坚持认为："有月开斋，无月不开斋，此圣人之制，违者为外道"。白、马争论之际，教众无所适从。两派各有教众支持。最后是寺中乡老赶赴马君锡家中，恳求开斋，马君锡也只得答应开斋。事实上，就在牛街穆斯林为入斋开斋日期进行争论之时，教子胡同清真寺的掌教与乡老为看月之事也在争论不休。[24]可见，看月之争不独牛街清真寺，其他清真寺也存在类似情况。

总之，入斋开斋具体日期的确定，既要根据伊斯兰教历，又要考虑看月，即舍而巴尼月（伊斯兰教历八月）月末看月入斋，莱买丹月（伊斯兰教历九月）月末看月开斋。如此持续不断的争论，对一般穆斯林如何举行封斋开斋产生影响，许多人不知所从。

北京地区教礼之争不断，《冈志》作者曾对其原因进行探讨，认为主要有以下六点：一是，伊斯兰教传入中国千有余年，伊教学者学业浅薄，不能参考各种经文。二是，传入经籍少。三是，教师不熟悉本地之事，当然更不能议论西域之事。四是，教师视经籍为己有，严藏秘锢，不给他人观看。五是，伊斯兰教发源地距离中国遥远，使得有疑而不方便求教。六是，西域经文，也有古今之异，"愚迷授受，恣意诵读，其中错误想亦不少"。"有此六端之弊，加以庸浅之师，心滞如胶，眼光如豆，报〔抱〕偏僻之谬论，起无事之风波，好事之徒又祖而助之，是以纷纷百余年来辨〔辩〕驳未有底止也"[25]。应该说《冈志》作者所言是有一定道理的。

总体而言，教礼之争的结果并不令人满意，连独之争中，连班以巧辩和威吓取得胜利，看月之争以马君锡为保全掌教之位让步，同意开斋结束。马君锡起初并不愿答应，哭着说："真主作证，圣人作证，我为教律，不系私意。无月开斋，抗真主之命，违圣人之法，我何敢徇私废公，与公等同陷地禁也。"马君锡甚至想辞去掌教之位，被马次泉拦住。事已至此，马君锡只得答应开斋。[26]应该说，关于教礼之争并未得到圆满的解决。

教礼之争是对当时社会、政治、经济、文化氛围的一个重要揭示。清代统治阶级加强了对回民的控制，北京地区的穆斯林为图自保，转而热衷于宗教内部的不同见解，关注一些细文缛节的教礼之争，对社会政治问题不再积极。教礼之争也反映了清朝康熙年间，穆斯林的生活条件相对较好。因此，他们在谋生之余，对自己的宗教信仰十分关注。《冈志》作者就曾说过："就吾冈地论之，未讲班之时是非多，既讲班之后是非少，非无是非也，盖由（康熙）已〔己〕卯以前，家给人足，饱暖生事，已〔己〕卯以后，生意萧条，自顾不赡"[27]，对教礼之争无法顾及。再者，教礼之争反映了清初较为宽松的文化氛围。北京既是政治中心，也是文化交流中心，牛街是伊斯兰文化交流的重要地区，吸引了许多伊斯兰学者，从而导致教礼之争不断。研究教礼之争对我们进一步深入研究伊斯兰教历史，更全面地揭示清朝这一重要的历史时期具有重要价值。

第四节　回汉冲突

清代，社会上对穆斯林的歧视仍然存在，他们地位十分低下，一些人总想迫害穆斯林，引起回汉冲突，导致双方积怨颇深。共同的宗教信仰使得穆斯林内部非常团结，一旦有事，他们互相支援。清代多次发生回民起义，对统治者内心造成恐惧，一些心怀叵测的人便借机诬蔑回民造反，使回汉冲突升级，下面暂举两例说明。

一、天坛械斗

康熙三年（1664 年），回民在官园洪福寺看戏，人多拥挤，不小心踩掉一个少年的鞋子。少年大怒，双方争吵起来。第二天，少年带领壮汉十多人，手持棍棒，在西街北口辱骂。回民甄某和非教人刘青煤与少年对骂，被抓走。随后，穆斯林闻讯赶来，持木棍追赶，双方发生恶战。"教人廉大寿、大腔子赵四，身长多力，舞枣木棍往来阵中，棍如朱漆，衣衫皆赤。"参加这次混战的人也很多，双方约有四五百人。在此次械斗过程中，共造成四人死亡，一人为穆斯林，其余伤者不计其数。西城御史兵马司指挥率衙役闻报后赶来不敢近前，直至午后械斗停止后，才将其逮捕归案。后来，审判官受汉人贿赂，诬蔑回民造反。"法官逐日夹讯，血浸台砌。"穆斯林十分团结，纷纷支援入狱者，"东西两街口置箩筐，教人贸易回者，无不置钱其中，为狱中饮食之费；每日备鸡、鱼、鸭、肉、米面、菜蔬八九担赴狱中，络绎不绝。"[28]最终，弃市者三人，其中穆斯林一人。史称"天坛械斗"。

二、赵家井事件

右安门内有处地方叫做赵家园，井水甘甜，牛街穆斯林都到这里打水。井的主人是公主的家奴，恃势强悍。井旁有一片菜园，打水者不小心踩踏菜畦，家奴便蜂拥而至，捆绑殴打。这种事情经常发生，"教人积愤已深"。康熙二十二年（1683 年），穆斯林营兵马二因误踏菜畦被抓住，"吊打竟日，马二骂不绝口，至夜遂死"。其弟马三哭于礼拜寺前，教人大怒，集合一百多人，双方争斗起来，赵家人"泣跪于街衢"。事后，三十多名穆斯林被流放三千里。"发□之日，掌教、亲族送于广宁门外，牵衣抱首，哭声□□。"[29]

清政府针对回汉冲突也颁布了相关谕旨。比较有代表的有两次，一次是康熙三十三年（1694 年），一次是雍正七年（1729 年）。康熙皇帝所颁谕旨，被勒石成碑，现存牛街礼拜寺，即康熙圣旨碑。它的具体内容如下：朕评汉回，古今之大典，自始之宏道也。七十二门修仙成佛，诱真归邪，不法之异端种种生焉。已往不咎，再违犯者斩。汉诸臣官分职，时享君禄，按日朝参。而回，逐日五时朝主拜圣，并无食朕俸，亦知报本，而汉不及回也。通晓各省，如官民因小不忿，借端虚报回教谋反者，职司官先斩后奏。天下回民各守清真，不可违命，勿负朕恩有爱道之意也。

康熙皇帝颁发此旨的背景，存在两种说法。一说，此旨与马腾云案有关。据《冈志》记载，康熙三十三年（1694年），噶尔丹叛乱，派奸细十余人随进贡的蒙古人混入内地。其中古尔巴尼、沙革阐德二人冒充新疆人，藏匿北京，往来各清真寺之间。穆斯林不了解实情，对他们热情招待。东城人马惠泉将沙革阐德接到自己家中，奉若神明。牛街礼拜寺阿訇马腾云常常邀请沙革阐德到家吃饭。后来古尔巴尼被清军捕获，供出实情。理藩院尚书满丕差郎中会同营弁，率兵包围礼拜寺，抓走马腾云及各寺掌教，穆斯林大惊。事发后，改弼廷等人赶紧着手营救，从中周旋。"封翁诸人素交权贵，家饶于财，……驰赴当道之家，求嘱托承审官，许以重贿。……质审之时，封翁等门外袖白镪，遍授胥吏。"而康熙皇帝也并不相信北京穆斯林私通外寇，他认为"京城回民，亦朕之赤子也。彼各有身家性命，岂肯通连外寇以自丧其身，此必无之事也。或者回民尚义，同类相亲，致有此类，彼若知其叛为，早出首矣。尔只严缉奸细，毋株连好人。"再加之，主审官查无实据，最后涉案人员得到从轻处理。但此案在审理过程中，礼拜寺掌教和穆斯林民众大受惊吓。当时，兵马司按户造册，八旗禁兵、提督营兵，把守巷口，不许任何人出入。有想要外出者，兵丁用梃杖拦下，说："但候旨下，将尽屠汝等"，吓得"教人皆闭户不相往来，男妇涕泣沐浴以候"。掌教尹良相从监狱放出后，"痿软不能行，以车载之，至家，恸哭不已"。为了安抚穆斯林，清廷颁发此旨。事后，"都中各寺，俱开经答谢；教中男妇各捐所有，以为祝筵之资。途遇者，皆有更生之贺"[30]。

另一种说法是：康熙三十三年（1694年），伊斯兰教斋月期间，牛街礼拜寺夜夜灯火通明。南城巡城御史李某据此密奏清廷，牛街穆斯林有谋反之举。康熙皇帝微服私访，了解实情后，下诏进行安抚。

雍正七年（1729年）清政府所颁谕旨，内容如下："直省各处皆有回民居住，由来已久。其人既为国家之编氓，即俱为国家之赤子，原不容以异视也。数年以来，屡有人具折密奏，回民自为一教，异言异服，且强悍刁顽，肆为不法，请严加惩治约束等语。朕思回民之有教，乃其先代留遗家风土俗，亦犹中国之人，籍贯不同，嗜好方言亦遂各异。是以回民有礼拜寺之名，有衣服文字之别。要亦从俗从宜，各安其习，初非作奸犯科，惑世诬民者比。则回民之有教，毋庸置疑也。惟是凡人生产虽不同地，而同具此天良。习尚虽不同教，而同归于为善。回民处天地覆载之内，受国家养育之恩，可不孜孜好善，共勉为醇良乎？且朝廷一视同仁，回民中拜官受爵，洊登显秩者，常不乏人。则其勉修善行，守法奉公，以共为良民者，亦回民之本心也。

要在地方官吏，不以回民异视，而以治众民者治回民。为回民者，亦不以回民自异，即以习回教者习善教。则赏善罚恶上之令自无不行，悔过迁善，下之俗自无不厚也。如陕省之回民，较他省尤多。其贩私聚赌私藏兵器，种种不法之案屡出，较他省回民为甚。又如奉旨禁宰牛只，乃劝民务农勤稼，所以重惜力耕之物命。闻回民颇有怨言，且有私自屠宰者。此即居心残忍，不务本奉法之一端也。朕念万物一体之义，岂忍视回民与众民有殊？特此详加训诲。为回民者，当知率由礼义讲让兴仁，毋恃强而陵弱，毋倚智而欺愚。倘自谓别为一教，怙恶行私，则是冥顽无知，甘为异类。宪典具在，朕岂能宽假乎？自兹以后父戒兄勉，姻娅族党，互相箴规，尽洗前愆，束身向善，以承天地覆载之恩，以受国家教养之泽，岂不美欤？直省各督抚等务宣布朕意，咸使闻知。"[31]

以上两则谕旨表明，清朝统治者在某种程度上能够尊重穆斯林的风俗习惯和宗教信仰。但是，这只是清朝政府宗教政策的一个方面。清朝时期，各地多次发生起义，给统治者留下很深的印象，增加了对回民的偏见。清朝政府在采取怀柔政策的同时，也进一步加强对穆斯林和伊斯兰教的控制，这又势必体现在北京地区。如：乾隆四十六年（1781 年）闰五月，因有大臣奏闻，通州等处穆斯林将传经之人称为师父，乾隆皇帝认为，这"虽亦如师徒俗称，但究不若并其名而去之"[32]，命令革除师父名目。七月，清政府下令对过往留宿礼拜寺的穆斯林进行稽查，各省督抚"倘见形迹可疑（穆斯林），即密禀地方官查究"[33]。清政府这种不动声色的查办方式，对一般穆斯林而言，更能起到威慑作用。同治元年（1862 年）陕西回民起义后，清朝最高统治者十分忧虑，"该教人数众多，处处暗通消息，其散步于京城内外者，尤属不少。风闻该教人出有传单，约期议事，未知所议何事，恐有外来奸回意图构衅"，命令步军统领衙门秘密缉捕。欲留宿寺观客店的外来客民，"必须责成房主，须有切实可靠保人，方准收留。遇有形迹可疑之人，随时赴该地面衙门送信"[34]。其实，上文提及的怀柔之举，只不过是在残酷镇压基础上的一种安抚策略，让北京穆斯林感恩戴德，最终目的是使他们奉公守法。

就回民方面而言，他们在汉族环境中生活，却始终保持着自己独特的风俗习惯，与生活在同一片土地上的绝大多数人不同。穆斯林一直保持着自己独特的风俗习惯和宗教信仰，在饮食、服饰、丧葬、封斋等方面都明显有别于非穆斯林。再加之，伊斯兰教传入中国后，穆斯林并不主动向非穆斯林传播自己的宗教，而是通过自身的不断繁衍而达到延续的目的。这使得外界对穆斯林及其伊斯兰教了解甚少，造成社会对穆斯林的偏见和歧视。因此，清朝时期，部分官员屡次要求取消回族的这些风俗和宗教习惯，让回民"遵奉正朔"。如就在雍正皇帝刚刚颁布尊重回民风俗习惯的谕旨的第二年，安徽按察使鲁国华上奏回民不同于其他臣民，他们的信仰伊斯兰教应予禁绝。他说"回民居住内地，不分大小建，不论闰月，以三百六十日为一年，私记某日为岁首，群相庆贺"。穆斯林"平日皆戴白帽，设立礼拜、清真等寺，妄立把斋名目，违制惑众"。因此，他奏请严行禁革伊斯兰教，穆斯林要恪守典章，违者照律定拟。如地方官容隐，督抚徇庇，要一并议处。虽然，雍正皇帝对这种观点进行了批评，他说"向后，倘回民本无过愆，而大小官员等但因其习尚稍有不同，以此区区末节故意刻求，妄行渎奏，朕必严加处分"[35]。

由上可见，穆斯林日常生活中表现出的一些独特的风俗习惯和禁忌，不被非穆斯林所理解，甚至误解。由于存在这种差异，使得穆斯林与汉人等非穆斯林之间，常常因为一些微不足道的小事情，逐渐发展成为一场尖锐的冲突。其实，只有加强双方的了解，才能真正解决这一矛盾。但统治阶级却挑拨回汉关系，进一步导致双方关系恶化，加剧彼此之间的心理距离。总之，多种因素导致回汉冲突，而这种冲突又造成无辜汉族百姓和穆斯林被伤被杀。这种状况持续了很长时间，极大地损害了回、汉人民的利益和感情。

注释：

（1）彭年：《北京的回民与伊斯兰教史料汇编》，第 254 页。

（2）李兴华、冯今源编：《中国伊斯兰教史参考资料选编》下册，第 1324 页。

（3）彭年：《北京的回民与伊斯兰教史料汇编》，第 187 页。

（4）李兴华、冯今源编：《中国伊斯兰教史参考资料选编》上册，第 507 页。

（5）《清高宗实录》，卷六百五。

（6）李兴华、冯今源编：《中国伊斯兰教史参考资料选编》上册，第 427 页。

（7）同上，第 457 页。

（8）《修建胡太师祖佳城记》碑，见《中国穆斯林》1981 年第 1 期。

（9）李兴华、冯今源编：《中国伊斯兰教史参考资料选编》下册，第 948 页。

（10）同上，第 1023 页。

（11）同上，第 948 页。

（12）王宽：《〈中国回教俱进会本部通告〉序》，转引自白寿彝：《中国回回民族史》，第 734 页。

（13）李兴华、冯今源编：《中国伊斯兰教史参考资料选编》下册，第 948 页。

（14）同上，第948页。

（15）彭年：《北京的回民与伊斯兰教史料汇编》，第63页。

（16）北京市政协文史资料研究委员会、北京市民族古籍整理出版规划小组编：《冈志》，第18页。

（17）同上，第79页。

（18）同上，第83—84页。

（19）同上，第83页。

（20）同上，第84页。

（21）同上，第79页。

（22）同上，第84页。

（23）同上，第45—50页。

（24）同上，第39—45页。

（25）同上，第21—22页。

（26）同上，第44—45页。

（27）同上，第18—19页。

（28）同上，第26—27页。

（29）同上，第51—52页。

（30）同上，第27—30页。

（31）《清世宗实录》，卷八十。

（32）《清高宗实录》，卷一一三二。

（33）《清高宗实录》，卷一一三七。

（34）《清穆宗实录》，卷三十五。

（35）《清世宗实录》，卷九十四。

第五章　民国时期北平的伊斯兰教

辛亥革命推翻了清王朝的封建专制统治，建立了中华民国。孙中山坚持民族平等，主张五族共和，在新形势下，北京伊斯兰教继续发展，掀起了一股兴办新式学校、派遣留学、创办伊斯兰教报刊、创建伊斯兰教文化团体的热潮。清真女寺的兴建也是民国时期北平伊斯兰教发展的一大特色。但同时，侮教事件的不断发生也表明，只有在中国共产党的领导下，建立人民自己当家作主的新中国，伊斯兰教才有可能真正得到发展，穆斯林才能真正受到尊重。

第一节　新式学校的发展

民国时期，在时代潮流的激荡下，一些穆斯林有识之士从自己民族内部和中国社会的深处进行探讨，认识到只有改革传统的宗教教育，建立新式学校，唤醒民族自强意识，与全国各民族人民站在一起，才能振兴自己的民族，发展伊斯兰教。民国时期以前，回族的文化教育以经堂教育为主，但传统的经堂教育已经不能适应社会不断发展的需要。所以，只有建立新式学校，采取新的教育形式，才能提高回族的文化素质，振兴回族，发展伊斯兰教。民国时期，掀起了一股兴办新式学校的热潮。新式学校即回文与清真学堂，包括小学、中学、师范教育及女子学堂多种形式，具体如下：

一、清真第一两等小学堂

自清末王宽创办清真第一两等小学堂后的几十年间，"全国各地，凡有回民之处，无不设有回民小学；其中规模宏大，设备完全之学校，尤指不胜屈"[1]，北平更是如此。如：1928 年，刘伯余在牛街麻刀胡同自己家中创办中才小学。这是当时小学堂中成绩较为显著的一个，学生有时多达二百余人。另外，学校还设有"淑贤图书馆"，是由赵璞华爱女赵淑贤女士捐赠的。值得一提的是，中才小学还是第一个设有图书馆的小学堂。

北平的回民小学堂有一部分带有行业性质。如：1921 年北京羊行公会在东四清真寺开办了"育德"小学。成达师范迁京后，两校合并，育德小学成为成达师范的附属小学。后因校舍不够，停办。1922 年驼行公会在牛街糖房胡同成立振育小学，即"半日学校"，学生书籍文具由学校免费供给，但 1936 年因经费困难停办。虽说，以上这些小学堂存在时间不长，而且还带有行业限制，招生对象仅限于同行业的学龄儿童，但是它们的设立解决了部分学生入学问题，给他们提供了一个接受文化教育的机会，所以，其积极意义不能被抹杀。

另外，还有一些小学是作为附属学校而存在的。如西北中学便设有五个附属小学，以第一附小为例，它创办于 1929 年，校址在牛街中间，与西北中学同在一起。第一附小后来发展成二十四个班，是当时回民小学中最大的一个。

民国时期，北平地区出现很多"短期小学"。如：1936 年穆斯林热心教育人士孙绳武、马松亭等向北平市政府提出发展回民教育的建议，得到政府赞同。他们便筹谋设立"短期小学"，并成立"回民义务教育协会"具体办理回民义务教育事务。短小师资来自西北中学与成达师范毕业的学生。短小实际开办了二十一处，后因"七七"事变爆发，各处短小停办。"短期小学"开办的时间较短，学期也不长，但在普及教育方面产生广泛、深远的影响。后来许多正式小学校的建立，就是在短小的基础上建立起来的。如：西北中学附属第四小学、东四牌楼小学等都与当时的短小有关。

四十年代，北平又兴办了许多"穆"字小学。如：马骥腾于 1942 年在福长街五号三条创办的穆成小学、金吉堂于 1940 年在通县城内回民胡同二十三号创办的穆光小学、马耀于 1941 年于通县张家湾创办的穆民小学等十八所"穆"字小学。从学校名称上的"穆"字来看，它们无疑与伊斯兰教有关。还有一些学校直接以"伊斯兰"命名，如创立于 1947 年的西直门伊斯兰小学和创立于 1943 年位于西城区赵登禹路八十号的伊斯兰小学等。这些学校在教学内容上有很强烈的伊斯兰教色彩，有的甚至自编伊斯兰教义教材。1948 年是穆字小学发展的鼎盛时期，这一方面与各寺争相办学有关，另一方面，与马步芳设立"子香教育基金会"资助回化学校有关。但这些穆字小学也并非昔日的经堂教育，它们是按照当时教育行政部门规定的课程标准授课的，所以，穆字小学对普及基础教育起了一定的积极作用。

二、清真中学

民国时期，北京的回民中等教育也取得了一定的发展。其中最著名的是西北中学。西北中学原名清真中学，是由回民集资，孙绳武等于1928年创办的。校址在牛街中间路西，原清代南营守备衙门。孙绳武任校长，直至"七七"事变，北京沦陷为止。课程设置遵照教育部规章，每周增授一课时伊斯兰教教义。1931年改为西北公学，1935年改为西北中学，1937年"七七"事变后西北中学曾一度改名为西北学院，1944年成立西北女中。日本投降后，学校勉强维持。1949年10月，西北中学与成达师范合并，成立回民学院。

西北中学经历了三个历史时期，其中1928年至"七七"事变，是初创时期，也是它的辉煌时期。孙绳武曾在《校史述要》中对西北中学的艰辛创业过程扩建校舍之难进行描述。他说"自购进连姓民房起迄周姓止，凡十有二所，此等筹置民房，手续极繁琐，代价亦每超越，盖需求两方不相应，有以致之也。高价未足，尚需耗时间、费唇舌，官厅地面，邻里族戚，势力感情，无不兼顾。往往一屋契之成立，央托议让，动辄数月，一胡同之圈进，一公厕之拆除，禁示劝告，即历经年……"[2]。在孙绳武等人的积极努力下，学校规模逐渐扩大，由原来占地四亩多，十八间教室，增至地十余亩，教室一百四十间，改善了学校教学环境和设施，成为北平甚至全国一所较为著名的学校。但是，西北中学自创办之初，便困难重重，尤其是经费严重不足。学校经费部分来源于穆斯林的捐助，部分来源于以孙绳武为首的诸位同志的奔走呼告。学校能够维持下来，与他们的艰辛努力是密不可分的。

西北中学相对于当时众多中等学堂而言是极其普通的，但却是回民教育史上的一件大事。民国时期，回民小学堂众多，中等学堂缺乏，而西北中学是仅有的几个中等学堂中较有成效的一个，它给众多小学毕业生提供了升学的机会。虽然，对北平回民总数而言，招生数额还比较少，但对提高回民文化程度却意义重大。这些接受过中等教育的回民毕业生，拥有了更多的谋生技能，他们不再局限于传统的牛羊业、玉行等旧职业，而开始走向社会各行各业。以第一届毕业生为例，他们中在回民教育机关工作的有二十五人，在普通教育机关工作的有四人，在交通部门工作的有二人，在政界工作的有二人，在文化界工作的有一人，在国立大学工作的有七人，在私立大学工作的有二人，在师范学院工作的有二人。

三、回文师范学堂

成达师范的不断发展是民国时期北平地区回文师范教育史的重要标志。成达师范的创建和发展也是在时代潮流的影响下出现的。早期创办人之一马松亭阿訇，在所作《中国回教与成达师范学校》一文中，专门谈到了成达创办的时代背景。马松亭主要从时代大趋势和经堂教育本身存在着的问题两个方面阐述了创建新式回民学校的必要性。他认为："回族文化的静止，国家意识的薄弱，对于回族本身，多少成就了不和汉族同化而使本身加强特性的结果。这种现象，消极方面减削中华民族整个的力量，另一方面促成回汉的反感，影响所及，真不是楮墨所能形容的了。……基于这种教训，我们知道促进回、汉的团结，培植回民国家意识，提高回民文化，发挥回族固有的精神，使恢复以前在国家的地位，是怎样重要的事情！而唯一的方策，养成时代的、适用的回教阿衡师资，利用他的优越权威的地位，来领导他们，来完成这个使命，是我们夙夜匪懈的天职。成达师范学校就在这种信念下产生"。"中国回教也凭着它（经堂教育）延续千余年的生命。不过，课程方面以文法科居多，对于义理典籍比较少些。至于社会常识、公民常识、自然、史地以及国学各方面，差不多付之阙如。所以这种教育，谈不到什么时代精神，国家意识，无形的以与中国社会隔绝，造成独善其身的局面。这种弊端，是很显然的。基于这种认识，更坚定我们创办改良回教师范教育的信念"[3]。

成达师范是 1925 年由马松亭、唐柯三、法静轩、穆华庭等人，在济南创办的，校址在穆家车门清真寺。成达即"成德达才"的意思。唐柯三任校长，马松亭主持校务。成师以"造就健全师资，发表回教文化，恢复回族固有精神，增进回民对于国家的效能"为目的；以"造就健全师资，启发回民智识，阐扬回教文化"为宗旨。[4] 1929 年秋，成达师范迁往北平东四清真寺。迁京后成立董事会，由马福祥（时任蒙藏委员会委员长）任董事长。1925 年至 1935 年成师在京共招生四个班，研究生一个班。学生来自全国各地。1937 年"七七"事变，学校迁往桂林，1941 年，被国民政府接管，改名为"国立成达师范学校"。这次改归国立是成达师范发展历史上的一个转折点。从此成达师范不再专门培养伊斯兰教人才，而成为一所普通师范学校。1943 年成师再迁重庆，抗战胜利后，迁回北京。

成师注重培养三方面的人才。宗教方面：能担任教长或教师。所谓教长，就是上述的阿訇；教师是普通领导人才，希望能以教长之位，领导全体回民。教育方面：能担任普通小学或社会教育行政或教授的职务，利用教育的力量，作基本的领导启迪工作。社会方面：能担任民众组织与社会团体的领导或组织工作，利用团体力量，来领导回民的种种社会活动。可见，成师不再单纯以培养伊斯兰教经师为办学目标，而是注重培养多方面人才。这是一种适应时代发展要求的教育体制。

成师在课程设置上与传统的经堂教育不同，设置课程遵循两个基本原则。一是关于阿文：要养成直接读阿文典籍的能力；要对《古兰经》有整体认识；要对圣训有整体认识；要对伊斯兰教哲学有概括的研究；要对伊斯兰教教律有全部认识；要对伊斯兰教社会道德、社会制度有整体研究及对伊斯兰教史有整体了解。二是关于中文：要养成直接阅读及发表能力；要对中国史地、外国史地有概括认识；要对公民法律常识有整体认识，并注重公民道德意识的养成；要对自然知识有概况的研究，对国学典籍有初步的探讨，对数学、论理学、心理学有初步的研讨，对教育学、教育史、教法、学校行政有整体认识；要对师范技能有教授的能力及要有运用应用文函牍的能力。[5]基于此，成师除回文、古兰经、圣训、教史等传统课程外，还教授国文，以及数学、历史、哲学、地理、英语、音乐、工艺、图画、体育、社会学、经济学、法律学、植物、生理、动物、化学、矿物、物理等其他许多科目，以提高学生的综合素质。成师作为师范类学校，还开设教育概论、教育学、教法、管理学、心理学等课程。地方自治、党义、公民等课程的开设，表明成师开始逐渐打破与社会隔绝的状态，对社会时政、国事、民生有所关注。应该说成师所授课程与培养目标基本吻合。

为扩大学生视野，自1936年第一学期起，每学期都邀请学者来校作学术演讲，一些著名学者如顾颉刚、徐炳昶、冯友兰等都曾来过。他们演讲但内容十分广泛，如《发扬回教文化和精神》、《宗教与科学》、《福德图书馆之于回教文化及中国文化》、《中国儒释道三教关系变迁的概略》、《从历史上看回教文明对中西文化的关系》、《西北各省概况与回汉问题》、《青年的修养》和《中国历史上两位回教名人的事迹》等。学者演讲对开拓学生的视野、增进学生的知识无疑具有很大意义。不仅如此，为培养学生的演说技能，在学校的指导下，第六年级学生成立演讲团，在伊斯兰教历一三五六年斋月期间，在东四牌楼清真寺，轮流练习演讲。演讲内容涉及宗教道德、家庭道德、社会道德，回教道德与法律、经济、现代等许多方面。《回教道德概论》、《回教道德的标准》、《五功与回教道德的关系》、《〈古兰经〉中对于道德的指示》、《〈圣训〉中对于道德的指示》、《"心"与道德的关系——回教关于心的教训》、《宗教道德之一——坚定信仰》、《宗教道德之二——服从主命》、《宗教道德之三——实践圣行》、《家庭道德之一——孝慈》、《家庭道德之二——礼节》、《家庭道德之三——夫妇》、《社会道德之一——扶植正义》、《社会道德之二——亲爱、互助、团结》、《社会道德之三——服从与信仰》、《回教道德与法律》、《回教道德与经济》、《回教道德与现代》和《后世与道德的关系》等都是他们演讲的题目。[6]另外，在马松亭等人的积极努力下，埃及国王还派遣爱资哈尔大学教授来成师任教，成师优秀毕业生可以去爱大留学深造。在马松亭等人的不懈努力下，成师终于成为北平甚至全国最有影响的伊斯兰师范学校。

成达师范学校是继王宽创办回文师范学堂后，在北京出现的一所较为完备的师范学校，是"中国回教的一线曙光"[7]。成师的创立和发展是北平甚至中国伊斯兰教教育史上的一件大事。成达师范学校的学生来自全国各地，毕业后有的被派赴埃及爱资哈尔大学留学，有的前往甘肃、陕西、宁夏等穆斯林聚居区筹办回民教育，"用回教教义向西北回民灌输国家意识"[8]，有的担任内地教长，有的留校工作，为社会培养了很多有用之才。

四、回文女子学堂

新月女中是北平第一个回民女子中学。它于1935年由新民、马松亭、陈志澄、赵振武、王梦扬等人创立，校址在牛街小寺街二号原西北第一附小分校。杨新民任校长，马汝邺为董事长，沙明远、薛文波等十一人为董事。第一班招收四十人，回汉兼有。课程设置方面，除一般中学科目外，每周加授一小时阿拉伯文。另外，还开设"精神指导"课，讲授伊斯兰教知识。学校经费来源，除学生每人每学期须交纳杂费四元外，余为马汝邺的捐资生息。所以经费很紧张，教师授课一直都为义务帮忙。新月女中勉强维持了一年多，就停办了。虽然新月女中存在的时间不长，但它的出现"打开了女子升学的道路"，"是北京回民教育史上的创举"，也是"回民女子教育的一个可喜的开端"[9]。另外，新月女中停办后两年，由伪回教联合会开办了"实践女中"，后改为西北女中。

五、近代留学教育

派遣留学生，与国外进行学术文化交流，是提高本国学术文化水平的一个有效途径。北平穆斯林留学之风始于 1921 年王静斋带学生马宏道出国学习。由学校正式资派留学，自埃及爱资哈尔大学中国学生派遣团开始。爱大是伊斯兰教世界的一所著名大学。

1931 年派出第一届留学生，他们由上海伊斯兰回文师范学堂一人和云南明德中学三人组成，明德中学训育主任沙儒诚负责护送并留在埃及负责监护。1932 年派出第二届，由北平成达师范学校五名毕业生组成，他们分别是韩宏魁、王世明、金殿贵、马金鹏、张秉铎，由校长马松亭负责护送。抵达埃及后，马松亭访问埃及文化界名流及宗教当局，并转赴各伊斯兰教国家考察教育及教务实施状况，"颇蒙各地回民之欢迎，并以沟通中西文化相勉"[10]。这种结果充分说明国内外双方都渴望文化交流。马松亭还觐见了埃及国王福德一世，详细阐述了东西文化交流的必要性，认为中、埃应承担沟通之责。埃及国王对马松亭所言表示赞许，并承诺尽量接收中国留学生，还派赛依德·穆罕默德·达理和穆罕默德·伊卜拉欣·福力非乐来北平成达师范学校任教。埃及国王还赠给成达师范学校大批伊斯兰教典籍。此后，云南明德中学、上海伊斯兰回文师范学堂陆续派出第三、四届。由于爱大更换校长，第五届成达师范学校派遣团未能成行。然而，中西文化交通的渠道已开。[11]

马松亭在沟通中西文化交流方面起了开通作用。1936 年成师校务会议决定，推马松亭第二次赴埃及考察。马松亭于十月五日由上海出发，二十四日抵达埃及，十二月八日回国。在埃及期间，他拜见埃及新国王法鲁克一世、国务总理那哈斯巴沙、摄政委员长穆罕默德·阿里巴沙、委员阿以在特巴沙及穆罕默德·舍里夫巴沙、教务院长兼爱资哈尔大学校长木拉威先生，遍访埃及文化界名流人士。马松亭此行取得了很大的成效，双方"莫不认发扬回教文化，沟通中西文化为亟务"，埃及官方还表示可以继续派遣教授，而且必要时，也可多派，可以继续接收成达师范留学生。[12]

此时，福德图书馆的筹备工作也已经开始。图书是办好学校的重要条件之一。1932 年马松亭在埃及时，埃及国王福德一世及爱资哈尔大学校长佐瓦希理，曾慨赠图书四百四十一部，马当时就已经产生建立图书馆的想法。1936 年筹备委员会成立，蔡元培、陈垣、翁文灏、朱家骅、李书华、李麟玉、白鹏飞、黎锦熙、梅贻宝、冯友兰、姚从吾、张星烺、陶希圣、徐炳昶、顾颉刚、马邻翼、唐柯三、马寿龄、刘尊五、赵玉相、孙曜、白寿彝、陈树人、常松椿、艾宜栽、赵振武、王梦扬二十七人担任筹备委员，顾颉刚、唐柯三、白寿彝三人为常务委员。筹委会成立伊始，即发布启事，向中外征集回文、汉文书籍。[13]
短短三个月，就已经取得了一定的成效。如在埃及方面：埃及新国王
法鲁克一世，继承其父的遗志，专门拨款，饬令爱资哈尔大学指派专
员购置。爱资哈尔大学校长木拉威捐资倡率，并向各方代为征集。国
务院总理那哈斯巴沙，除个人捐赠《古兰经》五百部外，还通令所属
机关将所有出版物一律赠送一份。摄政委员会委员长穆罕默德·阿里
巴沙、委员阿以在特巴沙及穆罕默德·舍里夫巴沙，对征书活动也极
其赞成。他们或捐资或代为募集。其他如埃及大学、世界回教大会主
席、前教育部长安鲁伯巴沙、埃大文学院长太好虚生、爱大总视学哈
里德贝、爱大校刊主笔、社会学家握志德、历史学家南查尔、文学周
报主笔萨威、哲学家朝孩里、埃大哲学教授阿卜都拉札克等，或捐赠
本人著作，或代为征集，对此次活动也都给予极大的支持。国内方面
也极为踊跃。国立北平研究院、禹贡学会、燕大史地周刊社、燕京大
学图书馆、蒙藏委员会、行政院行政效率研究会、海军部、实报社、
东方书社、中央政治学校地政学院等单位和白鹏飞、冯友兰、张履贤、
阎百川等个人捐赠图书共计达一千二百四十种，三千一百五十七册，
捐款达七千四百元。[14]福德图书馆是留学教育带动下中外文化交流热潮
的一个重要成果。

　　民国时期北平地区的留学教育虽然规模不大，但意义较为深远。
首先，它为国内培养了一批穆斯林优秀人才。其中较为著名的如马金
鹏，他学成归国后，曾主持成师教务，担任上海福佑路清真寺教长，
后受聘于北京大学东语系，担任阿拉伯语教学工作，他还曾翻译《伊
本·白图泰游记》和《古兰经》。再如张秉铎，他被聘为中国伊斯兰教
经学院教授，为培养宗教人才做出了特殊贡献。其次，它为今后留学
教育打通了道路，中埃留学至今仍在进行。再次，它打开了中西文化
交流的渠道。伊斯兰教传入中国已有一千多年的历史，穆斯林人数不
断增多，中阿文明互相交往成为必然。马松亭两次赴埃及考察，得到
当地穆斯林大众和埃及国王的欢迎，表明中西文化交流是整个社会的
共同愿望。留学教育增进了双方了解，打开了双方文化交流的渠道。

　　总体而言，民国时期，北平地区大量回文学校的建立和留学教育
的兴起，是伊斯兰教教育发展史上的一件大事。虽然大多数学校存在
的时间并不长，规模也不大，但它在当时的进步意义却不容忽视。

　　首先，新式学校的建立和留学教育的兴起，巩固和扩大了伊斯兰
教在北京地区传播和发展的基础。民国时期新式教育是适应时代发展
需要的新的教育体制，它极大地提高了穆斯林的文化素质。其培养的

学生中的优秀代表既精通阿拉伯文又通晓汉文，既精通伊斯兰教经典教义又了解一般科学文化知识，在弘扬伊斯兰教宗教信仰方面发挥了很大的作用。

其次，新式教育以新的教育体制代替陈旧而保守的经堂教育方式，大大提高了广大穆斯林的文化素质。民国时期，北平兴办了很多回文学校，对普及穆斯林教育起到了很大的作用。当然由于种种困难，大多"设备不甚完美，学生也不过三、四十人"[15]。但是，对于初创时期的回文学校，我们也不应该求全责备。

再次，伊斯兰教新式教育活动是时代发展的产物，是当时社会兴起的教育救国、振兴民族活动的重要组成部分。清末民初，穆斯林有识之士觉悟到回民问题的一切症结在于文化素质低下。他们掀起的兴办新式学校的热潮，是为了振兴整个回教民族，不仅使他们在宗教上，而且在政治、经济、文化等各个方面都得到发展，与各民族一起，挽救国家危亡。"教育兴教，宗教救国"[16]，是新式学校创立和发展过程中的一个重要指导思想。二十世纪初，随着中国社会发生的巨大变革，提倡教育救国的思潮正在兴起。一批穆斯林有识之士目睹时艰，认识到要振兴回族，必须普及教育，进行宗教改革，以挽救国家危亡。所以，新式学校的建立"不是为教育而教育，乃是为完成挽救回民的危急，充实国家的实力"[17]。艾宜栽在撰写的《半年来的北平成达师范学校》一文中就曾说道：成师"研究回文，是要阐扬回教文化，以充实中国文化；运用宗教的信仰与力量，启发回民的知识，以充实国家民族的力量。"换言之，"成师是以'教育兴教'为方法，'宗教教育救国'为目的"[18]。成师在办学过程中及指导其毕业后服务方面，都遵循这个指导思想。可见，伊斯兰教育负有时代救国使命，宗教意识与国家意识紧密相连。

第二节　伊斯兰教书刊和社团

一、伊斯兰教书刊

民国时期北平地区相继出版了大量的伊斯兰教译著。编译之风，始自明朝，民国时期出版了很多伊斯兰教书刊，北平地区更为突出。其中，一为翻译类，如：北平成达师范出版部出版了纳子嘉的《伊斯兰教》。北平清真书报社出版了李虞宸的《圣训详解》和王静斋的

《回耶辨真》。北平秀真精舍出版了杨仲明的《教心经》。二为著作类，如：北平秀真精舍出版了杨仲明的《四教要括》和《中阿初婚》。成达师范出版部出版了金吉堂的《中国回教史研究》、马松亭的《回教与人生》、马自成的《历源真本》、埃及福力腓乐博士的《阿文新文法》、赵振武的《西行日记》。它还出版了由成达师范学生编著的《斋月演词》。此外，成达师范出版部还影印了一大批典籍，既包括浅显的阿拉伯读本、阿文法，也包括深奥的《古兰经》。成达师范出版部出版的大量译著，不仅保证了本校学生读书所需，还提供了向社会普及伊斯兰教基本知识的一个有效通道。

以上译著内容丰富，不仅就伊斯兰教的经典、教法、派别等问题进行阐述，还将伊斯兰教与其他社会问题进行相关研究。其中，既有学术研究，又有通俗介绍；既有通述，又有就某一问题而进行的专论。而金吉堂的《中国回教史研究》是中国回民自己系统著述伊斯兰教史的第一部著作。时至今日，对我们研究伊斯兰教史仍具有指导意义。穆斯林通过这些译著可以进一步加深对伊斯兰教的理解，社会各阶层通过这些译著进一步增加了对伊斯兰教的了解，有助于消除社会上存在着的对穆斯林及伊斯兰教的偏见，而这无疑有助于伊斯兰教的传播和发展。

书刊的增多带动了出版业的发展，北平清真书报社和成达师范出版部在当时都已经形成了一定的规模。北平清真书报社印刷了很多明清以来的汉文译著，并已经向全国发行。成达师范出版部还曾采用活字体印刷书籍。另外，还有如赵明远、马松亭、庞士谦、马坚、周仲仁等人创立的北平伊斯兰出版公司，马松亭、庞士谦等于1947年创办的月华文化服务社等。这些出版机构先后出版了大量的伊斯兰教译著，对伊斯兰教在北平的发展起了重要的推动作用。

民国时期北平曾相继创办了很多以阐发伊斯兰教义，提倡新式教育，关注现实问题，交流信息，报道时事为主要内容的各种报纸杂志，在社会上产生了广泛的影响。民国时期第一份报刊是1915年在云南创办的《清真月报》，可惜第二年即停。北京地区第一份报刊是1916年的《清真学理译著》。另外，如《清真周刊》、《穆声周报》、《穆友月刊》、《震宗报》、《穆光半月刊》、《月华》、《成达学生月刊》、《北平伊斯兰》、《正道杂志》、《励进》、《醒民》、《穆声》、《回族青年》、《西北》、《觉醒钟》、《成师月刊》、《西北周刊》、《西北一小校报》、《西北二小校报》、《西北周刊》、《成师校刊》、《古尔邦月刊》、《正宗爱国报》、《回协月刊》和《伊斯兰教青年月刊》等期刊都是在这一时期创办的。

在以上报刊中，由马福祥、唐柯三、马松亭于 1927 年创办的《月华》影响最大，办刊时间最长。它以"发挥回教适合现代潮流之精神，增进中国回民知识与地位；提倡中国回民教育和生计"为宗旨，设古兰诠注、时事述评、言论讲坛、学术讲座、论著选载、回教世界、演讲录、书记、调查、译丛、穆民写真、中外教闻、史乘史料、文艺作品等栏目，内容丰富，行销国内外。当然，其中大部分报刊或由于经费紧张、或由于稿件缺乏，不久即停办。但它们在"阐发教义，提倡教育，沟通文化，传达各地回民消息"[19]方面起到了很大的作用，其历史价值不容忽视。这些报刊是我们研究民国时期北京地区伊斯兰教发展史的重要史料。

二、伊斯兰社团

与此同时，民国时期北平地区还出现了许多伊斯兰教文化、学术团体。它们是在辛亥革命后新社会思潮的推动下产生的。辛亥革命胜利后，中华民国成立，集会结社成为合法。所以，穆斯林有识之士相继成立了一些伊斯兰教学术文化团体。其中影响较大的有两个，即中国回教俱进会和清真学社。

1. 中国回教俱进会

中国回教俱进会是民国初年成立的最有影响的伊斯兰教文化团体，总部设在北平。1912 年 5 月 15 日召开的筹备大会，对这个即将成立的伊斯兰教团体的名称、宗旨、章程、机构设置等进行讨论。7 月 7 日，中国回教俱进会在花市清真寺召开成立大会。会议选举时任教育部次长的马邻翼为会长，王宽、王友三为副会长，张子文为评议长，王丕谟为文书长，安静轩为调查长，穆子光为庶务长。《中国回教俱进会章程》对本会宗旨、机构设置、会员资格、会员义务、主要工作等方面都有规定。宗旨：中国回教俱进会以"联合国内回民，发扬回教教义，提高回民知识，增进回民福利。兴教育，固团体，回汉亲睦"为宗旨。机构设置：总部设在北平，并于各省地方设立支部。北平本部设会长一人，副会长二人。下设四部：即评议部评议长一人，评议员若干人；调查部调查长一人，调查员十六人；文书部文书长一人，文书员四人。书记、速记若干人；庶务部庶务长一人，庶务员四人，会计二人。其中除会计、书记、速记，由会长、副会长与庶务部长协商指定外，其余人员均由会员投票选举。俱进会职员，除办事权限外，均一律平等。本会职员除会计、书记外，均为义务职，不给薪酬。会员资格：凡国内二十岁以上穆斯林，未被剥夺公权，愿意遵会章，有会中一人介绍者，皆可为会员。无论国内、国外，同教、异教，凡有与本会表同情而能有所协助者，均可被推为本会成员。会员义务：会员有担任本会经费，维护本会名誉，排解、调和穆斯林之间的意见或冲突，保护维持穆斯林的宗教信仰自由，劝导、阻止穆斯林妨害地方治安或国家主权的行为的义务。并规定会员不能用本会名义图个人利益者、不能违反本会宗旨和章程，不能败坏本会名誉者等。主要工作：组织伊斯兰教报社，倡设男女小学校及艺徒学校，倡设男女工艺厂，组织法政讲习所或假期讲习社，翻译经典，调查穆斯林户口及生活习惯，提倡节俭，编辑白话论说，提倡回文学堂内兼授汉文，及其他必要之学科，劝导剪除发辫，及阻止妇女缠足。

中国回教俱进会总部成立后，积极开展活动。俱进会总部号召各地穆斯林建立支部，或派会员到各地亲自组建，或派代表参加支部成立大会。如：回教俱进会会员陈鹭洲曾前往山东、辽宁、吉林等地协助当地穆斯林筹建支部。[20] 再如保定支部成立时，张子文等亲自参加。[21] 京西蓝靛厂回教俱进会支部成立时，王浩然、张子文等都到会演说。[22] 在回教俱进会总会各位会员的积极努力下，各地组建支部的活动取得了很大的成效。回教俱进会支部在各地相继成立，除东北几个省和边疆个别地区外，几乎所有省份都成立了支部。随着各地支部的建立，回教俱进会的范围越来越广，影响越来越大，俱进会宗旨也日益深入人心。另外，该会在组织翻译《古兰经》、普及穆斯林教育、创办《穆光》杂志方面也做了大量工作。

中国回教俱进会积极倡导回汉团结。在新形势下，一些穆斯林有识之士已经认识到加强民族团结的重要性和必要性。王宽在《〈中国回教俱进会本部通告〉序》中的一段话很有代表性。他说："我最亲爱之穆民，其听之！回汉相处，千载有余，而乃交哄时闻，感情恶劣，殊非五族一家之道。汉、满、蒙、藏，譬如兄弟，操戈同室，贻笑外人。总宜相亲相近，且勿疑忌疑猜。余各处演说，皆以此语反复言之。实不愿酿兄弟阋墙之祸，而妨碍闾里之安宁也。"[23] 基于这种思想，俱进会还非常欢迎非穆斯林人士成为本会赞成员。因而，该会得到社会各界人士的支持和赞助，在当时产生了广泛的社会影响。在其成立前后，社会媒体对它都进行了相关报道。如《正宗爱国报》曾刊登《敬告回教俱进会》一文，提出在坚持自己的宗旨的同时，多联络明白外事的会员等，对俱进会的发展给予关注。[24]

虽然，1936 年 5 月，回教俱进会在呈请审核备案时，北平市政府以"中央以准中华回教公会之组织并发给证书在案","同一性质之人民团体以一个为限"为由，强令取消该会。但该会在推进北平甚至全国伊斯兰教发展、促进回汉团结、提倡兴办教育实业方面已经发挥了很大的作用，其历史功绩永远不会被抹杀。中国回教俱进会是中国历史上第一个全国性的伊斯兰教文化团体。它改变了"教之散漫"[25]。在很短的时期内，各地支部广泛设立，与北平总部一起为传播俱进会宗旨做出了很大的贡献。

2. 清真学社

清真学社是第一个伊斯兰教学术团体。组建伊斯兰教学术团体的想法最早出现在清末。"天津杨仲明阿衡之清真教育会，宣言会章，灿然已备；惜调高和寡，未能实现"。1913年清河陆军预备学校回教同学与京师公立第一两等小学堂同学曾拟联合组建清真学会，但仅筹备，并未成立。直至1917年，京师公立第一两等小学堂同学才真正组建清真学社。清真学社组建者认为伊斯兰教传入中国时间虽然很长，但"终未大昌"的原因是"学者囿守一方，不能集思广益"所致。有鉴于此，他们组织清真学社，以"阐明学理"，"研究学术各宗旨"，"联同教之感情"，"共勖学问之进步"[26]。清真学社在立案呈文中声明："宗教之主旨，要以道德为依归；道德之修明，则恃学术为先导"，将此组织定位为伊斯兰教学术团体。清真学社于1917年被批准成立，社址在牛街礼拜寺。清真学社设社长一人，综理社务。干事四人，辅助社长，分担社务。设总部一处，不设支部。

根据《社员规约》，本社"专在研究学术，阐明教理"。主要工作有："对于教务利弊，有以文字提倡之责，但不得攻击个人私德"；"对于非回教人，关于本教教理教条之误解及诋侮，有以文字驳正分辩之责，但不得涉及挑衅辞意"；"对于同教人及非同教人宗教之疑问，有解释之责"；"对于教理教法之争执，有引据经典以调节之责"。清真学社一般每周集议一次，研讨学术，并将研究所得以学社名义公布于宗教界。社员无入社费，但有负担活动经费的义务，一切费用由社员均摊。凡成年穆斯林，具有研究能力者，均可参加。[27]1921年以后，因社员南北分散，社务陷于停顿。

民国时期，北平地区还成立了其他一些文化学术团体。其中较为著名的是伊斯兰学友会。它是由北平各大学同学于1928年联合组织的。会员涵盖面非常广，依省则包括十五个省。依性别则男女都有。依学校则包括辅仁大学、中国大学、民国大学、北京大学、朝阳大学、郁文大学、师范大学、女子师范大学、华北大学、北平大学、工业大学、法政大学、铁路大学、交通大学、北平师范、军需学校、宏达中学、崇德中学、文治中学、财商专校、西北公学及成达师范学校等众多学校的学生，真可谓是北平地区最高知识阶级青年的总荟地。1933年伊斯兰学友会改组为回族青年会。另外还有如由部分穆斯林知识青年组成的追求学会等都是在民国时期成立的。[28]

总体而言，民国时期北平地区一些穆斯林有识之士紧跟时代的步伐，关注民族、民生，创办报纸杂志，组建全国性或地方性文化学术团体，对广大穆斯林观念的变革，思想的解放，素质的提高，对推动伊斯兰教学术文化研究以及伊斯兰教发展传播等方面，都产生了深远的影响。

第三节　清真女寺的兴建

民国时期，北平地区清真寺约有三四十座。据 1931 年《正道》杂志创刊号载："北京的清真寺是 32 座，近年又增两座，共 34 座。"另据 1938 年《回教》月刊一卷六期载："北京一地即有清真寺 36 处，再以市界所辖，丰台、平西府、树村等寺列入，当在 40 处以上"。又据 1936 年王梦扬《北京市回教概况》一文所载："北平一市，计有男女礼拜寺四十六处"[29]。但是，只有鼓楼、天桥、米市等几座是在民国时期修建的。民国时期，北平地区修建的清真寺不多，清真女寺的兴建是这一时期的一大特色。

晚清以来，在兴女学、重女权等进步思潮的影响下，兴起了修建女寺热潮。早在民国初年，牛街乡老发起修建女寺，后因经费不足停顿，1922 年又募捐筹款，在牛街寿刘胡同兴建了北平首座清真女寺。此后，阜成门外三里河、崇文门外雷家胡同、朝阳门外观音寺、德胜门外关厢、马甸等地也相继修建了清真女寺。

"北平女寺之冠，要属牛街的女寺了。"它位于牛街与教子胡同两清真男寺之间，为 1929 年所建，屋宇三十余间。来此寺礼拜的人数较多，据载，"每日礼拜的妇女，络绎不绝，平均每次礼拜有七十余人。各处同教妇女，来该寺沐浴的很多"[30]。德外马甸清真女寺也是一座规模较大的清真女寺。它位于男寺之北，堂子胡同中间，路南小胡同内。北房两间半，为礼拜所在。东屋两间为浴室，内有水井一口。南屋三间为经学堂，也是女阿訇下榻之所。马师娘曾主持寺务，其经费由教民供给。女寺建立后，礼拜人数渐渐增多，夏天和举行宗教节日的时候人数较平时更多。其人数多则二十余人，少则十数人或数人而已。

女寺附设经学，学生夏日多，冬日少；多则三四十人，少则十数人。[31]再如三里河清真女寺，本名清真女学，距离三里河清真寺很近，只有"数十间"。此寺规模简单，朱色大门，外观颇似住宅。北房三间为大殿，东房三间为沐浴室。曾聘请女阿訇一人，专司女寺教务。后因经费关系，离开。[32]这应该是民国时期北平地区清真女寺的一个基本状况，正如寻真在《北平清真寺的调查》一文中所言北平地区的清真女寺一般"不过屋宇数间，每日礼拜者一二十人罢了"[33]。

民国时期北平地区清真女寺虽然规模不大，设施也不完善，但其创建本身就是伊斯兰教发展史上的一件大事。而且北平地区清真女寺数量很多，居全国清真女寺之首。不仅如此，北平地区清真女寺兴建后，各地女寺也相继兴建，北平地区清真女寺对全国各地清真女寺的兴建起了很大的倡率作用。

第四节　辱教事件

辛亥革命后，孙中山主张"汉、满、蒙、回、藏"五族共和，民族平等。孙中山十分肯定回族的革命性，他曾说："三民主义首在解放国内各民族一律平等。回族在中国历代所受之压迫最甚，痛苦最多，而革命性亦最强。故今后宜从事于回民的唤起，使加入民族解放之革命运动。回族以历代勇敢而不怕牺牲著称于世，使能唤起回民之觉悟，将使革命前途得一绝大之保障。且国民革命之工作，首在打倒帝国主义；但此种工作断非中国民族所可单独完成者，势须亚洲各弱小民族为密切之结合。亚洲弱小民族为波斯、土耳其、印度、阿富汗及阿拉伯，皆为回族组成之国家。此多数回族国家既具有强大之革命性，复受绝大之压迫力，今后势将团结一致以与欧洲之帝国主义相对抗，而促其覆亡。总而言之，中国的民族运动，非有回族之参加，难得最后之成功；打倒帝国主义之工作，非有回族之整个结合，亦势难完成也。"[34]但是，孙中山所提出的五族共和、民族平等并未真正实现。在二十世纪三四十年代，国民党政府推行大汉族主义民族压迫政策，不承认回回是民族，蒋介石在《中国之命运》一书中称回族为"国内生活习惯特殊之国民"。广大穆斯林的生活习惯和宗教信仰经常受到侮辱和歧视，侮教事件时有发生。民国时期发生的侮辱伊斯兰教与穆斯林的事件，不下三十多起，其中就北平地区而言，影响较大的就有以下几起：

一、《新亚细亚》案

1931 年 7 月，由戴季陶主编的《新亚细亚》杂志 2 卷 4 期刊载魏觉钟《南洋回人不吃猪肉的故事》一文，对伊斯兰教创始人穆罕默德进行公开诽谤，引起广大穆斯林的极大愤慨。他们致函在当时较有影响的伊斯兰教杂志《月华》，要求其出面抗议交涉。《月华》负责人当即致函《新亚细亚》杂志主编戴季陶，要求赔礼道歉，声明更正，并保证此后不再刊登此类文字。《新亚细亚》杂志社不久复函承认"此文完全无稽"，"敝深引以为憾"，并在 2 卷 6 期予以更正。

二、《南华文艺》案

1932 年南京出版的《南华文艺》第 1 卷第 14 期刊登署名娄子匡的两篇文章，对穆斯林不吃猪肉的习俗进行扭曲，对穆罕默德进行诋毁。事件发生后波及北平地区。北平穆斯林在中山公园水榭召开全北平回民代表会议，成立"华北护教团"，并派王梦扬、王瑞兰、刘柏石、马子文等四人赴南京请愿，要求认真执行民族平等、信教自由条文，惩办撰稿人娄子匡，停办《南华文艺》，并保证此类事件不再发生。在代表的积极努力下《南华文艺》被停刊，娄子匡被判处有期徒刑一年六个月。

三、《世界日报》案

1936 年《公民报》刊载了侮辱穆斯林妇女及伊斯兰教的文章《奇异的风俗》。《时言报》又将此段文字转载，引起穆斯林的不满，经交涉后，两报刊登启事道歉。不料，事隔几日，《世界日报》所属的《世界晚报》和《公民报》将上述文字改名《哈密出美女》再次刊载，这不能不引起穆斯林的愤慨。他们举行盛大的游行，向市政府请愿，并砸毁《世界日报》报社。由于事态不断扩大，国民党当局出面解决，保证市政府根据已颁布法令，严禁侮辱回民；由北平市新闻记者公会自动约束同业，不再刊登侮辱伊斯兰教文字，并就此事向清真寺道歉。

四、《北平新报》案

1947 年《北平新报》刊载侮辱伊斯兰教的文章《猪》，诋毁伊斯兰教"敬猪为亲"，引起穆斯林的极大愤慨。他们组织"为北平新报事件护教大会"，举行示威游行，掀起抗议活动。但北平报业公会对穆斯林的抗议熟视无睹，国民党中央社对报社行为也予以偏袒，声称这是"误解教义发生误会"。这进一步激起穆斯林的愤怒，在他们的强烈抗议下，北平新报登报检讨，并派人到北平回协道歉，南京国民政府重申尊重伊斯兰教信仰。

侮教案基本上都得到了解决，报刊负责人、直接撰稿人，迫于压力，受到相应的惩处。这是广大穆斯林团结斗争的硕果。尤其值得一提的是，国民党当局被迫颁布尊重信教，禁止侮教法令。1932 年南京国民政府行政院发布命令，承认民族平等、信教自由为基本政纲。穆斯林是中华民国重要成分。南华文艺等社刊登的侮辱伊斯兰教文辞十分谬妄。以后各种刊物，对于包括伊斯兰教在内的任何宗教，不得稍存侮视。1936 年北平市政府通令，各报社切实遵照行政院通令成案，对于任何宗教，不得稍存歧视，任意轻蔑。[35]侮辱伊斯兰教的文字不断见诸报端，激起广大穆斯林的气愤，当局不得不发布通令，声明尊重伊斯兰教，信教自由。

侮教事件的发生有深刻的政治根源。民国时期，国民党政府并没有真正实行孙中山先生所倡导的五族共和、民族平等政策，而是在继续推行大汉族主义的民族歧视政策，导致回汉关系继续恶化，侮教事件接连不断。对此，鲁迅先生早在 1932 年就曾写给友人许寿棠的信中指出："此次南来时，适与护教团代表同车，见送者数百人，气势甚盛，然则此事似尚未了，每当历代势衰，回教徒必有动作，史实如此，原因甚深，现今仅其发端，窃疑将来必有更巨于此者也。"[36]穆斯林抗议侮教的斗争，是各族人民反对压迫和专制独裁政治制度，追求民族平等活动的一部分。它的积极意义不容忽视。

尤其值得注意的是，民国时期北平地区侮教案发生后，广大穆斯林不再通过武力打斗，采取过激措施来泄愤，而是通过请愿、游行、交涉等和平手段来解决。侮教文字违反了民国宪法中有关民族平等、信教自由的条文，穆斯林便通过合法途径争取自己的信仰自由。当时的伊斯兰教报刊如《月华》等对侮教事件十分关注，它们随时报道事态发展，甚至向有关报社人员直接进行交涉，对侮教案的解决起了很大的作用。所以，民国时期北平地区穆斯林争取信仰自由的斗争带有很强烈的时代进步特色。

注释：

（1）李兴华、冯今源编：《中国伊斯兰教史参考资料选编》下册，第 950 页。

（2）彭年：《北京的回族与伊斯兰教史料汇编》，第 65 页。

（3）李兴华、冯今源编：《中国伊斯兰教史参考资料选编》下册，第 1034—1036 页。

（4）同上，第 1037—1038 页。

（5）同上，第 1041—1042 页。

（6）同上，第 1061—1062 页。

（7）同上，第 1058 页。

（8）同上，第 913 页。

（9）彭年：《北京的回族与伊斯兰教史料汇编》，第 71 页。

（10）李兴华、冯今源编：《中国伊斯兰教史参考资料选编》下册，第 1055 页。

（11）同上，第 952 页。

（12）同上，第 1056 页。

（13）同上，第 1057 页。

（14）同上，第 1060 页。

（15）李兴华、冯今源编：《中国伊斯兰教史参考资料选编》上册，第 412 页。

（16）李兴华、冯今源编：《中国伊斯兰教史参考资料选编》下册，第 1038 页。

（17）同上，第 1039 页。

（18）同上，第 1062 页。

（19）同上，第 957 页。

（20）《申报》，1912 年 9 月 22 日。

（21）《正宗爱国报》，1912 年 11 月 12 日。

（22）《正宗爱国报》，1913 年 2 月 20 日。

（23）王宽：《〈中国回教俱进会本部通告〉序》，转引自白寿彝：《中国回回民族史》，第 734 页。

（24）《正宗爱国报》，1912 年 7 月 21 日。

（25）王宽：《〈中国回教俱进会本部通告〉序》，转引自白寿彝：《中国回回民族史》，第 734 页。

（26）李兴华、冯今源编：《中国伊斯兰教史参考资料选编》下册，第 961 页。

（27）同上，第 962—963 页。

（28）同上，第 963—964 页。

（29）同上，第 1325—1328 页。

（30）李兴华、冯今源编：《中国伊斯兰教史参考资料选编》上册，第 412 页。

（31）同上，第 508 页。

（32）同上，第 440—441 页。

（33）同上，第 412 页。

（34）李兴华、冯今源编：《中国伊斯兰教史参考资料选编》下册，第 1035 页。

（35）《北平教案始末记》。

（36）《鲁迅全集》，第 12 卷。

第四篇　北京基督宗教史

第一章　天主教

　　学界一般认为基督教在唐代首次传入中国，确凿的证据就是明熹宗天启三年（1623 年）在西安附近发掘出的《大秦景教流行中国碑》。近百年来，经过中外学者的精心研究，确认碑文所说的景教是基督教中的聂斯托里派传入中国后的称呼。聂斯托里派是 5 世纪形成的基督教派别之一，后流行于叙利亚和波斯一带，7 世纪时传入中国，称为"景教"。因该教发源于东罗马帝国，我国古代称罗马帝国为"大秦"，故在景教之前加"大秦"二字，有的甚至称之为"大秦教"，其寺院称为"波斯寺"或"大秦寺"。据《大秦景教流行中国碑》以及有关文献记载，唐太宗贞观九年（635 年），景教教士叙利亚人阿罗本从波斯来到唐朝都城长安，译经传教。此即基督教入华的开端。唐太宗很重视景教，曾派大臣房玄龄到郊外迎接阿罗本。贞观十二年（638年），唐太宗下诏在义宁坊建大秦寺一所。唐高宗时又下令在各地建立景教寺院，并封阿罗本为"镇国大法主"。此后景教盛极一时，正如碑文所说"法流十道"，"寺满百城"。会昌五年（845 年），唐武宗下令灭佛，景教也受到牵连，寺院被废弃，教士 2000 余人被逐。此后聂斯托里派虽仍流行于中国北部边远地带，但在内地却销声匿迹了 400 余年。[1]直至元朝建立，天主教传入中国。

第一节　元到清初北京的天主教

　　13 世纪下半叶，蒙古族统一中国建立元朝。原来流行于蒙古、中亚一带的聂斯托里教派在中国内地恢复活动，罗马教宗也派遣教士东来，把罗马天主教带到中国，当时人们把在华的天主教各派统称为"也里可温教"。"也里可温"的意思众说纷纭，有人认为它是蒙古语，意为"有福缘的人"或"信奉福音的人"。但也有学者说也里可温来源于希伯来语"阿罗诃"，即上主。由于天主教各派都尊崇十字架，故当时人们又称该教为"十字教"，称其教堂为"十字寺"。

　　元代天主教东来，与蒙古西征紧密相关。1233 年，蒙古军在与宋朝军队联合灭金后，转而西征，消灭突厥人所建花剌子模国后，越过兴都库什山脉进入印度北部；同时，成吉思汗又另派一路大军，在哲别和速不台带领之下，经里海南端，过格鲁吉亚，翻越高加索山，侵入俄罗斯南部地区，大败以基辅为盟主的俄罗斯诸国联军，绕里海北部而归。成吉思汗去世后，拔都（成吉思汗之孙）和速不台要求俄罗斯王公交出"男子、公爵、马匹和所有财物的十分之一"，这一要求被拒绝后，拔都于 1236 年至 1237 年发动西征，按顺序一个个包围并毁灭俄罗斯的城市，金帐汗国在俄罗斯的国土上建立起来。蒙古的最后一次西征在 1240 年至 1241 年冬季。1240 年 12 月 6 日基辅陷落，蒙古军队继续西进，其右翼攻入波兰，于 1241 年 4 月在西里西亚击溃波兰与日耳曼联军。拔都和速不台率主力进入摩拉维亚和匈牙利，另一支部队则向北闯入奥地利。[2] 年末，元太宗窝阔台去世，西方远征军将领不和，蒙古军队才于 1242 年撤退。因此，不是由于欧洲的强大，而是由于蒙古军队内部的分裂，西欧才幸免于难。教皇格里高利九世时期（1227—1241 年），蒙古东征的消息不断传来，从波兰和匈牙利逃回的方济各会和多明我会的修士，报告了蒙古军所向杀戮的恐怖情景。教皇曾致函日耳曼各修会会长，试图组织抵抗蒙古的十字军，但因欧洲各国君主意见不一而作罢[3]。蒙古西征时期，西方社会正处于不稳定期：天主教会内部教宗分立，教廷四处迁徙；教宗与神圣罗马皇帝为属灵和属世权力争斗不止；同时，常年与伊斯兰世界的战争——十字军东征，已使西方社会疲惫不堪，而且不得不面对日益强大的伊斯兰军队[4]。在此有必要回顾一下基督教在欧洲的发展历程以便凸显这一波传教活动的独特性。基督教从小亚细亚传入罗马帝国后被立为国教，虽然罗马皇帝希望基督教像以前的国家宗教一样为帝国服务，但是基督教的个性使得它很难像以前的国家宗教那样成为皇帝的附庸。对于罗马帝国来说，基督教（这里即天主教）所带来的改变可说是本质性的，表现在这种宗教与政府脱离了关系。正像古史学家库朗热所说，在古代，宗教与政府是一而二，二而一的。……耶稣说："恺撒的归恺撒，上帝的归上帝。"将宗教与国家作如此清晰的区分，这还是头一次。[5]奥古斯丁的《上帝之城》代表了基督教对教会和国家的看法。那就是有两座城互相对立着，一座是天上的城，一座是地上的城……地上的城的典型代表是巴比伦和古代罗马，而天上的国在基督以前以犹太人为代表，现在便是基督教会[6]。此后数百年间，围绕着教权和政权，教会和国家（先是罗马帝国，而后则是欧洲诸民族国家）展开了激烈的斗争。有时王权占上风，趁机扶植听命于自己的教皇，同时也迫使本国的教会听从自己的管理。有时教权占上风，甚至可以废黜帝王。不过二者的斗争基本上处于平衡状态，谁也不能彻底压倒对方。天主教在元代的东传正是在当时的教宗格里高利九世与神圣罗马帝国皇帝腓德烈二世激烈争夺领导权的情况下发生的。由于教宗希望组织十字军征讨伊斯兰教势力，而腓德烈不仅不予配合，甚至率军进攻教宗的领地。教宗英诺森四世（1243—1254 年）上台后，于 1245 年召开里昂会议，号召各国君主支持法王路易九世组织第七次十字军东征。为了解除蒙古帝国的威胁，全力对付夙敌阿拉伯人，会议决定派使节出使蒙古，试图缔结和约，窥探蒙古的军事实力，并尝试能否使蒙古人改宗天主教[7]。

因为中世纪西方一直知道蒙古人中有人信奉基督。1145 年，叙利亚格白拉地方的主教奉亚美尼亚王之命，出使教廷，向教宗欧革纽三世透露说远东有长老约翰王（Presbiter Johannes），名王罕，是向耶稣圣婴朝拜的古代三圣王的后裔，他在波斯打败了穆斯林，要收复耶路撒冷，只是由于底格里斯河涨水才未能如愿。在欧洲还传说蒙古贵族中有许多基督徒，而且成吉思汗本人也信奉基督教，教名是大卫[8]。于是，教廷第一次派出了以意大利方济各会修士柏朗嘉宾（1182—1252 年）为首的使节团。此时，他已是 65 岁高龄了。他们由里昂出发，横穿欧亚大陆，第二年即 1246 年 2 月底进入蒙古统治区，8 月在上都和林参加了元定宗贵由汗的即位大典，受到皇太后和景教徒大臣们的礼遇。柏朗嘉宾于 11 月 13 日觐见贵由汗，呈上了教宗致蒙古皇帝的两封书信。第一封详细阐述了天主教教义；第二封劝告蒙古皇帝停止向西方进攻，并谴责蒙古士兵滥杀无辜："兹特劝告、请求并真诚地恳求你们全体人民，从今以后，完全停止这种袭击，特别是停止迫害基督徒。……全能的上帝迄今曾容许许多民族在你们面前纷纷败亡，这是因为有的时候上帝在现世会暂时不惩罚骄傲的人。因此，如果这些人不自行贬抑，在上帝面前低首表示卑下，那么上帝不仅不可能再延缓在今生对他们的惩罚，而且可能在来世格外加重其恶报[9]。"从贵由汗的回信中，我们看到这次出使在外交意义上的失败。贵由汗对必须接受基督教的洗礼和战争杀戮表示不解，并指责对方："你们认为，你们西方人，自以为独奉基督而鄙视别人，但……我亦信上天，赖上天之力，我将自东徂西，征服世界。[10]"

当柏朗嘉宾出使蒙古的时候，教宗又派一使团出使近东蒙古军营，希望能够联络蒙古人中的聂斯托利派信徒，合力进攻占据耶路撒冷的伊斯兰教徒。1247 年，教廷使节抵达蒙古军前锋统帅拜住将军的军营，因不愿下跪和献礼，险些被斩首，幸得拜住的一位景教徒妻子相救，才得幸免[11]。

既然知道蒙古朝廷和军队中确有人信奉基督，教宗便试图派传教士进入蒙古。1253 年方济各会修士鲁布鲁克前往和林，次年受到元宪宗蒙哥的两次接见，鲁布鲁克留在蒙古传教的请求，被蒙哥婉拒，只好回国复命。其间，他也接触了一些景教信徒，但他对他们没有什么好感，指责他们的行为像酒鬼一样。据鲁布鲁克所记，这些聂斯托里派教徒中很多人都已丧失基督教徒的特性[12]。

与兄长蒙哥相比，弟弟忽必烈即位后采取了更为关切的态度邀请和招募外国基督徒。马可·波罗是忽必烈时代中西方交流中最为著名的基督徒。虽然他并不从事传教工作，但他一家三口来华却为天主教的东传起到了很好的促进作用。他的父亲尼古拉·波罗和叔父马飞奥·波罗于1265 年或 1266 年抵达上都和林，觐见元世祖忽必烈。据称这位元朝皇帝忽必烈请他们回报教廷，请教宗"派一百名熟悉基督教信仰的贤人，通晓七艺，长于辩论，……据理阐明基督教信仰比偶像崇拜之类的信仰更好"[13]。当老波罗兄弟于 1269 年返回家乡时，教宗克莱门特四世恰好于一年前去世，他们返回中国的计划受阻。正当他们决定在没有教宗的祝福下返回时，新的教宗格里高利十世被选出了，他们受到了教宗接见。但是，他们没有得到 100 位有学问的基督徒，教宗仅派两名多明我会修士随他们去中国。波罗兄弟遂带上 15 岁的马可·波罗与两位修士一同上路，途中遇到战事，那两位多明我会修士半途而返。1275 年，他们带着新教宗格里高利十世的信再次回到中国。

马可·波罗深得忽必烈的信任，在中国任职长达 17 年，他所口述的《马可·波罗游记》激起了整个欧洲对中国的遐想。他留下了关于蒙古大汗参加基督教主要节日如复活节、圣诞节礼拜的记录，也记录了大汗对各大宗教并行不悖、兼容并蓄的政策[14]。

罗马天主教第一个取得传教认可的传教士是方济各会修士、意大利人约翰·孟高维诺（1247—1328 年）。据说此人早先当过兵，后来成为一位法官，随后又担任腓德烈皇帝的老师。当然，由于腓德烈皇帝死于 1250 年，当时孟高维诺年仅三岁，这一说法显然是靠不住的。据称在 1280 年他受本会派遣到波斯出使[15]，后他又于 1289 年受教宗尼古拉四世之命，途径印度，由海路于 1293 年抵达中国，次年到大都，受到元世祖忽必烈的欢迎，获准在大都自由传教[16]。他第一件成功的事是使信仰景教的汪古部首领高唐王阔里吉思改宗天主教，从而带领整个部属改宗，并营建了华丽的教堂，称为"罗马教堂"。于是，孟高维诺在大都的宣教事工一下便打开了局面。但他不得不将部分精力用于对付景教势力的排挤、孤立和诬蔑。当时中国境内的景教教徒共有 3 万人之众，资产雄厚，政治势力强大，教堂林立，在与新来乍到的天主教的抗衡中占尽优势。经过十几年的奋斗，孟高维诺在大都建了三座教堂，为 6000 多人施洗。他还收养了 40 名 7—11 岁的儿童，教以拉丁文和教会礼仪，组织了诗班，并翻译《新约》和《旧约圣咏》[17]（不知是蒙文抑或维吾尔文），以当地语言举行弥撒（这是极富创意的举措，其《旧约》的 6 份抄件就是用 3 种语言文字完成的，即拉丁文、突厥文、波斯文。稍后到了 17 世纪，大量论著都无法说服罗马教廷允许用中文举行弥撒，惟有在 1615 年，才短期内允许耶稣会士们用中文作弥撒，这种禁令一直持续到 1962—1965 年的第二次梵蒂冈会议）。于是，拉丁教会的一株幼苗在中国成长起来，孟高维诺极力使之免受业已存在的东方教会的影响。

1307 年，罗马教廷鉴于孟高维诺在孤军奋斗中取得的优异成绩，特别设立汗八里（即北京）总主教区，委任孟高维诺为总主教，统辖契丹（中国北部）及蛮子（中国南部）各处主教及教务。此外，远东教区也归他领导，并拥有简授主教和划分教区权、非重大事件不需请示教宗的特权。[18] 教宗还派 7 名方济各会修士来协助他，其中 3 人死于印度，1 人留在途中工作，最终到达中国的只有 3 人，当时是 1313 年。哲拉德被任命为泉州教区第一任主教，其余 2 人留北京工作。

1328 年，孟高维诺在中国工作了 34 年后在大都去世，享年 81 岁。他在中国完成了一项相当艰难的事业，一方面与蒙古君主维持着良好的关系，另一方面培养信徒阅读《圣经》和举行礼拜，在中国的南方和中部的大商业中心设立主教区。此时，中国天主教徒约有 1 万人以上，主要集中在北京和泉州。5 年后，教宗约翰二十二世才得知孟高维诺逝世的消息，曾派巴黎大学神学教授尼古拉赴大都继任，但中文史料中对此并无记载。1336 年，元顺帝派了一个 16 人使节团携带顺帝致教皇书，从大都出发西行。两年后，使团抵达法国阿维农，觐见了教宗本笃十二世，呈上书信和礼物。同年，教宗派方济各会修士马利诺里等人携带回信和礼物东来，于 1342 年抵达大都，受到顺帝的欢迎，使团所献一匹骏马，深得顺帝喜爱，赞不绝口。马利诺里身着礼服，口唱"笃信惟一真神"步入宫殿，有一人持一极为精美的十字架在前引导，见到顺帝后为他祝福，顺帝虔诚领受。[19]马利诺里在元朝宫廷住了 4 年，备受尊敬，后因中国局势不稳，于 1346 年从泉州乘船返欧。此后，终元之世中国再没有大主教，中国教会失去了领导。

当时在大都活动的天主教徒和景教徒被称为也里可温，元代的一些中文史料中多有关于中国基督徒及当时基督教管理机构的资料，如"中统三年三月己未，括木速蛮、畏吾儿、也里可温、答失蛮等户丁为兵"[20]。"中统五年，诏僧道也里可温、答失蛮、儒人凡种田者，白地每亩输税三升，水地每亩五升"[21]。这两条史料提到"也里可温"征兵及收税的情况，可证当时中国的基督教徒数量不少。正是由于基督徒数量的增多，元朝政府才专门设立了"崇福司"以便管理基督徒。"崇福司，秩（从）二品。掌领马儿哈昔和列班也里可温十字寺祭享等事。司使四员，从二品；……延佑二年，改为院，置领院事一员，省并天下也里可温掌教司七十二所，悉以其事归之。七年复为司，后定置以上官员"[22]。元史中甚至有崇福司任职官员的姓名，如"戊戌十八年：马某火者十一月除崇福司使"[23]。蒙古帝国渐趋衰落后，汉人纷纷起而武力反对其统治。1362 年，汉军攻入泉州，该地最后一位主教佛罗伦萨人詹姆斯被杀。1369 年，失去大都的元顺帝逃亡漠北，元朝兴盛一时的也里可温教终于在中国销声匿迹。元代基督教没落的原因主要在于它的传教策略。也里可温教（包括景教和罗马天主教）在传教过程中遵行的仍然是上层路线，它并未在中国本土社会扎根，仅仅是植根于蒙古人和色目人之中。汉人属下等人，政治上备受歧视，仇视蒙古人的情绪极为强烈，而拉丁系的罗马天主教以及中亚系的景教又恰恰主要在蒙古人和色目人中传播，所以汉人与也里可温教的疏远确属必然，因此，随着蒙古人、色目人被逐出中原，也里可温教便再也无立足之地。

自从元亡以后差不多两百年的时间，中原地区再也没有天主教的活动了。下一波对华传教活动再次兴盛已经是两百多年以后的明朝了。不过，明代天主教东传与元代的东传却有着相当大的差异。如果说在十三世纪时欧洲的教权与王权以及教会内部虽然已经矛盾重重，但罗马公教毕竟融贯构造出大公的罗马—基督教帝国政治形式，并具有统一的欧洲精神的话，那么到了十六世纪初期，这一精神的分裂已经不可阻止。一方面，欧洲的民族国家纷纷建立，另一方面基督教精神本身也在分裂：新教的出现及其随后出现的教派分裂和教义理论的内在紧张，与欧洲新兴民族国家的主权政治诉求有密切的内在关联[24]。路德1520年在维腾堡焚烧教宗革除令和公教会法典，一同把欧洲统一的政治—法律—精神秩序的大宪章烧毁了[25]。马丁路德对罗马天主教会的反对，在教会内部掀起了一场激烈的争斗，并随之造成了罗马教会的分裂。然而，新教的分裂行为恰恰鼓舞了天主教会的宗教狂热，新的修道团体和宗教会所纷纷创立，其中许多致力于基督的工作——在穷苦人中传教、办理慈善事业和教会事务，看护病人等[26]。罗马教廷对外传教的热情也越来越高，正像诺瓦利斯所说："所有在欧洲失去的一切，他们千方百计要在世界其他地方，在最遥远的西方和东方得到数倍的补偿。"在这次天主教的复兴运动中，在促使一切脱离罗马的地区或国家重新皈依正统教会方面，没有一个机构发挥的作用比耶稣会更大[27]。耶稣会的建立者是西班牙人罗耀拉，该会1540年获得教宗保罗三世的批准正式成立。相比于其他修会，耶稣会具有鲜明的特征：1. 该会仿军队编制，组织严密，纪律森严，强调会士对会长、总会长和教宗的绝对服从精神。正式会士须发三愿（绝财、绝色、绝意）。2. 耶稣会非常注重学术研究和文化教育事业，其会士常以文化学术为手段，结交文士及达官贵人，甚至深入宫廷以扩展其势力。它的传教士走到世界各地以后，目睹身受世界各民族的风俗与文化，竭力调查研析，以适应传教的需要[28]。除了教会本身有高涨的传教热情，15世纪末叶，西班牙、葡萄牙两国的航海家发现了东来的航海路线，也为传教活动提供了更为方便的条件。当时，西班牙和葡萄牙都是海上的强国，两国为争夺势力范围展开激烈的竞争。1443年，倡导葡萄牙航海事业的亨利亲王担任了所谓"基督骑士会"的首领，教宗欧杰尼四世授予该会进占一切海岛的权利，并赐该会长以保教权。1452年，为利用葡萄牙人的扩张进行传教活动，教宗尼古拉五世曾无限期给予葡萄牙王征服异域的权利和护教权："希望阿方索国王、王子及继承人以独有的权利占有上述岛屿、港口和海洋，所有虔诚的基督徒未经许可不可侵犯其专有权。"[29]1493年，教宗亚历山大六世以"保教权"的形式划定了两国的传教和势力范围。1529年，西班牙和葡萄牙订立《萨拉戈萨条约》，规定在摩鹿群岛以东17度处画一条线，线东线西分别属葡西两国势力范围。1522年，教宗良十世在教廷的公文中首次将中国地区列为传教的范围[30]。1534年，罗马教廷在葡属印度设立了果阿总主教区，其管辖地区由南非的好望角一直伸展至日本。1552年，耶稣会士圣方济各沙勿略成功地来到中国境内，他雇船偷渡抵达广东省南岸的上川岛，等候机会进入大陆时，不幸病逝于岛上。1555 年，耶稣会省会长巴拉多曾在广东居留了一个月。1557 年，葡萄牙人正式获准在澳门居留，澳门成了传教士东来的根据地，但当时中国内陆仍然实施闭关自守政策，传教士很难进入。1576 年，教宗额我略十三世正式成立澳门教区，管辖日本、中国和安南等处教务，同时，该教区隶属于果阿总主教区[31]。1578 年，耶稣会视察员范礼安到达澳门，他主张传教士应学习中文和熟悉中国文化，以方便传教工作，这为中国的传教事业带来了新的路向。此后，多名耶稣会士通过澳门进入中国内地传教，其中对北京教会的建立作了巨大贡献的人就是利玛窦。利氏字西泰，1552 年 10 月 6 日生于意大利马切拉塔，在当地耶稣会学校学习七年后，又来到罗马继续法学方面的学习。后加入耶稣会，1580 年授铎后，于 1582 年 4 月赴澳门，并于同年 8 月抵达。[32]此后十余年里，利氏主要在广东肇庆、韶州一带活动，发展了一批教徒。但是，对利玛窦来说，进入北京传教才是最重要的。1598 年，利玛窦和郭居静曾沿运河北上进入北京，但由于万寿节已过，在京活动未果，不得不离京返宁。1601 年利氏再赴北京进贡方物[33]，终获留居北京的允诺，此后他一直在北京传教，直到去世。1605 年 8 月 27 日，利氏于今北京宣武门内购得一处房产为耶稣会士的居所，即今北京南堂。此后天主教在北京逐渐发展起来，奉教者达到二百多名[34]。其中尤以冯应京、徐光启和李之藻最为有名。利玛窦在北京出版了他撰写的《天主实义》，该书采用问答的体裁分论天主、灵魂、鬼神、人性以及耶稣降生的理论，一方面肯定了原始儒家思想，另一方面则痛斥佛道，体现了利玛窦"以耶合儒"的思想。正是因为利氏在传教过程中并不一味排斥中国传统，所以天主教在北京上层社会获得了很多信众。徐光启与李之藻和杨廷筠，被誉为"中国教会的三大柱石"，对中国教会的发展贡献良多。徐光启于 1603 年在南京由罗如望学道受洗，后官至礼部尚书，并拜宰相。他曾协助利玛窦翻译"几何原本"，并认为天主教义可"补儒抑佛"。李之藻为杭州人，官至太仆寺卿，他曾协助利玛窦翻译不少科学书籍，于 1610 年由利玛窦亲自付洗入教。杨廷筠也是杭州人，官至御史和京兆尹，1611 年由郭居静神父付洗入教。利玛窦于 1610 年在北京因病去世。可惜的是，利氏至死仍未能进见万历帝一面。但在利玛窦的努力下，在 17 世纪初，在北京、南京、南昌、上海等地，已有了天主教团体的建立，信徒人数大约有 2000 人。在传教工作方面，利玛窦强调应把中国文化中美的、善的和正大光明的元素，加以保留赞扬。他提倡以儒家的教训作为基础，然后把它们加以公教化。此外，利玛窦致力于翻译的工作，并以中文编著了不少阐释天主教教义的书籍。当时除传教外，利玛窦等传教士还将一些欧洲的科技文化知识作为传教的辅助手段，正像方豪所说："自利氏入华，迄于乾嘉厉行禁教之时为止，中西文化交流蔚为巨观。西洋近代天文、历法、数学、物理、医学、哲学、地理、水利诸学、建筑、音乐、绘画等艺术，无不在此时期输入；而欧洲人开始迻译欧洲经籍，研究中国儒学及一般文化体系与演进以及政治、生活、文学、教会各方面受中国之影响，亦无不出现于此时。"[35]

利玛窦死后不久，曾发生了教难，但为时甚短。其后徐光启推荐传教士邓玉函从事「修历」的工作，成了耶稣会士在钦天监内任职之始。邓玉函死后，由汤若望接任。汤若望是德籍的耶稣会士，精通天文学，曾三度准确预测月食，受到朝野的重视。除了从事修历的工作外，汤若望亦曾为明廷铸炮，保卫京师。当时在皇宫内已有不少人入教，其中较出名的是太监庞天寿。明朝末年，天主教已在各省公开传播，教徒人数亦增至大约 15 万。除了耶稣会外，道明会、方济各会和其他修会也相继派遣传教士来华。1644 年，清兵入关。永历帝辗转逃至桂林，继续南明的统治，并召传教士至宫中讲解要理。当时南明的皇室中，除了永历帝外，几乎全是天主教徒，包括当时的皇太子。1650 年，皇太后曾亲自上书教宗，"求天主保佑我国中兴太平"。此书由卜弥格带往罗马，但教廷各枢机一再讨论如何作答，迁延竟至 5 年之久，至 1655 年始作回复，然而当时南明已不复存在了。清兵入关时，不少传教士死于战乱之中，但汤若望仍留在北京，其后更获清廷委任为钦天监监正，顺治帝对他敬爱有加。但顺治帝死后，杨光先挑起历狱（1664 年），奉教官员被斩首，传教士被押解至广东拘留。汤若望亦被捕下狱，后来才被释放。当时传教士的处境十分困难，中国籍司铎罗文藻神父独力支撑全国教务。罗文藻大约于 1611 年在福建出生，1650 年在菲律宾加入了道明会，1654 年被祝圣为首位国籍司铎。在杨光先教难期间，他走遍国内各地，鼓励各地的教团，并为 2500 多名新入教者施洗。罗文藻神父功绩卓绝，教宗克莱蒙十世于 1674 年任命他为南京代牧，由于教会内部的纷争，迟至 1685 年罗文藻才在广州被伊大任主教祝圣为主教。

第二节　清代天主教在北京的发展

一、北京天主教在清初的早期发展与礼仪之争

天主教自明末清初传入中国以来虽然屡经坎坷，但到清代初年时已经有相当的发展，据相关史料记载"毫无疑问，教会对天主教在长江下游河谷和北京地区的发展感到欢欣鼓舞"[36]，另据天主教百科全书，到 1664 年时，教徒的数量已经达到 254980 人[37]。由于北京是清王朝的都城，教会十分重视此地的传教事业，从明朝末年开始便陆续派遣一些各修会传教士进入北京活动。北京在 1664 年时已经有教堂三座（南堂、东堂、利玛窦墓堂），教徒约 15000 人[38]，为配合教会的工作，从清初开始，又先后有葡萄牙人安文思 Gabriel de magalhaens（1640 年入华，在四川、北京传教）、德国人苏纳 Bernard Diestel（1659 年入华，在北京、山东传教）、奥地利人白乃心 Jean Grudberc（1659 年在北京传教[39]）等修会修士到北京传教。天主教修会是由罗马教宗批准设立的修士组织，它的早期形式是隐修院。到公元六世纪时，这种形式逐渐确立。不过来中国传教的主要修会多成立于十三世纪以后。例如方济各会由意大利人方济各创立，宣扬"清贫福音"，而在清代北京地区影响最大的遣使会则是法国人味增爵于十七世纪后半期建立的。不过清代入华传教士数量的第一个高峰出现在十七世纪中期到十八世纪前期。这段时期先后有耶稣会、方济各会、奥斯定会、十字会、遣使会等多个修会入华传教。此后一直到十九世纪中前期，清王朝对天主教采取禁教措施，传教士们只能秘密活动。从现有资料来看，虽然在北京地区活动过的天主教传教士来自多个修会，但就在北京地区活动的传教士数量和影响而言，遣使会无疑是最重要的。这主要是因为教廷迫于欧洲各国政府的压力于 1773 年解散了耶稣会，所以原在北京地区传教的耶稣会士顿失组织，陷入混乱之中，遣使会趁机填补了北京的传教空白，成为在北京最有影响的天主教修会。1690 年，罗马教廷成立了北京教区，当时的主教是方济各会士，其后又有耶稣会士接任主教。1808 年后历任主教均为遣使会士。

从清代初年到康熙统治的中期是天主教在中国发展的黄金年代，这一时期由于清王朝对来华的传教士采取比较宽容的政策，使得天主教徒的数量有了很大的增长，据载 1701 年时直隶地区已有耶稣会住院 6 所，圣堂 21 所，教士 11 人[40]。康熙帝亲政后（1666 年），崇尚西

学，对天主教和西方的传教士甚有好感。他亲自拜南怀仁（比籍）为师，并任命他为钦天监监正，并让其参与各项工作，如铸炮和改良运河。康熙对传教士甚为信任，1689 年，中俄签订尼布楚条约，中国的代表团中便有 2 名耶稣会的传教士：张诚（法籍）和徐日升（葡籍），充当翻译和顾问。1692 年，康熙颁布上谕，准许传教士自由传教，17 世纪末叶时，中国天主教会确实是朝气蓬勃，前途一片光明，教徒的人数已接近 30 万。不过几年以后礼仪之争的爆发使中国天主教会受到了严重的冲击。

中国礼仪之争的肇始，在于各派传教士团体之间对中国教徒敬孔祭祖行为的不同解释，以及对"天主"的不同称呼。耶稣会士遵守利玛窦的立场，视中国人的敬孔祭祖礼仪为民间的习俗，纯粹出于敬意及孝思，不涉及宗教因素，因此也不会抵触天主教教义。但以道明会和方济各会为主的后起派，却认为这些祭礼与教义相冲突。这些争执不仅是学理上的争论，更是关乎教徒们日常信仰生活的切身问题。教廷对中国礼仪之争的立场，起初十分暧昧，并无一定的看法。1700 年，在京的耶稣会士曾上书康熙，请求皇帝声明敬孔祭祖的意义。康熙乃批示敬祖敬孔纯为敬爱先人和先师的表示，并非宗教的迷信。据《正教奉褒》摘录耶稣会的申辩及康熙帝批文称"康熙三十九年十月二十日治理历法远臣闵明我、徐日昇、安多、张诚等谨奏，……窃远臣看得西洋学者，闻中国有拜孔子，及祭天地祖先之礼，必有其故，愿闻其详等语。臣等管见，以为拜孔子，敬其为人师范，并非祈福祐、聪明、爵禄也而拜也。祭祀祖先，出于爱亲之义，依儒礼异无求祐之义，惟尽忠孝之念而已。虽立祖先之牌，非谓祖先之魂，在木牌之上，不过抒子孙报本追源，如在之意耳。至于郊天之典礼，非祭苍苍有形之天，乃祭天地万物根源主宰，即孔子所云：'郊社之礼，所以事上帝也'。有时不称上帝而称天者，犹主上不曰主上，而曰陛下，曰朝廷之类，虽名称不同，其实一也。前蒙皇上所持匾额，御书敬天二字，正是此意。远臣等鄙见，以此答之。但缘关系中国风俗，不敢私寄，恭请睿智训诲。远臣不胜惶悚待命之至。本日奉御批：'这所写甚好，有合大道。敬天即事君亲敬师长者，系天下通义，这就是无可改处，钦此[41]"。耶稣会士曾将此批示送往罗马教廷，但教廷仍于 1704 年颁令斥责中国礼仪，教友不得参与敬孔和祠堂中的礼节，不得在牌位或坟前上供，牌位上不得有灵位字样，不得使用"天"或"上帝"二词称神，只可用"天主"一词。1705 年教廷特使多罗主教来华，宣布教廷的决定。多罗起初获得康熙的接见，但当康熙知道了他的来意后，甚为不满，向其申明皇帝对在中国之传教士有管辖之权，并命地方官吏查问西洋教士，不久康熙帝便把他遣至南京，并颁令所有传教士若愿意遵守利玛窦的成规而逗留在中国者，必须领取"居留票"，传教士的活动大大受到限制。多罗到达南京后，便宣布了教廷禁行中国礼仪的决定。在他向传教士发布的公函中，他明确指出："……如果你们被问到有关中国传统教导、法律、礼仪一般习俗，你们是否同意这些东西，或者答允不攻击它们，不在口头上或以书面反对它们时，你们都必须答复如下：如果它们是和基督教法律相容的，或者可以与之合法及恰如其分的相符的，答复是可以的，否则不行。……根据罗马的特许，教廷把解释、宣布宗座宪章之权委托给了我们。因此我们声明，不管亚历山大教皇的教令如何说的，或者不管会引起任何严重危险，所有愿意留在中国传教区或者进入该传教区的人，必须以此教令为准来布道和回答问题，否则就会受到上述的自动绝罚"[42]。与此几乎同时，康熙帝在苏州也向外国传教士发布了谕旨称："谕众西洋人，自今以后，若不尊利玛窦的规矩，断不准在中国住，必逐回去。若教化王不准尔等传教，尔等既是出家人，就在中国住着修道。教化王若再怪你们尊利玛窦，不依教化王的话，教你们回西洋去，朕不教你们回去。倘教化王听了多罗的话，说你们不尊教化王的话，得罪天主，必定叫你们回去，那时朕自然有话说。……你们领过票的就如中国人一样，尔等放心，不要害怕。"[43]另一方面，康熙也派遣耶稣会士到罗马，希望能解释皇帝的立场，可惜这些使者中途死于海难，并未能完成使命。后多罗从南京抵广州，因其拒绝向康熙帝派去的官员出示教宗派遣他来华的委任状康熙将多罗驱至澳门。多罗在澳门被葡人软禁，最后在1710 年郁郁而死。五年之后，教皇克莱蒙十一世颁布《自登基之日通谕》，严厉重申了禁止祭祖祭孔的命令。1719 年教皇委派嘉乐出使中国以处理礼仪问题的善后事宜。嘉乐抵达北京后为得到康熙的通融曾压下教皇的通谕，但不久康熙帝看到了教皇禁令的中译本，非常愤怒，称："览此告示，只可说得西洋人等小人，如何言得中国之大理？况西洋人等，无一人通汉书者，说言议论，令人可笑者多。今见来臣告示，竟是和尚道士、异端小教相同，彼此乱言者莫可如何。以后不必西洋人在中国行教，禁止可也，免得多事。"[44]同时，他又命官员口传圣旨给嘉乐："尔教王条约内，指中国敬天拜孔子诸事有异端之意。尔不通中国文理，不知佛经道藏之言。……称天主为造物之主，乃道藏内诸真诰之语。朕无书不览，所以能辨别。尔等西洋人一字不识，一句不通，开口非佛经即道藏小教之言，如何倒指孔子道理为异端？殊属悖理。"[45]从此以后，康熙已经失去和罗马教廷谈判的耐心。继康熙而立的雍正皇帝对天主教十分仇视，1724 年正式发布禁教令：着国人信教者应弃教，否则处刑罚。各省西教士除供奉北京宫廷以外，限半年内离境，前往澳门。当时各省西教士共有五十余名，其二十人留居北京，三十位赴广州再往澳门的西教士中有十六人逃走[46]。三年之后，雍正帝曾召集在京的传教士称："既然你们有办法欺骗我的父亲，你们休想欺骗我。你们想把中国人变成教徒，这是你们道理所要求的。但我们会变成什么样子，我们岂不很快成为你们君王的顺民吗？教友只认识你们，一旦边境有事，百姓惟尔等之命是从。"[47]从雍正皇帝的话语中，不难看出其禁教的真正动因。事实上，所谓"礼仪之争"蕴含着深刻的政治意味。祭天虽然可以说是一种风俗，但实际上它是一种特殊的风俗，因为中国的封建文教制度与政治的合法性皆与此有关，这是儒教的要害。不管利玛窦的初衷是什么，作为基督教这样一种特殊的主张政教分离的救赎宗教在这一点上的不妥协是必然的，这是由其精神品质决定的。在世界近代化以前，任何原初性文化体系都有一套独特的表达方式，彼此之间具有不可互译性，但基督信仰的特殊之处就在于其直指人的个人生存困境，并不是类似儒家那样的为己之学。因此利玛窦想合儒是一种表面简单化，实际增加困难的做法。康熙帝并不理解基督教与他所谓的异端小教之不同，将其看成一回事，他的所谓对基督教的好感也仅仅是希望将基督教变成帝国宗教管理体制下的顺民，正像佛道一样。雍正帝的话则表现了一个政教合一帝国君王的一般态度。他对于基督教的理解与康熙帝并无不同，只是他甚至不愿让基督教跟佛道享受一样的地位。他的担忧完全是可以理解的，这种担忧正像担忧巫术性宗教夺权一样。但是他担忧的方向是错误的，也就是说基督教在中国的发展确实会改变中国的政教制度，但这种改变并不像他想象的那样仅仅是权力的丧失，而是原先政教合一的神权国家的世俗化，国家权力退出精神领域，仅仅成为管理社会的工具。当然，康熙帝雍正帝不可能理解这场礼仪之争的实质，不过他们所作出的选择从其保护自身利益的立场来说显然是正确的。

当时，除了最高统治者严厉镇压基督教，清朝社会的士大夫阶层也对基督教有着普遍的敌视，认为这种异端思想毁灭中国伦理纲常，绝不能任其在社会自由传播。基督教与反教世人之间形成了尖锐的冲突。学术界常有人在看待"礼仪之争"和"耶儒冲突"时将之归因于文化，这方面最近较有代表性的人物就是许理和。他的边缘宗教论和文化强制论[48]认为耶稣会士尽管尝试与代表精英阶层的儒家思想融合，但是天主教的非理性主义与组织结构阻碍了其与儒学的结合，结果使其只能处于一种边缘宗教境地，而任何一种由外深入的边缘宗教，除非它适应儒家文化代表的宗教、礼仪、社会和政治意味上的正统这一帝制晚期中国相较以前更为确定的模式，否则是不可能在中国落地生根的。为了不致被化为邪教而遭镇压，一种边缘宗教必须证明其站在儒家正统一边，这就是所谓的文化强制。对这种说法，我们只能说是似是而非，不得要领。因为分析这种冲突的原因必须从深入理解对立双方的立场出发，尽量恢复二者在当时政治体制下的实际状况，而不是奢谈什么文化冲突，因为文化这一概念过于空泛，不适于应用于具体的研究之中。清朝反教人士认为基督教毁坏伦理纲常，将变夏为夷。实际上双方的对立已经不是简单的文化冲突，而成为一个政治哲学问题。有学者认为中国传统宗教主要由受过儒教经籍教育的士大夫和乡绅阶层来支撑，或由巫师实践来经营[49]，士大夫—乡绅的宗教性趋向儒教普遍主义，与国家政权结合，抑制巫术性宗教。这种看法很有道理。而侯外庐早已指出："两汉国教化了的僧侣们，便是神鬼化了的儒林与唯理化了的教徒，他们以神学家而兼政府官吏，皇帝在神国中，同时也在王国中，是教主而兼天子，叫做'圣上'。"[50]这种政教合一的体制一直延续到清代没有太大的变化。在这种体制中，"天人关系"具有特殊重要的意义。在谈到天人关系的时候，常有人纠缠于中国传统的天是否是人格化的天，并常用理学家的解释来证明中国传统里的天不是人格神，并以此作为中国没有宗教，其体制具有独特性之证明。其实，在中国传统中天人关系具有多重的意义，比起理学家津津乐道的天来，作为维护皇权统治合法性的天就具有人格性。中国社会政治体制的特性在于其独特的循环性，政权、士大夫和巫术性宗教之间的关系颇有意思。士大夫常常和政权结合以镇压巫术性宗教，但若后者在政治斗争中获胜，则将获得思想论证上的合法性，以前的士大夫则将在思想上为它效力。这说明一个十分重要的问题，上述二者之间一方面在政治上尖锐对立，另一方面却拥有相同的思想资源，这正是中国朝代国家历次更替的秘密。实际上，士大夫反对基督教并不在于其"洋"，而在于"道"，也即是否用儒术统治中国。明末士大夫对清朝的态度充分说明了这一点。所以儒生主要是将基督教当作一种有别于中国传统巫术性宗教的异端宗教来看待，当然，虽然明末清初的中国仍然是一朝代国家，并未形成真正的民族主义论述，但民族性的政治文化意识已然存在。所以反教儒生在巫术之外恐怕又加上了一层对于夷狄的蔑视和警惕。一种来自异邦的巫术性宗教当然威胁到中国的文教政治体制，因为中国的文教与其政治体制是紧密合一的。

那么，怎样定义罗马天主教廷政治体制的性质呢？首先必须追溯到基督教产生前的欧洲，探讨一下当时的政治体制与政教关系。亚里士多得在他的书中曾对希腊城邦的祭祀活动有所介绍："照宗教惯例，城邦公祭并无专管的教士，它由掌管圣火的人主持。此人或被称为君主，或被称为院长，或被称为长官。[51]"罗马帝国的宗教与希腊城邦并未有性质上的本质区别。正像库朗热所言："在这种制度中，宗教无论对私人生活和公共生活都产生了绝对至上的影响；国家在那里是一宗教性团体，君主则是教主，执政官是祭司，法律是神的表达"[52]；基督教的传入在根本上改变了罗马帝国的政教关系，"过去，宗教在希腊人和意大利人那里不过是一种实践的总汇，是一系列人们不知所云的礼仪……是一种代代相传，以它的古老而显得神圣的传统，而现在，宗教是一整套的信义和信仰的内容，它不再停留在外表，而是深入到人的思想中。这种新宗教不是物质性的，而是精神性的……人与神的关系达到了一种新的形式，人们不再怕上帝，而是爱上帝。"[53] "对于国家的统治机构来说，基督教所带来的改变可说是本质性的，表现在这种宗教与政府脱离了关系。在古代，宗教与政府是一而二，二而一的。……宗教支配国家，他希望国家以神意和占卜的方式来选出他的首脑。反过来，国家插手人的意识领域，对那些触犯了城邦宗教的人施予惩罚。[54]"耶稣首次提出了政教并立的观点，他指出："恺撒的归恺撒，上主的归上主。"[55]以及"我的王国不属于这个世界"[56]。学界认为，教会不仅是个体信仰者的组织，也有政治的含义，不仅是个人与上帝关系的新规定，而且是人与人关系的新规定，从而在犹太式的民族共同体政治形式和罗马帝国共同体政治形式之外提出了第三种政治形式[57]。于是在西罗马帝国解体后，出现了罗马—基督教帝国的政治形式。对天主教来说，超个人载体首先不是国家，而是教会。所以他就乐于让基督教国家作为上帝的当权者参与这种权威[58]。

二、禁教时期北京的天主教

雍正禁教令的颁布使传教士们顿时陷入更加困难的境地，"吾辈圣教今在中国完全禁绝，一切传教师除居北京者外，悉被逐出国境。"[59]雍正六年留在北京的外籍教士主教1人，神父6人，华籍神父3人[60]。此后的近百年时间对于留在中国的外国传教士无疑是漫长而痛苦的。乾隆皇帝的即位不仅没有使传教士们的日子稍有好转，甚至是更加糟糕了。乾隆帝下旨禁止满人和汉人信奉天主教以及传教士们进行传教活动[61]。中国各地官府都开始对天主教进行残酷的打击[62]。虽然清政府对天主教的镇压十分严厉，但北京地区天主教的活动相对其他地区仍然十分活跃。雍正十二年北京领洗者有 1157 人，领圣体者 7200 余人[63]。北京传教活动十分活跃，"各堂西洋人每与内地民人往来、讲习，并刊行书籍，私自流传"[64]。据学者估计，乾隆十年时北京有教徒4 万人，乾隆后期已经增加一到两倍[65]。而"1800 年北京大堂还举行庆祝圣体之礼，而且有各省传教神父及官员参加"[66]，且"北京四堂在附近舍女堂，有女堂会长陈杨氏讲经"[67]。以上的事实反映出北京的天主教并不像许多人想象的那样一蹶不振。

首先对遣使会以外修会传教士进行一些介绍：

耶稣会

从十七世纪末期到十九世纪初期先后在北京活动的耶稣会士有：

高嘉乐 Charles de Rezende（葡 1696—1746 年在北京、正定）、罗怀忠 Jean joseph da Costa（意 1724—1747 年在北京）、魏纪晋 Florian Bahr（德 1740 年在北京）、徐懋德 Andreas Pereyra（葡 1726—1743 年在广州、北京）、张舒 Ignace Francisco（葡 1753—1792 年在北京）、罗启明 Emmanoel de Mattos（法 1751—1764 年在北京）、方守义 J F Marie – Dieudonne Dollieres（法 1760—1780 年在北京）、晁俊秀 Francois Bourgeois（法 1768—1772 年在北京）、魏继晋（德 1747—1748 年在北京、宝坻）、贺清泰 Louis de Polrot（法 1770—1814 年在北京）、高慎思 Joseph de Espinha（葡 1751—1788 年在北京）、潘廷璋 Joseph Panzi（意 1717—1812 年在北京）、索德超 Joseph – Bernard d'Almeida（葡 1759—1805 年在北京）、安国宁 Anore Rodrigues（葡 1759—1796 年在北京）、汪达洪 Jean – Marthieu de Ventavon（法 1766—1787 年在北京）、甘若翰 Jean – Joseph de Grammont（法 1770—1812 年在北京）[68]。

方济各会

从十七世纪末期到十九世纪初期先后在北京活动的方济各会士有：

康和子 Calolus Orazi de Castorano（意 1700—1732 年在山东、北京）、路耀翰 Joannes Baptista de Lucera（意 1763—1773 年在北京、山东）、金神父、梅神父 Varianus Zaralli（意 1763—1789 年在山东、山西、北京）、叶宗孝 Eusebius ACittadeila（意 1760—1785 年在北京）、陆安 AngelusABurgo（意 1722—1726 年在北京）、伊高善 Cresceniziano Caralli（意 1784—1791 年在山东、北京）、白亚多 Atto Biagini（意 1784—1785 年在北京）、卡拉多 Antonio e Francisco Calado（意 1792 年在北京）[69]。

奥斯定会

张中一 Serofino di San Giovanni Battista（意 1738—1742 年在北京）、罗机洲 Martinus Moye、麦宁德（意 1781—1785 年在北京、广州[70]）、德天赐 Adeodat de St - Augustin（意 1784—1812 年在北京）、颜诗莫（意 1784—1812 年在北京）[71]。

十字会

夏真多 Hyacintus Jordanus（1727—1736 年在北京）[72]。

5 教廷传信部

高临渊 Emnauel Gonforti（意 1784—1812 年在北京）、王雅各布伯（意 1784—1812 年在北京）。

以下参考 Van. Den. Brandt Les lazariste en Chine 1697—1935 Note Biographiques 中的记载将清代中前期北京地区遣使会士基本情况加以简要介绍：

1. ［意大利］毕天祥 Louis - antoine Appiani，神父，被委以教廷副巡视员的职务派往中国，1697 年 5 月 12 日从威尼斯出发，1699 年 10 月 14 日到达广州，曾在 1705 年 9 月作为译员陪同铎罗主教前往北京。

2. ［意大利］德理格 Theadoricus Pedrini，神父，1710 年 1 月 3 日到达澳门，1711 年 2 月 5 日到北京，一生在北京度过，为皇帝服务，1725 年建西堂。

3. （广东顺德县）苏鸿孝，1723 年被主教慕天尺任为神父，1749 年到北京。

4. ［法国］罗广祥 Nicolaus - Joseph，神父，1784 年 9 月 1 日到达广州，1785 年到北京，担任法国传教团官方负责人，后担任教廷书记，葬于正福寺墓地。

5. ［比利时］基德明 Joannes - Joseph Chislain，神父，1785 年 4 月 29 日到达北京，负责培养传教学校的学生。在罗广祥神父死后是法国传教团负责人。1812 年 8 月 2 日葬于正福寺。

6. ［法国］巴茂正 Crles Paris，助祭，1785 年 4 月 29 日到达北京，1804 年 9 月 6 日葬于正福寺。

7. ［爱尔兰］韩纳庆 Robert Hanna，神父，1788 年 9 月 21 日到澳门，1794 年 6 月 30 日到北京传教，葬于正福寺。

8. ［中国］李，在北京受洗，并在北京学习和发愿，1792 年成为神父，在北京、湖广、江西、江苏传教。

9.（北京）王保禄，助祭，1788 年在北京进入初修院，并于 1790 年在北京发愿，后在北京、湖北、江南传教。

10.（北京）张或金，1789 年 10 月 1 日进入初修院，1791 年 10 月 2 日在北京发愿，1796 年 2 月 20 日成为神父，在北京、湖广传教。

11.（北京）程，神父，在北京传教。

12.［葡萄牙］福文高 Domigo Joaquim，神父，1791 年 9 月 11 日到达澳门，1801 年 5 月 24 日到达北京，先在东堂工作，后在遣使会的内部初修院工作，还担任过清朝廷的数学教习。

13.［葡萄牙］李拱辰 Jose Nunes Ribeiro，神父，1791 年 9 月 11 日到达澳门，1801 年 5 月 24 日到达北京，曾担任东堂的负责人和朝廷的数学总教习，1808 年被提名为北京教区的代理主教。

14.［法国］南弥德 Louis Francois Lamiot，神父，1791 年 10 月 15 日到达澳门，1794 年 6 月 30 日到达北京，担任官廷翻译，1812 年成为法国传教团的负责人。

15.［中国］张，1793 年 2 月 25 日在北京进入初修院，1799 年 12 月成为神父。

16.（北京）韩，1794 年 3 月 11 日在北京进入初修院，以后并在北京发愿和传教，1798 年 12 月成为神父。

17.（北京）杨，1794 年 3 月 11 日在北京进入初修院，1796 年在北京发愿，后死于北堂。

18.（山西潞安）申，1795 年 3 月 8 日在北京进入初修院，1800 年成为神父，在北京、蒙古、江西临江府传教。

19.（北京）邓，1795 年 11 月 10 日在北京进入初修院，并于 1797 年发愿，1801 年 9 月成为神父。

20.（河南开封）宋保禄，1799 年 12 月 14 日在北京进入初修院，并于 1801 年发愿，1803 年 6 月 4 日成为神父，在北京、湖北、河南传教。

21.［葡萄牙］毕学源 Cattano Pires Perera，主教，1800 年 8 月 12 日到达澳门，1804 年 10 月到北京，1806 年在北京由汤士选祝圣为主教，曾担任朝廷的数学教习并于 1827 年被提名为北京教区的管理人，死于北京，葬于栅栏墓地。

22.（北京）王，1801 年 3 月 2 日在北京进入初修院，并在此发愿，1804 年成为神父。

23.［葡萄牙］高守谦 Verissimo Monteiro da Sarra，神父，

1803 年 9 月 7 日到达澳门，1804 年 10 月到达北京，曾担任朝廷的数学教习，1820 年前往北堂负责照管法国传教团的财物。

24.（北京）何，1804 年在北京进入初修院并在此发愿，1808 年 5 月 15 日成为神父，在北京、湖北、蒙古、澳门、河南、新疆传教。

25.（北京）沈方济，1805 年在北京进入初修院并发愿，1808 年成为神父，在湖广、新疆伊犁传教。

26.（山西）薛玛诺，1805 年在北京进入初修院并发愿，后先后在北堂和南堂活动，1809 年成为神父。

27.（北京）郑，1805 年 3 月 8 日在北京进入初修院并发愿，1809 年成为神父，在北京、湖北、江西传教。

28.（北京）康，1807 年 9 月 18 日在北京进入初修院并发愿，1811 年成为神父，在北京传教。

29.（北京）岳，1808 年 9 月 16 日在北京进入初修院并发愿，1815 年成为神父，在北京传教。

30.（福建）林，1809 年 9 月 28 日在北京进入初修院并发愿，1815 年成为神父，在北京、蒙古传教。

31.（内蒙古东部）高，1810 年 2 月 16 日在北京进入初修院并发愿，成为神父时间不详，在北京、蒙古西湾子传教。

32.（湖北郧阳）艾，1810 年在北京进入初修院并发愿，1817 年成为神父，在北京、湖北、河南、江南传教。

33.（河南）李，1810 年在北京进入初修院并发愿，1813 年成为辅祭，在北京传教。

34.（湖北）徐，1815 年在北京进入初修院并发愿，1819 年成为神父，在北京、宣化府传教。

35.（河南）李，1815 年在北京进入初修院并发愿，1820 年成为神父，在北京、江西、浙江传教。

36.（北京）李，辅祭，1815 年在北京进入初修院并发愿，负责整理北堂财物。

37.（北京）张，1806 年或 1807 年成为神父，在北京及周边地区传教，死于北京。

38.（北京）张绍台，曾进入北京初修院学习，1817 年成为神父，在北京的教会从事了 6 年教育工作。

39.（直隶广平府）金逸云，曾在北京初修院学习，1817 年成为神父，后在北京南堂工作。

40.（江苏崇明）沈经纶，曾在北京初修院学习，1818 年成为神父，后在北京南堂工作。

41.（山东济南）郭，1822 年 10 月 10 日进入北京初修院并发愿，在北京教区传教，1826 年成为神父。

42.（直隶遵化）王，1822 年 10 月 10 日进入北京初修院并发愿，1826 年成为神父。

43.（河南南阳）靳天西，北京教区传教士，1832 年成为神父，死于北京，葬于正福寺墓地。

44.［葡萄牙］赵 Castto，主教，1825 年 10 月 24 日到达澳门，1833 年 11 月 2 日前往北京，1838 年作为代理主教负责北京教区的管理工作。1841 年 2 月 25 日被葡萄牙教会任命为北京主教。教廷传信部曾任命他负责直隶地区的教务，试图终止葡萄牙的保教权；在此情况下，他未接受这一任命，仍然作为北京代理主教直到1847 年。

45.（枣阳）赵，1838 年 7 月 29 日成为神父，1866 年—1869年 3 月 20 日在北京，又曾在江西、浙江、江南、蒙古传教。

46.（直隶滦州）柯儒望，1838 年 7 月 29 日成为神父，在北京教区传教，孟振生主教向教廷传信部推荐其为主教，1891 年死于北京。

47.（蒙古西湾子）郑，1838 年 7 月 29 日成为神父，1867 年在北京，又曾在湖北、江南、江西、蒙古传教。

48.［法国］孟振生 Mouly，1834 年 6 月 14 日到达澳门，1846年 4 月 28 日成为北京教区的负责人，1856 年成为北直隶主教，1868 年 12 月 4 日去世。

49.［法国］苏 Joseph Perry，神父，1835 年 8 月 29 日到达澳门，曾在北京传教。

50.（直隶河间）杨安德，1838 年 7 月 29 日成为神父，1852年 8 月派往北京，1862 年去世。

51.（广东广州）丘安遇，1842 年 8 月 30 日成为神父，被孟振生主教接受在北京教区任职。

除上述的遣使会士外，还有一些传教士的名字为该书漏载，现根据其他资料补充如下：窦云山 domingos Joaquim Ferreira（葡 1792 年在北京）、慕王化（葡 1759—1805 年在北京）、赵若望 Joan Castro Moura（葡 1831—1846 年在江南、北京）、苏振生 Jean Francois Richet（法

1800—1812 年在北京)、马秉干 Lazare Marius Pamzel （法 1800—1806 年在北京)[73]。

从遣使会建立到鸦片战争以前一共有 56 名传教士曾在北京地区活动，其中有法国人 7 人，意大利人 2 人，葡萄牙人 8 人，爱尔兰人 1 人，比利时人 1 人。中国人 37 人。中国籍神职人员的数量在遣使会士中占据了绝对的优势。这种情况既不同于两次鸦片战争之间，更不同于教禁解除以后。更使人感到吃惊的是从 1800 年一直到 1825 年甚至没有一名外国传教士来华。显然，由于清政府的禁教政策使外国传教士很难进入中国。当时的教务在很大程度上必须依靠那些华籍神父。

三、鸦片战争到清末北京地区的天主教

中英《南京条约》及中法《黄埔条约》的签订，虽然没有打破自由传教的禁令，但是它毕竟在法律上承认了传教士在通商口岸的居住权利，这极大地刺激了传教士们进入中国的热情。自雍正禁教至鸦片战争的一百多年间，清王朝不仅禁止本国民众信教，还逮捕、处死了大批来华天主教士[74]。鸦片战争的爆发及战后相关条约的签订使得清政府的禁教政策发生了一定程度的松动。于本源指出："具体说来，依据同外夷订立的条约，它具有以下义务和权利：一、允许中国人信仰基督教，'免治其罪'；……六、外国人不得进入内地传教（从反面说，则可以在通商五口传教之意；至于洋人在那里盖教堂的权利，自不必说）；七、对进入内地传教的西方教士，中国将予查拿，但不得治罪与伤害，要具文西方有关国家领事。"[75] 由此可见，一方面清朝政府并未允许外国传教士们进入中国境内活动，但是却又在某种程度上保护了传教士们的生命安全（清朝官员只把进入其辖境活动的传教士驱逐出境，不再随意杀害）。拉萼泥指出："虽然有严厉的法律，但是，仍然有天主教传教士毫无困难地潜入内地。接受他们来访的教徒虽然自身难保，可还是想尽办法给他们寻找隐蔽的地方；他们的圣事之所以能在暗中进行，也是由于地方官对他们采取视而不见的态度。地方当局只要求他们的所作所为在大体上说得过去。"[76] 罗马教廷传信部也大力资助对华传教工作，1843 年它为此出资 280000 法郎，1845 年出资 304000 法郎，1851 年出资 306000 法郎，1854 年出资 311000 法郎[77]。在如此有利的形势下，入华传教士的数量比以前有明显增加。不仅耶稣会重返中国，遣使会、多明我会、方济各会的传教工作也有相当进展[78]。其中尤为引人注意的是遣使会的活动。遣使会虽然从 1697 年就已经向中国派遣了传教士，但在中国的禁教政策和法国大革命的影响

下近 150 年的时间里只有 60 位外国教士来华。从十九世纪初期以来，该会有若干传教士在北京地区活动，他们是：

罗广祥 Nicolaus – Joseph （法 1783—1801 年在北京）、韩纳庆 Robert Hanna （法 1794—1799 年在北京）、南弥德 Louis Francois Lamiot （法 1794—1819 年在北京）、李神父 （法 1794—1826 年在北京）、巴茂贞 Crles Paris （法 1783—1804 年在江西、北京）、基德明 Joannes – Joseph Chislain （比 1783—1812 年在北京）、福文高 Domigo Joaquim Ferreira （葡 1801—1824 年在北京）、李拱宸 Jose Nunes Ribeiro （葡 1801—1826 年在北京）、窦云山 domingos Joaquim Ferreira （葡 1792 年在北京）、慕王化 （葡 1759—1805 年在北京）、毕学源 Cattano Pires Perera （葡 1804—1838 年在北京）、高守谦 Verissimo Monteiro daSarra （葡1804—1826 年在北京）、赵神父 Castto （葡 1825—1830 年在澳门、北京）、赵若望 Joan Castro Moura （葡 1831—1846 年在江南、北京）、苏振生 Jean Francois Richet （法 1800—1812 年在北京）、马秉干 Lazare Marius Pamzel （法 1800—1806 年在、北京）、陶若翰 Jean – Baptiste Torrette （法 1829—1840 年在澳门、北京）、孟振生 （Joseph – Martial Mouly）。

不过，自 1843 年鸦片战争结束以后，传教状况有了相当大的改善。根据 Les Lazariste en Chine1697—1935 Note Biographiques，在两次鸦片战争之间，即 1843 年至 1859 年期间，开始在中国活动的遣使会士已有 62 名，其中曾在北京地区的外籍会士有 14 位，中国籍会士 13 名，以下简要说明他们的情况：

1. （山西榆次县永村）郑自贵，神父，在蒙古和直隶传教，1866 年 9 月 25 日死于北京。

2. ［意大利］林安当 Jean – antoine Simiand，神父，为北京教区传教士。

3. ［法国］古伯察 Evariste – regis Huc，神父，曾在 19 世纪 40 年代来过北京。

4. ［法国］吴 Andre – vancant Privas，神父，北京教区传教士。

5. （广东南海县）吴，1866 年 9 月成为北京教区副本堂神父。

6. ［法国］贺安德 Andre Jandard，神父，在河南、江西、直隶传教，1867 年 11 月 15 日在为教徒讨取公道的一次旅行中死于北京。

7. ［直隶宣化府］张，1847 年在安家庄成为神父，为北京教区传教士。

8. ［法国］田家璧 Louis – gabriel Delaplace，主教，1846 年 3 月 13 日抵达澳门，1870 年 1 月 21 号以后在北京传教。

9. （奉天朝阳县）凤，1854 年 12 月 15 日成为神父，1866 年后在北京传教。

10. （直隶宣化永宁）吕景堂，1851 年 9 月 29 日成为神父，为北京教区传教士。

11. ［法国］董若翰 Jean – baptiste Anouilh，主教，1848 年 6 月 21 日抵达澳门，后为北京教区传教士。

12. ［意大利］高慕理 Ange – michel Aymeri，神父，1848 年 6 月 21 日抵达澳门，后曾为北京教区传教士。

13. （直隶蔚州）朱生明，辅祭，1856 年 8 月 15 日在安家庄发愿，后为北京教区传教士。

14. ［法国］全类思 Prosper – louis Sarrans，神父，1849 年 6 月 28 日抵达澳门，后曾为北京教区传教士。

15. ［波兰］梁儒望 Jean – victor Gottlicher，神父，1849 年 6 月 28 日抵达澳门，后为北京、蒙古教区传教士。

16. ［法国］卫儒梅 Jean – joseph – leon – vincant Talmier，神父，1849 年 6 月 28 日抵达澳门，北京教区传教士。

17. （直隶保安州）刘永和，1853 年 9 月 24 日成为神父，北京教区传教士。

18. （直隶蔚州）蔡国贤，1853 年 9 月 24 日成为神父，北京教区传教士。

19. ［法国］苏凤文 Edmond – francois Guierry，主教，1853 年 5 月 7 日抵达宁波，在浙江传教，1865 年 4 月 30 日曾在北京接受孟振生主教祝圣。

20. ［法国］戴济世 Francois – ferdinand Tagliabue，主教，1854 年 6 月 17 日抵达宁波，1884 年 8 月 5 日后在北京传教。

21. ［荷兰］司牧灵 Antoine – everard Smorenburg，神父，1854 年 6 月 17 日抵达宁波，曾为北京教区传教士。

22. （蒙古西湾子）郑恒德，1858 年 11 月 29 日成为神父，北京教区传教士。

23. （直隶丰润县）蓝，1858 年 11 月 29 日成为神父，北京教区传教士。

24.（保定府定兴县）孟，1858 年 11 月 29 日成为神父，北京教区传教士。

25.（宣化府怀来县）麻丕显，1858 年 11 月 29 日成为神父，北京教区传教士。

26.（蒙古西湾子）陈天义，1858 年 11 月 29 日成为神父，北京教区传教士。

27.［法国］狄仁吉 Jean – baptiste – raphael Thierry，神父，1855 年 12 月 16 日抵达宁波，为北京教区传教士。

以上 27 名传教士中除 13 名为中国籍外，有 10 名法国人，2 名意大利人，1 名波兰人和 1 名荷兰人。就人员构成的情况看，虽然外国教士仍然在数量上占有微弱优势，但中国人的比例已经占到总数的将近一半。这一方面说明经过老一辈传教士多年的经营，天主教在中国的群众基础已经比清代中前期有所提高，中国人已经能够独自担当传教的任务了，另一方面也说明由于此时教禁尚未解除，外国传教士尚无法自由地进入中国，而不得不在相当大的程度上依靠中国人从事传教事业。中国籍传教士中祖籍直隶的占了 8 人之多，由此可见直隶本地的教众基础相当不错。在这 14 名外国传教士中除古伯察和贺安德外均为北京或蒙古教区传教士。其中 40 年代来华的有林安当、吴神父、田家璧、董若翰、高慕理、全类思、梁儒望和卫儒梅，50 年代来华的有苏凤文、司牧灵、戴济世、狄仁吉。由于葡萄牙保教权的丧失和五口通商的实行，50 年代来华的传教士已经不像以往那样从澳门登陆中国，而从宁波登陆了。这使得外国传教士有更多的选择并且更容易进入中国的内地。虽然清朝官方的教禁并未解除，但不可否认的是清朝和外国签订的条约在某种程度上为传教士们提供了方便。

相对于雍正、乾隆时期天主教在京活动的停滞，19 世纪以后，在孟振生主教的努力下，北京地区的教务得到了整顿与发展。孟振生（Joseph – Martial Mouly）主教 1807 年 8 月 2 日生于法国 Figeac，1825 年 10 月 18 日在巴黎进入初修院学习，于 1827 年发愿；他于 1834 年 6 月 14 日抵达澳门后，由澳门赴蒙古传教区传教，并担任传教团的负责人[79]。此时北京地区的教务十分混乱，据文献记载，由于道光皇帝收回了遣使会居住的北堂，中国神父薛玛窦逃往蒙古的西湾子[80]，整个北京教区已经没有神父负责。孟振生不仅面临着清朝官方的追捕，而且在遣使会内部还遭到葡萄牙籍传教士的猜忌，认为他的到来是为夺取葡籍赵神父的权力[81]。不过，在教廷和本会会长的支持下，孟振生稳定了局势，北京教区的情况有了很大的改善，据孟主教写给传信部的一封信："北京的分裂业已平息；两位分裂的首领及许神父做了相当的补赎后，改正了他们不良的表率，接受他们的请求，又进入了罗马公教。[82]"到了 1854 年，按照孟主教的说法："中国政府最近对我们基督教徒的态度有所好转"[83]。不过，1855 年就发生了逮捕孟振生的事件[84]，但由于孟振生处事得当，此次事件并未酿成大祸。1856 年 5 月份，被驱逐出境的孟振生重返直隶。也许是看到了北京教区内部的纷争对传教的不利影响，教宗庇护九世于该年 5 月 30 日发布谕令，将北京教区划分为三个宗座代牧区：北直隶、东直隶、西直隶，原在葡萄牙保教权管辖下的北京教区作废[85]。这为法国保教权的确立扫清了障碍。这一时期，由于教禁并未解除，北京的传教士主要的传教工作仍然在维持教友信仰方面。传教士们主要采用巡回探视方式。据董若翰所述："我们去一个村子又一个村子，什么地方有教友我们就去；我们为他们做洗礼，讲解圣经，祝圣婚姻，化解他们之间的仇恨，探视他们的生活，消除彼此的冷淡情绪鼓励犯罪者忏悔、激起懦弱者的勇气……最让人感到痛苦的工作就是不论白天黑夜，下雨下雪，冷或热，一接到通知，就要立刻出发去九十里、一百三十里或一百八十里外，给病人做终传。"1858 年，第二次鸦片战争爆发，清朝战败，6 月 27 日，中国和法国签订了《天津条约》。按照条约第十三条的规定"天主教原以劝人行善为本，凡奉教之人，皆全获保佑身家，其会同礼拜诵经等事概听其便，凡按第八款备有盖印执照安然入内地传教之人，地方官务必厚待保护。凡中国人愿信崇天主教而循规蹈矩者，毫无查禁，皆免惩治。向来所有或写、或刻奉禁天主教各明文，无论如处，概行宽免"[86]。天主教会获得了在中国全境自由传教的权利[87]。法国政府据该条约第十三款也宣称取得在华保教权。所谓保教权来源于法国与土耳其所订条约。1740 年两国所签之《增订土法条约》规定在土耳其境内的法国人及信奉天主教的人民俱受条约的保护。法国因此自视为近东天主教的保护者。而教廷允许近东等地教会和土耳其政府如发生问题，由法国政府代表教会向土耳其政府交涉。但是对于教会内部的宗教问题，教廷则派宗座代表常驻君士坦丁堡，直接代表教皇予以处理，因此法国在华的保教权是仿效法国在土耳其的保教权而设的[88]。不过应予注意的是法国并不允许罗马天主教廷向中国派驻宗座代表，这一点与土耳其的情况不同。法国保教权的获得是与葡萄牙失去保教权紧密相关的。从 17 世纪到 19 世纪中期，欧洲的政治形势发生了巨大的变化。教权与民族国家之间的均势被打破，在经历了英国的宪政革命和法国大革命的洗礼后，欧洲各国逐渐形成近代政教分离的体制，各国天主教会的权威一落千丈，罗马教廷也逐渐成为纯粹宗教性的世界组织，不再能够在政治上对欧洲各国施加更大的影响。在这种情况下，教廷的对外传教活动也不得不更加借助于世俗政权的力量。法国替代葡萄牙取得所谓保教权正是在这种国际大背景下发生的。与法国相比，葡萄牙早已国势衰微，1857 年 2 月，葡萄牙政府与教廷订立了政教公约，放弃了在中国的保教权，只留澳门教区归其管辖[89]。当然教廷对此并不满意，一直希望能够直接处理中国的天主教事务。1851年，上海举行了一次天主教主教会议，传信部训令会议研究 34 个问题，其中一项即为在中国设立由教皇直接统辖教务的圣统制是否合宜。会议研究的结论为合宜，并拟以中国行省制为中国教省制[90]。此后，教廷多次召开会议讨论这一计划的可行性，均遭到法籍主教的反对，而未能获得通过。这也说明，此时欧洲各国民族主义已在公众中产生了深刻的影响，作为神职人员的主教也不能免俗。

由于第二次鸦片战争的爆发及随后《天津条约》的签订彻底改变了清朝的禁教政策，天主教在中国的传教事业进入了一个新阶段，前往中国的外国传教士数量大增，入华遣使会传教士的数量自 1860 年以来也有了显著的增长。下面根据 Les Lazariste en chine 1697 – 1935 Note Biographiques 对 1860—1900 年在京活动的遣使会士情况进行简要介绍。

1. ［法国］谢福音 Claude – marie Chevrier，神父，1860 年 2 月 17 日抵达上海，自 1866 年起在北京传教。

2. ［德国］雷 Jean – edouard Reiffert，神父，1861 年 4 月 8 日抵达上海，1862—1870 年在北京传教。

3. ［法国］谭微道 Jean – pierre – armand David，神父，1862 年 7 月 5 日抵达北京，1862—1874 年在北京传教。

4. ［爱尔兰］费克民 Thomas – francois – kearney Fitz – patrick，神父，1862 年 7 月 5 日抵达北京，为北京教区传教士。

5. ［法国］蓝 Adrien – paulin – jacque – marie Larrieu，神父，1862 年 7 月 5 日抵达北京，为北京教区传教士。

6. ［法国］樊国梁 Pierre – marie – alphonse Favier，主教，1862 年 7 月 14 日抵达北京，为北京教区传教士，1898 年 2 月 20 日被包儒略主教祝圣为主教。

7. ［法国］马 Paul – joseph Marty，辅祭，1862 年 7 月 14 日抵

达北京，主要负责北京的教堂建设。

8. ［法国］谢凤来 Jean‒louis‒marie Chevrier，神父，1862年7月14日抵达北京，为北京教区传教士。

9. ［意大利］富成章 Jean‒baptiste Fioritti，神父，1862年6月14日抵达北京，为北京教区传教士。

10. ［法国］杨 Flavien Gambart，神父，1863年11月5日抵达上海，自1868年3月28日起在北京传教。

11. ［意大利］董文学 Pascal‒raphael‒nicolas‒carmel D'addodio，神父，1863年11月5日抵达上海，后为北京教区传教士。

12. （河南林县）李儒林，神父，1870年1月15日发愿，自1870年起在北京传教。

13. （奉天朝阳县）张振铎，1866年成为神父，1880年后在北京传教。

14. （山西归化城厅）郝正国，1871年1月6日成为神父，为北京教区传教士。

15. （直隶宣化府）祁伟资，辅祭，1867年9月27日发愿，在北京教区工作。

16. ［法国］洪百禄 Augustin‒marie‒emile Humblot，神父，1865年11月24日来华，为北京教区传教士。

17. ［法国］德明远 Jean‒baptiste‒francois‒joseph Delemasure，神父，1865年11月24日来华，为北京教区传教士。

18. ［法国］鲍洪恩 Paulin Poustomis，神父，1868年3月28日抵达北京，在北京短暂停留。

19. ［法国］素布德 Felix Saupurein，神父，1868年3月28日抵达北京，为北京教区传教士。

20. ［法国］安 Jacques Grasset，神父，1868年3月28日抵达北京，在北京活动。

21. ［法国］艾儒略 Jules Garrigues，神父，1868年3月28日抵达北京，在北京活动。

22. ［比利时］梅 Jean‒joseph‒donat Marneffe，辅祭，1868年3月28日抵达北京，在北京短暂停留。

23. （河间府任丘）王君山，1870年11月21日成为神父，为北京教区传教士。

24. （北京）王肇铭，1869年11月21日成为神父，为北京教区传教士。

25. ［法国］都士良 Jean – baptiste – hippolyte Sarthou，主教，1870 年 11 月 16 日抵达北京，为北京教区传教士。

26. ［荷兰］文德会 Francois – hubert Wijnhoven，神父，1872 年 12 月 15 日抵达上海，后为北京教区传教士。

27. ［法国］罗士文 Alexandre – jean Provost，神父，1872 年 3 月 29 日抵达北京，为北京教区传教士。

28. （蒙古西湾子）武连城，神父，1874 年 1 月 25 日发愿，为北京教区传教士。

29. （宣化府西宁县）张步级，神父，1876 年 10 月 8 日发愿，为北京教区传教士。

30. ［法国］顾其卫 Jules – auguste Coqset，主教，1875 年 5 月 21 日抵达上海，后为北京教区传教士。

31. （直隶蔚州）刘焕章，1876 年 3 月 19 日成为神父，为北京教区传教士。

32. ［法国］梅士吉 Augustin – pierre – henrie Maes，辅祭，1878 年 2 月 26 日抵达上海，从 1878 年到 1932 年负责遣使会出版机构，葬于北京栅栏墓地。

33. ［法国］丁孟德 Justin Dumonteil，辅祭，1878 年 2 月 26 日抵达上海，在北京发愿，死于北京，葬于正福寺墓地。

34. ［荷兰］文华 Alexandre Waelen，神父，1879 年 10 月 4 日抵达上海，死于北京，葬于栅栏墓地。

35. ［法国］雷明远 Joseph Salette，神父，1879 年 3 月 20 日抵达北京，死于北京，葬于正福寺墓地。

36. ［法国］狄德缓 Andre – alexandre Denis，辅祭，1881 年 10 月 11 日抵达上海，1887 年被召至北京，直到 1901 年。

37. ［意大利］彭宗义 Joseph Ponzi，神父，1882 年 10 月 2 日抵达上海，后在直隶北部传教，死于北京，葬于栅栏墓地。

38. ［法国］李若圣 Jean – marie Liberge，辅祭，1883 年 4 月 13 日抵达上海，1883—1886 年在北京。

39. ［法国］雷声远 Jean – baptiste – pierre Remy，辅祭，1883 年 4 月 13 日抵达上海，1886—1896 年在北京。

40. （北京）史思绪，神父，1886 年 7 月 19 日发愿，死后葬于栅栏墓地。

41. ［法国］刘克明 Claude – marie Guilloux，神父，1885 年 10

月 6 日抵达北京，曾在北京短暂停留。

42.［英国］黄得中 Charles - edouard Watson，神父，1886 年 10 月 6 日抵达北京，曾在北京短暂停留。

43.［法国］庞锡祉 Paul Bantegnie，神父，1886 年 9 月 19 日抵达上海，曾在直隶西南部传教，后死于北京，葬于栅栏墓地。

44.［法国］白玉田 Eliacim - cloud - medard Bel，神父，1886 年 11 月 4 日抵达上海，1889 年在北京成为神父。

45.［法国］林懋德 Stanislas - francois Jarlin，主教，1886 年 11 月 4 日抵达上海，1889 年 1 月 20 日在北京成为神父，1900 年 4 月 29 日被樊国梁主教祝圣为主教，1905 年 4 月 4 日接替樊国梁主教的职位。在他上任之时，北京教区有教徒 73920 人，他去世时增加到 400000 人。1933 年 1 月 17 日死于北京，葬于栅栏墓地。

46.（直隶怀来县）李广明，1881 年 5 月 1 日成为神父，死于北京，葬于栅栏墓地。

47.［比利时］顾 Philippe Decoster，辅祭，1888 年 10 月 3 日抵达上海，1888—1893 年在北京传教。

48.（北京）张德安，1886 年成为神父，在直隶北部传教。

49.（直隶武清县）聂春元，1888 年 9 月 26 日在北京进入初修院，1891 年 10 月 28 日成为神父，1900 年 6 月 18 日被义和团所杀。

50.（直隶宣化府）董守义，1888 年 9 月 26 日在北京进入初修院，1891 年 10 月 28 日成为神父，在直隶北部传教。

51.（北京）张国贤，1888 年 9 月 26 日在北京进入初修院，1891 年 10 月 28 日成为神父，在直隶北部传教。

52.（顺天府宝坻县）王德之，1888 年 9 月 26 日在北京进入初修院，1891 年 10 月 28 日成为神父，1910 年 12 月 29 日死于北京。

53.［法国］金葆光 Maurice - charles - pascal Dore，神父，1888 年 10 月 16 日抵达北京，1900 年 6 月 15 日在北京被义和团所杀。

54.［法国］杜保禄 Paul Dumond，主教，1889 年 10 月 16 日抵达北京，1913 年 6 月 30 日在北京被林懋德主教祝圣为主教。

55.［法国］高若翰 Jean Capy，神父，1888 年 1 月 13 日抵达上海，在直隶北部传教，死于北京，葬于栅栏墓地。

55.［意大利］席宾猷 Pierre Scipione，1890 年 10 月 12 日抵

达上海，1893 年 5 月 27 日在北京成为神父。

56. ［法国］ 葛珑璧 Alfred – ferdinand – joseph Ducoulombier，神父，1890 年 10 月 12 日抵达上海，1891 年 11 月 21 日在北京发愿，在直隶北部传教。

57. ［法国］ 戴德荣 Emile – jean – baptiste Dehus，神父，1891 年 10 月 26 日抵达上海，在直隶北部传教，死于北京，葬于栅栏墓地。

58. ［叙利亚］ 巴国范 Nicolas Baroudi，1890 年 10 月 26 日抵达上海，1893 年 5 月 27 日在北京成为神父，在直隶西南传教。

59. ［法国］ 郭茂林 Gaston – auguste – Alfred Bafcop，1892 年 4 月 13 日抵达上海，1895 年 6 月 8 日在北京成为神父，在直隶北部传教。

60. ［法国］ 裴 Albert – antoine – pontique Perier，辅祭，1891 年 4 月 13 日抵达上海，1892 年 11 月 21 日在北京发愿。在直隶北部传教，葬于栅栏墓地。

61. （直隶宛平县）陆铎，1876 年 3 月 19 日在北京成为神父，死于北京，葬于栅栏墓地。

62. ［法国］ 德懋谦 Gustave – alphonse – jerome Vanhersecke，神父，1895 年 9 月 24 日抵达上海，后为北京教区传教士。

63. ［法国］ 包士杰 Jean – marie – vincant Planchet，1894 年 9 月 24 日抵达上海，1896 年 5 月 30 日在北京成为神父，为北京教区传教士。

64. ［法国］ 谢嘉林 Emmanuel – joseph – marie Catheline，1894 年 9 月 24 日抵达上海，1896 年 5 月 30 日在北京成为神父。死后葬于栅栏墓地。

65. （直隶张家口）张，1874 年 1 月 25 日成为神父，1895 年 6 月 23 日在北京进入初修院。

66. ［法国］ 巴 Emile – louis – cornil Baes，神父，1897 年 10 月 16 日抵达上海，在直隶北部传教，死于北京，葬于正福寺墓地。

67. （直隶宣化县）夏权，1894 年 5 月 19 日在北京成为神父，在直隶北部传教。

68. （北京）汪若翰，1894 年 5 月 19 日在北京成为神父。死于北京，葬于栅栏墓地。

69. （北京）佟殿荣，1894 年 5 月 19 日在北京成为神父，在直隶北部传教。

70. （北京）孙德桢，1897 年 1 月 24 日在北京成为神父，1924 年 4 月 15 日被提名为蠡县宗座监牧，1927 年 11 月 26 日在罗马被教皇庇护十一世祝圣为主教。

71. ［奥地利］康衢泰 Ernest Gartner，教士，1900 年 9 月 30 日抵达上海，1901 年 1 月 25 日在北京发愿。

72. ［法国］文德来 Antoine－Claude Chavanne，神父，1899 年 10 月 27 日抵达上海，在直隶各地传教，1900 年 7 月 26 日死于北京北堂，葬于栅栏墓地。

从 1860 年到 1900 年的 40 年里，一共有 72 名各国遣使会士在北京地区进行过传教活动，其中法国人 38 名，中国人 21 名，意大利人 4 名，比利时、荷兰人各 2 名，德国、爱尔兰、英国、叙利亚、奥地利各 1 人。从传教士们的国籍来看，法国人占了一半，中国人虽然少于法国人，但人数也占了近三分之一。从中外遣使会士的数量变化中不难看出这一阶段由于教禁的解除，传教士进入中国名义上不再受到限制，所以外国会士的数量急剧增加。北京作为清王朝的首都，特别受到传教士们的重视，在 1860 年到 1863 年的 3 年时间里就有 10 名外国传教士来到北京，占到外国传教士的五分之一。

1860 年第二次鸦片战争结束，北京地区的天主教会进入了发展的新阶段。早在 10 月 14 日，法国代表就已向中国政府提出返还教产的要求。10 月 28 日，在觐见恭亲王的同一天，孟振生在北京郊外的栅栏墓地为在通州事件中死亡的法国人举行葬礼。栅栏墓地自 1838 年以后就交由俄国东正教的教士管理，是第一个由法国传教士取回的教产。第二天，在法国远征军的护卫下，南堂重新开放[91]。不久以后，北堂、东堂、西堂也被孟振生收回。1861 年初，北京的遣使会士已开始在新的传教据点开始了新的传教工作。在完成收回教堂的使命后，孟振生回到欧洲参加了遣使会会议，并觐见了教皇和法皇拿破仑三世。在他返回中国时与他随行的修士与修女一共有二十人之多[92]。在孟振生去欧洲的同时，一个和以往截然不同的传教工作已经展开。由于教禁的解除，在很短的时间内，直隶各地的教徒人数迅速增加。1856 年时直隶北部传教区（即今北京地区）共有教徒一万七千人，到 1868 年已有两万四千人。除了讲道、宣传使外教人皈依外，圣婴善会的工作也是传教士的另一项重要工作。圣婴善会的工作主要有两项，一是为垂死婴儿做洗礼，另一是设置育婴堂。开禁后，在传教士樊国梁巡回视察的京南地区提供给我们一个数字，"每年约一千人"，可以藉此推测整个北京的情况。至于公开的育婴堂部分，在北京地区，秘密传教时期已有四座育婴堂。因弃婴多为女婴，与遣使会有统一会祖的女修会——仁爱会，比遣使会更适合主持育婴堂，因此遣使会早在秘密传教时期，就邀请仁爱会修女来中国主持圣婴会的工作。不管是传教士还是修女，除了等待别人将婴儿或小孩送上门来，他们也会经常外出寻找弃婴。这些生活在育婴堂的弃婴长大以后通常都是信仰最坚定的教徒。1868 年孟振生主教因病逝世。本来负责浙江传教工作的田嘉璧被派往北京，担任主教。除了负责传教工作外，田主教还做了一些对于传教很有意义的辅助工作。1. 孤儿院：天主教在北京的最早事业之一就是栅栏的孤儿院。2. 医院：仁爱会修女于同治元年至北京，在北堂建立了育婴堂，但没有专门的医院。田主教遂在南堂边建立了圣文生医院。3. 若瑟修女会：天主教最为重要的事业是创立了一个中国修女会，以大圣若瑟为名，因此称为若瑟修女会。该会主要负责为儿童和妇女讲授教理。4. 印书馆：北堂原有印刷设备，但无法印西洋书籍。田主教得遣使会总会长允诺，得到了两位专门办理印刷事业的辅理修士，建立起印书机构。此后，北京地区的天主教进入其发展的黄金阶段，从 1870 年到 1883 年教会的各项事业均取得了很大发展。13年来，教徒的人数增加了 7436 人，受洗成年人 5461 人，儿童 114338人，兴建大小教堂 224 座，教会学院 1 所，各类教会学校 100 所，面向中国人的教会医院 2 所，收治病人 15389 人，治愈 12018 人，教会开设的门诊所 2 所，受到照料的病人达到 712883 人[93]。19 世纪 90 年代以后，遣使会的传教活动更加兴旺，虽然目前没有详细的数字说明 1900年前后北京教务的具体发展情况，但根据一些零散资料可以推测当时教徒的人数可能已经有 7 万人之多[94]。

1899 年，义和团运动首先在山东爆发，后于 1900 年发展至北京。义和团对于天主教的敌视一方面与清代前期士大夫维护传统纲常名教，反对异端的思想有着相似之处，同时也和 19 世纪天主教再次入华时不同的国际国内形势密切相关。此时的传教士已不像早期传教士那样仅仅关注宗教事务。这些传教士中的某些人，尤其是一些法国教士，往往从本国获得大量的经济支援，依仗法国政府的保护作出了一些与其身份不相符的事情。这一切激怒了民族意识已经开始觉醒的中国民众，终至引起一场不可收拾的"庚子事变"。义和团显然使北京的天主教势力感觉到一种很大的威胁。当时的北京教区主教樊国梁曾经专门写信给直隶总督兼北洋大臣荣禄要求清政府进行镇压。当年六月，义和团进入北京，北堂的天主教徒和义和团发生了激烈的冲突。双方都有重大的人员伤亡。可以说义和团运动对北京的天主教打击甚重。但是，令人吃惊的是，教会迅速从挫折中摆脱出来，重新进入了一个发展的新时期。

由于原先存在于中国社会中的反教势力在义和团运动之后遭到沉重打击，反而扫除了天主教发展的障碍。根据统计数字，1906 年时北京代牧区的教徒数字为 105170 人，比起 1900 年前后增加了约 3 万人。

四、天主教在京差会简介

耶稣会：为天主教的主要修会之一，又称耶稣连队，1535 年 8 月 15 日由西班牙依纳爵·罗耀拉（Ignace de Loyola）为对付当时基督新教的宗教改革成立。并于 1540 年获得罗马教廷教皇的许可。耶稣会仿效军队编制，组织严密，纪律森严。总会长为终身制，驻罗马。在全世界设 77 个教省，各设省会长，任期 3 年，其下按地区分设会长和院长。各省会士外出传教，即在当地建立归该省管辖之传教区。此外罗马总会长还向各地派出巡阅使，会内实行层层控制，会士之间相互监督，并强调绝对服从上级。总会长对各地会士拥有绝对统治权，故有"黑衣教皇"之称。正式会士除发三愿（绝财、绝色、绝意）外，还发第四愿，即绝对效忠教皇。

奥斯定会：天主教托钵修会之一。一译奥古斯丁派。原指遵从奥古斯丁所倡守则的天主教隐修士。守则内容主要为按福音书所说抛弃家庭、财产而追随基督，在教会内集体过清贫生活，脱离世俗事务。除日常祈祷外，该会还从事济贫和传教工作等。奥古斯丁死后，该会的组织传入意大利和法国，继由圣巴特里克传入爱尔兰和英国，又在西班牙和德国得到发展。原先各地自成组织，皆称奥斯定会。1256 年，教皇亚历山大四世加以联合统一，并于同年发布《教会许可》通谕，准其为正式之修会。与加尔默罗会、方济各会、多明我会合称天主教四大托钵修会。12 世纪，该会曾传入东欧。13 世纪中叶，有会士 3 万余，修院 2000 多所。14 世纪末设女修会。1401 年获教皇卜尼法斯九世批准。1588 年，在西班牙又出现重整奥斯定会，18 世纪末在法国被取缔，1836 年在西班牙和葡萄牙也遭抵制。以后又逐步恢复。1925 年全世界有其会、院 500 多所，总部常设罗马。明万历三年（1575 年）起，西班牙奥斯定会士多次由菲律宾进入中国福建，未得驻留。清康熙十九年（1680 年）始在广州成立传教据点，以后曾在湖南的常德、澧州和岳州设立教区。

方济各会：方济各会是天主教托钵修会之一，一译法兰西斯派，拉丁文名 Ordo Fratrum Minorum，是拉丁语小兄弟会的意思，因其会士着灰色会服，故又称灰衣修士。1209 年意大利阿西西城富家子弟方济各（Franciso Javier 1206—1252）得教皇英诺森三世的批准成立该会，1223 年教皇洪诺留三世批准其会规。方济各会提倡过清贫生活，衣麻跣足，托钵行乞，会士间互称"小兄弟"。中国元代时，该会约翰·孟高维诺等曾多次从陆路到中国，在北京、泉州等地设立教区，建造教堂，时称也里可温。明代中下叶，又从海上进入闽浙一带。清代中叶以后在中国辖有众多教区，主要传教于鲁、晋、鄂、湘、陕、甘等地。

遣使会：遣使会（Congregation of Priests of the Mission），又称拉匝祿会（Lazarites，Lazarists 或 Lazarians）或味增爵会，由圣凡尚（St. Vincent de Paul）等六位司铎在 1625 年 4 月 17 日于巴黎圣拉匝祿院（前身为麻风院）创立。1633 年 1 月 12 日获教宗乌尔班八世批准。

第三节 民国时期的北京天主教

中华民国建立后，中国天主教发展中的一个很突出特点就是本土神职人员力求改变原来以外国人为主的教会体制，掀起了中国教会的自主运动。1912 年时，著名天主教人士英敛之向当时的教宗提议应尽快培养中国籍神父。民国的建立使得中国民族主义潮流迅速发展，天主教会因其在信仰之外往往成为欧洲各国传教士维护其自身利益的工具，逐渐为中国民众不满。另外，中国籍神职人员在会内经常受到外籍传教士的欺侮，也使双方的矛盾不断。为缓和中外神职人员的矛盾，教会准备采取中国教会本土化措施。1919 年本笃十五世发布"夫至大至圣之任务"的通谕，命令在华各修会多用中国籍神职人员。该通谕称："凡管理一区传教者，其重要先务，当在所在民族，族人之充圣职神司而陶养之，建设之。因本地司铎与本地人民世籍、天资、感觉与心思皆自相投合，则其能以信德渐摩本地人心，当何等惊奇耶？……"[96] 为了尽快在中国建立起圣统制，教宗派刚恒毅来华。此后教宗曾先后在 1926 年和 1932 年派员到华以便推动培养中国神父的工作。1926 年教宗庇护十一世又再次强调如果天主教会不是建立在本地神职人员基础上，基督的国度就不可能在任何国家建立起来，也不可能取得可靠的进步。他说："从古代基督教信仰的文学遗稿中可以看出，由宗徒为每一个信友团体所任命的领导人，并不是来自外部，而是从他们生长的国家中拣选的。"[97] 当年 10 月 28 日，6 位中国神父到罗马，由教宗正式祝圣为主教。到1936年时，中国籍主教已增加到23人。随着天主教神职人员的逐渐中国化，北京地区中国籍神职人员的数量也在增加。同时教徒以及相关各种宗教机构的数量也有显著的增长。1940年时，北京教区堂口包括北堂、南堂、东堂、西堂、东交民巷教堂、崇文门外南岗子教堂；京南：肖家务（万庄车站）、牛房（安定车站）、采育（安定车站）、正福寺、白家童（清河）、长辛店、桑峪；涿县：涿县城内、西仙坡、南章、西皋庄、二站（琉璃河）、长沟、任村、石窝、石家务、周各庄、立教（良乡）、西里池、泗各庄、柳河营、党庄、杨家楼、古庄头、普安屯（窦店镇）、南窑；京北：贾家童（通县）、密云、平房、通县西关、北寨（三河）；京东：大口屯、少林口、郭家庄（蓟县）、沟头、北旺镇、桐柏镇、小韩村、皇后店、朱家铺、五庆坨、老庄子、洛水店、甄家营等。据统计此时北京教区所辖人口约为四百万人，信徒达到26万人。当时整个北京教区有58座大教堂、528座小教堂和祈祷所、31名外籍司铎、106名本地司铎，59名辅理修士（其中43名本地修士）、236名修女（其中181名本地修女），一所大修道院和一所小修道院。1946年，教皇庇护十二世宣布在中国建立圣统制，将全国划分为二十个教省，每省设一总主教……教内统序由代牧制进于通常的主教制，这是中国天主教历史上的重要事件[(98)]。当时中国一共有79个主教区、38个监牧区共138个教区，田耕莘为北京总主教、

民国时期，北京的天主教会在教育和慈善方面的事业也取得了不小的进展。当时北京最为有名的天主教大学就是辅仁大学。辅大的前身是英敛之在香山开办的辅仁社。1917年英敛之和马相伯上书罗马教宗希望能够在华建立一所大学以服务于教徒。五年之后，罗马教廷同意了这一请求。1923年，教皇庇护十一世捐赠北京天主教大学开办费十万里拉。不久，美国本笃会联席会议主席兼圣文森会院长司泰来、本笃会士奥图尔来华，筹措办校事宜。1925年辅仁大学在北京成立[(99)]。以后该校培养了大批各行业的学术专才。1929年，辅仁大学兴建了新校舍，在奠基典礼上，刚恒毅曾经发表讲话称："一个民族复兴的所有危机是思想方面的。外在社会组织的革新首先应是内在的革新，是精神上的革新。这座大学愿意作高深的文化工具，愿对中国的复兴有所贡献。"[(100)]1928年国民革命军占领北京，1929年天主教会在北京成立中华公教教育联合会，统一全国的天主教教会教育。除大学外，当时的教会也在中初等教育方面做出了一些成绩。截至1940年，教会共开办大学1所（辅仁大学）、高中4所、初中12所、小学86所以及

3 所医院、1 所孤儿院、1 所养老院和 9 间诊所。下表是当时北京主要的教会中学：

学校名称	创办或管理者
辅仁大学附属中学	圣言会
五龙亭中学（佑贞女中）	多明我会
盛新男中	圣母文学会
盛新女中	耶稣孝女会
竟存男中	遣使会
竟存女中	奥斯定修女会
竟存女中南院	玛利亚方济各修女会
南堂中学	圣母文学会
光华女中	若瑟会
耕莘中学	田耕莘
尚义中学	圣母文学会

注释：

（1）有关历史文献，参见徐宗泽：《中国天主教传教史概论》；罗香林：《唐元二代之景教》；穆尔著，郝镇华译：《一五五零年前的中国基督教史》；朱谦之：《中国景教》。

（2）道森编、吕浦译：《出使蒙古记》，第 5—7 页；方豪：《中西交通史》（下），第 465—466 页。

（3）罗光：《教廷与中国使节史》，第 22—23 页。

（4）顾卫民：《中国与罗马教廷关系史略》，第 3 页。

（5）［法］库朗热著、谭立铸等译：《古代城邦——古希腊罗马祭祀、权利和政制研究》，第 363 页。

（6）［美］阿·克·穆尔著、郭舜平等译：《基督教简史》，第 162 页。

（7）Jean – Pierre Drege 著、吴岳添译：《丝绸之路：东方和西方交流的传奇》，第 101—103 页。

（8）参见顾卫民：《中国与罗马教廷关系史略》，第 5 页。

（9）道森编、吕浦译：《出使蒙古记》，第 90—93 页。

（10）方豪：《中西交通史》（上），第 18 页。

（11）顾卫民：《中国与罗马教廷关系史略》，第 7 页。

（12）何高济译：《柏朗嘉宾蒙古行记. 鲁布鲁克东行记》，第 183—184 页。

（13）［美］阿·克·穆尔著、郝镇华译：《一五五零年前的中国基督教史》，第 184 页。

（14）参见［美］阿·克·穆尔著、郝镇华译：《一五五零年前的中国基督教史》的记载。

（15）［美］阿·克·穆尔著、郝镇华译：《一五五零年前的中国基督教史》，第189页

（16）方豪：《中西交通史》（上），第28页。

（17）道森编、吕浦译：《出使蒙古记》，第265页。

（18）方豪：《中国天主教史人物传》（上），第28页。

（19）［美］阿·克·穆尔著、郝镇华译：《一五五零年前的中国基督教史》，第286—287页。

（20）《元史》卷五。

（21）《元史》卷九十三。

（22）《元史》卷八十九。

（23）《元史》卷一百一十三。

（24）刘小枫：《圣灵降临的叙事》，第24页。

（25）卡尔·洛维特：《海德格尔与欧洲虚无主义》，第173—180页。

（26）（27）［美］阿·克·穆尔著、郭舜平等译：《基督教简史》，第273页。

（28）《耶稣会祖圣依纳爵传》，光启编译馆节译第107—155页。

（29）［美］斯塔夫瑞豪斯：《全球通史（1500年以后的世界）》，第138—139页。

（30）方豪：《中西交通史》（下），第970页。

（31）施白蒂：《澳门编年史》，第18页；罗光：《中国天主教历代分区沿革史》，第300页。

（32）费赖之著、冯承钧译：《在华耶稣会士列传及书目》，第31—32页。

（33）利氏进贡方物的时间，可参见梁子涵《利玛窦进京朝贡的时间问题》，台湾《新铎声》二十期。

（34）费赖之著、冯承钧译：《在华耶稣会士列传及书目》，第39页。

（35）方豪：《中西交通史》（下），第692页。

（36）The Catholic Encyclopedia. vol 13，p. 522.

（37）徐宗泽：《中国天主教传教史概论》，第226—253页。

（38）钟鸣旦等编：《徐家汇藏书楼明清天主教文献》第五册；佚名：《钦命传教综述》。

（39）徐宗泽：《中国天主教传教史概论》，第226—253页。

（40）费赖之著、冯承钧译：《在华耶稣会士列传及书目》二六九冯秉正传，第609页。

（41）方豪：《中国天主教史人物传》（中），第317页。

（42）诺尔编：《罗马教廷有关中国礼仪之争文献百篇》，第8—10页。

（43）陈垣：《康熙与罗马使节关系文书》（影印本）（四）。

（44）陈垣：《康熙与罗马使节关系文书"嘉乐来朝日记"》（影印本）。

（45）陈垣：《康熙与罗马使节关系文书"嘉乐来朝日记"》。

（46）徐宗泽：《中国天主教传教史概论》。

（47）Lw.　Allen jesuits at the Court of Peking P.　262—265，shanghai.

（48）Menegon Eugenio jesuits Franciscans and Dominicans in Fujian：the anti－christian incidents of 1637－1638，Monamenta serica Institute－Foundazione Civilta Bresciana 1997.

（49）韦伯著、简惠美译：《宗教社会学》，第 158 页。

（50）侯外庐、赵纪彬等著：《中国思想通史》，第 89 页。

（51）亚里士多得：《政治学》卷六，第 5、11 页。

（52）库朗热著、谭立铸等译：《古代城邦—古希腊、罗马祭祀、权利和政制研究》，第 360 页。

（53）库朗热著、谭立铸等译：《古代城邦－古希腊、罗马祭祀、权利和政制研究》，第 361 页。

（54）库朗热著、谭立铸等译：《古代城邦－古希腊、罗马祭祀、权利和政制研究》，第 363 页。

（55）《圣经》马太福音，22；21。

（56）《圣经》约翰福音，18；36。

（57）Jacob Taubes，Die Politische Theologie des Paulus，Munchen，1995，1923—1976.

（58）Gustav Radbruch 著，米键、朱林译：《法学导论》，第 15—16 页，138 页以下，还有但丁著、朱虹译：《论世界帝国》；Carl Schmitt，Romischer Katholizismus und Politische Form Munchen 1925，stuttgart 1984；James Bryce 著、孙秉莹等译：《神圣罗马帝国》。

（59）张泽：《清代禁教期的天主教》，第 48 页。

（60）白晋著、冯作民译：《清康乾两帝与天主教传教史》，第 119 页。

（61）如 Forgeot from Macao，Dec.　2，1750，in Lettres edifiantes，Vol.　3，pp825—830 中描述的耶稣会士被捕的事件。

（62）张泽：《清代禁教期的天主教》，第 49—56 页。

（63）《清仁宗嘉庆实录》卷 142，嘉庆十年 4 月 18 日条，转引自汤开建、赵殿红、罗兰桂：《清朝前期天主教在中国社会的发展及兴衰》，《国际汉学》第九辑。

（64）张泽：《清代禁教期的天主教》，第 139 页。

（65）张泽：《清代禁教期的天主教》，第 166 页。

（66）《清仁宗嘉庆实录》卷 142，嘉庆十年 4 月 30 日条，转引自汤开建、赵殿红、罗兰桂：《清朝前期天主教在中国社会的发展及兴衰》，《国际汉学》第九辑。

（67）据《在华耶稣会士列传及书目》一书统计。

（68）据汤开建、赵殿红、罗兰桂：《清朝前期天主教在中国社会的发展及兴衰》，《国际汉学》第 9 辑统计而得。

（69）汤开建、赵殿红、罗兰桂：《清朝前期天主教在中国社会的发展及兴衰》,《国际汉学》第9辑,第97—99页。

(70)汤开建、赵殿红、罗兰桂:《清朝前期天主教在中国社会的发展及兴衰》,《国际汉学》第9辑,第100—102页。

(71)此资料依据李少峰:《方济各会在华传教史》(罗光:《天主教在华传教史集》,第69—132页);高智瑜、马爱德主编:《栅栏——北京最古老的天主教墓地》;金普斯等:《方济各会来华史:1294—1955》;《在华耶稣会士列传及书目》;《中国天主教史人物传》;《清代禁教期的天主教》。

(72)据汤开建、赵殿红、罗兰桂:《清朝前期天主教在中国社会的发展及兴衰》,《国际汉学》第九辑补充。

(73)可参张力、刘鉴唐:《中国教案史》。

(74)于本源:《清王朝的宗教政策》,第241页。

(75)卫清心著、黄庆华译:《法国对华传教政策》,第482页。

(76)Annales de l'Association de la Propagation de la foi,vol 24,p155;vol 27,p164. cited by K.S.Latourette,A History of Christian Mission in China. pp234.

(77)K.S.Latourette,A History of Christian Mission in China. pp235—240.

(78)Van.Den.Brandt,Les lazariste en Chine 1697—1935 Note Biographiques Imprimerie des Lazaristes 1936,p38.

(79)解成:《河北省天主教历史编年》,第126—127页。

(80)A.Thomas,Histoire de la Mission de Pekin – depuis l'arrivee des Lazaristes Jusqu'a la revolte des Boxeurs paris 1926,p273.

(81)Octave Ferreux著、吴宗文译:《遣使会在华传教史》,第201页。转引自国立台湾师范大学历史研究所陈方中的博士论文:《法国天主教传教士在华传教活动与影响》,第50页。

(82)Annales de l'Association de la Propagation de la foi,1854,p143.

(83)A.Thomas,Histoire de la Mission de Pekin – depuis l'arrivee des Lazaristes Jusqu' a la revolte des Boxeurs paris 1926,p302.

(84)顾卫民:《中国天主教编年史》,第371页。

(85)《天津条约》第十三款内容如下:天主教原以劝人行善为本,凡奉教之人,皆全获保佑身家。具会同礼拜诵经等事,概听其便。凡按第八款备有盖印执照,安然入内地传教之人,地方官务必厚待保护。凡中国人愿崇信天主教,而循规蹈矩者,毫无查禁,皆免惩治。向来所有或写或刻奉禁天主教各明文,无论如处,概行宽免。

(86)资料来源同上表。

(87)王铁崖:《中外旧约章汇编》第1册,第107页。

(88)A.Thomas Histoire de la Mission de Pekin – depuis l'arrivee des Lazaristes Jusqu' a la revolte des Boxeurs paris 1926,p398.

(89)罗光:《教廷与中国使节史》,第178页。

(90)罗光:《中国天主教历代分区沿革史》,《天主教在华传教史集》,第303页。

（91）罗光：《中国天主教历代分区沿革史》，《天主教在华传教史集》，第 305 页。

（92）参见 A. Thomas, Histoire de la Mission de Pekin – depuis l' arrivee des Lazaristes Jusqu' a la revolte des Boxeurs paris 1926，p411 –412.

（93）Annales de l' Association de la Propagation de la foi，1883，p578.

（94）Van. Den. Brandt Les lazariste en Chine 1697—1935 Note Biographiques Imprimerie des Lazaristes 1936，p38.

（95）K. S. Latourette, A History of Christian Mission in China, New York, 1929，p107.

（96）《教宗本笃十五世通谕》，《马相伯文集》，第 231—235 页。

（97）师省三：《六位国籍主教在罗马祝圣七十周年》，《公教报》1996 年 12 月 20 日。

（98）罗光：《教廷与中国使节史》，第 230 页。

（99）顾卫民：《中国与罗马教廷关系史略》，第 149 页。

（100）刚恒毅：《零落孤雁刚恒毅枢机回忆录》，第 139 页。

第二章　俄国东正教传教团在北京的活动

　　东正教又称正教、希腊正教、东方正教，是基督教其中的一个派别，主要是指依循由东罗马帝国（又称"拜占庭帝国"）流传下来的基督教传统的教会，它是与天主教、基督新教并立的基督教三大派别之一，"正教"的希腊语（Orthodxia）意思是正统。俄国的东正教会在沙皇时期事实上是俄罗斯帝国统治其人民的工具。17 世纪中期，沙俄武装侵入今黑龙江下游，占据了雅克萨城。清政府为维护其在这一地区的统治，同沙俄军队进行了长达 30 多年的战争，并最终于 1685 年攻占了雅克萨城。为处理在历次战争中俘虏的沙俄士兵，清政府将这些人安置于北京东直门内胡家圈胡同，并给予其旗人待遇，同时建一座庙宇供其礼拜之用。十年之后，西伯利亚都主教正式给予其教会证书，中国第一座东正教堂从此成立，也拉开了东正教在中国传播的序幕。彼得一世即位后，特别重视利用东正教作为其向远东扩张的辅助手段。1711 年，俄国沙皇商队按照彼得的旨意请求派遣几位新的教士代替已在此地服务二十余年的马克西姆·列昂杰夫。康熙帝同意了这一要求。1715 年，俄国沙皇正式委派第一个"北京传教团"。此后每隔若干年，都会派一新团代替。俄国传教团留驻北京后对传教工作并不热心，却千方百计与清朝官员交往，以期刺探中国的情报。为进一步搜集情报，沙俄官员迫切希望传教团获得更多在北京活动的自由。第一届传道团大司祭伊拉里昂·列扎伊斯基在北京去世后，俄国方面很快任命了佩列斯拉夫－扎列斯基两地主教英诺森·库利奇茨基担任第二届北京传道团大司祭，但是由于那段时间中俄两国关系紧张，中国政府禁止传

道团入境，直到 1727 年《中俄恰克图条约》签订后中国才允许传道团
入境，条约规定："京城之俄罗斯馆，嗣后惟俄罗斯人居住。其使臣萨
瓦所欲建造之庙宇，令中国办理俄罗斯事务大臣在俄罗斯馆建造。现
在京居住喇嘛一人，其又请增遣喇嘛 3 人之处，着照所请。俟遣来喇
嘛 3 人到时，亦照前来喇嘛之例，给予盘费，令住此庙内。至俄罗斯
等依本国风俗拜佛念经之处，毋庸禁止。再萨瓦所留在京学艺之学生 4
名，通晓俄罗斯、拉替努话 2 人，令在此居住，给予盘费养赡。"[1]。在
传道团组建直到获准进入中国期间，伊尔库茨克耶稣升天修道院大司
祭安东尼·普拉特科夫斯基通过散布诋毁英诺森·库利奇茨基的言论
而取代了后者的地位成为第二届北京传道团的大司祭，传道团 1729 年
抵达北京。虽然清政府的理藩院对在京的俄国传教团有着形式上的管
理，但实际上对这些俄国人在北京的活动采取放任自流的态度。与此
形成鲜明对比的是沙俄政府则把这一传教团当成重要的外交、情报机
构，苦心经营。传道团大司祭格尔瓦西任内工作非常积极，他在北京
经常主动接触中国政府官员和来自西欧的耶稣会传教士，为俄国政府
搜集了大量有关中国和西欧的资料。1732 年，"北京传教团"在今天
的东交民巷，当时称为东江米巷的地方建造了一座新教堂，也即"南
馆"。在第六届传道团任内，中国政府颁布了禁止天主教的法令，东正
教以及天主教耶稣会在中国的活动均受到很大限制，因而尼古拉没有
能够成功地完成搜集中国和西欧情报的任务于 1781 年离任，回到俄国
后，尼古拉遭到降职的处分。1780 年，俄罗斯正教宗教会议向第七届
传教团大司祭希什科夫斯基发布一"工作指示"，规定其在京活动的主
要内容，如"尔修士大司祭于驻北京期间，一有机会就应尽量把当地
动态认真详细地写成材料交于全俄正教最高宗务会议"[2]。俄国政府于
1795 年在传教团所在的俄罗斯馆内设立图书馆，专门聘请汉语、满语
教师进行汉学训练。后不仅专门从彼得堡神学院选拔学生参加传教团，
还每年送与传教团白银 2500 两。俄国政府也对北京传教团的行政隶属
关系作出了调整，其上级机构由原来的西伯利亚总督衙门调整为俄国
外交部，从此传教团更多地担负起为俄国的外交政策搜集情报的任务。
传道团大司祭雅金甫在北京任职期间建树颇多，仅在两年时间内就精
通了汉语和满语。他积极接触清政府各级官员和在中国的天主教传教
士，搜集到大量西欧和中国的情报，这些情报为沙皇亚历山大一世制
定大陆政策，与英国奥地利结盟反对拿破仑起到了至关重要的作用。
雅金甫在任期内还成为一位汉学专家，他曾经在 1817 年凭借目测和步
量的方法绘制了一幅《北京城郭平面图》，他将《资治通鉴纲目》、

《大清一统志》、《四书》、《三字经》等中文典籍翻译成俄文，还著有《西藏记事》、《蒙古札记》、《北京记事》、《成吉思汗前四汗本纪》、《准噶尔和东土耳其斯坦的远古和现状记述》、《蒙古的语言、部落、人口、平民阶级》、《蒙古人的古代和现代祈祷仪式》等书籍文章。其中的《西藏记事》、《蒙古札记》价值尤为突出，雅金甫也因此而获得了俄罗斯科学院东方学和古物学通讯院士的荣誉。1818 年，伊尔库茨克总督专门制定了对第十期传教团的指令草案，经沙皇亚历山大一世批准后正式生效，这份指令特别突出了北京传教团的政治、外交及情报方面的作用，规定其主要任务：不是宗教活动，而是对中国经济、文化进行全面研究，并应及时向俄国外交部报告中国政治生活的重大事件。在第十届传道团任内，根据俄罗斯正教最高宗务会议的指示，传道团在北京成立了教务会议，这标志着北京传道团在东正教内部地位的上升。俄国外交部亚洲司给予大司祭佟正笏极大的信任和权力，并要求他在任内尽量获取有关中国的一切情报，据史料记载，在他赴任前，俄国外交部给他的行文中要求他"取得中国政府中那些能够以某种方式影响中华帝国政治事件进程的人的好感，以观察和注意中国政府和社会的动向"。在他的任内中国经历了第一次鸦片战争战败后的巨大变化，而佟正笏努力搜集的各种信息也为俄国政府制定远东政策提供了重要的参考依据。由于他在搜集情报方面的出色工作，佟正笏在任满回国后获得了一千五百银卢布的奖金。出任第十三届传道团大司祭的是上一届传道团辅祭巴拉第·卡法罗夫，在这一届传道团中出任辅祭的康斯坦丁·安德烈亚诺维奇·斯卡奇科夫是沙俄时代最著名的汉学家之一，他在传道团期间所著的《北京日记》曾经详细记载了太平天国时期北京的社会生活和清政府高层的反应。由于他对中国的研究，他被俄国地理学会、经济学会、天文学会、东方和美洲人文学会吸收成为会员，从北京传道团离任后，康斯坦丁还先后出任了俄国驻塔城领事、驻天津总领事。在这一届传道团任内，爆发了中国与英国和法国之间的第二次鸦片战争，在战争期间传道团不仅为英法军队提供了大量情报，而且传道团医生米哈伊尔·达尼洛维奇·赫拉波维茨基还直接参与了瑷珲条约的起草工作。固里是第十二届传道团的司祭，1858 年受委任成为第十五届传道团的大司祭。与他的前任一样，固里在第二次鸦片战争中继续积极为英法军队提供中国方面的情报，同时在中国政府面前扮演调停人的角色，在英法军队进攻通州的战役中，固里向他们提供了中国驻军的信息和第九届北京传道团大司祭雅金甫绘制的北京城郭平面图。在此后关于中俄北京条约的谈判中，固里更是被任命为俄方的谈判代表，并且以其强硬的姿态出现在谈判桌前，据史料记载，清政府的官员评价俄方谈判代表"狡执异常，几乎一字不能更易"。根据清政府与俄国签订的《中俄北京条约》，俄国政府直接派出驻北京公使作为官方外交人员，由于驻华公使的出现，北京传道团的管辖权再次移交给了俄罗斯正教最高宗务会议。1864 年会议决定任命第十三届北京传道团大司祭巴拉第·卡法罗夫出任新一届北京传道团的大司祭。卡法罗夫在他的第二个任期内在中国东北进行了大量的考察工作。1870 年，他与一位俄国地理学家从沈阳出发经过齐齐哈尔到海兰泡、伯力，后沿着乌苏里江下行至海参崴，沿途考察了中国东北的地形地貌、道路交通、自然环境。1871 年，他又详细考察了中国东部沿海的重要海港、海湾，他以这两次长途旅行所搜集到的资料为基础写出了《从北京经满洲到海兰泡旅行记》、《乌苏里地区历史概要》等书。此外他还创办了以中国研究为主题的期刊《汇报》，翻译或著述了《佛陀传》、《早期佛教史略》、《佛教神祇概述》、《汉俄大辞典》、《中国伊斯兰教文献集》、《长春真人西游记》、《金七十轮》等著作。由弗拉维昂·高连茨基率领的第十八届北京传道团于 1879 年抵达北京，在这一届传道团任期内，弗拉维昂将工作的重心从外交和情报收集事务转向传教，他积极奔走于中国各地，期间在北京、内蒙古、湖北汉口等地的东正教信徒数量都有较大增长。第十八届北京传道团是最后一届传道团，此后由于成立了东正教北京总会和中华正教会，就不再有传道团了。在这一届北京传道团任期内中国爆发了义和团运动，中国东北爆发了日俄战争，俄国发生了革命，其间的变化非常巨大。1900 年，中国爆发了针对在华外国人和基督教信徒的义和团运动，在北京的北馆被拳民焚毁，在北京的正教教徒有二百余人被杀，传道团的一名司祭和数名教堂辅助人员被杀。此外安定门外的俄国墓地被捣毁。北京传道团在张家口北戴河等地设立的教堂和礼拜所也被拳民破坏，传道团大司祭则躲进俄国驻华公使馆避难。1901 年《辛丑和约》签订后，大司祭英诺肯提乙返回俄国述职，并且因为他在义和团运动期间留守北京而被提升为主教，之后他带领三十余名神职人员和大笔资金返回北京。回到北京之后，英诺肯提乙用庚子赔款复建了北馆，并利用复建的机会购置土地扩大北馆规模，在北馆附近又新建了诸圣殉道者堂、圣母堂等新的东正教教堂，并且开设了学校、修道院、面粉厂、织布厂、果园等附属于传道团的产业，通过经营这些产业，第十八届北京传道团聚敛了大量财富。1917 年俄国十月革命爆发，大批反对布尔什维克革命的俄国人流亡中国，他们在流亡的同时携带了大笔财产，他们来到中国进一步为北京传道团带来了大量的资金支持。同时由于新成立的苏联政府拘捕并审判了普世牧首并且宣布废止牧首制度，一批反对苏联政府的东正教神职人员成立了俄罗斯外国临时主教公会议，从而形成了一个流亡教廷。北京传道团的主教英诺肯提乙加入这个流亡教廷，而这个教廷也将传道团升格为东正教北京总会。在此期间英诺肯提乙收留了大批逃亡中国的俄罗斯贵族，为他们的反攻计划提供资金支持。1924年，为了对抗苏联政府提出的接管东正教北京总会教产的要求，英诺肯提乙在东正教北京总会的基础上成立中国正教会，由俄罗斯外国临时主教公会议任命他为中国正教会大主教，1930年，进一步升为都主教。

相比于天主教和新教在中国的传教活动，东正教北京传道团在传教领域是非常失败的。截至第十七届传道团任内，虽然经历了将近200年的发展，但全中国仅有四百余名东正教信徒，直到第十八届传道团时期情况才有所改观，但这种变化很大程度上源自革命造成的逃亡。导致传教事业不佳的原因一方面是早期的传道团将工作的重心放在搜集情报和从事外交活动上，另一方面是由于传道团始终不肯接纳中国籍神职人员加入，以至缺少足够的神甫进行布道活动。相对于传教，外交和政治事务是北京传道团更主要的任务，从第一届传道团开始，这个宗教团体就被俄国政府赋予直接搜集中国和间接搜集欧洲情报的任务，1729年中俄恰克图条约签订后，传道团更是直接肩负外交的使命。在将近300年的历史中，传道团搜集的关于中国社会经济政治和中国东北、蒙古等地区的情报是俄国政府制定远东政策的重要依据。传道团在这方面的作用在1860年之后达到顶峰，他们不仅以提供情报的方式间接参与了欧洲国家与中国的战事，第十四届传道团的大司祭固里甚至作为沙皇的谈判代表直接参与了北京条约的制订。从这一角度讲，东正教北京传教团可以看作俄国政府以传教名义安插在中国首都的一个重要情报机构。

注释：

(1) 王铁崖：《中外旧约章汇编》第1册，第11页。
(2) ［俄］尼·伊·维谢洛夫斯基编：《俄国驻北京传道团史料》，第58页。

第三章　基督新教

第一节　基督新教传入北京

英国传教士罗伯特·马礼逊，是西方派到中国内地的第一位基督新教传教士，他在华 25 年，在许多方面都有首创之功。200 年前，他编辑出版了中国历史上第一部英汉字典——《华英字典》。他还第一个把《圣经》译成中文，以自己的医学知识在澳门开办了第一个中西医合作的诊所。他展开了基督新教在中国的宣教历史。1807 年时马礼逊自英国启程来到中国，当时他是二十五岁的青年，未婚，独自一人首途赴华。在纽约换船的时候，纽约船坞公司职员知晓其将前往中国，便以轻视的口吻对他说："马礼逊，你以为靠你一个人，就可以改变中国过去 5000 年来对于偶像的崇拜吗？"那时马礼逊回答了一句有名的话："我不能，但我相信神能"[1]，他以这样的信念与信心抵达中国。此后，伦敦会又先后派遣多名传教士来华，其中较为有名的如米怜（William Milne，1785—1822 年）、麦都思（Walter Henry Medhurst，1796—1857 年）、理雅各（James Legge，1815—1897 年）、韦廉臣（Alexander Williamson，1829—1890 年）、杨格非（Griffith John，1831—1912 年）、雒魏林（William Lockhart，1811—1896 年）等。继伦敦会之后，受荷兰传教会派遣来远东活动的德国人郭实腊于 1831 年到中国沿海考察，同年 12 月 13 日到澳门。1832 年 2 月 27 日，他又从澳门出发，沿途在厦门、台湾、宁波、上海停靠，美部会紧随伦敦会和荷兰传教会（Netherlands Missionary Society）之后冒险进入中国。1829 年，雅裨理和裨治文两位牧师从美国出发，次年 2 月在中国受到马礼逊的接待。他们在海峡殖民地的华人和马来人中间工作，1842 年雅裨理进入厦门，直到 1846 年去世。美部会随后又接连派遣多名传教士试图进入中国。其中帝礼仕（Ira Tracy）和卫三畏（Samuel Wells Williams）在 1833 年定居新加坡和澳门。1836 年，美国浸礼会派遣传教士来华，首先在澳门（1837 年）及香港（1842 年）落脚。1844 年 6 月 21 日，美北长老会派遣麦嘉缔（D. B. McCartee）博士抵达中国浙江宁波。1843 年，英国圣公会坎特伯里大主教派遣史丹顿牧师到英国殖民地香港，1844 年 9 月 25 日，第一批英国圣公会传教士施美夫和麦克开拉启（T. McClatchie）抵达香港。次年，他们考察了上海、宁波等通商口岸，确定浙江宁波为该差会在中国的传教中心。施美夫由于健康原因返回英国，为在华传教事业筹集资金。1849 年，维多利亚教区成立，施美夫被委任为主教，负责中国和日本的传教事业。同年建成圣约翰座堂。次年（1850 年），英国圣公会差会进入第一座省会城市福州。圣公会初期在香港仅负责牧养在香港的英国信徒，1862 年开始向华人宣教。1865 年，英国圣公会差会进入第二座省会城市杭州。1870 年进入绍兴。当英国圣公会差会在浙江省顺利扩展之时，1872 年，英国圣公会在中国成立了第二个教区华中教区（浙江教区），主教座堂设在上海的英国侨民教堂圣三一座堂。美以美会对华传教开始于 1847 年。在这一年，柯林和怀特（Moses Clark White）两位传教士被派往开埠不久的通商口岸、福建省省会福州，不久又有希赫克（H. Hickok）麦利和（R. S. Maclay）等宣教士前来帮助，正式展开福音事工。但是，在中国传教速度最快的差会却是由戴得生一手创建的内地会。该会 1865 年才正式成立，第二年便在浙江杭州、奉化、绍兴、萧山等地建立了传教基地。在此后的十几年间，内地会的传教范围迅速扩展到江苏、安徽、江西、河南、湖南、山西、陕西、甘肃、贵州、四川等省。

与天主教相比，基督新教传入北京的时间很晚。据相关史料记载，第一位到北京传教的传教士是英国人雒魏林。此人受伦敦布道会派遣于 1838 年进入广州，后又到浙江定海和上海一带行医传教。1843 年 12 月抵达上海传教，并行医治病，擅长眼科。1844 年在上海老城南门外开设上海第一家西式医院——中国医馆（今仁济医院前身）。第二次鸦片战争结束后，随着《北京条约》的签订，清政府的禁教政策被迫改变。各国传教士获得了在中国内地自由传教的权利。在这种形势下，清朝的统治中心北京也不再是新教传教士的禁地。1861 年雒魏林以医官身份随英国使团来到北京[2]。不过，当时他的身份是英国使馆的医生。这主要是因为清政府在此时尚未正式取消传教禁令。1863 年，传教禁令正式废除，雒魏林遂公开以传教士身份在京活动。以后，伦敦布道会派往北京传教的传教士还有德贞、艾约瑟、文卓志和石敦豪。其中艾约瑟作为著名的汉学家对中国文化进行了相当深入的研究。艾约瑟（Joseph Edkins 1823—1905 年），字迪瑾，英国传教士和著名汉学家。1843 年在上海传教，与麦都思、美魏茶、慕维廉等英国伦敦会传教士创建墨海书馆，曾赴太平天国起义军中谈论宗教问题，1863 年到北京，负责伦敦会的北京事务。此后这些传教士们先后在北京建立了多所教堂，其中包括东堂子胡同西口和缸瓦市礼拜堂、小红门、十八里店、采育、响口和落垡支堂，后来又建立了崇外东柳树井堂、东直门外关厢福音堂。除伦敦会外，在北京传教的英国差会还有圣公会，即"安立甘会"。鲍尔腾（John Shaw Burdon，1826—1907 年），第一位英国圣公会来华传教士，他出生于苏格兰格拉斯哥，23 岁进入圣公会传教学院，于 1853 年被派往中国上海，次年由施美夫主教按立为牧师。1862 年，鲍尔腾来到北京，先在英国使馆任牧师，后又在京师同文馆做英文教习。1874 年，鲍尔腾因升任中国华南教区主教，其在北京的职务让给了顾维廉。顾氏在西城区绒线胡同购买一处院落建立了礼拜堂。与其同源的美国圣公会也曾在北京短暂传教，但因成效甚微，没过几年就将传教工作交给英国差会，离开了中国。虽然美国圣公会的传教工作在北京以失败告终，但是长老会和美以美会却在北京获得了巨大的成功。美国北长老会的艾约瑟（Edkins）几次造访北京，并为三个人举行了洗礼，这应该是最早进入北京进行传教活动的差会[3]；1863 年，他获得了居留北京的权利[4]。1862 年，该会传教士丁韪良进入北京，并在东单一代租房建立会所，由他管理的长老会在北京建立了传教基地[5]。十二年后，长老会传教士惠志道在西城区鸦儿胡同建立了该会第一座教堂。美国北长老会在中国建立了八大教区，而北京正是其华北教区的中心。美国美以美会传教士刘海澜于 1869 年来到北京，1870 年他在崇文门内孝顺胡同建立了著名的"亚斯立堂"。美以美会的传教士在北京活动的人数众多，如：李安德、达吉瑞、卫芙女、侯华、博慕贞、寇慕贞等。美国波士顿公理会国外宣教会的白汉理也于 1864 年来到北京，在今天灯市口北巷建立会所。1873 年公理会在此建立了教堂。1880 年梅子明来北京主持教会事务。他在 1891 年负责编辑出版了公理会的刊物《华北新闻》。

　　这些新教传教士们的工作十分繁重，传教作为工作的核心内容，自然被他们放在首要位置。当时的主要传教方式有两种，一是巡回传教，二是在宣教据点传教。1858 年，外国人进入中国内地的禁令被废除，1876 年的《烟台条约》则进一步保护了在华外国人的人身安全。北京的新教传教士更为大胆地在街头活动。他们游走在大街小巷以寻找合适的听众，以便向他们传播基督的福音，同时他们也向行人散发有关圣经的印刷品。不过应当承认，这种方式的效果并不太好，一般只被作为建立传教据点的前期准备工作。新教传教士主要的传教手段还是在宣教据点内传教。在北京建立宣教据点并不容易，因为清政府与美英签订的条约往往并不允许传教士在非口岸城市租房传教。这时，传教士们往往会让其母国政府向中国施压以获得在北京租房传教的权利。新教的传教点并不仅是会堂和教堂，还设有学校、诊疗所。教士们还在一些通衢大道上建立了临街小教堂，在这里进行非正式的答疑解惑工作，以便消除一般民众的误解。由于这种宣讲工作是自由的，听众去留随意，所以反而会使一些对基督教感兴趣的人产生亲身体验后决定皈依教会。不过，如果进入差会的会所就会发现，正式进行宗教仪式的会堂内部结构与那些临街小教堂不同。一般来说，它们可能是由中式建筑改造而成。新教传教士很会揣摩中国人的心理，为遵从中国传统的礼仪观念，男女分布在房间两边，用屏风将二者隔开。宗教仪式常在每晚和周日举行，其内容主要包括演讲、口头辅导、祈祷和唱赞美诗。不过与天主教会的宗教仪式相比，新教还是相当简单的。正是在这种情况下北京的教徒数量开始逐渐增加，围绕着教堂开始出现固定的信众。为维持传教工作的成绩，差会往往在每个基督教社团内安排一名牧师，并提供相应的经费以保证传教工作的需要。传教士的工作十分繁忙。他们一般每年都要到自己差会管辖的教堂进行专门的访问，在那里进行宗教仪式的指导工作，并帮助解决信徒们遇到的问题以及各种纠纷。在不同的差会，对那些慕道者的深层次教导也是有所不同的。有的差会认为，不论这些慕道者对基督信仰有多少了解，也不管这些人的品质如何，只要他们想入教，就应该为他们举行洗礼。这些差会认为洗礼以后的宗教教育可以保证他们成为真正的基督徒，而不走上邪路。不过多数传教士仍然认为应在他们入教前对之进行相当长时间的考察。被考察对象要接受每周一次甚至每日一次的专门教育。他们不仅要了解基督信仰，还必须承诺放弃偶像崇拜。在考察中，传教士们不仅要看他们是否正确回答了问题，还要观察他们在实际生活中是否体现了一名基督徒应具备的态度。只有同时具备了这些条件，慕道者才可以接受洗礼，成为正式的基督徒。当然，在华各差会并不满足于仅仅将教义传播给中国人，他们还要在中国建立相应的教会组织。因为只有在中国本土建立能够独立维持传教事业的教会，才能保证基督教信仰在华的稳定传播。为达到此目的，大多数新教差会都按照本会的组织结构在中国复制了类似的组织。不过，中国教会建立后，经费迅速成为最为现实的问题。在这方面，在华各差会的应对之策主要有三类：1. 不给中国教会任何资助，开始就让他们自给自足。2. 给予大量资助，却无形中形成了对外国人的依赖，使得中国教会的自给自足遥遥无期。3. 部分的给予资助，同时逐步减少费用。这一政策似乎是成功的，因为在中国教堂会众的自给率每年都有显著的提高[6]。

不过，基督新教在北京的传播与发展并不是一帆风顺的。1900 年爆发的义和团运动在打击天主教势力的同时也沉重打击了新教在北京的势力。但是，令人震惊的是基督新教迅速摆脱了 20 世纪初期的困境，以更快的速度在北京发展起来。伦敦会在 19 世纪末期已经在东堂子胡同礼拜堂周围建立了医院和学校，这些建筑多在义和团运动中被毁。不过，运动过后，伦敦会在北京的活动范围不仅未受影响，甚至还扩大了好几倍。英国圣公会也在运动过后新建了南河沿教堂和崇德中学。美国长老会所建教堂也在义和团运动中被毁。不过，1902 年，长老会就在安定门附近重建了三座教堂，并建立了医院和学校。据载"1907 年时，长老会在北京已有六所学校，并特设女子手艺学校，教育中国妇女。还有医院，据传医治之病人一年达 12000 余人"[7]。20 世纪以后，美以美会在北京的发展更为迅速，该会在北京城内新建了八座教堂：珠市口堂、花市福音堂、方巾巷堂、广安门关厢福音堂、白纸坊福音堂、和平门外小沙土园教堂、左安门外教堂和右安门关厢福音堂。在郊区，也先后建立了密云石闸支堂、南口昌平支堂、怀柔牛栏山支堂、高丽营支堂。波士顿公理会在 1904 年在灯市口建立了一座大教堂，到 1922 年时，公理会在北京城郊一共建立了二十八处会堂，即：海淀、顺义、新城、涿县、良乡、琉璃河、香河、马头、东琪、西集、牛堡屯、渠口、平景、宝坻、房山、燕郊、永乐店、娄村、普安屯、松林店、蓝靛厂、长辛店、齐外、鼓楼前、证道堂、卢沟桥、北堂、灯市口。民国建立后，新的传教差会不断来到北京。1914 年，美国神召会传教士韩森来到北京，先后在西四、西便门、成府建立教堂。1917 年，基督复临安息日会传教士李宝贵来到北京，建立了该会的华北联合会，并自任河北区会长，该会在 1920 年和 1926 年分别在鼓楼东街和朝阳门内大街建立了教堂。1930 年，美国远东宣教会来到北京，牧师刘乃光负责传教工作。1932 年刘去世，吴智继续在北京活动，并在东黄城根 14 号建立了礼拜堂。除美国人外，北欧的一些传教士也通过神召会的形式进入北京。1916 年和 1921 年挪威神召会在西直门内椿树胡同和锦什坊街孟端胡同建立了教堂。1930 年瑞典神召会在东四建立了会所，后于 1938 年在现在的五四大街建立教堂。

在北京活动的基督教各派传教士为传教方便，对于创办学校十分热心。当时基督教传教士不仅建立了许多小学、中学，甚至还创办了不少大学和专门的神学院校。新教传入北京的近百年时间里，设立的主要教会中学有育英中学、贝满女中、潞河中学、汇文中学等。神学院校则有：

华北协和道学院：1871 年，美国公理会在通州建立"八境神学院"，1902 年改名为"协和书院"，1905 年，公理会、北长老会和伦敦会合办了"协和道学院"，同时将协和书院的道学院并入其中，定名为"华北协和道学院"。

汇文大学校神学院：1875 年，美以美会在北京开办"圣经学校"，后在 1888 年改名为"汇文书院"。1912 年汇文大学成立，原来的圣经学校成为该校的神学院。

其他还有燕京大学宗教学院、联合女子圣道学院、北京神学院、真理学院、圣书学院、基督教灵修院等。

通过医疗活动传教是新教传教士另一条重要的传教途径。1861 年，伦敦会的雒魏林（Dr. Lockhart）从英国匆匆赶回中国，计划在北京开创医疗事工，9 月他就从天津赶到了北京并住在 Bruce 在英国公使馆的家中。那时候坐马车需要两天半的时间赶到北京。由于皇帝驾崩，他找房子的事情受到了一些影响。10 月 3 号，也就是他到达北京的 3 个星期后，他在英国使馆旁边找到了一处房子并由英国使馆购得，他来承租。1862 年开始的时候，这个医院就投入使用了，这就是现在北京著名的协和医院的前身。一位妇人放心地交由雒魏林在她的手上动了手术，并很快痊愈。她后来十分高兴地穿着她最好的衣服领着孩子专程来感谢。由于很多的临床的成功，就诊患者从开始的一天两三位慢慢发展到每天二三十个。患者来自不同的阶层，官员、商人、工人、农民、乞丐挤满了他的院子。头三个月，注册的病例就达到 6815 个，实际病例还要比这个多。从医院开办起，就有当地的新教徒帮助给病人口头的医嘱，也散发一些圣经经文和小册子。医院的候诊室能容纳大概 60 人，一些听众听了候诊室的布道后就开始要求受洗。北京的西式医院正是随着传教活动逐渐发展起来的。1879 年，美国长老会在北京开办诊所，1885 年在安定门内二条设立女子医院。1886 年美国美以美会在崇文门内孝顺胡同创办美以美会医院，1903 年扩建后取名同仁医院。以后，在东交民巷出现意大利教会建立的意大利医院、德国医院，通县出现美国教会建立的潞和医院[8]。

随着基督新教在北京的发展，中国知识分子之中却逐渐积累起对基督教憎恶仇视的情绪，1922 年到 1927 年中国社会掀起一场"非基督教运动"，这场运动实质上是中国民族主义思潮与来自欧洲的社会主义思潮结合后蓬勃发展的产物。许多反对基督教的激进青年将基督教视为帝国主义列强的走狗帮凶，"现代社会的组织，是资本主义的组织。一方面有不劳而食的有产阶级，他方面有劳而不得食的无产阶级。……基督教及其教会就是帮助前者掠夺后者，扶持前者压迫后者的恶魔"[9]。这场运动与以前清王朝时期各种反教运动有着本质的区别。它建立在全新的立场和理论基础之上，标志着中国从朝代国家已经逐渐转向民族国家，不再把儒家义理当成国家合法性的理据，而是转向采用新型西方式的理论架构看待宗教问题。这一运动指责基督教一方面宣扬迷信，另一方面则成为帝国主义对中国进行思想文化侵略的工具。"非基督教运动"使得北洋政府关注到中国教育主权问题，促使教会学校接受中国政府的管理。同时，这一运动也促进了中国基督教的本色化。这种本色化逐渐使中国信徒建立起自办自养的教堂管理体制，一定程度上摆脱了外国人的控制。

第二节　基督新教各国在华活动差会

各国在华活动差会简介如下。

英国圣公会：

英国国教会（Church of England），或更精确的翻译为英格兰国教会，又称英国圣公会或英国教会，圣公宗（安立甘宗）的教会之一，"安立甘"就是英文"Anglican"（英格兰的）的音译。它原是罗马公教的教会，由英格兰国王亨利八世创始并作为英格兰的国教，由英格兰国王担任教会最高首脑。教会的辖区是今天英国的英格兰和威尔士地区，不包括苏格兰和北爱尔兰，后者分归苏格兰国教会与爱尔兰国教会。

循道公会：

来自英国的包括圣道公会（United Methodist Church Mission，UMC）、大英循道会（Wesleyan Methodist Missionary Society，WMMS）等许多分支，后来统称为循道公会，包括温州、宁波、西南（云南昭

通和贵州威宁石门坎一带）、华北（山东乐陵、惠民和天津一带）、湖北、湖南、华南（两广）七个教区，总部设在汉口。

监理会：

1848 年，该会戴乐（Charles Tayor）和秦右（Benjamin Jenkins）到达上海。以后监理会主要在苏南、浙北一带太湖流域吴语区传教。1920 年带华人牧师去东北哈尔滨开展。1939 年和美以美会合并后，成为中华卫理公会的华东年议会。

内地会：

中国内地会（China Inland Mission，CIM），1964 年以后称海外基督使团（the Overseas Missionary Fellowship 或 OMF Internatio1nal），是一个基督教的差会，于 1865 年，由戴德生创办。1862 年戴德生在英国的布莱顿成立宁波差会，招募到第一位志愿者宓道生，并派往中国宁波。1865 年 6 月 25 日，戴德生将宁波差会改名为中国内地会，并确立了中国内地会的原则：要召一群宣教士，可以全家迁到中国，而且一定要愿意迁到中国的内陆地区（后称为：内地）。中国内地会的总部最初在杭州，后来迁至上海，慢慢把宣教工作传入到中国的内陆地区。

来复会：

来复会（the Department of World Missions of the Advent Christian General Conference）于 1897 年成立差会。原名 American Advent Mission Society（AAM）。总部设在美国波士顿（1936 年）。该会强调基督复临的教义，1898 年，G. H. Malone 夫妇在南京开辟第一个传教站，开办一所兼收男女孩的工艺学校，教授制造家具和床垫，纺织，裁缝，铜器，面包等。以后扩展到安徽芜湖（1901 年）和巢县（1907 年）。1917 年差会有 16 名外国传教士和 38 名中国助手。

美国圣公会：

该会成立于 1820 年，总部设在纽约市。美国圣公会成立差会后，在 1835 年决定来华，Henry Lockwood 和 Francis R. Hanson 无法留在广州，改去爪哇。1841 年，文惠廉（William Jones Boone）到澳门，1842 年迁到厦门，1845 年 7 月 17 日，他到达上海。主要在中国中部的长江中下游省份传教。据称在 1912 年时共有传教士 124 人。该会在上海建有圣约翰大学，并在武汉和南京建有华中大学和南京中央神学院。

美国公理会：

又称美部会、纲纪慎会，是基督新教的宗派之一。在教会组织体制上主张各个堂会独立，会众实行自治（即公理制）。公理会的信仰比较自由化，强调个人信仰自由，尊重个人理解上的差异。该会起源于16世纪的英国。勃朗于1582年著书宣传建立独立于国教的自治教会，不赞成设立统管各教会的上级领导机构（教区制度），仅允许设立各教会自由参加的联谊性机构。全体信徒对教会事务行使平等权利，民主选举执事，聘任牧师。发展不久，便形成称为公理会的新宗派。当时的英国女王伊丽莎白一世迫害非国教派别，勃朗被处死，不少公理会成员逃亡荷兰。1620年，102名流亡者乘"五月花号"帆船抵达北美新英格兰地区。其后，新英格兰地区建立了6个以公理会为官方宗教的殖民地，分别是在马塞诸塞（Massachusetts）、康涅狄格（Connecticut）、新罕布什尔（New Hampshire）、佛蒙特（Vermont）、缅因（Mane）、罗得岛（Rhode Island）。该会成立于1810年，总部设在波士顿。1830年，公理会派裨治文来华，这是美国来华的第一位传教士。该会在1912年时共有传教士126人。该会在福州、北京和济南曾和其他差会开办了福建协和大学、燕京大学和齐鲁大学神学院。

美国长老会：

该会成立于1838年，总部在纽约。是在华传教实力最强的差会之一。1912年该会共有传教士316人。与其他差会合办的学校有之江文理学院、齐鲁大学、金陵大学、金陵女子文理学院和金陵神学院。

美以美会：

该会属于基督新教一个主要派别卫斯理宗。是从1784年到1939年之间的一个基督教卫理宗的教派，从1784年到1844年是在美国的卫理公会所使用的宗派名称，南北分裂后到1939年，是在美国北方的卫理公会所使用的宗派名称。该会主要活动区域为福建福州、南平，浙江兴化，江西、重庆以及北京、天津。美以美会与其他差会合办有华西协和大学、福建协和大学、金陵大学等。

基督复临安息日会：

该会是与基督教有关的一个非主流组织，源自 19 世纪中期美国的米勒耳派运动，该组织成立于 1863 年，以遵守犹太基督教传统历法一周第七天（即星期六）为安息日和预言耶稣基督即将再临日期为人所知。基督复临安息日会的神学观点大致取自福音派，例如三位一体和圣经无误等。另外，这个宗派也因强调饮食和健康，宣扬宗教自由和强调保守的生活方式为人所知。

神召会：

该会是 1901 年美国五旬节复兴运动后出现的教会组织。三百多位传道人和信徒于 1914 年在美国阿肯色州热泉城召开了成立大会。

华北基督新教教会系统一览表

教别	教派系统	中国名	国籍
基督教（新教）	组合教会	公理会	美国
基督教（新教）	圣公会	中华圣公会	英国
		中华圣公会	加拿大
基督教（新教）	长老教会	美国长老会（北）	美国
		美国长老会（南）	
基督教（新教）	洗礼教会	美国浸礼会	美国
		浸礼会	
基督教（新教）	洗礼教会	直接信义会	美国
		英国浸信会	英国
基督教（新教）	洗礼教会	瑞华浸信会	瑞典
		瑞典浸礼会	
基督教（新教）	新基督教教会（新派）	美以美会	美国
		循道公会	英国
基督教（新教）	鲁德鲁教会	中华信义会	美国
		美国信义会	
基督教（新教）	同胞教会	美国友爱会	美国
		粤南信义会	英国
基督教（新教）	基督友会	公信会	英国
基督教（新教）	自由新教教会	循理会	美国
基督教（新教）	救世军	救世军	英国
基督教（新教）	西布斯典教会	复临安息日会	美国
基督教（新教）	贝提可斯蒂教会	神召会	美国

续表

教别	教派系统	中国名	国籍
基督教（新教）	贝提可斯蒂教会	万国四方福音会 宣圣会	美国
基督教（新教）	贝提可斯蒂教会	挪威信义长老会	挪威
		瑞典自立会	瑞典
基督教（新教）	亨利内斯教会	美国通圣会	美国
基督教（新教）	亨利内斯教会	远东宣教会	美国
基督教（新教）	耶布基克教会	同善教会	德国
基督教（新教）	同盟教会	协同会	北美
基督教（新教）	门诺派	美国福音会	美国
		美国清洁会	
基督教（新教）		内地会	英国、瑞士、北美等
基督教（新教）		伦敦会	英国
基督教（新教）		加拿大联合会	加拿大

直隶基督新教各差会教堂一览表

差会名称	美以美会	伦敦会	公理会	圣道公会	华北圣公会	救世军	内地会	南直隶福音会	北直隶教会	美北长老会	美普会	神召会	清洁会
教堂数量	125	70	67	33	17	14	12	10	6	4	3	2	2

注释：

（1）刘小枫：《圣灵降临的叙事》，第 28 页。

（2）可参见海恩波著、简又文译：《传教伟人马礼逊》。

（3）China Mission Hand – book，Part 2，p. 18.

（4）Ipid，p. 18.

（5）Ipid，p. 19.

（6）A Century of Protestant Missions in China，p. 383.

（7）以上关于传教方法的叙述，见 Dennis Christian Missions and Social Progress；Faber Problems of practical christianity in China；Ross Mission Methods in Manchuria；A Century of Protestant Missions in China；Chinese Recorder 以及赖德列的 A history of christian missions in China 中的描述。

（8）左芙蓉：《基督教与近代北京社会》，第74页。

（9）《上海非基督教学生运动宣言》，转引自刘小枫：《圣灵降临的叙事》，第45页。

（10）［日］服部宇之吉著，张宗平、吕永和译：《清末北京志资料》，第593页。

（11）北京档案馆，档案号 J4 - 1 - 500。

第五篇　北京其他信仰史

　　本篇所考察的北京地区其他信仰，主要包括与原始宗教有关的范畴，如自然崇拜、鬼魂崇拜、祖先崇拜等，也包括与儒学圣道有关的各种信仰及其他俗神信仰，以及盛行于民间社会的秘密教门与会道门等。举凡天地日月、皇天后土、五岳五镇、江河湖海、日月星辰、风雨云雷、社神稷神、列祖列宗、帝王功臣、先哲贤良、关帝财神、门户灶井、狐黄蛇鼠等，皆在崇祀之列，为之设坛、修庙、建祠，定时祭祀，以教化成俗，即"为人道扶植纲常，助宣风教"[1]，虽与道教、佛教、基督宗教、伊斯兰教等严格意义上的狭义的"宗教"有所不同，但同样含有浓厚的信仰因素。

　　上述信仰崇拜，在北京成为帝都后更加凸显出来。元代建都伊始，即依据《周礼·考工记》中"左祖右社"的王城规划思想及"天圆地方"、"天青地黄"、"天南地北"等宇宙观念修建宫殿坛庙，并依"治人之道，莫急于礼。礼有五经，莫重于祭"思想[2]，体现出严格的祭祀文化，"山川祀典，国有常礼。而所在土神，因人而立。雨旱穰秽，无不祷焉。福国福民，于焉昭著……五岳四渎，五镇四海，名山大川，上降御香，用文翰清望之臣，每岁驰驿至彼，代祀行礼"。[3]清代祭祀等级更为严格，凡祭祀分三等："圜丘、方泽、祈谷、太庙、社稷为大祀；朝日、夕月、前代帝王、先师孔子、先农、先蚕、天神、地祇、太岁为中祀；北极佑圣真君、东岳、都城隍、黑龙潭、玉泉山等庙，礮神、司土、司工、窑神、仓神、门神、贤良祠、昭忠祠、双忠祠……为群祀。"[4]据《清史稿·志》五十七《礼》一记载，乾隆时，改常雩为大祀。咸丰时，改关圣、文昌为中祀。光绪末，改先师孔子为大祀，殊典也。天子祭天地、宗庙、社稷。有故，遣官告祭。中祀，或亲祭、或遣官。群祀，则皆遣官。大祀十三，即：正月上辛祈穀，孟夏常雩，冬至圜丘，皆祭昊天上帝；夏至方泽祭皇地祇；四孟享太庙，岁暮袷祭；春、秋二仲，上戊，祭社稷；上丁祭先师。中祀十二，即：春分朝日，秋分夕月，孟春、岁除前一日祭太岁、月将，春仲祭先农，季祭先蚕，春、秋仲月祭历代帝王、关圣、文昌。群祀五十三，即：季夏祭火神，秋仲祭都城隍，季祭砲神。春冬仲月祭先医，春、秋仲月祭黑龙、白龙二潭暨各龙神，玉泉山、昆明湖河神庙、惠济祠，暨贤良、昭忠、双忠、奖忠、褒忠、显忠、表忠、旌勇、睿忠亲王、定南武壮王、二恪僖、弘毅文襄勤襄诸公等祠。其北极佑圣真君、东岳都城隍，万寿节祭之。亦有因时特举者，视学释奠先师，献功释奠太学，御经筵祗告传心殿。其岳、镇、海、渎，帝王陵庙，先师阙里，元圣周公庙，巡幸所莅，或亲祭，或否。遇大庆典，遣官致祭而已。各省所祀，如社稷，先农，风雷，境内山川，城隍，厉坛，帝王陵寝，先师，关帝，文昌，名宦、贤良等祠，名臣、忠节专祠，以及为民御灾捍患者，悉颁于有司，春秋岁荐。"其余或因事，或从俗，第无悖于祀典，亦在所不禁"，既有严格等级规定，又有从俗之祀，又有因事而变之制，其祭祀文化所体现的权力与信仰、权力与民俗的交融最为深切，禁与不禁，祀典与从俗，正是古代北京其他信仰及祭祀文化的最好注解。

注释：

（1）《钦定日下旧闻考》卷四十四《城市》。

（2）《礼记·祭统》。

（3）《析津志·祠庙》。

（4）《钦定大清会典·则例》。

第一章　自然与祖先崇拜

第一节　自然崇拜信仰与祭祀

自然崇拜是原始人较早形成的宗教观念。生活在生产力低下环境下的先民们对于变化无常的自然界感到迷惑，在他们看来，自然界既能给人们提供阳光雨露、土地森林、动物植物，人们赖之生存，同时毒蛇猛兽、地震火灾、旱涝虫疫、寒暑燥湿等自然界灾难又使人显得渺小无助。因此对天地及日月星辰、风雨雷电、山川湖海、动物植物产生神秘、崇敬、畏惧和依赖感，认为这些自然现象背后存在某种神灵，并对想象中的神灵顶礼膜拜，虔诚祭祀，史载："山川之神，则水旱厉疫之灾，于是乎崇之；日月星辰之神，则雪霜风雨之不时，于是乎崇之。"[1]"燔柴于泰坛，祭天也。瘗埋于泰折，祭地也。埋少牢于泰昭，祭时也。相近于坎坛，祭寒暑也。王宫，祭日也。夜明，祭月也。幽宗，祭星也。雩宗，祭水旱也。四坎坛，祭四方也。山林、川谷、丘陵，能出云，为风雨，见怪物，皆曰神。有天下者祭百神。"[2]

自然崇拜中最高层次是天体天象崇拜。"天"无边无际，是宇宙万物的主宰者，它化生万物，具有无上的权威，而天体现象如日、月、星辰又给人以莫大神秘之感。同时，天赋予帝王以统治万民的权力，帝王秉承天意以行仁政，故古代帝王自称"天子"，因此敬天并把祭天作为非常重要的政治活动，此所谓"万物本乎天，人本乎祖，此所以配上帝也……天垂象，取法于天，是以尊天而亲地也"[3]。祭天建筑在帝都王城建设中具有举足轻重地位，北京天坛作为明清两代皇帝"祭天"、"祈谷"之所，正是"天"信仰及其所象征的帝王威权的集中体现。天坛位于正阳门外东侧，始建于明成祖永乐十八年（1420 年），初名"天地坛"，是合祭天神地神之所。《春明梦余录》记载："天地坛在正阳门外之南左，缭以垣墙，周迴十里，中为大祀殿；丹墀，东西四坛，以祀日月星辰。大祀殿门外，东西列十二坛，以祀岳、镇、海、渎、山川、太岁、风、云、雷、雨、历代帝王、天下神祇。东坛末为具服殿，西南为斋宫，西南隅为神乐观、牺牲所。"

天坛内的主建筑为大祀殿，明初合祀天地于此，并一直延续到嘉靖九年（1530 年）。时立四郊分祀制度，于大祀殿之南建圜丘，于安定门外另建方泽坛（地坛），分祀天地。圜丘围垣两重，各有 4 门，其外围垣北门正对泰神殿，正殿藏上帝、明太祖神主，配殿藏从祀诸神神主。嘉靖十三年（1534 年）天地坛改称天坛，[4]嘉靖十七年（1538 年）改泰神殿为皇穹宇，并撤毁大祀殿。二十四年（1545 年）于故大祀殿址又建大享殿。经清乾隆、光绪年间屡次重修改建而成今日格局。天坛坛域北呈圆形，南为方形，寓意"天圆地方"。四周环筑坛墙两道，把全坛分为内坛、外坛两部分，主要建筑集中于内坛。内坛以墙分为南北两部。北部"祈谷坛"用于春季祈祷丰年，主体建筑祈年殿是一座有鎏金宝顶的三重檐的圆形大殿，用象征蓝天的蓝色琉璃瓦铺砌。祈年殿用 28 根楠木大柱和 36 块互相衔接的榜、桷，支撑着三层连体的殿檐，其中中央四柱叫通天柱代表四季；中层十二根金柱代表十二个月；外层十二根檐柱代表十二时辰；中外层相加二十四根代表二十四节气；三层相加二十八根代表二十八星宿；加柱顶八根童柱代表三十六天罡；宝顶下雷公柱代表皇帝一统天下。其附属建筑有皇乾殿、祈年门、神库、神厨、宰牲亭、燔柴炉、瘗坎、具服台、走牲路等。南部"圜丘坛"用于冬至日祭天，主体建筑是一巨大的圆形石台，名"圜丘"。尊存天帝牌位的"天帝寝宫"皇穹宇在圜丘坛北面，是一座单层圆形殿宇，攒尖镏金宝顶，覆蓝色琉璃瓦，殿内正位石台宝座金龙神龛内平时供奉"皇天上帝"主牌位，宝座前左右石台神龛供奉清朝祖先配位牌位。祈谷坛、祈年殿及皇乾殿与圜丘坛、皇穹宇两组建筑之间以一长 360 米、高出地面的丹陛桥相连，形成一条南北长 1200 米的天坛建筑轴线，两侧为大面积古柏林。西天门内南侧建有"斋宫"为祀前皇帝斋戒居所。西部外坛设有"神乐署"掌管祭祀乐舞的教习和演奏。每年冬至皇帝在祭天前要沐浴斋戒，然后亲临祈年殿祈祷风调雨顺、五谷丰登。清代祭天典礼场面隆重威严，"先祀一日，皇帝御龙袍衮服，乘礼舆出宫，至太和门阶下降舆乘辇，入坛西门，至昭亨门外降辇，由左门入，诣皇穹宇，于上帝、列圣前上香，行三跪九拜礼。诣圜丘视坛位视笾豆毕，由内壝坛左门出外壝坛左门，至神路右陛辇，诣斋宫。祀日，皇帝御祭服乘辇……至二成黄幄次。皇帝就拜位立，迺燔柴迎帝神……皇帝诣第一成上帝位前跪上香，以次诣列圣配位前上香，皇帝复位，行三跪九拜礼"。之后皇帝进玉帛、进俎、行初献礼、亚献礼、终献礼，到上帝及列圣位前献爵，到饮福受胙拜位立，跪受爵、受胙，行三跪九拜礼、撤馔、送帝神、至燎位望燎，礼成而回銮还宫。[5]

　　天坛祭祀作为皇权的最高象征，也增加了民间的向往。旧时北京有端午之日游天坛风俗，《帝京景物略》卷二云："五月五日之午前，群入天坛，曰避毒也。过午后，走马坛之墙下……亦竞游耍。"潘荣陛《帝京岁时纪胜》亦载："帝京午节，极胜游览。或南顶城隍庙游迥，或午后家宴毕，仍修射柳故事，于天坛长垣之下，骋骑走缤。更入坛内神乐所前，摸壁赌墅，陈蔬肴，酌余酒，喧呼于夕阳芳树之下，竟日忘归。"皇权的神圣与民间的娱乐交汇融合在一起。

　　明清帝王还在天坛举行常雩之礼为百谷祈膏雨。嘉靖十一年（1532年），在圜丘坛外泰元门东建造"崇雩坛"作为孟夏时节举行大雩之礼场所，凡大雩之礼，"岁在孟夏常雩之后，如不雨，遣官祇告天神、地祇、太岁，越七日不雨，告社稷。仍不雨，复告神祇、太岁。三复不雨，迺大雩。"嘉靖十七年举行雩祀，以后逢天旱即遣官致祭。嘉靖之后，崇雩坛雩祀荒废，天旱求雨则在圜丘举行。常雩之礼与冬日至大祀相同，先祀一日，皇帝常服诣斋宫，祀日，雨冠素服，诣皇穹宇上香，诣圜丘视坛位，神库视笾豆，三献礼终。"大雩"之礼在（清）昭梿《啸亭续录》中记载颇详："本朝列圣，忧勤民瘼，每于雨泽愆期，必敬谨设坛祈祷。乾隆七年特旨：每岁巳月，择日行常雩礼，如冬至郊坛之制。皇帝躬诣行礼，所用敬衣旗帜皆皂色，以祈甘霖速降。常雩既举，如未得雨，先祈天神、地祇、太岁三坛，次祈社稷。遣官各一人，皆七日一告祭，各官咸斋戒陪祀。如仍不雨，还从神祇等坛祈祷如初。旱甚乃大雩，皇帝躬祷昊天上帝于圜邱，不设卤簿，不除道，不作乐，不设配位，不奠玉，不饮福受胙。三献，乐祇用舞童十六人，衣玄衣，为八列，各执羽翳，歌纯皇帝御制《云汉诗》八章。余仪与常雩同，祭后雨足则报祀之。所以感格苍穹，轸念农业，实为自古所未有也。"

　　自然崇拜中重要的一部分是对厚德载物的大地的崇拜，因为"地载万物……取财于地，取法于天，是以尊天而亲地也，故教民美报焉"[6]。北京安定门外的地坛即是明清两朝帝王每年夏至祭祀"皇地祇神"的场所。地坛又称方泽坛，始建于明代嘉靖九年（1530 年），坛内主要建筑有方泽坛、皇祇室、宰牲亭、斋宫、神库等。皇帝亲临地坛祭祀地祇时，用中和韶乐，设乐队于地祇坛台阶下之北，佾舞列于乐队之后。

此外，原始先民由于对土地的自然崇拜而产生了社神信仰。"社，祭土。"[7]所谓社乃土地之主，"社，地主也"[8]。祭社乃祭土神，"社，所以神地之道也"[9]。因为土地广博，不可遍敬，"故封土以为社而祀之，报功也"[10]。最早被人们奉祀的社神是后土句龙，《礼记·祭法》曰："共公氏霸九州也，其子曰后土，能平九州，故祀之以为社。"[11]对土地之神的崇拜同样渗透着权力等级思想，西周时即按等级制建立了不同等级的社，"王为群姓立社，曰大社。王自为立社，曰王社。诸侯为百姓立社，曰国社。诸侯自为立社，曰侯社。大夫以下成群立社，曰置社"[12]。春秋战国以后，土地之神即社神被奉为国家主神，社神与社祭盛行，"国中之神，莫贵于社。家主中霤而国主社，示本也"[13]。同时由于"无土不立，无谷不食"，周之始祖弃渐被奉为五谷之神，而与社神合祭，"社稷"成为王朝政权与国家的象征，祭祀社神和稷神的地方称为社稷坛。北京社稷坛始建于元代。"至元七年十二月，有诏岁祀太稷太社。三十年正月，始用御史丞崔彧言，于和义门少南得地四十亩，为坛坛，近南为二坛。坛高五丈，方广如之，社东稷西，相去约五丈。社坛土用青赤白黑四色，依方位筑之，中间实以常土，上以黄土覆之。稷坛一如社坛之制，其上四周纯用一色黄土，惟土不用五色。坛皆北向。社主用白石，长五尺，广二尺，剡其上如钟，于社坛近南，北向，埋其半于土中。稷不用主。后土氏配社，后稷氏配稷。社树以松，于社稷二坛之南各一株。"[14]明代相沿元制，永乐十九年（1421 年）在元代万寿兴国寺旧址建社稷坛以祭祀社（土地神）、稷（五谷神），《春明梦余录》记载："社稷坛在阙之右，与太庙对，坛制二成，四面石阶各三级。上成用五色土，随方筑之。坛西砌瘗位，四面开棂星门，西门外西南建神库，库南为神厨；北门外为拜殿。外天门四座，西门外南为宰牲亭。"清代北京社稷坛更加凸显了王权与信仰的融合，坛面铺设黄、青、白、红、黑五色土，由全国各地进贡而来，象征"普天之下，莫非王土"，而中黄、东青、西白、南红、北黑，黄土居中，象征着皇权。元代"以春秋二仲月上戊"祭祀（延祐六年改用中戊），祭祀仪式有六，即迎香、斋戒、陈设、宰牲、奠玉币、进熟。帝王在此祈求风调雨顺、五谷丰登。凡遇出征、打仗、班师、献俘、旱涝灾害等也要到此祈祷。

　　由于古代中国以农业为本，历代封建统治者都高度重视农业生产，并建坛祭祀先农、山川、神祇、太岁诸神，以示尊重农耕。传说"神农教耕生谷，以致民利"[15]，人们遂兴建坛庙每年定期祭奠农神。西汉时始称先农，"坛于田，以祀先农如社"，[16]并订立"春耕籍田，官祠先农"制度，皇帝举行亲耕耤田之日同时祭祀神农，以示忧农人之勤劳与敬天劝民之意。东汉明帝永平四年（61年）二月诏曰："朕亲耕耤田，以祈农事。"[17]魏秦静议风伯、雨师、灵星、先农、社、稷为国六神。晋太始四年，耕于东郊，以太牢祀先农。周、隋及唐初祭神农于帝社，配以后稷，唐睿宗时改先农坛曰帝社坛，"以合古王社之义"[18]。

　　元代相沿帝王祭祀神农、亲行耕耤之礼，至元九年（1273年）"命祭先农如祭社之仪"，十四年二月，在大都东郊选地千亩作为耤田"祀先农东郊"，十五年二月，"祀先农，以蒙胄子代耕籍田"。至大三年（1311年）"从大司农请，建农、蚕二坛"[19]。先蚕坛内坛台东西北三面遍植桑树，还有蚕官令署、采桑台、织堂等建筑。每年春季，明皇后在此举行亲蚕之仪，以劝桑事。明洪武二年二月，"建先农坛于南郊，在耤田北。亲祭先农，以后稷配。祀毕行耕耤礼"[20]。洪武三年，建山川坛，《明一统志》云："山川坛在天地坛之西，缭以垣墙，周迴六里。中为殿宇，以祀太岁、风、云、雷、雨、岳、镇、海、渎，东西二庑以祀山川、月将、城隍之神。左为旗纛庙，西南为先农坛，下皆耕田。"《明嘉靖祀典》亦载山川坛"正殿七坛，曰太岁、曰风云雷雨、曰五岳、曰四镇、曰四海，曰四渎，曰钟山之神。两庑从祀六坛，左京畿山川，夏冬季月将，右都城隍，春秋季月将"。

　　明成祖迁都北京初期，即在南郊修建坛庙以祭祀先农、山川、太岁等。永乐十八年（1420年）十二月，北京山川坛建成，[21]同年又"悉仿南京旧制"，在山川坛内建先农坛，《春明梦余录》记载："先农坛在山川坛内，太岁坛旁之西南，永乐中建。"嘉靖八年（1529年），又在正阳门外西故山川坛内建太岁坛，用于间接或直接与农业有关的众多神祇如太岁神、十二月将神、江河湖海神、风云雷雨神等。[22]"每岁于立春大祫用事正祀某甲太岁之神，东庑春秋月将之神，西庑夏冬月将之神。"九年（1530年），"改定风、云、雷、雨神牌次序，曰云、雨、风、雷。上曰：云雨风雷，天神也；岳、镇、海、渎，地祇也；城隍，人鬼也；焉可杂于一坛而祭之？议以城隍之神归之本庙，于常祭之外添祭一坛"。十年（1531年），别于山川坛内南部建太岁坛，正殿曰太岁殿，东庑为春秋月将二坛，西庑为夏冬月将二坛。十一年

（1532 年）改山川坛曰天神地祇坛。十七年（1538 年），又于山川坛外围垣东南建天神、地祇二坛，"即山川坛为天神地祇二坛，以仲秋中旬致祭。别建太岁坛，专祀太岁，东庑为春秋月将，西庑为冬夏月将，各二坛。坛西南有先农坛，东旗纛庙，坛南有耤田在焉"[23]。"每年于正月上旬吉日、十二月杪冬，恭祀太庙日，致祭太岁月将之神。恭遇皇上行耕耤礼致祭先农礼成，诣太岁坛拈香。正殿太岁，两庑月将坛。"[24]此后，先农坛成为明清两代帝王祭祀先农、山川、太岁诸神及举行籍田典礼之所，坛内设先农神坛、太岁坛以及风云雷雨、五岳、四海等十三座祭坛，并有神厨、神库、神仓、具服殿、观耕台、庆成宫等建筑群。[25]每年农历三月上亥日，皇帝都要率百官来此祭拜先农，并举行籍祭典礼，这种耕祭典礼在清代发展到顶峰，据《清实录·世宗实录》记载，雍正二年，令各省"督抚以下，皆有课农之责，应不时咨访疾苦，为农除害"，又令各省每年"举老农中勤劳俭朴，身无过犯者一人，给以八品顶戴荣身"，理由是："士子读书砥行，学成用世，国家荣之以爵禄。而农民勤劳作苦，手胼足胝，以供税赋，养父母、育妻子，其敦庞淳朴之风，岂惟工买不逮，亦非不肖士人所及。虽荣宠非其所慕，而奖赏要富有加。"同时诏令"各州县又应春至劝耕，秋至劝敛，察农民之勤劳，及收成之丰歉。如或奉行不力，则予议处。"雍正四年（1726 年）八月，又谕"躬耕耤田，非崇尚虚文……实是敬天劝民之意。礼曰，天子为耤千亩，诸侯百亩，从此则耕耤之礼，亦可以通于天下矣。意欲令地方守土之官，行耕耤之礼，使之知稼穑之艰难，悉农民之作苦，量天时之晴雨，察地力之肥饶。如是则凡为官者，皆时存重农课稼之心。凡为农者，亦断无苟安怠惰之习。似与养民务本之道，大有裨益"，命全国地方"择东郊官地洁净丰腴者，立为耤田。如无官地，置买民地。以四亩九分为耤田"。从雍正五年（1727 年）开始，地方设先农坛行耕耤之礼。乾隆时期多次致祭先农举行耕耤礼，并御制仲春耕耤诗，如"布政宜敦本，当春乃劝农。良辰耕帝耤，膏雨遍畿封"、"率先稼穑为民倡"、"农礼事亲耕"[26]。

嘉靖九年（1530 年）建造日坛和月坛，表现了对照临万物的日月之神的尊崇。日坛是明清两代皇帝祭祀太阳大明之神之所，又名朝日坛，位于朝阳门外东南，主体建筑是祭坛，四周环绕着矮墙。坛为方形，西向，白石砌成。坛面明代为红琉璃，以象征太阳。清代改为方砖墁砌，四周有短围墙，正西有白石棂星门 3 座，其余三面各 1 座。每逢甲、丙、戊、寅、壬年，皇帝要在春分日亲临日坛朝日行祭礼，皇帝亲临日坛祭祀日神时，用中和韶乐，设乐队、佾舞于日坛下，南北分列，东向，颇显隆重，春分祭日成为国家祀典。明清两代帝王还在月坛举行祭祀夜明神即月神。月坛又名夕月坛，位于西城区南礼士路西侧，主体建筑是一座方形高台，四面设有白石阶。内棂星门四，东门外为瘗池，东北为具服殿；南门外为神库，西南为宰牲亭、神厨、祭器库。月坛坛面以白色琉璃铺砌，象征白色的月亮。在丑、辰、未、戌年，皇帝要在秋分日亲赴月坛行祭祀礼。皇帝亲临夕月坛祭祀月神时，用中和韶乐，设乐队、佾舞于月坛下，西向，亦颇隆重，秋分祭月亦成国家祀典。与此相应，旧京民间农历二月初一祭祀太阳星君与仲秋拜月祭祀太阴星君习俗亦盛。

第二节　祖先崇拜信仰与祭祀

祖先崇拜产生于鬼魂信仰。先民们困惑于生老病死，想象着身体中有某种神秘存在，人们称这种神秘存在为灵魂，并对死者灵魂产生恐惧。因此，采取祭奠和丧葬等仪式来博得鬼魂的好感，以饰物、用品隆重安葬，希望逝者到另一个地方之后能够过着与自己一样或与其生前一样的生活，于是产生了灵魂不死观念，有了鬼魂信仰和崇拜。旧石器时代晚期的山顶洞人遗址中出现了有规则的墓葬，在死者的周围撒有赤铁矿粉颗粒，并伴有各种随葬物品，表明他们已经开始有了关于人死后世界的某种想象，有了鬼魂观念。北京市区的最古老的旧石器时代晚期古人类遗址——王府井东方广场遗址出土的骨制品和石制品中有些上面附着赤铁矿粉，而北京北部山区延庆县八达岭以北的军都山一带发现的春秋、战国之际的山戎文化遗存 10 余处，中有山戎墓葬 500 余座，墓内的殉牲现象很普遍。被杀殉的牲畜主要是牛、羊、狗，其中以殉狗最为普遍，不论男女老幼，大多殉狗。殉牲的方式，都是将牲畜杀死以后，只取其头和腿，拿来作象征性的祭祀。牲头和牲腿的摆放方式，多是将牲腿放在下面，而把牲头放在牲腿之上，一般是以一条牲腿加上一个牲头，代表一个牲畜。多数死者都有麻布覆面，这类覆面的意义，在于祈望死者的灵魂附体安息，不要再出窍祸害生人，以保氏族后代平安无恙。[27]在鬼魂信仰和崇拜基础上产生的祖先崇拜，包括了鬼魂信仰并常与灵魂信仰交织一起，更多地表现在对灵魂的敬仰上和虔诚上。人们相信自己的祖先灵魂不灭，在另一个世界里注视着后代子孙的一切，将其神主供奉在家庭和家庙祠堂中，借助定期奉献食物、烧纸钱等抚慰祖先亡灵的祭祀仪式，使家族群体与祖先的神灵沟通，祈求祖先荫庇，驱魔避邪，降恩赐福，使家族旺盛、财源不断、儿孙满堂。可以说，"祖先崇拜反映了中国民众对于灵魂、阴阳两界关系的宗教观念，对祖先的感激、敬仰，对血亲的确认、追溯，对神主的供奉、祭祀，使祖先崇拜的原则在情理和冲动的相互交织中，渗透到民众意识与民间社会的关系中去，以人生的过去、现在和未来的连续性沟通阴阳两界。恰恰是由于对所有人以及所有自然的审美客体都有共同的未分化的审美统一体，祖先崇拜在中国宗教与文化中才显得如此重要"[28]。

祖先崇拜依靠的是宗法血缘纽带，夏商周三代皆是以宗法血缘而不是以政治地缘为主建立起的神权政治，但又有所差异。据《礼记·表记》记载："夏道，遵命事鬼敬神而远之，近人而忠焉。先禄而后威，先赏而后罚，亲而不尊，其民之弊，惷而愚，乔而野，朴而不文。"至殷代则上帝崇拜颇盛，"殷人尊神，率民以事神，先鬼而后礼，先罚而后赏，尊而不亲，其民之敝，荡而不静，胜而无耻"。殷人心目中上帝是最高神，左右着人世间的风云雨雪与生死祸福，殷王死后能够"宾于帝"，因此，殷王的祖先与上帝相连起来，时王只能通过祭祖这一条唯一途径来沟通上帝，凡战争、迁徙、祭祀、婚姻、狩猎等人间事务都要卜问上帝，[29]从而为其行为涂上一层神秘的色彩，并将政治行为宗教化，"由于祖灵是殷王独占上帝恩宠的重要方法，所以殷王祭祖便成了保证政权合法性的一项重要的政治活动，虔诚、隆重而又频繁"。从殷墟甲骨文我们可以看出，商代后期祖先崇拜最盛，祭祖仪式复杂，罗振玉在《殷虚书契考释》中列举了十八个祭名，足可印证"殷人尚鬼，祭名孔繁"之说。至西周时期，祭祖仪式更多带有理性色彩，"周人尊礼尚施，事鬼敬神而远之，近人而忠焉。其赏罚用爵列，亲而不尊。其民之弊，利而巧，文而不惭，贼而蔽"。其后祖先崇拜越来越多地带有政治色彩，首先由于"中国古代的国家又具有一种家国一体的结构，宗族内的孝悌精神，也可以放大为国家中的忠顺品格"[30]。因此通过祭祀培养人们的忠顺品格，其功用至大，所谓"贤者之祭也，必受其福。非世所谓福也。福者，备也。备者，百顺之名也。无所不顺者谓之备，言内尽于己，外顺于道也。忠臣以事其君，孝子以事其亲，其本一也。上则顺于鬼神，外则顺于君长，内则以孝于亲"。因此，各种祭祖仪式上升为国家祀典："有虞氏禘黄帝而祖颛顼，郊尧而宗舜；夏后氏禘黄帝而祖颛顼，郊鲧而宗禹；商人禘舜而祖契，郊冥而宗汤；周人禘喾而郊稷，祖文王而宗武王；幕，能帅颛顼者也，有虞氏报焉；杼，能帅禹者也，夏后氏报焉；上甲微，能帅契者也，商人报焉；高圉、大王，能帅稷者也，周人报焉。凡禘、郊、祖、宗、报，此五者国之典祀也。"[31]帝王们通过春礿、夏禘、秋尝、冬烝的四时祭祖活动，[32]一则体现皇权的神圣、崇高及永恒，一则实现"慎终追远，民德归厚"[33]及"人道亲亲，亲亲故尊祖，尊祖故敬宗，敬宗故收族，收族故宗庙严。宗庙严故重社稷，重社稷故爱百姓"，[34]使人际之间的亲情从家庭扩大为宗族，又从宗族扩展为全社会，从而凝聚人心，实现治人、济世、安民，可谓"禘尝之大意也，治国之本也"[35]。

北京成为帝都后，祖先崇拜和祭祀更加突出，北京的太庙即是祖先信仰与祭祀在国家政治与社会生活中重要性的体现。元大都始建，就明确了"祖（太庙）、社、朝、市之位"，据《元史·祭祀志》记载，元世祖忽必烈于至元十四年（1277年）"昭建太庙于大都"，"在都城齐化门之北"。元太庙在明朝建立后被毁。明永乐十八年（1420年）依左祖右社而于皇城之内、宫城之南建太庙。明太庙建筑布局较元代更集中、更权威地体现出至高无上的皇权统治。朱氏将祖先祫祭于此，后遭雷火焚烧，嘉靖二十四年（1545年）重建。明末太庙毁于战火。清朝建立后，于顺治六年（1649年），在明太庙原址基础上重建太庙，后经乾隆四年重修与扩建而成今日规模。清太庙全部建筑由三道黄琉璃瓦顶的朱红高墙围住，形成三层封闭式庭院。主要建筑由南向北依次排列在中轴线上，古朴典雅，宏伟高大，庄严肃穆。庙坐北朝南，围墙两重，外垣正面辟正门，门前建石桥。内垣正门为戟门，门前有单孔白石桥5座，桥南左为神库，右为神厨。进戟门至前殿，为太庙正殿，面阔11间，黄琉璃瓦重檐庑殿顶，殿内金砖墁地。正殿是祭祀先祖列帝之处，东配殿祀配享王公，西配殿祀配享功臣。前殿之后为中殿，面阔9间，黄琉璃瓦庑殿顶，为清代供奉历代帝后神位之处，两厢配殿贮存祭器。后殿又称祧庙，是供奉清代远祖神位之所，殿前有墙与中殿相隔，自成院落。太庙西垣共有3座门，分别通天安门、端门、午门，以方便皇帝由紫禁城出入太庙。由此，太庙作为封建宗法礼制的具体承载体，其建筑既有宗法祭祀活动的使用功能，又有与敬天法祖的思想及精神、敬畏神圣的仪式相符的庄重肃敬之势。明清两代每逢新皇帝登极，或有亲政、大婚、上尊号、徽号、万寿、册立、凯旋、献俘、奉安梓宫、每年四季及岁暮大祫等，均须告祭太庙。皇帝祭祖的器物用具、思想理念、制度规则、规模等级、时间程序、礼仪形式均须体现维护家国同构的政治原则。

对于帝王而言，历代帝王庙也是祖先信仰与祭祀在国家政治与社会生活中重要性的体现。它同样体现了一种祖先崇拜观念。除了祭祀自己的祖先，还要祭祀历代帝王，因为他们代表着一种治统的承继，

"自古帝王统绪相传，易代以后，飨祀朝廷，原以报功崇德。至于严篡窃之防，戒守成之王，或予或夺，要必衷于至当，而无所容心于其间，方协彰瘅之义"[36]。无论何朝何族帝王，均视其功业而祀，"夫圣王之制，祭祀也。法施于民，则祀之；以死勤事，则祀之。以劳定国，则祀之；能御大灾，则祀这；能捍大患，则祀之"[37]。并且在"崇祀祇创业之君"的同时还要"从祀惟开国之臣"，所以"爰及历代名臣"，因其"亦皆山岳钟灵，为时辅佐，功在社稷，德协股肱"。秦汉以后，对三皇五帝和历代帝王的祭祀经历了从陵墓祭祀到立庙祭祀、从个体人物祭祀到系列人物祭祀、从分散单独祭祀到集中群体祭祀、从祭祀开国帝王到祭祀守业帝王、从祭祀华夏汉民族帝王到祭祀多民族帝王、从主祀帝王本人到贤臣陪祀的发展过程。元代崇祀先代帝王之典不废，元代还增建了一批古帝王庙。[38]明朝对历代帝王和名臣的崇祀超越前代。洪武三年（1370 年）遣使访寻先代帝王陵寝，得79 处，然后，遣官往祭。洪武六年"建帝王庙于金陵"，嘉靖十年（1513）三月，京师"历代帝王庙成"。据《燕都游览志》记载："帝王庙在西四牌楼大街之西，南向，嘉靖间建，祀三皇、五帝、三王、汉高祖、光武、唐太宗、宋太祖、元世祖其中，而两庑祀历代名臣。"[39]清代对帝王庙祭祀更加隆重。顺治初年，建庙于阜成门内，"初，明祀历代帝王，元世祖入庙，辽、金诸帝不与焉"。康熙帝对历代帝王庙内人物增祀颇多，三十七年，"礼臣议言庙祀帝王，止及开创，应增守成令辟，并罢宋臣潘美、张浚祀，从之。于是增祀商中宗、高宗，周成王、康王，汉文帝，宋仁宗，明孝宗。而辽、金、元太祖皆罢祀"。六十一年，谕："历代帝王庙每朝崇祀不过一二主，或庙享其子而不及其父，或配食其臣而不及其君。应将凡曾在位、除无道被弑亡国之主外，尽宜入庙崇祀。"[40]于是"廷臣议正殿增祀夏启、仲康、少康、杼、槐、芒、泄……憨帝，凡百四十三位"[41]。雍正七年（1729 年），重修帝王庙，历四年而竣工。乾隆元年（1736 年），谥"明建文皇帝曰恭敏惠皇帝，入帝王庙享祀，位次明太祖之后"。二十七年（1762 年）重修帝王庙，正殿原覆绿琉璃瓦而改易黄琉璃瓦。二十九年（1764 年）工讫，乾隆皇帝亲诣行礼，并御书联曰："治统溯钦承，法戒兼资，洵哉，古可为监；政经崇秩祀，宝枚式焕，穆矣，深其孔安。"[42]乾隆四十九年（1784 年）下诏大学士等详议所有历代帝王庙祀典，定议后"交四库馆恭录皇祖谕旨并朕此旨于《通礼》庙飨卷首，以昭殷鉴历朝，垂示万年之至意"[43]。于是又增祀东西晋、前后五代共二十三帝，唐代、金代二帝。[44]同治二年，"定每岁春秋仲月，诹日遣官祭帝王庙。

又增辽太祖、金太祖、金世宗、元太祖、明太祖五帝，增辽代功臣呼噜、宗望、明代功臣徐达、刘基等从祀"[45]。同治四年（1865年），"以（周）散宜生配飨，位次毕公高；（北魏）高允配飨，位次赵云"[46]。民国后，北京历代帝王庙祭祀停止。作为明、清两代祭祀三皇五帝和历代开业帝王和历代开国功臣的一座皇家庙宇，北京历代帝王庙共入祀三皇五帝及夏、商、周、汉、唐、宋、辽、金、元、明等多民族主要帝王188位，功臣名将80位。

祖先崇拜是北京民间信仰与官方祭典发生重叠最多的部分。"在很多情况下祖宗崇拜具有渗透于一切的特征。这种特征充分地反映并规定了全部的宗教和社会生活。在中国，被国家宗教所认可和控制的对祖宗的这种崇拜，被看成是人们可以有的唯一宗教。"[47]基于宗法制度血缘亲情的祖先崇拜作为维系家庭、宗族、村落社会的基础，稳固而普及，祭祀活动波及社会的各个层面，上至宫廷贵族，下至民间百姓，无不参与其中，可以说"祖先崇拜不仅是固定的、长期的活动，而且是人类古老、最普遍的信仰，不仅是上自皇帝贵族，下至平民百姓都要举行的祭祀亡灵的仪式，而且是一个民间的宗教系统。于是祖先崇拜成为广大普通民众共同奉行的信仰民俗之一，也是中国民众宗教意识的重要组成部分"[48]。祭祖有庙祭、家祭、墓祭等方式，时间则体现在日常生活和民俗节日上，除了每月初一、十五日常祭祀，每逢春节从农历腊月三十到正月初五，家家户户接祖、祭拜和送祖，享祭祖先达到高峰。这种与祖先象征性的团聚，在清明、立夏、端午、六月六、七月半、中秋、重阳、冬至等重要节日也要重复，（清）福格《听雨丛谈》记祭墓日期云："今京师展祀先垅，春以清明，秋以七月望，冬以十月朔，咸以缺于夏祀为疑。愚臆春祭独以清明，不以日月，可知其义之大矣。一年四时，清明为万物发生之初。七月望，万物咸备，过此更无种植矣。十月朔，万物告登，天地闭塞，四时之变态无甚于此。抚时序之代兴，感吾亲之长往，为人子者，能无风木之悲乎！故祭以此三时最为允当。特不知立祀之初，果如是耶，抑别有说耶？"祭祀时，把节日食品作为供品祭祀给祖先，清明、重阳、冬至还要到墓地祭祖，给祖坟培新土，供奉食品，焚香叩头，烧纸钱和锡箔纸做的元宝。清朝福格《听雨丛谈》记："京师祀神，用黄纸凿成钱象，以代焚帛。祭墓则用白纸凿成大钱，径圆三四寸，以代冥器。"清朝何刚德《春明梦录》记："满人祭神，必具请帖，名曰'请食神余'。所祭何神，其说不一。未明而祭，祭以全豕去皮而蒸。黎明时，客集于堂，以方桌面列炕上，客皆登炕坐。席面排糖蒜韭菜末，中置白片肉一盘，连递而上，不计盘数，以食饱为度。旁有肺肠数种，皆白煮，不下盐豉。末后有白肉末一盘，白汤一碗，即以下老米饭者。客食愈饱，主人愈喜欢，谓取吉利也。客去不谢，谢则犯主人之忌。满人请客，以此为大典，然非富家不能办。余极喜食此肉，盖全豕去皮而蒸，其味与寻常殊不同。凡有请者，必起早赴之。余在京十九年，只遇过三次而已。"凡是家中有喜事如婚嫁、建屋、迁居、升迁、添丁、远行等都要摆放供品祭祖，禀告祖先请其共享喜庆，并赐福保佑。祭拜祖先、告慰灵魂已经成为广大民众宗教信仰和日常生活的核心。

注释：

（1）《左传·昭公元年》。

（2）（12）（37）《礼记·祭法》。

（3）（6）（7）（9）（13）《礼记·郊特牲》。

（4）《春明梦余录》记载："天坛在正阳门之左……初遵洪武合祀天地之制，称为天地坛，后既分祀，乃专称天坛。"

（5）《大清会典》。

（8）许慎：《说文解字》。

（10）《孝经》，《十三经注疏》。

（11）《国语·鲁语上》也记载："共公之伯九有也，其子曰后土，能平九州，故祀以为社。"

（14）《元史·志·祭祀》。

（15）《管子·形势解》。

（16）《五经要义》。

（17）《后汉书》卷二《显宗孝明帝纪》。

（18）《新唐书》卷十四，志第四。

（19）《元史》卷七十六。

（20）《明会要》。

（21）《明成祖实录》。

（22）《明嘉靖祀典》记载："祭太岁、月将等神于太岁坛。"

（23）孙承泽：《春明梦余录》。

（24）《大清一统志》。

（25）乾隆十八年（1753年）改太岁殿东的旗纛庙为神仓，改木结构的观耕台为砖石台，改原斋宫为庆成宫，于是先农坛建筑群包括先农神的拜台（先农神坛）、神厨（包括宰牲亭）、神库、神仓、具服殿、观耕台、庆成宫成为祭祀先农和举行籍田典礼之所，内坛观耕台前有一亩三分耕地，为皇帝行籍田礼时亲耕之地。

（26）《日下旧闻考》卷五十五《城市》。本文参阅了董绍鹏《先农文化与先农坛》、李小涛《先农坛的建筑》（《北京文博》2001年第4期）、姚安《北京先农坛的沿革》（《紫禁城》2004 年第 3 期）、刘毓兴《清帝亲耕先农坛》（《北京档案》2003 年第 6 期）、朱祖希《先农坛——中国农耕文化的重要载体》（《北京社会科学》2000 年第 2 期）等文章。

（27）靳枫毅：《东周山戎文化考古新收获》，《北京文物报》1988 年 8 月试刊第 2 期。

（28）（48）查尔斯：《鬼魂：中国民间神秘信仰》。

（29）《礼记·曲礼》记载："卜筮者，先圣王之所以使民信时日，敬鬼神，畏法令也；所以使民决嫌疑，定犹与也。"

（30）林富士主编：《礼俗与宗教》。

（31）《国语·鲁语》上。

（32）（35）《礼记·祭统》。

（33）《论语·学而》。

（34）《礼记·大传》。

（36）《日下旧闻考》卷五十一《城市》。

（38）《元史》卷七十六《祭祀志》五《古帝王庙》。

（39）《日下旧闻考》卷五十一《城市》。燕国始祖召公奭即在祭祀之列。

（40）《大清会典》。

（41）《清史稿》卷八十四，志第五十九。

（42）《日下旧闻考》卷五十一《城市》。

（43）雍正《御制历代帝王碑文》和乾隆《御制重修历代帝王庙碑文》（《日下旧闻考》卷 51）。

（44）即晋元帝、明帝、成帝、康帝、穆帝、哀帝、简文帝，宋文帝、孝武帝、明帝，（北朝）齐武帝、陈文帝、陈宣帝，北魏道武帝、明元帝、太武帝、文成帝、献文帝、孝文帝、宣武帝、孝明帝，唐明宗、周世宗，以及唐宪宗、金哀宗。

（45）《大清会典》。

（46）《清史稿》卷八十四《礼志三》。

（47）卡西尔：《人论》。

第二章　儒教与先贤信仰

第一节　儒教信仰与崇拜

儒教信仰与崇拜不同于其他信仰与崇拜。任继愈先生指出："儒教的宗教信仰核心为敬天法祖，当它处在原始宗教形态时，已蕴含着它后来的基本雏形，祭天、祭祖，同等重要。随着国家形态的逐渐完善、成熟，它的敬天法祖这个核心未变，不断增添政治内容。"儒教"把敬天法祖的中心信仰凝练为忠孝两大精神支柱。政治信奉原则为忠，家庭信奉原则为孝，一家的孝道与国家治道有机地联系起来"。北京历史上出现的少数民族政权如与北宋对峙的辽、与南宋对峙的金及后来的元朝、清朝都是少数民族，尽管政权更迭，"但这些非汉族的统治者由于完全接受了儒教文化传统，这些少数民族的皇帝及贵族都接受儒教，尊孔子为圣人。协助推行儒教的教义，下层得到广大个体农民的支持，上层以强有力的中央集权为靠山……儒教享有君主制下独占的特权，神权皇权高度统一。一旦皇权被取消，君主制不复存在，儒教也随着皇权的消亡而消亡"[1]。

一、庙学制与孔庙祀典

夏商周三代以"敬天法祖"为核心内容的国家宗教是当时文化的主体与核心。西周时期，由于宗法制度的日益完善，宗法性宗教鼎盛，祭祀的对象已经从商代的上帝神转变为祖先神的崇拜。春秋时期，社会变革剧烈，"礼乐征伐自诸侯出，陪臣执国命"，周天子作为天下的大宗已丧失了昔日威严，"这场变革的实质，是社会结构上宗法宗族制度向宗法家族制度的转化，是政治上从宗法血缘统治向地缘政治统治的过渡"[2]。尽管如此，君主的权力依然按照血缘关系加以传承，仍需要用宗法文化为其政权的合法性进行论证。因此，作为以宗法伦理为核心的儒家学说，将家国一体变成了观念上的家国同构，为君主专制政治统治蒙上了一层血缘亲情的面纱。

汉武帝采纳董仲舒建议，罢黜百家，独尊儒术，废除百家博士，仅设五经博士，其经典被封为经，儒学被确立为官学。士人不论出身，只要能通儒家经典，便可通过举荐入朝做官。五经博士的设立及推举贤良、文学之士的体制，使儒家"学而优则仕"的理想变成了现实，贫寒之家的子弟，只要刻苦读书就可以做官，经学因此迅速占领了社会精神文化的核心地位。同时，儒学为中国的宗法的农业社会提供了一种具有家族文化形态的政治理念、礼乐规制、道德规范、教育方式，比较全面地应对了家族社会所面临的主要矛盾和问题，为知识分子提供了"内圣外王"之道，一种在现实中超越的人生哲学，具有深厚民间性。[3]有学者指出，儒学有三种，即政治儒学、学术儒学、民间儒学，政治儒学即三纲礼法之学，它与社会政治制度和政治实践紧密配合，强调尊天、忠君、重礼、德政，它用官僚科举制度与礼法互补制度、庠序教育制度加以保证，使政治儒学成为最强大的占统治地位的思想。[4]孔子儒学强调以"仁"为本，以"礼"为用，强调"君君臣臣、父父子子"，宣扬温、良、恭、俭、让、廉、勇、智、敏，刚毅、木讷、知耻、中庸等受到士大夫推崇，把它们作为人的人格精神与道德情操的养成途径，同时，行之有效的文官考试制度（科举）有效地培养了从中央到地方各级儒教教职人员和官吏，成为士人入仕通途，孔子之学因而成为士大夫的信仰。而儒教的四书五经为全民教材，它所强调的孝、悌、忠、信、礼、义、廉、耻八德也在民间弘传，尤其为工商业者信奉为商业经营道德理念，成为"中国民间社会稳定的一种精神力量"[5]。在儒生的提倡和推动下，汉代建立了郊社宗庙制度，使天神崇拜、祖先崇拜、社稷崇拜活动典制化。这些宗教祭祀活动由国家政权组织和社会家族组织承担，儒学与宗法性传统宗教互为表里，成为占主导地位的国家意识形态，成为一种有核心价值观念，能够凝聚不同阶级、不同阶层、不同集团社会成员的思想，成为国家政治实际运作所依赖的主要意识形态。

孔子之教既是政教的指导原则，且是社会的凝聚力，因此官方自上而下极力推行庙学制与孔庙祭祀制度，在学校崇祀孔子，并附以先贤先儒，旨在使天下之士观感兴奋，肃然生其敬畏之心，油然动其效法之念。首开帝王祭祀孔子的是汉高祖刘邦，公元前195年，刘邦过鲁，以太牢祀孔，并诏诸侯、公卿、将相至郡，先谒庙而后从政。王莽篡位后，亲赴孔庙祭祀。明帝永平二年（59年）下令"学校皆祀圣师周公、孔子，牲以犬"。[6]永平八年（65年）亲临辟雍，以太牢祭祀孔子。永平十五（72年）亲至孔子故里祀孔。此后历代帝王或身临或遣官到曲阜和太学致祭孔子，并规定每年旧历二、八月第一个丁日（上丁）在孔庙举行祭孔大典即丁祭，在孔子诞辰的八月二十七日举行更为隆重的仪式。南北朝时期，鼎祚迭移，战乱频繁，民生困顿，孔庙毁而不修。隋唐时期，统治者深刻认识到儒学的政治作用，将孔庙祭祀列为国之大祭，据《旧唐书·儒学传》及《唐会要》卷三十五记载，武德二年（619年），唐高祖诏令州县立周公、孔子庙各一所，以周公为先圣，以孔子为先师配祀，四时致祭。贞观二年，唐太宗罢祀周公，以孔子为先圣，以颜回为先师配祀，《贞观政要》卷七《崇儒学》记载："诏停周公为先圣，始立孔子庙堂于国学……以仲尼为先圣，颜子为先师。"贞观四年（630年），下诏州县学皆立孔庙，[7]地方普遍依学立庙，孔庙遂与学校环环相扣。[8]唐太宗又命颜师古撰《五经定本》统一五经文字；又令孔颖达与诸儒撰《五经正义》统一五经注释。高宗时，五经正义颁行成为科举考试的标准课本，逐渐成为仕途的敲门砖和文化专制的代名词。开元八年（720年），从祀孔子的对象由四配（子思、颜回、曾子、孟子）扩大到"十哲"（闵损、冉雍、言偃、曾参、仲由、卜商、冉耕、宰予、冉求、端木赐），每年春秋二季仲月上丁日都要举行"释奠"祀仪，统治者对孔庙祭祀积极参与，"国难濒深，忠勇奋历，实凭圣义，大教所敦。永惟兼怀，无忘待旦。可开建庙制……厚给祭秩"[9]。孔庙于是兼有正统文化宣导者与国家教育执行者的双重功能，完全脱离了家庙性质，孔庙祭祀列为国家祀典，显示权力与信仰相互的渗透，"自天子至郡邑守长通得祀而遍天下者，唯社稷与孔子为然"[10]。

元代对儒教安邦定国的政治功能认识颇深。元代制定礼仪的重臣曹元用指出："孔子之教，非帝王之政不能及远；帝王之政，非孔子之教不能善俗。教不能及远，无损于道；政不能善俗，必危其国。"[11]元世祖定都北京后，命宣抚王楫于金枢密院建宣圣庙，[12]遣使祭祀孔子，"其天子亲遣使致祭者三：曰社稷，曰先农，曰宣圣"[13]。元成宗铁木耳意识到"孔子之道，垂宪万世。有国家者，所当崇奉"[14]。大德六年（1302年），"成宗始命建宣圣庙于京师"。大德十年（1306年）秋，庙成。武宗至大元年秋七月，在唐代加谥"文宣王"与宋代加号"至圣"基础上，复加号"大成"，"诏加号先圣曰大成至圣文宣王"[15]。元仁宗延祐三年秋七月，"诏春秋释奠于先圣，以颜子、曾子、子思、孟子配享……皇庆二年六月，以许衡从祀，又以先儒周敦颐、程颢、程颐、张载、邵雍、司马光、朱熹、张栻、吕祖谦从祀"。元文宗至顺元年（1330 年），"以汉儒董仲舒从祀"。至顺二年（1331年），下诏恩准孔庙配享宫城规制，许孔庙四隅建角楼。元末，孔庙荒废。明永乐九年（1411 年），重新整治并修缮了大成殿。宣宗宣德四年（1429 年）修整了大成殿及两庑。宪宗朱见深将祭孔改为大祭，用八佾舞及大成乐，在《明献宗御制重修孔子庙碑》中指出："孔子之道在天下如在布帛菽粟，民生日用不可暂缺。"又说："自孔子以后，有天下者无虑十余代，其君遂有贤否智愚之不同，孰不赖孔子之道以为治？其尊荣之礼愈久而愈彰，愈远而愈盛。"[16]孝宗朱佑樘也认为："古之圣贤，功德及人，天下后世立庙以祀者多矣。然内而京师，外而郡邑，及其故乡靡不有庙；自天子至于郡邑长吏通得祀之，而致其严且敬，则惟孔子为然。"世宗嘉靖九年（1503 年）为祭祀五代先祖增建崇圣祠。由于帝王的推动，孔庙"自京师以达于天下之郡邑，无处无之之境地"。据明代吕元善估计当时天下孔庙有 1560 座。[17]

清代统治者对孔庙祭祀更是达到鼎盛。据《清史稿》卷八十四《志》五十九记载，崇德元年，就在盛京建庙，遣大学士范文程致祭，奉颜回、曾子、子思、孟子配，定春秋二仲上丁行释奠礼，"世祖定大原，以京师国子监为大学，立文庙"。顺治二年，"定称大成至圣文宣先师孔子，春秋上丁，遣大学士一人行祭，翰林官二人分献，祭酒祭启圣祠，以先贤、先儒配飨从祀。月朔，祭酒释菜，设酒、芹、枣、栗。先师四配三献，十哲两庑，监丞等分献。望日，司业上香。正中祀先师孔子，南乡"。顺治九年，"世祖视学，释奠先师，王、公、百官，斋戒陪祀"。此前，"衍圣公率孔、颜、曾、孟、仲五氏世袭五经博士，孔氏族五人，颜、曾、孟、仲族各二人，赴都。暨五氏子孙居京秩者咸与祭"。十四年，采纳给事中张文光提议，改"大成文宣"为"至圣先师"。康熙六年（1667 年），亲制《中和韶乐》祭孔，二十二年，御书"万世师表"额悬大成殿。雍正皇帝对孔子之学的作用体会颇深，他不仅肯定"孔子之教在明伦纪、辨名分、正人心、端风俗"所起的作用，且归结"在君上尤受其益"。雍正元年，追封孔子五代王爵。四年八月，世宗亲诣释奠，确定春秋两次大二祭皇帝亲祭制，即仲春上旬丁日和仲秋上旬丁日，即所谓"上丁祭礼"，也叫"丁祀"。每逢祭日，午时许，祭礼仪开始，于是钟鼓齐鸣、奏乐、迎神、跳八俗舞、跪拜、送神，繁礼缛节，"牺牲、笾豆视丁祭，行礼二跪六拜，奠帛献爵，改立为跪，仍读祝，不饮福、受胙"[18]。雍正五年，定八月二十七日为先师诞辰，"官民军士，致斋一日，以为常"。十一年，"定亲祭仪，香案前三上香"。乾隆时期，钦定祭孔礼仪为迎神、初献、亚献、终献、撤馔、送神六种程序，分别演奏昭平、宣平、秩平、叙平、懿平、德平之章。舞姿则体现予、怀、明、德寓意，体现孔子仁德、礼乐主题思想。[19]乾隆二年（1737年），亲谕孔庙使用最高贵的黄琉璃瓦顶，"谕易大成殿及门黄瓦，崇圣祠绿瓦"。至此，孔庙红墙黄瓦，金碧辉煌。三年上丁，"帝亲视学释奠，严驾出，至庙门外降舆。入中门，俟大次，出盥讫，入大成中门，升阶，三上香，行二跪六拜礼……帝三拜，亚献、终献如初。释奠用三献始此"。三十三年，"葺文庙成，增大门'先师庙'额，正殿及门曰'大成'，帝亲书榜，制碑记"。五十年，"新建辟雍成，亲临讲学，释奠如故"。清朝赵慎畛《榆巢杂识》记："文庙春秋二祭，旧制遣官行礼。雍正年间始定亲祭之礼。献爵一次，其亚献、三献之爵，预先陈设几案上。乾隆三年二月，上亲诣行礼，更定三献之仪，御书匾额：'与天地参'、对联：'气备四时，与天、地、鬼、神、日、月合其德；教垂万世，继尧、舜、禹、汤、文、武作之师'，悬大成殿楹。"又记"十哲之祀"曰："文庙十哲之祀，于唐开成至宋咸淳，从颜子升配至圣，遂升子张以补缺数，以孟子称得圣人一体故也。康熙间，以朱子昌明圣教，升位其次。乾隆三年，以《论语》次章即载有子之说，其言语气象皆与圣人相似，宜升堂配享。主议者称有子最为游夏所服，孟子亦称'智足知圣'，从前未跻十哲，实为缺典，应升有子若于殿内卜子夏之下。移朱子熹于西旁颛孙子师之下。通行国子监，直省府、州、县学一体遵奉。此允尚书徐元梦请也。"嘉庆中，"两举临雍仪"。嘉靖九年，"文庙改覆黄瓦，乐用八佾，增武舞，释奠躬诣，有事遣亲王代，分献四配用大学士，十二哲两庑用尚书。祀日入大成左门，升阶入殿左门，行三跪九拜礼。上香，奠帛、爵俱跪。三献俱亲行。出亦如之。遣代则四配用尚书，馀用侍郎，出入自右门，不饮福、受胙。崇圣祠本改亲王承祭，若代释奠，则以大学士为之。分献配位用侍郎，西庑用内阁学士"。嘉靖三十四年，定文庙九楹三阶五陛制。道光十六年，诏祀孔子不得与佛、老同庙。同治二十年仲秋上丁，亲诣释奠，仍用饮福、受胙仪。光绪三十二年（1906年），祭祀孔子礼制规格升为大祀，皇帝亲临，建筑改用黄琉璃瓦，用八佾舞，同时大修孔庙。清亡后，孔庙续修，至民国五年（1916年）竣工。孔庙经清代大修，占地约22000平方米，北京孔庙成为仅次于曲阜孔庙的第二大孔庙。[20]孔庙大门外东西约十几米处各立着一座"下马碑",碑身正背两面分别镌刻"官员人等至此下马"的满、汉、蒙、回、托忒、藏等六种文字,成为神权至上的标志。[21]

孔子由生时"无尺寸之地,微一旅之众"变成"修仁义者取为规矩,肆强梁者莫不钦崇",最后纳入国家祀典,"居尊于南面,庙儿长存",[22]孔子嫡裔世代为阙里家庙主祀者,[23]"皆源自人君对孔子之教的倚重,遂有泽及子孙之举"[24]。元明清三朝孔子祀礼通行全国,影响尤为广远,直至民国,中央政府每年仍然在北京孔庙举办"祭孔"典礼。[25]

二、文昌信仰与祭祀

文昌信仰与祭祀当属儒教信仰的延展,因为文昌神是以科举入仕的士大夫们广泛而深厚的信仰。[26]文昌本为古星官名,是斗魁之上六星总称,掌理人间禄赏仕进。史载文昌祭祀始于周,《周礼·春官·大宗伯》叙大宗伯之职说:"以槱燎祀司中、司命、飌师、雨师。"郑玄注云:"郑司农(众)云:'司中,三能,三阶也。司命,文昌宫星……皆天神,司中、司命,文昌第五、第四星也。'"[27]《史记·天官书》记载:"斗魁戴匡六星,曰文昌宫:一曰上将,二曰次将,三曰贵相,四曰司命,五曰司中,六曰司禄。"纬书《孝经援神契》云:"'文者精所聚,昌者扬天纪'。辅拂并居,以成天象,故曰文昌宫。"隋唐科举制度产生后,职掌司命、司禄的文昌神为士人顶礼膜拜,《春秋元命包》曰:"上将建威武,次将正左右,贵相理文绪,司禄赏功进士,司命主老幼,司灾主灾咎也。则职司文武爵禄科举之本矣。"[28]以上记载把斗魁戴匡六星与人间社会秩序相联系,比照人间的政府,视其为天府,命名为文昌宫,六星各司其职,唐五代道教已称之为"文昌星神君"、"帝君司命之神"。梓潼帝君本为雷神,宋元时道士假托梓潼降笔为自传《清河内传》,称周初降生于黄帝后裔,以后历代显化,并将四川梓潼神附会为文昌帝君,声称玉皇大帝命梓潼帝君掌管文昌府和人间爵禄。供奉于四川梓潼庙之梓潼神为张亚子,即蜀人张育,东晋宁康二年(374年)自称蜀王,起义抗击前秦苻坚时战死。后人为纪念张育,于梓潼郡七曲山建祠,尊奉其为雷泽龙王。后张育祠与同山之梓潼神亚子祠合称,张育即传称张亚子。[29]唐玄宗入蜀时,途经七曲山,有感于张亚子英烈,遂追封其为左丞相,并重加祭祀。唐僖宗避乱入蜀时,经七曲山又亲祀梓潼神,封张亚子为济顺王,并亲解佩剑献神。宋朝帝王多有敕封，如宋真宗封亚子为英显武烈王，哲宗加封"辅元开化文昌司禄帝君"，高宗赵构敕令张亚子庙改为"灵应祠"，并以王宫的格局改建，绍兴年间又加封"武烈"、"忠佑"、"广济"封号，称"英显武烈忠佑广济王"，光宗时封为忠文仁武孝德圣烈王，宁宗嘉定六年（1213 年）改封"英显武烈文昭忠济王"，理宗时封为神文圣武孝德忠仁王。宋代重科举，故文昌帝君信仰愈盛。

元代建都北京后，文昌帝君作为普施教化、宏扬仁德之神，备受推崇。元仁宗延佑三年（1316 年）敕封张亚子为"辅元开化文昌司禄宏仁帝君"，即扶持正气（辅元），倡引教化（开化），主管文运与司禄（文昌、司禄），梓潼神张亚子遂被称为文昌帝君，梓潼神与文昌神功能合一，职司科举功名。[30] 由于"明清两代是中国科举制度的烂熟期，文昌帝君，是所谓主宰天下文教之神，掌管着科举士子的前途命运，故为士子们所虔诚奉祀"[31]，"文昌之祠遍天下"[32]。而北京作为科举考试中心，天下文人士子萃聚，文昌帝君崇拜最为鼎盛。京师最为有名的是位于帽儿胡同的文昌帝君庙，据《清史稿》卷八十四《志》五十九记载，京师帽儿胡同文昌庙乃"明成化间，因元祠重建。在京师地安门外，久圮"。明成化年间该庙香火旺盛，"官民士庶祈签者络绎不绝"。成化十三年，"因为庙宇狭窄，难于瞻礼"，扩建重修，成宽大规模，"万人仰观，忻跃敬礼"。乾隆十二年曾重修文昌庙。嘉庆元年（1796 年）五省白莲教大起义爆发，清政府深切感到民间宗教对统治秩序的威胁，于是抬出文昌神以振兴文运、福国佑民，嘉庆五年，当"潼江寇平，初寇阚梓潼，望见祠山旗帜，却退"的消息传至京师，嘉庆帝御书"化成着定，用彰异绩"，同时"发中帑重修祠宇"，即在京师地安门外明成化年间文昌祠旧址重建文昌祠，且下诏："各直省旧有文昌庙，照山西解州等处关帝庙之例，令该地方官届期躬谒致祭。其向无祠庙之处，令择洁净公所，设位致祭。"[33] 嘉庆六年夏文昌庙告成，庙宇有山门三座，钟鼓楼四间，魁光殿三间，桂香殿（祭祀文昌帝君）三间，御碑亭一座，还有关帝殿、财神殿、大悲殿共十间，其余配殿、僧房等六十八间。竣工之日，仁宗躬谒致祭，行九拜大礼，并颁诏曰："文昌帝君主持文运，福国佑民，崇正教，辟邪说，灵迹最著。海内崇奉，与关圣大帝相同。允宜列入祀典，用光文治。"[34] 礼部依照关帝庙祀典议定每年"春祭以二月初三诞日，秋祭，仲秋诹吉将事"，遣大臣往祭。前殿供正神，后殿则祀其先世，祀典如关帝。嘉庆"八年，出内府香，遣官致祭。十二年，京师春秋致祭，敕天下郡国同日举行"。清廷礼部颁发文昌帝君庙《春秋二祭祝文》

云："惟神道阐苞符，性敦孝友。普行并育，德侔天地以同流。乃圣乃神，教炳日星而大显。"《二月初三日（文昌诞辰）告祭祝文》言道："若日月之有光明，阐大文于孝友"、"馨香感格，兴水源木本之思。"咸丰六年（1856 年），为昭虔敬，将文昌帝君与关帝"跻中祀，礼臣请崇殿阶，拓规制，遣王承祭，后殿以太常长官亲诣，二跪六拜，乐六奏，文舞八佾，允行"。祭祀"前期一日，著遣亲郡王行告祭礼，春秋二祭，俱著卜吉举行，二月初三日圣诞，即照关帝庙拈香礼节"[35]。咸丰七年、同治十二年、光绪十三年，清帝亲谒文昌庙行礼，文昌诞节纳入国家祀典。

清朝官方文昌诞节的确立，推动了文昌神信仰的普及，使士大夫的这一信仰"合法化"和具有正统性。"文昌诞节强化了士大夫的凝聚力和对地域社会的影响力。文昌诞节的确立，抬高了'文化'的地位，也提高了士大夫的地位，文昌诞节上士大夫的活动在证明他们是社会的精英，是地方社会的领导者。清代文昌诞节在基层社会的普及，普通民众的广泛参与，都说明士大夫的影响力在加强，百姓接受士大夫的影响并模仿其行为，文昌诞节也成为社区重要的文化活动。"[36] 每逢文昌帝君神诞之日，士人举子都要聚集在供奉文昌帝君的庙宇祭祀祈福，举行文昌会，乾隆时并有惜字会，陆耀《文昌祠说》云："近人又因文昌之社，而有惜字之会，推其所以惜字之故，仍不出媚神以求富贵。"[37] 潘荣陛《帝京岁时纪胜》亦载："香会，春秋仲月极胜，惟惜字、文昌会惜字会。俱与文昌祠、精忠庙、金陵庄、梨园馆及各省乡祠，献供演戏，动聚千人。"明清时期，京师会馆林立，中有供奉文昌帝君者，如文昌会馆，是河北书行善成堂等商人集资公立的酬神议事之所，馆内建有文昌殿，供奉文昌帝君、火神真君，每年旧历二月初三日公祭文昌帝君。现存光绪三十四年《书业文昌会馆碑记》记载："供奉文昌帝君、火帝真君，朔望拜跪，以肃观瞻。每年二月初三日，文昌圣诞，演剧团拜，共襄盛举，庶人力尽而神以妥，神道彰而人必获福焉。"福建《漳郡会馆录》记载漳州东西馆的祭祀活动为："正月、八月十五祭祀东西二馆，清明、七月十五日祭外馆，二月初三祭西馆文昌帝君尊诞。五月十一日祭东馆城隍尊诞。五月十三祭习馆关圣帝君尊诞。"《龙岩会馆》内祀历代乡贤神位及关帝君神位文昌帝君神位、城隍尊神位、创设者段云龙先生神位。每逢初三文昌诞辰、节日或喜庆日，则虔诚祭拜、演戏庆贺。

光绪末年废科举，文昌信仰受到限制，至民国初年，文昌帝君作为国家祀典虽停，但因其职司禄位，乃贵贱所系，文昌帝君仍为士大夫和民间所信奉，此亦权力与信仰交融的影响。

第二节　先贤崇拜与祭祀

与祖先崇拜及儒教信仰相比，先贤崇拜更趋普及和平民化，它体现了由天地而神，由神而人，由圣而贤的降次崇拜与全面信仰。先贤崇拜的祭祀场所为先贤祠，奉祀对象为真实存在的历史人物，因生前"徽声聿播，旗常铭勒于生前，而元祀攸崇，俎豆歆承于身后"。帝王推崇与祭祀先贤，目的是"宠褒已往，劝励方来"，奖励士大夫阶层"赴义以如归，报国之丹诚，励致身之素志"，教化成俗，使"宇宙成熙暤之风"，[38]仍未脱离神道设教的政治目的。

北京历代王庙中将历代功臣名将贤臣配祀历代帝王庙是对圣贤崇拜的最高礼仪。还有祭祀王公大臣有功国家者之功臣祠如雍正二年在玉河桥东南建昭忠祠，"祀本朝王公大臣官员之全忠尽节者"[39]。雍正八年（1730年），为"崇忠念旧"，在西城区地安门西大街103号建京师贤良祠，《钦定日下旧闻考·城市》载："贤良祠在白马关帝庙旁，雍正八年敕建。世宗宪皇帝御书额曰'崇忠念旧'。祀王公大臣之有功国家者。"该祠坐北朝南，中轴线上依次为大门、碑亭、仪门、正殿、后殿等建筑，东、西两侧另有治牲所、宰牲房及燎炉等建筑。碑亭左右各一，内立清世宗宪皇帝御制贤良祠碑文："朕维国家钟昌隆之运，诞降贤臣，宇宙成熙暤之风，端资良弼……"祭者有王二人（怡贤亲王、和硕超勇襄亲王策凌）、公七人（爱星阿、图海等）、侯三人（李国翰、张勇、施琅）、大学士二十六人（范文程、巴克什、达海等）、尚书十二人（姚文然、魏象枢、汪由敦等）、左都御史一人（拉布敦）、都统三人（根特、冯国相、傅清）、将军六人（佛尼勒等）、总督十四人（于成龙、靳辅等）、巡抚三人（陈瑸、徐士林、潘思榘）、副都统一人，凡七十八人，乾隆时期又增祀大学士公一人（傅恒），尚书公一人（阿里衮），大学士八人，内大臣议政大臣一人（哈世屯），尚书二人，将军一人，总督六人，巡抚一人，凡二十一人，共祀九十九人。雍正八年，怡亲王允祥去世，雍正命入京师贤良祠供奉。十二年，又在东安门外帅府园胡同建贤良寺，"本怡亲王府邸，舍地为寺，世宗宪皇帝赐名贤良寺，御撰碑文以记"。乾隆二十年，贤良寺移建于冰盏胡同。乾隆十六年，在崇文门内石大人胡同建双忠祠，合祀都统傅清、左都御史拉布敦，御书匾额勇烈双垂。[40]此外，还有为数众多的先贤祠供奉忠臣义士，如北京文天祥祠，供奉抗元而就义的文天祥。[41]

又如于谦祠，供奉北京保卫战之英雄于谦，清朝吴庆坻《蕉廊脞录》记："崇文门内裱褙胡同，旧有于忠肃公（于谦）祠，初名忠节祠，即公故宅为之者，见《人海记》。岁久祠废，沦为民居，小屋数椽，俗呼为土地祠。宗室伯希、祭酒盛昱，居第在裱褙胡同，稔知其事。同里金忠甫、濮紫泉两前辈商之祭酒，清厘故址，凡民居占住者量给赏令迁让，于是祠址复完。鸠工庀材，重建祠宇，奉忠肃神位，以岁二月设祭，合郡人咸莅。别建屋二十余楹，为杭郡人应乡会试者栖止之所。其地距贡院近也。"[42] 又如耶律楚材祠，祭祀契丹族开国皇帝耶律阿保机九世孙、元代著名政治家耶律楚材。[43] 又如杨椒山祠[44]、顾炎武祠[45]、阎若璩祠所祀神主皆为道德文章冠于一时者。又如山右三忠祠，供奉明朝辽东抵御后金南侵战死的统兵官。[46] 又如畿辅先哲祠，祀北京清代以前所有先贤。[47] 又如越中先贤祠，是浙江省绍兴府在京设立的旅平乡人崇祀先贤先儒及联络感情之所。清初康熙乙丑年间为崇祀先贤先儒而重建为浙绍乡祠，光绪甲申年间改称为越中先贤祠。东院为崇奉先贤之所，据 1926 年 3 月 14 日发布《越祠祭祀先贤规则》规定，在一年的春季、秋季举行两次祭祀活动，"凡旧绍属 8 邑同乡均须于届日上午十一时自行诣祠祭拜"。祭祀活动由董事主持，"与祭同乡均须常礼服（马褂袍子）或制服以示尊敬。与祭同乡均得饮福，但未与祭拜者，不得与饮"。为保证祭祀活动不受打扰，专设纠察员八人维持秩序，凡"履历不明或衣冠不整者不得入祠"。原浙绍乡祠楹联保存下来很多，充满对乡贤义士的赞美敬佩之情，如"先贤后贤，其揆一；在上在旁，如见之"。又如："鉴湖八百里，望气遥来，书人帝城云物；君子六千人，闻风兴起，勖成王国贤材。"此外，河北书商的文昌会馆、陕西富平会馆西馆、龙岩会馆等都将创设者及乡贤神位供奉在神龛内。

注释：

（1）李申：《中国儒教论》序。

（2）张践：《中国宗教与中国文化》卷四《宗教·政治·民族》。

（3）林富士主编：《礼俗与宗教》。

（4）吕大吉、牟钟鉴：《中国宗教与中国文化》卷一《概说中国宗教与传统文化》，第 212 页。

（5）吕大吉、牟钟鉴：《中国宗教与中国文化》卷一《概说中国宗教与传统文化》，第 193 页。

（6）《后汉书·礼仪志》上。

（7）吕大吉、牟钟鉴：《中国宗教与中国文化》卷一《概说中国宗教与传统文化》，第 184 页。

（8）元马端临《文献通考》卷四十三说："古者入学，则释奠于先圣先师，明圣贤当祠之于学也。自唐以来，州县莫不有学，则凡学莫不有先圣之庙矣。"

（9）《宋书》卷五。

（10）《韩昌黎文集校注》卷七。

（11）（明）孔贞丛：《阙里志》卷十。

（12）"宣圣庙，太祖时始置于燕京。至元十年三月，中书省命春秋释奠，执事官各公服如其品，陪位诸襕儒带唐巾行礼。"

（13）《元史》卷七十二《志》第二十三《祭祀》。

（14）（明）孔贞丛：《阙里志》卷十。

（15）《元史·哈剌哈孙传》记载："京师久阙孔子庙，而国学寓他署，乃奏建庙学。"

（16）（清）孔继汾：《阙里文献考》卷三十三《孝宗御制孔子庙碑》。

（17）《圣门志》卷一（上），《丛书集成初编》。

（18）《帝京岁时纪胜》记载："八月廿七日为至圣先师诞辰，禁止屠宰，祭文庙。各书室设供，师生瞻拜。"

（19）《国家行为的祭孔礼制》，《南方文物》2002 年第 4 期。

（20）清代遗留的阙里孔庙，庙屋有 466 间，占地约 320 亩，仅次于皇帝宫苑。

（21）本文参阅了北京市文物管理局《北京名胜古迹辞典》一书。

（22）孔元措：《孔氏祖庭广记》卷十一。

（23）宋仁宗改称衍圣公。明武宗时朝班一品，列文臣之首，孔子世职曲阜知县，汉末已具先例（鲁从事）。唐开元二十七年（739 年），更诏"孔嗣出任乡官（州长史），代代勿绝。要之，天下州县皆用流官，独曲阜用孔氏世职宰治"，盖以大圣之子孙，不使他人统摄，以示殊荣。明朝沿用此制不变。授爵、封官，甚至赐田、免役，有些措施皆于孔氏族人及身而止。

（24）林富士主编：《礼俗与宗教》。

（25）作为中华民国教育部佥事的鲁迅，先后有 12 年曾参与操办"祭孔"活动。陈明远先生根据《鲁迅日记》，整理民国举办祭孔时间史料如下：1913 年参与秋季"祭孔"典礼。1915 年参与春季"祭孔"典礼，3 月 10 日赴孔庙演礼，下午毕。3 月 15 日赴孔庙演礼。3 月 17 日黎明丁祭，在崇圣祠执事。同年又参与秋季"祭孔"典礼：9 月 11 日午后赴文庙演礼。9 月 13 日黎明祭孔，在崇圣祠执事。1917 年参与春季"祭孔"典礼：2 月 22 日午后赴孔庙演礼。2 月 24 日晨丁祭，在崇圣祠执事。1918 年参与春季"祭孔"典礼：3 月 21 日晨祀孔执事。1919 年参与春季"祭孔"典礼：3 月 6 日晨五时往孔庙为丁祭执事。同年又参与秋季"祭孔"典礼：9 月 30 日午后往孔庙演礼。10 月 2 日晨二时往孔庙执事。1920 年参与春季"祭孔"典礼：3 月 18 日午后往孔庙演礼。3 月 20 日晨赴孔庙，执事。1921 年参与春季"祭孔"典礼：3 月 12 日午后往孔庙演礼。3 月 15 日未明赴孔庙执事。同年又参与秋季"祭孔"典礼：9 月 11 日未明赴孔庙执事。1923 年参与春季"祭孔"典礼：3 月 25 日黎明往孔庙执事，归途坠车落二齿。1924 年参与秋季"祭孔"

典礼：9月3日午后往孔庙演礼。9月4日夜半往孔庙，为丁祭执事。

（26）本内容借鉴了杨旭升先生《文昌文化的儒学内核———孝友、仁德》（《天府新论》2004年第5期）。

（27）中华书局影印《十三经注疏本》，上册。

（28）中华书局点校本，第4册。

（29）据《清河内传》，张亚子生前为亲行孝，为国尽忠。因其道德美善，受到乡人爱戴与尊崇，特立庙祭祀，《明史·礼志》记载："梓潼帝君，姓张，名亚子，居蜀七曲山，仕晋战殁，人为立庙祀之。"

（30）（清）李调元：《新搜神记·神考·梓潼帝君封号》，转自宗力、刘群编：《中国民间诸神》。

（31）李乔：《京师文昌帝君庙小志》，《文史杂志》2005年第2期。

（32）（清）朱鹤龄《愚庵小集》卷九《新修文昌阁记》，影印文渊阁四库全书本，第1319册。

（33）光绪《清会典事例》卷四三八《礼部一四九·中祀》。

（34）光绪《清会典事例》卷四三八《礼部一四九·中祀》。

（35）光绪《清会典事例》卷四三八《礼部一四九·中祀》。

（36）参阅常建华：《岁时节日里的中国：古代社会生活图记》。

（37）载贺长龄、魏源等编：《清经世文编》卷六九。

（38）世宗宪皇帝御制昭忠寺碑文，《钦定日下旧闻考》卷四十三《城市》。

（39）《大清一统志》。

（40）《钦定日下旧闻考》卷四十三《城市》。

（41）文天祥（公元1236—1283年），字履善，号文山，吉州庐陵（今江西吉安）人。宋德佑二年（1276年）任右丞相，奉命到元军营中谈判被扣留。后设法逃出，到福建、广东继续抗元，端宗景炎三年（1278年）在五坡岭（今广东海丰北）被元军俘获，掳至大都（今北京），关在兵马司土牢中。元至元十九年（1282年）十二月，文天祥在柴市（今北京东城区府学胡同西口）英勇就义。明太祖朱元璋洪武九年（1376年），按察副史刘崧主持在柴市顺天府学右侧建造了文丞相祠，把柴市一带改为教忠坊。明永乐六年（1408年）将祭祀文天祥列入祀典，《钦定日下旧闻考·城市》记载："岁仲春、仲秋，有司陈设爵三、果五、帛一、羊一、豕一，祝文曰：卿昔宋臣，以身殉国。忠义大节，炳若日星。"万历年间，祠堂由府学右侧迁到了左侧，规格进一步提高。清嘉庆、道光和民国年间不断对祠堂加以修缮。文天祥坚贞不屈、精忠报国，其"人生自古谁无死，留取丹心照汗青"，备受士大夫推崇。

（42）于谦（1398—1457年），字廷益，浙江钱塘人。"土木之变"后拥立朱祁钰为帝，率军民保卫北京城。英宗复辟后以"谋逆罪"于天顺元年（1457年）将于谦杀害。成化二年（1466年），宪宗皇帝特诏追认复官，将其故宅改为忠节祠。万历十八年（1590年）改谥"忠肃"，并在祠中立于谦塑像。清顺治年间，像毁祠废。光绪年间重建。祠坐北朝南，东为于谦故宅，院内东侧建有奎光楼，上层为魁星阁，悬"热血千秋"木匾，正房5间为享堂，硬山合瓦顶，内供于谦塑像。

（43）耶律楚材祠乃乾隆十五年（1750年）修建清漪园在瓮山之阳挖地基时，发现了埋在此处的耶律楚材的棺木等物。乾隆对耶律楚材的政绩予以充分肯定，决定在原地重新修建祠堂，恢复墓地，以供后人瞻仰。为了避免皇家园林里出现异族人的坟茔，就在坟墓西侧修筑了一道围墙，将耶律坟圈出园外；同时"培土为山其上以藏之"。乾隆又命在墓冢前，建祠堂三间，中供塑像，亲题御诗，树起墓碑，并题诗："曜质潜灵总幻观，所嘉忠赤一心殚。无和幸免称冥漠，有墓还同封比干。"又令丞相汪由敦写《元臣耶律楚材墓碑记》以"褒贤劝忠，用光幽壤"，突出"圣天子所以教忠劝功，大彰瘅而示风励，直使百世下咸知感奋"主旨。

（44）该祠建于乾隆丙午（1785年），祭祀明嘉靖年间弹劾权奸严嵩而被下狱处死的杨继盛。正堂设先生塑像，两旁对联为"不与炎黄同一辈，独留青白永千年"，后殿匾额"正气锄奸"。

（45）道光二十三年（1843年）翰林院编修何绍基集资修建。顾祠1900年毁于德军炮火，1904年张之洞在旧基上改建昭忠祠。

（46）祠乃明天启四年（1624年）奉旨敕建。清乾隆三十九年（1774年）再修，嘉庆十九年（1814年）重修。祠内有殿三楹，中殿礼沁水张铨、襄陵高邦佐、大同何廷槐，三人皆为山西人，因山西在太行山右，故名山右三忠祠。左殿祀明朝死节忠臣二十人，右殿为清朝两次重修时增祀的清朝忠臣六十四人。

（47）该祠始建于清光绪四年（1878年），由张之洞与李鸿藻等人主持修建。《抱冰堂弟子记》记载："在京与同乡创建畿辅先哲祠，祀历朝乡贤，专收藏乡贤书画手迹。"

第三章 俗神信仰

第一节 关帝信仰与祭祀

关帝信仰较孔庙祭祀更为深远而普及，于敏中《钦定日下旧闻考》卷四十三《城市》记载："世宗宪皇帝御制关帝庙后殿崇祀三代碑文曰：自古圣贤名臣，各以功德食于其土。其载在祀典，由京师达于天下，郡邑有司岁时以礼致祭者，社稷山川而外惟先师孔子及关圣大帝为然。孔子祀天下学官，而关帝庙食遍薄海内外。其他自通都大邑至山陬海澨村墟穷僻之壤，其人自贞臣贤士仰德崇义之徒，下至愚夫愚妇儿童走卒之微贱，所在崇饰庙貌，奔走祈禳，敬畏瞻依，凛然若有所见。盖孔子以圣，关帝以神。神之陟降上下，显赫鉴观，以警动觉悟，保佑扶持，与斯人呼吸相应答者，感而通，微而著，洋洋乎忠义正直之气充塞于庙宇之间，与日月星辰同其明，江河山岳同其体，风霆雨露同其功用。"

关羽字云长，东汉河东郡解县人。明徐道《历代神仙通鉴》记载关公前生本是"解梁老龙"，汉恒帝时，河东连年大旱，老龙怜众心切，是夜遂兴云雾，汲黄河水施降。玉帝见老龙有违天命，擅取封水，令天曹以法剑斩之，掷头于地。解县僧普静，在溪边发现龙首，即提到庐中置合缸内，为诵经咒九日，闻缸中有声，启视空无一物，而溪东解梁平村宝池里关毅家已有婴儿落地，乳名寿，幼从师学，取名长生，后自名羽，字云长。据《三国演义》记载，东汉末年，关羽因在本地犯有命案，亡命涿郡，与刘备、张飞"桃园结义"，追随刘备起事。建安五年（200 年），曹操率军东征刘备，刘备投靠袁绍，关羽被俘。袁绍遣颜良攻曹操，关羽被曹操任命为偏将军充当先锋，斩颜良首还，遂解白马之围，曹操向汉献帝上表封关羽为"汉寿亭侯"。当关羽得知刘备在袁绍处后，立即封还曹操所赐金银官印，过五关斩六将投奔刘备，追随刘备占领荆州、汉中、益州等地。建安二十四年（219年），刘备自立为汉中王，封关羽为五虎大将之首将。关羽率军攻打曹军，水淹七军，擒于禁，斩庞德，威震华夏。后曹操与东吴孙权两面夹击刘备，刘备拜关羽为"前将军"，都督荆襄郡事，令取樊城。关羽分荆州之兵攻取樊城，中吕蒙计痛失荆州，夜走麦城，兵败被擒杀。

关羽一生忠义勇武，坚贞不二，死后受到荆州、蜀汉二地民间的祭祀，蜀后主刘禅景耀三年（260年）追谥"壮缪侯"。宋代以后受到统治者褒奖，北宋末年宋徽宗连续4次对关羽加封，[1]南宋至元年间分别封"壮缪义勇武安王"、"显灵义勇武安英济王"、"壮缪义勇武安英济王"。元文宗时，先后封关羽为"显灵威勇武安英济王"、"齐天护国大将军"等。明太祖废掉前朝所加封号，重封关羽为"寿亭侯"，洪武二十七年（1394年）正月，"建寿亭侯关羽庙于鸡鸣山之阳……与历代帝王及功臣、城隍诸庙并列，统称十庙云"。永乐年间，在京师建"汉寿亭侯关公庙"，成化年间在宛平县东"封敕建庙"，关羽列入国家祭典，"祭以五月十三日，皆太常寺官祭。"关帝崇拜在清朝发展到极盛。努尔哈赤和皇太极极为尊崇关羽，姚元之《竹叶亭杂记》记载："相传太祖在关外时，请神像于明……又与观音、伏魔画像，伏魔（即关羽）呵护我朝，灵异极多，国初称为关玛法。"《满文老档》亦载"清入关，战时，（关羽）每显灵助战"[2]。清朝入关后，为稳固满族在汉族地区的统治，根据政治形势的需要，将以忠义神勇著称、并在汉族中拥有大批崇拜者的关羽推到了一个至高无上的地位，对关羽屡次加封。据《清史稿》卷八十四《志》五十九记载，顺治元年（1644年），"建关帝庙于地安门外宛平县之东，岁以五月十三日致祭"。九年，"敕封忠义神武关圣大帝"。从此，秋仲月祭关帝成为了清代国家祀典的重要内容。康熙五十八年（1719年），对关羽后裔加恩，世袭五经博士，承祀洛阳关林。雍正三年（1725年），"敕封关帝曾祖为光昭公、祖为裕昌公、父为成忠公"。乾隆时因关帝"以神之义烈忠诚，海内咸知敬祀"，屡次改封。乾隆二十五年（1760年），改原关羽谥号"壮缪"为"仁勇"。乾隆三十三年，又改"仁勇"为"神勇"，加号"灵佑"，其后又将京师地安门外关帝庙正殿及大门，乾隆"易绿瓦为黄"以示尊崇，"殿祀精严，朱楹黄覆，绮槛金龛"[3]。乾隆六十年下旨："所有各寺庙供奉关圣神位以及匾额内有敕封字样者，殊非敬神之义，著将此二字节去。"嘉庆十八年，"以林清扰禁城，灵显翊卫，命皇子报祀如仪，加封仁勇"。道光中加"威显"。咸丰二年，加"护国"。咸丰三年，加"保民"，关羽"于是跻列中祀，行礼三跪九叩，乐六奏，舞八佾，如帝王庙仪。五月告祭，承祭官前一日斋，不作乐，不彻馔，供鹿、兔、果、酒。"同治九年，加号"翊赞"。光绪五年，加号"宣德"。至此，关羽的封号长达26字，即："忠义神武灵佑仁勇威显护国保民精诚绥靖翊赞宣德关圣大帝"。

随着统治者的大力推崇，关羽由"侯而王，王而帝，帝而圣，圣而天，褒封不尽，庙祀无垠"，被称为"武王"、"武圣人"，与"文王"、"文圣人"孔子并立。而忠义勇武的关羽同样为佛、道、儒所崇信，佛教神化关羽为"伽蓝神"，万历四十二年十月，明神宗把关羽列为道教之神，司礼监太监李恩斋捧九旒冠、玉带、龙袍、金牌，牌书"敕封三界伏魔大帝神威远震天尊关圣帝君"[4]。关羽成为统治者和道教、佛教共同奉祀的护法天神。同时由于罗贯中《三国演义》中对关羽的塑造，使集忠、义、仁、勇于一身的关羽形象妇孺皆知。[5]关帝受到官民的普遍崇拜和祭祀，京城祠庙香火旺盛，专供关公和兼供关公的庙宇众多，《帝京景物略》曰："关庙自古今，遍华夷。其祠于京畿也，鼓钟接闻，又岁有增焉，又月有增焉。"沈榜《宛署杂记》记载当时北京著名的关帝庙有五十一处，朱一新《京城坊巷志稿》中记载关帝庙有近四十处。乾隆十五年绘制的《乾隆京城全图》记载当时北京城内专祀关帝和以关帝为中心的庙宇累计达116座。据1928年北平特别市寺庙登记，民国年间京师供奉道教伏魔大帝亦即佛教伽蓝佛的关帝庙竟有267座之多。[6]

北京内城九个城门中八个城门建有关帝庙，据万历年间司礼太监刘若愚著《酌中志》记载：（宫室中）宝善门、思善门、乾清门、仁德门、平台之西室及皇城各门，皆供关圣之像。其中最为著名的是位于正阳门与地安门的关帝庙，《钦定日下旧闻考》记载："九门月城俱有关帝庙，而士民香火之盛，以正阳门为首。"[7]正阳门关帝庙地位最高，因为皇帝去天坛祭天回来时必来此庙拈香，"而独著正阳门庙者，以门于宸居近，左宗庙、右社稷之间，朝廷岁一命祀。万国朝者退必谒，辐辏者至必祈也。岁五月十三日，祭汉前将军关某，先十日，太常寺题，遣本寺堂上官行礼。凡国有大灾，祭告之"。香火亦最盛，《帝京岁时纪胜》记载："关圣庙遍天下，而京师尤胜。入祀典者，地安门外西步量桥白马庙，正阳门月城右之庙，春秋致祭。除夕开正阳内门，由内城居人瞻拜；夜子后开西门，城外居人瞻拜。香火极盛。"

杨静亭《都门杂咏》中称："关帝庙在前门瓮城内，求签者甚众。"其词曰："来往人皆动拜瞻，香逢朔望倍多添。京中几多关夫子，难道前门许问签。"地安门关帝庙（后门关帝庙），建于洪武年间，成化十三年重修，明英宗时始命名白马关帝庙。据《光绪顺天府志》记载，庙南向，庙门一间，左右各有一门，正门三间。前殿三间，三出陛，各五级。东西庑各三间，殿西有御碑亭，东有燎炉，北有斋室。殿后界墙有三重门，后殿无间，东西庑及燎炉与前殿相同。殿后有祭器库、治牲所。庙门外有石桥。殿、门等均覆绿琉璃瓦，乾隆四十六年，门殿皆易黄瓦，如帝王威仪。此庙是皇家举行春秋祀典所在，"至春秋祀典，在地安门庙内"。每年五月十三在此致祭关帝，并"增春、秋二祭"，规定春秋祀仪为"前殿大臣承祭，后殿以太常长官。届日质明，大臣朝服入庙左门，升阶就拜位，上香，行三跪九拜礼。三献，不饮福、受胙。祭后殿二跪六拜"。崇祀后殿配享的还有关羽的曾祖、祖父和父亲。庙中悬有雍正五年御书"忠贯天人"匾及乾隆御书"浩气丹心，万古忠诚昭日月；佑民福国，千秋俎豆永山河"对联。[8]此外，广渠门内五虎庙、宣武门外孔雀胡同的关帝庙、安定门大街关帝庙（红庙）、东直门大街关帝庙（白庙）、宣武门外南横街南面的关帝庙（金顶庙）亦非常闻名，而西四南大街和崇外茶食胡同的双关帝庙则更有趣味。民间相传岳飞是关羽转世，也是武圣人，因此将二人同时供奉于庙而得名"双关帝庙"。同时，祭祀上自三皇五帝下至历代帝王的唯一皇家庙宇的历代帝王庙中，也专门立关帝庙奉祀关羽。

　　如果说统治者推崇关羽是由于他的仁、义、礼、智、信符合封建统治者所需要的道德规范，从而实现神道设教的政治目的，民间则由于关公乃忠义神勇的化身，既是武神，又是财神，具有司命禄、佑科举、治病除灾、诛罚叛逆、招财进宝等无边法力，而受到社会各阶层广泛膜拜。每年正月初一到初五是民间尤其是工商业者对财神关羽崇拜的高潮时期，每逢关帝神诞各行各业隆重致祭，因此民间对关羽的崇拜和祭祀带有很强的功利性，酬神同时娱人。以五月十三雨节为例，民间以此日为关帝诞辰日，是日关公单刀赴会需要磨刀，雨节因此又称关公磨刀日，"岁之五月十三日为单刀会，是日多雨，谓天赐磨刀水云"[9]。从旧历五月初九起，到关帝庙进香者日渐增多，五月十三达到高潮，据《燕京岁时记》记载："十里河关帝庙在广渠门外。每逢五月，自十一日起，开庙三日，梨园献戏，岁以为常。"六月二十四关帝祭日民间祭祀活动亦盛。

第二节　行业神、祖师神、保护神信仰与祭祀

行业祖师信仰历史悠久，始于春秋，宋元时趋向繁荣，至明清达到鼎盛。由于京师乃天下首善之地，文人士子、达官显宦齐聚，富商巨贾、手工业者荟萃。而在士农工商四业中商业被视为最低贱、最下等职业，为了在社会立足，取得地位，他们往往借神抬高行业的地位，同时也借神自重，因此行业神、祖师神、保护神信仰十分突出。

京师供奉行业神的庙宇分布广泛，[10]东岳庙是集中体现行业祖师信仰习俗的典型场所。东岳庙始建于元，据《析津志》记载，"在北城齐化门外二里许"，主祀泰山神东岳大帝。自创建之初，就受到上至天子、下至细民的广泛推崇，"行香甚众，车马填街"。明清以来，东岳大帝被正式列入国家祀典，百姓尊崇日深，香会活动规模盛大。从清前期开始，京城各行各业组织出资在东岳庙修建殿宇奉祀其行祖师，共建成供奉民间行业神的殿宇三十余座。其中西院奉祀的行业祖师种类最多、殿宇最全，包括：建筑业供奉的鲁班、医药行业供奉的药王、牲畜畜养业供奉的马王爷、商业等诸多行业供奉的关帝、管理粮仓的官兵和粮商米贩们供奉的仓神等等，中路正院后罩楼奉祀的行业祖师有厨行供奉的灶神、书商文具业等供奉的文昌帝君、戏曲行供奉的喜神等等。每值祖师诞辰等日，各行会便至东岳庙祖师爷面前烧香许愿，祭祀酬神，祈佑从业弟子生意兴隆，诸事平安。最早的行业神殿宇是康熙五十八年木工行业在东岳庙西跨院建造的供奉祖师鲁班的鲁班殿。祭祀鲁班的有瓦木行、棚行、皮箱行、玉行、描金行、木商等。每年农历五月初七，京城瓦、木、棚、彩等行业的工匠聚集鲁班殿，焚香"摆斋"，祭祀祖师神。[11]1931 年 6 月 24 日，京城皮箱行公会集会修改行规，再立皮箱行祖师庙碑，碑文云："经营之道，条有条规；士农工商，追本求源。我皮箱行工艺，□我始□□□祖公输先师创造。后备徒孙赖依糊口，流传至今。我前辈世世追念先师之□□功，欲修祖庙，向无地基。因此，阖行齐心醵资，如集众腋以为裘，合百川而汇海……置地数亩，创修祖庙。遂建大殿三间，两边配房山门垣墙，起庙号曰东极宫，作为皮箱行祖师庙。"很多行业神同时也是祖师神，如纸铺、刻字铺、笔铺奉文昌帝君为祖师，玉器铺奉丘处机为祖师，颜料铺奉葛梅二仙为祖师，糖饼糕点铺奉雷祖为祖师，茶叶铺奉陆羽为祖师，绸布店奉嫘祖为祖师，药铺和米铺奉螺祖为祖师，饭庄饭铺奉灶君为祖师，木器家具铺奉鲁班为祖师，铁铺和五金铺奉太上老君为

祖师，鞋靴铺奉孙膑为祖师。光绪十四年十月《重修临襄会馆碑》记载会馆"内供协天大帝、增福财神、玄坛老爷、火德真君、酒仙尊神、菩萨尊神、马上老爷诸尊神像"。收徒拜师及出师仪式要在祖师面前进行，先祭拜祖师再拜师父，方可正式成为行业组织中一员，祖师被行业弟子视为凝聚行业内部组织、加强行业内部管理、树立行业规范的重要象征。[12]

北京行业保护神种类众多，体系庞杂，以关圣帝君名声最为显赫。商贾们最敬佩关羽的忠诚和信义，想借此规范经济行为，百姓们也都希望商人能够以诚信为宗旨，公平买卖，不欺诈。商人之间也需要诚信原则进行交易，更要打着诚信旗号招徕顾客，争取买主。所以以诚信为化身的关公成为商贾和百姓共同信奉的公正不阿的保护神。近代京城以关帝为主祀神的行业有：典当业、布业、烟草业、镖趟业、牛骨制品业、粮行、茶行、刀行、棚行等。以关帝为配祀神灵的行业相当普遍，主要有：颜料业、印染业、成衣业、绸缎业、皮箱业、糖饼业、饭庄业、油酒醋酱菜行、刻字行、纸行、瓦木行、铜铁锡炭行、花行等。

北京行业神、祖师神和保护神信仰功利性十分明显，神灵宝座上没有专一的崇祀，各种庙宇与会馆神殿中关帝、财神、火神、鲁班、文昌、天后等众神芸芸，主祀神与配祀神各显神通，交相生辉。如由山西临汾、襄陵地区旅京的油、盐、粮等多行商人共建的临襄会馆内供奉"协天大帝、增福财神、玄坛老爷、火德真君、酒仙尊神、菩萨尊神、马王老爷诸尊神像"。颜料会馆"正殿为真武宫，关圣帝君、玄坛、财神列于左，梅、葛仙翁列于右……北殿则火神星君神也"[13]。龙岩会馆内祀历代乡贤神位、关圣帝君神位、文昌帝君神位、城隍尊神位。仙城会馆"馆中设关帝像祠焉"、"本馆同人皆为经营航海商业，必须托庇神灵，故虔祀关帝、天后、财神诸神，每逢神诞，应筵请同乡同行至馆庆祝，并设筵宴客"。襄陵会馆内供关帝、财神等尊神，常年敬神、聚议于此。正乙祠（又名银号会馆或浙江钱业会馆）正殿供奉正乙玄坛老祖即财神赵公明等十余神。每逢年节、喜庆日、月之朔望或神诞之日，各行各业同乡聚餐演戏，虔诚祭祀，如正乙祠对财神和祖师爷赵公明祭祀隆虔，有时要焚金银铸成的元宝给赵元帅，此在康熙六十年（1721年）七月订立《正乙祠公议条约》中有记载："本祠建于康熙四十有八年（1709年），乃吾浙贾于京师之各号公捐所成也。四时祭祀，以酬神祝。建祠之意，原为神起见，即天地君亲师，离不得诚敬二字。"1931年6月24日，京城皮箱行公会集会修改行规，再立皮箱行祖师庙碑碑文，碑文写到皮箱行祖师庙"殿内塑鲁班先师、关圣帝君、增福财神三圣神像……年例清明节合行会祭，祇答神庥，以报先师功德于万一。"京城糖饼行在马神庙大殿"敬祀雷祖大帝，每届会期，恭诣庙所拈香，以昭诚恪，而酬灵贶所"[14]。《临襄会馆祭祀条规》记载："本会馆尊神圣诞大典，率有旧章。按期恭庆，神前敬献三牲、钱粮，务希值年会首自应遵循规章，依期奉行，幸勿延误。每岁阴历年终除夕日，恭祭列位圣神。（正月）初一，值年接神，分班上香；初二日，祭财神，分班上香；初四，阖行开市，团拜；三月十五日，恭祭玄坛圣诞，阖行规定演戏一日；五月十三日，恭祭关帝圣诞，诸位会首，至日上香；六月二十二、三、四日，恭祭马王圣诞、火帝圣诞、关帝圣诞，并二十四日祭祀；七月初一日，恭祭酱祖、醋姑；七月二十二日，恭祭财神圣诞，阖行规定演戏一日；八月十八日，恭祭酒仙圣诞，九月十七日，恭祭财神圣诞，连财神菴、同乡公祭；十月一日，交账换班，祭神。"清让廉《京都风俗志》记载："八月初三日，为灶君生辰，厨行建灶君会，人家肆铺，酬神亦广。"这种周期性祭祀目的是"谋事在人，成事在神，神道彰而人必获福"（书业《北直文昌会馆碑》），因此"使行业神的权威，渗透从行者的心灵，并将行会组织的价值与规范，教化给大众认同与遵守"[15]。

第三节 财神信仰与祭祀

民间俗神是民俗宗教信仰中的重要事象，表现在家祭中供奉守护神如关公、财神、门神、灶神、喜神、路头神、星神、观音等，以求六畜兴旺、家宅平安。

民间俗神中以财神崇拜和信仰最为广泛，最为普遍。其中商人最敬财神，认为财富是由财神赐予的，祭财神则会生意兴隆，道光二十九年三月干果行、成衣行、绸缎行、估衣行等共同注资《重修（晓市）财神庙碑记》载："盖闻，神之默佑人也，惟财神为最。人之供奉也，以财神为先。何也？神惟善人是富，国非财而不立，家非财而不兴，故凡生财有道之善人，无不深感默佑之恩，而独工商感之尤切。"北京民间供奉的财神有"正财神"赵公明、"文财神"比干、"武财神"关羽、"偏财神"五路神、利市仙官等。"正财神"赵公明专司人间财富，据《三教搜神大全》载，赵公明乃终南山人氏，秦时避世修道，后拜张天师为师，守玄坛，庇护张天师炼丹，被天帝封为"正乙龙虎玄坛如意真君赵公元帅"，又称赵玄坛。他头戴铁冠，手执铁鞭，黑脸

虬髯，跨虎为坐骑，驱雷役电，致风呼雨，除瘟剪虐，保病禳灾，"且
讼冤伸抑，公能使解释公平，买卖求财，公能使之义利和合，但有公
平之事，可以对神祷，无不如意"。民间奉其为武财神，银行业把赵公
明奉作财神和祖师爷，京师正乙祠即取赵公明神号而名。除了武财神
赵公明外，还有文财神比干。据历史记载，比干是殷纣王的叔父，是
一位忠义之臣。据《封神演义》载：纣王听信妲己妖言，制造酷刑，
杀戮谏臣。虽有商容、比干等大臣直谏，纣王终不悔悟。鹿台完工后，
纣王听信妲己谎言，欲会见仙姬、仙子。妲己心生一计，于十五日夜
请轩辕坟内众妖狐变成仙子、仙姬来鹿台赴宴，享受天子九龙宴席，
迷惑纣王。席上，狐狸骚臭难闻。功夫浅薄的妖狐竟露出了尾巴。宴
席上的纣王叔比干看得十分真切，宴后将此情告知武成王黄飞虎。经
查，众妖狐都是轩辕坟内的狐狸精。比干便与黄飞虎领兵堵塞妖狐洞
穴，放火将狐狸尽行烧死。比干还拣未烧焦的狐狸皮制成一件袄袍，
严冬时献于纣王，以惑妲己之心，使其不能安于君前。妲己见袄袍尽
是其子孙皮毛制成，心如刀割，深恨比干，誓挖其心，后佯病使纣王
向比干索其心，比干剖腹摘心而去，后服姜子牙所留符水而未死去，
来到民间广散财宝，因其无心无向，办事公道，所以被后人奉为财神。
明清时代，民间百姓、工商业者把关羽作为保护神、行业神的同时，
也作为武财神加以崇拜。多数商家在农历正月初一凌晨到前门关帝庙
焚香祭拜。每年农历正月初二日早晨，老北京商号除了在自己店铺祭
祀武财神或文财神，还要亲自到彰仪门外五显财神庙祭财神焚香，借
元宝。正月初五是五路财神的诞辰日。为了争先抢得市场利益，挣大
钱，发大财，必早早起来迎财神，祈求出门五路皆得财。每年九月十
七日为财神圣诞，家家供奉寿桃，《天咫偶闻》记载："广宁门外财神
庙报赛最盛，正月二日、九月十七日倾城往祀，商贾及勾栏尤夥。"回
民及天主、耶稣教徒所设商号住户则不供财神。

此外，许多居家保护神如灶神、门神、喜神以及农业神等也同为
民间所崇拜，而且随着佛道的世俗化，其许多神灵如观音、碧霞元君
等也成为百姓的保护神而日益世俗化。这些民间俗神崇拜与岁时节日
及宗教节日融合在一起，体现出一种全体性参与与信仰，体现着信仰
与娱乐的交互促进。

注释：

（1）赵翼：《陔馀丛考》卷三十五《关圣帝君》。

（2）《满文老档》（崇德元年条）。

（3）《帝京岁时纪胜》。

（4）刘若愚：《芜史》。

（5）（清）王侃在《江洲笔谈》中说："《三国演义》可以通之妇孺，今天下无不知有关忠义者，《演义》之功也。"

（6）李宏坤：《北京历代帝王庙内关帝庙初探》，《西北民族大学学报》（哲学社会科学版）2004年1期。

（7）于敏中：《钦定日下旧闻考》卷四十三《城市》。

（8）于敏中：《钦定日下旧闻考》卷四十三《城市》。

（9）《帝京岁时纪胜》。

（10）20世纪20年代末，京城主祀行业神灵的殿堂庙尚存有60余座。参见习五一：《近代北京的行业神崇拜》，《北京联合大学学报》2005年3月。

（11）习五一：《近代北京的行业神崇拜》，《北京联合大学学报》2005年3月。

（12）本文参阅了李乔先生《行业神崇拜》、关昕先生《东岳庙的行业祖师信仰》的研究成果。

（13）李华：《明清以来北京工商会馆碑刻选编》。

（14）李华：《明清以来北京工商会馆碑刻选编》。

（15）习五一：《近代北京的行业神崇拜》，《北京联合大学学报》2005年3月。

第四章　其他信仰

第一节　仙门信仰与祭祀

  旧京居家民俗信仰比较复杂，除祖先崇拜、自然崇拜、民间俗神信仰之外，还有源于动物崇拜的仙门信仰，是融合了动物崇拜和精怪崇拜而产生的畏惧禁忌习俗，主要体现在对"五大家"的崇拜上。五大家也叫"五大仙"，包括狐仙（狐狸）、黄仙（黄鼠狼）、白仙（刺猬）、柳仙（蛇）、灰仙（老鼠），民间俗称"狐黄白柳灰"，或称"灰黄狐白柳"为五大仙。供奉所谓"五大仙"，即狐（狐狸）、黄（黄鼠狼）、白（刺猬）、柳（蛇）、灰（鼠）。人们对五大仙的崇拜来自远古。狐仙即狐狸，民间普遍认为狐狸有灵性，能作祟作妖，也能成仙。它们懂道术，能报德，能复仇，会捉弄人，同时也能为人医治病痛。民间有大禹治水时曾娶九尾白狐——涂山氏的女儿为妻而生下夏朝第一代君主启的传说，六朝人李逻《千字文》把妲己说成是九尾狐精。郭璞《玄中记》中把狐狸描写成能够变化成美艳女子又获男子采阳补阴的狐精："狐五十岁能变化为妇人，百岁为美女，为神巫，或为丈夫与女人交接。能知千里外事，善蛊魅，使人迷惑失智。千岁即与天通，为天狐。"唐代狐信仰进入繁盛时期，唐张鷟《朝野佥载》云："唐初以来，百姓多事狐神，房中祭祀以乞恩，食饮与人同之，事者非一主。当时有谚曰：无狐魅，不成村。"六朝时期《玄中记》中提出天狐概念，狐狸形象丰满起来，法术高强的法师抓住它也杀不了。宋代广建狐王庙，《续资治通鉴》记载，宋真宗时"妖巫挟之为人祸福，风俗尤

354

信向，水旱疾疫悉祷之，民语为之讳狐"。明清时期狐信仰达到鼎盛，《聊斋志异》就记载了许多狐狸与人的情怨故事。黄仙即黄鼠狼，因其性情狡黠神秘而又能左右人的精神世界而受到民间崇拜。白仙即刺猬，民间以其为进财、防病吉祥物而崇拜。柳仙即蛇，传说伏羲和女娲都是人首蛇身，且蛇常被认为是龙的化身，有灵气，行动诡秘灵敏，能形成人形，有千里摄物法术而加以崇拜。鼠仙即对老鼠的崇拜，因老鼠昼伏夜出，踪迹莫测，又咬物如割草，遂为粮商皮商及守护粮仓的官兵所供奉。

五大仙门信仰在旧京乡间农家十分普遍，许多家庭中都供奉五大家。供奉有两种：一种是家中的祖先堂旁边供全神像，另一种供奉是在院中角落盖"仙家楼"，供奉五大家牌位，须心怀敬畏，忌讳冲撞，忌讳直呼其名，必须称"爷"，对它们要恭敬避让，不许直视，不可伤害，新凤霞在《以苦为乐——新凤霞艺术生涯》中回忆道："我从小在戏班长大，先学会了戏班的忌讳。如五大仙：老鼠、刺猬、蛇、黄鼠狼、狐狸，都要叫'爷'。老鼠叫灰八爷，刺猬叫白五爷，长虫就是蛇，叫柳七爷，黄鼠狼叫黄大爷，狐狸叫大仙爷。如果犯了忌讳，叫了本名，就要受罚。"各家供狐仙要在房屋门槛下为狐狸留下狐路以便家仙出入方便，有的则在北房后头，以砖石砌成小洞设"大仙爷、二仙爷、三仙爷之位"，位前有"净水碗"，时时日日可祭，亦无焚香次数限制。狐仙信仰在北京流传久远，《帝京景物略》卷三记载："无终山在古渔阳北，燕昭王葬其上。墓前有千岁狐，化为书生，谒张华。华识是狐，因以墓前华表木照之，复变为狐而去。"民间还崇拜蛇仙，蛇到了水缸中多被认为是家中吉祥兴旺之兆，家人要在水缸边焚香跪拜而不能声张。蛇出现在屋檐或床底则被认为是祖宗显灵，家中会遭灾难，因此要向蛇出现方向撒谷米，焚香祈祷祖宗保佑，驱祸得福。旧京皮衣行典当行以鼠为保护神，呼之为灰八爷，忌讳养猫，不许冲撞，官府与粮商并以鼠为仓神，在填仓节时加以祭祀。汉代，谶纬盛行，鼠的出现是某种不祥的征兆，并与政治附会起来，班固《汉书·五行志》就记载了昭帝元凤元年九月，"燕有黄鼠衔其尾舞王宫端门中，往视之，鼠舞如故。王使夫人以酒脯祠，鼠舞不休，夜死。黄祥也。时，燕刺王旦谋反将败，死亡象也。其月，发觉伏辜。京房《易传》曰：'诛不原情，厥妖鼠舞门'"。

第二节　清代宫廷萨满教信仰与祭祀

清代宫廷萨满教信仰与祭祀为北京历代祀典所无,[1] 它源于满族的萨满信仰习俗。萨满信仰源自原始宗教,是中国北方阿尔泰语系诸民族如满族、达斡尔族、鄂伦春族等普遍传承的一种习俗,崇拜自然神灵和祖先神灵,以萨满为神巫,认为能沟通人与神,通过跳神,为人求神消灾,保佑平安。[2] 满族的萨满信仰习俗起源很早,南宋学者徐梦莘所著的《三朝北盟会编》里就有"珊蛮(即萨满)者,女真语巫妪也"的记载。努尔哈赤崛起之初就恭建"堂子"祭天,又建神位,供奉祖佛(释迦牟尼)、菩萨(观世音)和神(萨满诸神)等。努尔哈赤统一女真各部后,仍然沿用萨满祭祀古俗。万历三十一年(1603年)又于赫图阿拉"离居所五里许,立一堂宇,缭以垣墙,为祀天之所。凡于战斗往来,奴酋及诸将胡必往礼之"[3]。后金政权迁都辽阳后,于东京建堂子祀神。天命十年(1625年)迁都沈阳后,于"城东内治门外,建八角亭式殿拜天"[4]。其后,堂子祭祀成为重大祀典,祭祀活动频繁。据何刚德《春明梦录》记:"宫中祭神,屡有赏吃肉之事,席地而坐,以自带之小刀切肉。大概皆内庭供奉,及武侍卫与焉,他人则无此口福也北。"

清朝入主中原后,本着"祀典莫大于郊"宗旨,依照前明旧制将祭天列为大祀,"建立坛、庙,分祀天、佛暨神,而旧俗未敢或改,与祭祀之礼并行"[5]。所谓旧俗即指萨满信仰与祭祀。由于满族诸般祭祀"皆以祝词为重",原来熟练和有经验的萨满能根据祭神、祭天等需要即兴编著诗词和祝赞词,但因原萨满神词系口耳相传,随着汉族文化影响的加深,萨满祭祀中汉语代替满语,汉文代替满文,使祝词原字、原因渐致淆舛,出现"字音渐消,转异其本"现象,甚至连那些所供奉的神祇也只知其音,不知其为何神。[6] 为了保存赞祝之词,免其失传和淆舛,乾隆十二年(1747年)七月下诏管理内务府事的和硕亲王允禄等大臣,编纂《满州祭神祭天典礼》,命令专人稽考旧章,正异同并译成汉文。

上谕云:"我满洲,禀性笃敬,立念肫诚,恭祀天、佛与神,厥礼均重,惟姓氏各殊,礼皆随俗。凡祭神、祭天,背灯诸祭,虽微有不同,而大端不甚相远。若我爱新觉罗姓之祭神,则自大内以至王公之家,皆以祝词为重,但昔时司祝之人,但生于本处,幼习国语,凡祭神、祭天、背灯、献神、行祭、求福,及以面猪,祭天去祟,祭田苗种、祭马神，无不斟酌事体，偏为吉祥之语，以祷祝之。厥后，司祝者，国语俱由学而能，互相授受，于赞祝之原字、原音，斯至淆舛，不惟大内分出之王等，累世相传，家各异词，即大内之祭神、祭天诸祭，赞祝之语，亦有与原字、原韵不相吻合者。若不及今改正，垂之于书，恐日久讹漏滋甚。爰命王大臣等，敬谨详考，分别编纂，并绘祭器形式，陆续呈览，朕亲加详覆酌定，凡祝词内字韵不符者，或询之故老，或访之士人，朕复加改正。至若器用内楠木等项，原无国语者，不得不以汉语读念，今悉取其意，译为国语，共纂成六卷。庶满洲享祀遗风，永远遵行不坠。而朕尊崇祀典之意，亦因之克展矣。"

《满洲祭神祭天典礼》对参与祭祀的人员、方式、地点、供物、器用等都作了明确规定，把满族民间的萨满信仰通过宫廷典礼的形式固定下来，并作为圣训代代相沿。结合《八旗通志》、《大清通典》、《大清会典》（雍正、嘉庆时代）、《礼部则例》、《大清会典事例》、《国朝宫史》以及曼殊、震钧《天咫偶闻》、昭梿《啸亭杂录》、吴振棫《养吉斋丛录》、姚元之《竹叶亭杂录》、麟庆《鸿雪因缘图记》等著作的记载，我们可以加深对满族萨满习俗和清代宫廷萨满祭祀的了解。

清代宫廷萨满祭祀地点有两个，其一在紫禁城内的坤宁宫，其二在紫禁城外皇城东南角的堂子，且祭祀频繁。"每日坤宁宫朝祭、夕祭，每月祭天，每岁春秋二季大祭，四季献神。每月于堂子亭式殿、尚锡神亭内挂献净纸，春秋二季堂子立杆大祭。"坤宁宫在明永乐十八年（1420年）建，清顺治十二年（1655年）重建，吴振棫《养吉斋丛录》载："坤宁宫广九楹，每岁正月、十月、祀神于此。赐王公大臣吃肉，至朝祭夕祭，则每日皆然。"坤宁宫主要祭祀满洲先世之神，时间有常祭、月祭、报祭、立杆大祭。常祭指朝祭和夕祭，每天早晚由司祝主持祭祀。朝祭以寅时，祭祀神祇有释迦牟尼，观世音菩萨、关圣帝君三神。[7]夕祭神以申时，所祭神祇为萨满信仰中的自然神和祖先神以及英雄神等。[8]坤宁宫在堂子不祭之时安放诸神，以便皇帝朝夕亲祭，即所谓"堂子是祭神祭天的定所；坤宁宫特其近便之祀"[9]。清朝福格《听雨丛谈》"颁胙"条记："坤宁宫春秋大祭，例有王大臣进内吃肉……凡在内廷行走之王大臣、额驸、御前大臣、领侍卫内大臣、大学士、军机大臣、内务府大臣各官，皆得予胙。其不在内廷行走之满汉尚书、八旗都统，虽列一品班位，每次仅召二三员颁胙，余不及也。其年老及致仕王大臣，有拜胙于家者，实为殊礼，每次亦不过一二人。揆以齐桓公下拜受胙、孔子胙肉不至遂行之义，祭肉之重可知矣。每日坤宁宫又有常祭之制，具特豚以荐……坤宁宫大祀……每晨常祭，天子均受胙于宫中。尚膳房查照记载，某宫应授某肉，皆有一定，不敢僭也。"

堂子是清代专门建立的祭天或出师告祇、祭马神、田苗神的地方，《大清会典事例·堂子规制》载："顺治元年，建堂子于长安左门外，玉河桥东。祭神殿五间，南向；上覆黄琉璃瓦，前为拜天圆殿，八面棂扉，北向；东南上殿三间，南向。内垣一重，门三间，西向。门外西南，祭神房三间，北向。门西直北，为街门三，闲以朱栅。外垣一重，乾隆三年准奏，增设堂子祭神殿。黄纱灯四座，圆殿黄纱灯四座，大门红灯四座，甬道红灯二十八座。"昭梿《啸亭杂录》载："国家起自辽沈，有设竿祭天之礼，又总祀社稷诸神祇于静空，名曰'堂子'。既定鼎中原，建堂子于长安左门外，建祭神殿于正中，既汇祀诸神祇者，南向前为拜天圆殿，殿南正中第一重为设大内致祭立杆石座次。"堂子祭祀神祇有满族自然神、祖先神即尚锡亭神（为田苗而祀）、纽欢台吉、武笃本贝子三位神祇，堂子祭祀时临时请用神祇有释迦牟尼、关帝、观世音菩萨三位蒙藏汉民族崇拜之神，每年元旦大祭时"每岁十二月二十六日恭请坤宁宫神位，供堂子飨殿内，看守人员每日朝夕点香两次"，[10]元旦帝王祭祀堂子完毕，又于"正月初二日自堂子恭请神位入宫，安于坤宁宫原位"[11]。崇德元年规定，"每年元旦，躬率亲王以下，副都统以上，外藩来朝王等，诣堂子上香。行三跪九拜礼"。之后，顺治、康熙、雍正、乾隆均规定元旦祭天，仪礼更加完备。月祭翌日，即每月初二日于坤宁宫举行祭天礼。报祭，每岁春秋二季立杆大祭前期二日，于坤宁宫举行。大祭，又称立杆大祭，时间在每年季春、季秋月朔日，或二、四、八、十月朔日，或上旬诹吉，在堂子祭天神。春秋立杆大祭帝王必亲临恭祭。祭时前一二日，先于坤宁宫举行报祭，然后祭神于堂子飨殿。每年四月初八佛诞日，自坤宁宫移佛于堂子，先后在飨殿和亭式殿举祭称"浴佛"，大内及各旗佐领，军民人等，不祈祷、不祭神、禁屠宰、不理刑。清朝吴庆坻《蕉廊脞录》记："我朝祀典，有祭堂子典礼，载在《会典》。所祀何神，不得其缘起；先大父《养古斋丛录》，亦谓传闻异辞。尝闻之罗质庵郎中文彬云：'堂子在御河桥西，屋三楹，不甚闳敞，中无神位，无陈设。祭之日，无祭品，但有香炉一事，元旦皇上亲诣行礼，焚香于炉而已。每岁十二月二十四日迎神于宫中，送入堂子，正月初二日送还，宫中亦但向空行礼，无神位也。四月八日佛浴之期，则于宫中迎铜佛至堂子，以香水浴之，浴毕复送还宫中。浴佛之事，则内派满洲觉罗之妻室二人为之。十二月二十四日以后，则排日王、公、贝勒、贝子等皆入堂子挂纸钱。又每月朔望，皇上、皇后均有诣堂子拈香之礼，往往遣员，不亲行礼也。’钦定《满洲祀天祀神典礼》所载亦未详。”又春秋二季祭马神，为皇帝所乘御马、为马群致祭于堂子，共祭两天，求牧群繁殖。又祭田苗神。又祭旗纛，皇帝亲征或派大将出征及凯旋时于堂子祭八旗大纛，《清史稿》卷八十四《志》五十九记载：“天命十年，定沈阳，还军扈浑河，封牛祭纛。天聪元年征朝鲜，明年凯旋，并立纛拜天。自是出征班师祭纛以为常，时旗纛附祀关帝庙也。世祖入关后，始行望祭。凡亲征诹吉启行，先于堂子内门外建御营黄龙大纛，按翼分设八旗大纛、火器营大纛各八，列其后，并北乡。帝御戎服佩刀，出宫乘骑，入堂子街门降。圜殿礼毕，出内门致礼纛神，率从征将士三跪九拜，不赞。礼成乐作，銮驾启行，领侍卫内大臣、司纛侍卫率亲军举纛从。凯旋致祭，届日陈法驾卤簿，自郊外五里讫堂子门外。驾至郊，降舆拜纛如仪。命将出师亦如之。圣祖征噶尔丹凯旋，翼日为坛安定门外，致祭随营旗纛，用太牢，始遣大臣行礼。”

清代宫廷萨满祭祀有一系列禁忌习俗，而且严格限制在宫廷、堂子和宗室各姓家中，汉族官员和一般百姓并不参加。按《满洲祭神祭天典礼》的规定，宫内居住的皇子，紫禁城内后住的皇子，王公贝勒贝子等，公侯伯大臣官员及闲散满洲军，除宫内居住皇子奉旨在坤宁宫祭神外，其余都在本家内设祭。祭祀主要由司祝萨满担任，且自大内以下，闲散宗室觉罗，以至伊尔根觉罗，锡林觉罗姓之满族人，俱用女萨满主持祭祀。清初，内廷主位及王等福晋，皆有为萨满者。今大内祭祀，仍选择觉罗大臣官员之命妇为萨满，以承祭祀。至于居住在宫内的皇子，居住在紫禁城里的皇子，或已分府之皇子，也都要选择女萨满主持祭祀。其中，宫内皇子，在坤宁宫祭神，用觉罗萨满。紫禁城皇子，则于上三旗包衣，佐领管领下之觉罗或异姓大臣官员，闲散满族人等妻室内选择萨满，主持祭祀。分府皇子及王公贝勒贝子等，俱于各该属旗包衣、佐领管领下之觉罗，或异姓大臣官员，闲散满族人等妻室内选择萨满，主持祭祀。如属下并无承担萨满的人，可从管辖内的满族妇女中选择。自公侯伯大臣官员以下，以致闲散满洲用女萨满祭祀者，俱从本族内选择。萨满的主要职责是主持祭仪并诵祷神词包括祝词、赞词、诗词，用于不同的神祇、场合和目的。

乾隆时期，堂子祭祀不如坤宁宫受到重视，只是为了“享祀遗风，永远遵行弗坠”[12]，堂子祭祀失去了国初重要地位。从乾隆十三年

（1748 年）至六十年（1795 年），乾隆帝平均每年参加堂子祭祀二至三次，每年在宫中参加坤宁宫受胙七至八次。光绪二十四年（1898 年）元旦拜堂子中断，但坤宁宫萨满祭祀仍然延续到清末，傅佳在《记清宫的庆典、祭祀和敬神》一文中讲："我在内宫伴读期间，曾叫太监领我去坤宁宫看了两次跳神。到了坤宁宫，先看到殿外东南角立着一根楠木神杆，上面有一个盔形的东西，内置五谷杂粮，说是专供'神鸟'吃的。在坤宁宫的西暖阁里据说供着萨满神……正殿当中放着两张长桌，上置铜铃铛、琵琶、三弦、大鼓、摇鼓、檀板、神刀、神箭等物。不一会，进来两个'萨满太太'（萨满教的巫祝），身穿绣花长袍，头戴钿子，足登绣花厚底鞋，一个弹起三弦，另一个腰间系上成串的铜铃铛，一手拿着摇鼓，另一只手拿着椅板，就跳了起来。她先在中央跳，后又向四方跳，口中不断地用满文喃喃歌唱。太监们告诉我，她唱的无非是向天地神祇和四海神灵求福求禄，驱魔祛病的意思……我在宫内，每天都会见到有人赶着两口猪进苍震门，据说这是祭萨满神用的。"[13]

注释：

（1）吴振棫《养吉斋从录》："顺治元年，建堂子于长安左门外，玉河桥东。元旦必先致祭于此，其祭为国朝循用旧制，历代祀典所无。"

（2）本部分内容吸收了李澍田、陶立璠、刘厚生诸先生关于清代宫廷萨满祭祀的研究成果。

（3）《建州闻见录》，辽宁大学清史料丛刊第 8、9 种。

（4）重译《满文老档》卷三十二，辽宁大学《清史料丛刊》第一种第 2 分册。

（5）《满洲祭神祭天典礼》卷一。

（6）吴振棫《养吉斋从录》："康熙年间，定祭堂子，汉官不随往，故汉官无知者。询之满洲官，亦不能言其详，惟会典诸书所载。"

（7）姚元之《竹叶亭杂录》："太祖在关外时，请神于明，明与以土地神、识者知明为自献土地之兆，故神职虽卑，受而祀之。再请，又与以观音伏魔画像，伏魔呵护我朝，灵异极多。"

（8）所引三位神祇的释义，均依富育光、孟慧英之说，见《满族萨满教研究》第 54 页、第 80—82 页。

（9）莫东寅：《清初满族的萨满教》，载《满族史论丛》第 196 页。

（10）《满洲祭神祭天典礼》卷一。

（11）《满洲祭神祭天典礼》卷十二。

（12）《大清会典事例》卷一一八五。

（13）傅佳：《记清宫的庆典、祭祀和敬神》，《晚清宫廷生活见闻》，文史资料出版社 1982 年版。

第五章　秘密教门与会道门

　　秘密教门是否可以称为严格意义上的"宗教"组织，学术界尚未定论[1]，但它普遍具有较为浓厚的信仰色彩，这已成为研究者的共识。秘密教门"以宗教信仰的面貌出现，以师徒递传的方式组成，以宗教迷信作为维系内部联系与团结的纽带"[2]，是以下层民众为主形成的信仰性结社组织，盛行于中国封建社会后期，官方文档常以"白莲教"或"邪教"概称之。一般说来，秘密教门往往利用宗教信仰的形式，杂采流行于民间社会的佛教与道教内容，又掺以儒家三纲五常的伦理说教，揉三教于一炉，多似儒似佛又似道，以"教"、"道"、"门"、"会"等名自号，要求广大信徒茹素吃斋，烧香念经，坐谷运气，聚众礼拜。教首们称祖号佛，动辄向信徒许诺，加入其所创或所传的教门后，不惟可以消灾邀福、祛病强身，甚至可以避劫飞升、成仙成佛，具有宗教信仰的某些特点。另一方面，秘密教门与儒、释、道也有着一定的区别。教首与其骨干多以宗教之名而行结社之实，将其作为满足一己私欲之工具，尤其是秘密教门那种"拥有多数信众以后的操刀必割的心理"[3]，往往对统治秩序造成巨大冲击，因而很难得到当局的承认。

　　秘密教门始于何时，学术界目前有三种较有代表性的说法。第一种观点认为，东汉末年的太平道、五斗米道等"民间道教"即其滥觞。[4]第二种观点认为，应以元朝末年形成的白莲教为其始祖。[5]第三种观点则认为，秘密教门的根源虽可上溯东汉，但正式的产生则在明朝的中后叶。[6]不管以哪种观点而言，虽然北京历史上很早就存在着秘密教门孳生蔓延的浓厚土壤，相关记载却较为少见。直到进入明清以后，北京地区的秘密教门方风行一时，有的还产生了全国性影响。

第一节　明清之际北京附近的秘密教门活动

明清北京秘密教门活动频繁，名目众多，其中关系更是错综复杂。明代见诸记载的有红阳教、净空教、无为教、大乘教、龙天教、悟明教、金山教、顿悟教、金禅教、还源教、圆顿教、南无教、南阳教、黄天教、红封教、大成教、皇姑道、三阳教、罗道教、闻香教、棒槌会等二十多种名目。[7]清代秘密教门在京城的身影也时隐时现，连远在云南大理的大乘教主张保太也两次派遣教徒"往京中开道"。[8]可以说明清时大多数重要的秘密教门，都能在北京找到它们的蛛丝马迹。影响较大的有罗教、闻香教、弘阳教、西大乘教、天理教等。

一、罗教

罗教发源于京城北边的密云，是明清时期一个极其重要的秘密教门，学术界视之为明代中叶以后"新兴宗教"的代表。罗教始祖罗梦鸿（1442—1527 年），又有罗孟浩、罗宏梦、罗清、罗静、罗道等异名，山东莱州府即墨县猪毛城成阳社牢山人。他祖辈隶属军籍，因父亲早死，十四岁时即被征召至直隶密云卫当兵，在京城北面的"密云卫古北口、司马台、悟（雾）灵山、江茅峪居住"。据说当时他"每日家，怕生死，恓惶不住。想生死，六道苦，胆战心惊"[9]，因而毅然"把名下军丁退了，子孙顶当，一心修行办道，顿悟真经"。[10]自成化六年起开始"参师访友"，经过十三年的修炼，于成化十八年十月十八日"明心见性"、"得成正果"，创立了秘密教门。初称无为教，因后人尊罗梦鸿为罗祖，又称为罗祖教、罗教。

罗梦鸿创教后，开始在密云卫的司马台堡外向外传播，"建造讲台，自称罗道"[11]，附近信奉者渐渐增多。同时，他通过运河往返于老家山东和住居地密云卫之间，既在京都密云和家乡山东招收信徒，又在自己服役过的漕运军人、水手中传教。后来罗梦鸿将家眷从山东搬来，移住密云石匣，一意在此传教，长达四十多年，北京成为罗教发展早期的中心。

嘉靖六年罗梦鸿去世以后，其妻颜氏与子佛正、女佛广继续掌教传徒。佛正及其后裔居住密云石匣，传授罗教正宗香火。起初罗氏传教非常谨慎，"远来馈送颇多，因以致富。然行踪诡秘，并不传于石匣之人，而石匣之人亦无习其教者"，[12]因而很长一段时间没有引起当局的注意。雍正五年清政府查禁运河水手中的罗教时，教徒供出罗梦鸿的七世孙罗明忠。当时北京的罗教名声已经相当大，甚至福建的万姓、王姓都不远千里，"到德胜门里罗教庵堂来请经"。[13]清政府追根究底，于雍正七年底结案时，将罗明忠以"传习罗教，问拟绞罪减流，存留养亲"。[14]此后罗氏后裔又多次受到教案牵连，朝廷于乾隆十一年、乾隆三十三年及嘉庆二十一年先后将罗梦鸿坟碑销毁，其后裔解回山东即墨原籍。虽各地教徒仍遥尊罗氏继承人为其教之主，罗教嫡派也在北京地区继续秘密流传，但其直接影响逐渐式微。

罗梦鸿之女佛广，则与王姓善人"另派流传，又谓之大乘教"[15]，后在京东之盘山传教。嘉庆二十一年直隶总督那彦成搜查"邪教"时，于盘山东麓无为庵内"起获无为居士罗公画像一轴，《通明宝卷》、《传灯心印宝卷》、《佛说圆觉宝卷》各二本"，庵内尼僧也供称"无为居士罗公就是罗祖"，"开山始祖法名佛广，是罗祖的女儿……前殿供佛家，后殿供罗祖。每年四月初一日作会场，附近村人来烧香上供，并无外来习教之人。"[16]但五十余年前清廷查禁罗教时，就有大乘教徒供称，"其教闻系王师傅从前在北京盘山修行兴教的"，[17]可知此支也早已向外传播。

创立于北京地区的罗教，对明清秘密教门产生了广泛影响。罗梦鸿撰写的《五部六册》自正德四年起屡次重刊，现存版本计28种之多，[18]几乎成为各秘密教门通用的宝卷。北京是罗教创立与前期传教的中心。罗梦鸿及其后裔居住北京附近传教，又通过教徒将罗教推向全国各地。明清漕运水手中的罗教，就是由流寓杭州的密云人钱姓、翁姓与松江人潘姓共同兴起的。运河上的罗教支派后来与行帮会社结合，逐渐演绎成在近代社会中赫赫有名的青帮，而钱、翁、潘三人则被尊为青帮三祖。于此一例，既可管窥罗教在中国秘密教门中的重要地位。

二、闻香教

闻香教由位于京畿东北的滦州人王森所创。王森祖籍顺天府蓟州，后移居永平府属滦州石佛口。他原名石自然，生于明嘉靖二十一年（1542年），传说曾从老鹰爪底救下一狐，狐狸"断尾相谢，传以妖香"，王森于是"依其术，创为白莲教，自称闻香教主，立大小传头、会首名色"，又有记载说是"因焚香倡教，凡染香气者，神魂俱醉，无不听其指挥，故又名焚香教"[19]，后人又称为大乘弘通教即弘封教，时间大约在万历初年间。

石自然大约在立会传教后改名王森，起初以"吃斋拜佛"、"修桥铺路"为号召，说人人了他的教门来生可以得到善果，很得附近百姓的皈服。王森又宣称"信我可为王侯宰相，不信打落地狱"，同时采用各种方法显示神奇、树立威信，信徒都将他"信为活佛"。[20]入教的人越来越多，他也因此由贫转富。或许是因为暴富后遭人忌恨，或许是为了传教的方便，王森后来举家迁往滦州石佛口居住。

王森此后以石佛口为据点，在永平等地传教聚众，不久引起了当地官员的警觉，被永平府以"左道乱政罪"判处绞刑，经行贿改为监禁。获释后王森跑到北京寻求靠山。他先攀附上外戚永年伯王伟，又交纳宦官王德祥等，从此"行教自如"，在"京邸盘踞日深"，并用敛聚来的钱财，在永平、滦州、通州、密云等地大量置买田庄。此后王森父子大肆招纳徒众，远至山东、河南、山西、陕西、四川等省，畿南武邑、衡水、深州、饶阳等十几个州县则传有教徒数十万人，北京附近各州县、营路、卫所、乡村、镇店更是"互相牵引，云合响应，顶礼皈依"。[21]当时北京地区的闻香教骨干众多，城内翠花胡同就有总传头张廷、王大化、王虎、杜银、何宗明、王和；通州南关又有传头谢宁永、张聪、王廷美、周大会；密云县有传头常世登。[22]北京城内翠花胡同的张家，已成为闻香教一个非常重要的传教据点。

随着信徒人数的增加，闻香教内矛盾激化，"各为其法门以相仇杀，尽发露其过恶"，永平府再次将王森逮捕治罪，后瘐死于狱中。王森第三子王好贤因此暗招人马，打制兵器，预备起事，既为父复仇，又谋夺取天下。但当山东徐鸿儒、京畿于弘志等闻香教徒起事以后，王好贤却背弃前言，隐首逃逸。他先在遵化、蓟州等地东躲西藏，又到北京"势豪密宅"里过了一段提心吊胆的日子，最后在扬州被捕，为明廷处决。

经此巨案，但明熹宗下旨"渠魁既已正法，余党系从宽宏"，闻香教得以仍然在京师附近暗中传播。明清嬗递之际，闻香教改名的关外善友教曾勾引清军谋献锦州城。[23]清初，投靠清朝的闻香教主王可就则受到康熙的嘉奖。[24]但清朝定鼎北京之后，对秘密教门执行严查重处的政策，闻香教及其变名的善友教、大成教、清茶门教等多次遭到查禁。自清初顺治朝起，王森后裔累累涉案，尤其是王好贤一支所受到的惩处尤频。嘉庆二十年又涉入安徽方荣升"逆案"，嘉庆以"石佛口王姓一族世传邪教，历年久远，蔓延数省"，令"将王姓族中传教之人全数收捕"[25]。直隶总督那彦成遂以"大逆律"对王氏家族从严处治，所有习教之人均发新疆回城为奴，即使早已不再习教的王森后裔，也都迁徙至云贵烟瘴地方。经清廷如此"剿恶除根"，递传十一世、历时两百多年的滦州石佛口王氏闻香教门，才算告一段落。

三、弘阳教

弘阳教教祖韩太湖（1570—1598 年），号飘高老祖，明直隶广平府曲周县人。韩太湖年轻时出家，四处访师求道，"在临城县太虎山修悟，漕溪洞打坐三年得道"。[26]教内传说他在太虎山曹溪洞打坐苦修，一日"面朝西南，拜谢无生父母，正是行功下参，忽得一阵红光，摄照己身，自然心地开通，心花发朗，留下卷无字真经"，因此大彻大悟。[27]据教内经卷所载，万历二十五年元宵日，韩太湖在太虎山"广开方便，济度群迷，舍九莲宝台，大会说法"，宣告弘阳教的诞生。

韩太湖最初可能是在其家乡附近传教，而弘阳教"大显于天下"，则是他于创教次年到北京之后的事，韩秉方先生曾指出北京是"弘阳教的真正兴隆之地"。[28]弘阳教宝卷《混元弘阳苦功悟道经》将之概括为"太虎山开荒展教，北京城天下流通"，明刊本《混元弘阳叹世真经》所附"混元弘阳中华宝经——凡圣交参中华序"里记述了韩太湖在北京发迹的情况：

> 自从万历年中初立混元祖教，二十六岁上京城。也是佛法有应，先投奶子府内，转送石府宅中，定府护持大兴隆，天下春雷动。御马监程公、内经厂石公、盔甲厂张公，三位护法同赞，修行世间稀有，博览三教全真，留经吐卷在凡心。凡圣交参评论，言言句句玄妙，东土教化群蒙，留与世非轻，直指家乡路径，开造经卷。

明廷内宫多位太监的支持，定国公等权贵的奥援，使弘阳教传入北京后影响大增，北京附近遂成为弘阳教流传的渊薮，辗转流传不绝。清初，弘阳教在京畿时有活动。顺治三年林起龙请禁"异端"的奏折中，曾提及混元教即弘阳教。康熙十一年，大学士傅达礼又明确指出弘阳教等"先经严禁，至今尚未革除"[29]。乾隆朝以后，北京弘阳教（此后官方文档为避讳改称"红阳教"等）的活动不断增多。官员报称"京南一带向有红阳邪教，招徒做会，假以持咒茶叶治病为名，惑众骗钱"[30]；或称"京东一带，向有红阳邪教为人治病，及民间丧葬念经发送"[31]。清乾嘉道年间，全国共破获弘阳教案三十七起，其中二十六起就发生于直隶境内，占到 70% 左右。学者因此指出，弘阳教的活动区域"以京畿附近为主，波及山东、山西、河南、辽宁等地"。[32]

清代涉及北京地区的弘阳教案件很多，可以说是屡禁不止。乾隆十年，步军统领查获通州张三道传习弘阳教。次年又在京城查获旗人赵王氏、孔芝华等传习弘阳教，供称传自河南卫辉府道人赵姓、恁姓，用茶叶治病，以"静养功夫"疗疾延年，到处"散香传教"。[33]随即宛平又捕获董应科、刘氏等，顺天府据此查出该教已辗转相传一百多年，涉及十四个州县，其中京南大兴县紫各庄的三教堂中塑有神像，"计有瓦房九十一间，土房二十二间，……地七十一亩八分六厘"[34]，已颇具规模，成为附近弘阳教聚集做会的胜地。此后宛平、涿县、房山、霸州等州县查出多有秘密教门活动的三教堂九十一座，引起清廷警觉，命将紫各庄三教堂的地亩拨归广宁门外普济堂，房产亦由其拆回，其他各处仿照办理，并出示禁止传习弘阳教。但也有的弘阳教徒在政府查禁期间开斋散会，风头过后又秘密传习。乾隆三十四年，地方官员发现自乾隆十一年严禁以后，通州桑文之、涿县包义宗、大兴李尚珍、房山齐四等人，均先后恢复了活动。[35]乾隆四十八年，山西平遥县缴获的弘阳教《祖明经》封面上，印有"京都党家老铺造卖经文"的字样，可见北京弘阳教对外地教徒产生了多方面的影响。

嘉道年间，弘阳教在京畿地区再度活跃。嘉庆七年宛平县宋家庄宋文潮等人加入弘阳会，六年后因被告发改名荣（龙）华会。[36]嘉庆九年宛平孟六、庞五夫妇及彭会、康四等亦入弘阳教，到道光二十七年才为当局访获。东直门外薛家庄周大则说村里红阳会"在庙内念经拜坛，不知始自何年"，他自幼即跟着念经，嘉庆二十三年接充教首后每年都收集钱粮，定期在庄内菩萨庙前殿念经做会。[37]嘉庆二十一年通州破获曹七、赵忠、曹文升等弘阳会案，宛平县也有人参加，搜获的《了言经》抄本中有"信香元上斗牛宫，飘高圣祖显神通"等句。[38]道光十一年有人首告京南海子西大门外贾青云拜红阳会宋姓为师，开店人李二是混元会会首，传教多人。[39]又有大兴河津营李自荣随父传习弘阳教又名"净空会"，念诵《源流经》，供奉"净空老祖"，每年立夏之前集众到朝阳门外黄姑庵内给净空老祖坟墓叩头，逢正月十五等日则在本村庙里聚会念经。[40]道光十六年，油匠张四举首称通州东尖村总甲张秀等人供奉飘高老祖，跪香念经，传习弘阳教，以李八为首，教徒计有二十九人。[41]

以上官员上报朝廷的弘阳教案件，显然只是清代北京弘阳教传承全貌的小部分。弘阳教不仅在北京下层百姓中潜行默运，连太监、宗室也被拉入教内。嘉庆年间，通县周易村刘兴礼（又名刘三道）在通县、大兴等地传授弘阳教，并发展了太监杨进忠、赵密、陈太、张富贵等人，甚至还传给宗室海康，海康又转传宗室庆丰、庆遥等人。[42]

四、西大乘教

明清时代，北京西郊香山南麓的西黄村有一座名气很大的寺庙，俗称皇姑寺，为陕西籍吕姓尼姑所创，初称观音寺，后经明代英宗赐名"顺天保明寺"。清代康熙年间重修，又御赐显应寺。因多次蒙受皇帝恩泽，寺庙是以名声大振。明万历初年，以这座寺庙为依托，产生了一个颇有影响的秘密教门——西大乘教。

西大乘教的名目，在《龙华经》中已有记载："西太乘，立法门，度下儿女。吕菩萨，领乡儿，龙华相逢。"[43]其称谓系相对于滦州王森的大乘教而言，因"以石佛口之石佛祖王坤（按：应为王森）为东大乘教，故以黄村之吕牛（按：又称为吕妞，即吕尼）为西大乘教"。[44]

西大乘教尊保明寺创建人吕尼为始祖，《普度新声救苦宝卷》说是"无生化为观音，观音化为吕祖"。而据考证，"（西）大乘教的创兴比吕姑创建保明寺总要晚上百多年"[45]，之所以尊之为始祖，实缘她有一段神奇般的传说，能为秘密教门的创立与流传蒙上一层神秘的光环。[46]当万历初年皇姑寺尼姑创立西大乘教时，推尊吕尼为第一代教主以假借她的赫赫灵光，这种神化教祖的做法，在秘密教门中是屡见不鲜的。

西大乘教的真正创教人，学者认为是皇姑寺第五辈传人归圆。归圆俗家姓张，京东开平中屯卫人，"幼多慧悟，甫九龄，志脱尘寰。逮十二，颇悟心性"。投身皇姑寺受戒后，于"三乘四谛，竟亦了然"，在十二岁时开始"吐经造卷"，仿照罗教经卷，于数年之后的万历元年三月，完成《销释大乘宝卷》、《销释显性宝卷》、《销释圆通宝卷》、《销释园觉宝卷》（二册）、《销释收圆行觉宝卷》，标志着西大乘教的正式创立。[47]因西大乘教以归圆所撰的新"五部六册"为主要经典，教义自成体系。西大乘教另一部宝卷《清源妙道显化真君二郎宝卷》中也说道"头一回，渡男女，未得完毕。二转来，又化现，直隶开平。悟心空，留宝卷，合同六部。后来的，悟道人，接绪传灯。"教内老祖殿中亦塑有"张祖"像来供奉她。这些也显示出归圆对创立西大乘教的重大功绩。

西大乘教认为，吕祖、归圆就是秘密教门普遍信仰的"无生老母"、佛教观音菩萨或道教西王母在人间的化身，下凡旨在救度"九六原人"。[48]教徒们深信，信奉西大乘教之后，就可以"有记策，合同号，径生天界。无生母，来接引，同赴云门"。届时将普天同乐，"老母见了心欢喜，今日团圆会，得上菩提路，赴在龙华会，婴儿闯在娘怀里。……一去登极乐，婴儿见娘笑呵呵"[49]。这种佛、道混融的现象，体现了秘密教门兼收并蓄、一切为我所用的特性，便于最大限度地吸引徒众尤其是女性信徒。同时，西大乘教依托皇姑寺这座敕建的京都大寺，深得内廷庇护，以正统宗教活动掩护、滋养了秘密教门的发展壮大。明代民间传言"皇姑寺是宫里太后娘娘的香火院"，有太监把门。[50]清代康熙的御制碑同样起到了镇山护法的保护作用，并衍生了"皇姑寺里的施主都是王爷大人，寺里极有体面"等说法。[51]西大乘教因而闻名遐迩，教势绵绵不绝。康熙九年皇姑寺所立《宗派接续碑》列有数千信徒的题名，男的法名几乎都带"福"字，女的则带"妙"字，这表明西大乘教虽然较为松散，但一直有所活动，流传不衰。从教内经卷和碑上信徒署名可知，西大乘教教内有"房"、"枝杆"、"总引"、"头行"、"领众"等各级称谓，教徒数目不菲，分布到京师、滦州、石匣、武清甚至远到关东、辽阳的广大地区。

《龙华宝经》说到："未来佛，久等后世。为众生，躲避幽燕。……未来佛，中华掌教。龙华会，谁人知道。早往汉地去挂号，黄（皇）姑寺里把名标。"[52]西大乘教在京城其他秘密教门中也产生了一定影响。乾隆年间胡二引进在京传习收缘教时，就与皇姑寺有着密切往来，她在昌平、宛平、武清、沙河等县所收徒弟，许多也是在他（她）们来皇姑寺烧香时加入的。[53]信徒借着每年四月"都人结伴联镳，攒聚香会而往游焉"的机会来求拜老祖、烧香还愿，教首也乘机来此招收徒弟。"这里的庙会一直持续到解放之前"[54]，皇姑寺也成为京城秘密教门活动的一个重要场所。

五、天理教

嘉庆十八年阴历九月十五日正午时分，来自顺天府宛平、大兴、通县等地的七十多名天理教信徒，一举攻入紫禁城皇宫西华门，导演了一场"汉唐宋明未有"的"癸酉之变"，令清廷大为震惊，天理教也因此成为清代以来北京最"著名"的秘密教门之一。

天理教是清嘉庆年间出现的秘密教门，由流行于京城附近的弘阳教、坎卦教与河南的震卦教、离卦教等秘密教门融合而成。北京主要教首是林清，河南教首有李文成、冯克善等。林清（1770—1813年）祖籍浙江绍兴，自幼随父祖迁居大兴黄村宋家庄。他早年四处游荡，因而见识广泛，爱结交各色人等，但银钱随得随花，"奢用无节制"，嘉庆十一年自江南回京后不得不依住外甥董国太"照料家务"。[55]后来林清加入了京畿流行的荣华会（又名龙华会或白阳教），在教门中爬摸滚打。嘉庆十三年因遭教案牵连，林清受到官府杖责，并押送保定作证。具结保回后，他趁教内首领或死或戍、或畏缩退让之机，夺得教长之位，"改龙华会为天理，总名天理教"。[56]

与"性吝啬，遇事畏葸"的前任教主相比，惯于闯荡江湖的林清更具有敢作敢为的"卡里斯玛式"人格魅力。他担任教主后，实行了一系列大刀阔斧的动作。先是吸收了四品武官曹纶及其子曹福昌入教，借以抬高自己在教内的声势。其次，林清命弟子陈爽等人设法招收太监刘得财入教，随后又在宫内发展了刘金、王福禄等四人。[57]再次，林清着力将其他秘密教门收入天理教内。嘉庆十六年，林清三次远赴豫北，与滑县震卦教李文成、离卦教冯克善结为"刎颈交"，商定由李文成"掌九宫，统领八卦"，他自己则为"十字归一"。[58]林清又着手控制京畿附近秘密教门。嘉庆十八年六月，他派陈爽、祝现等到通县降服弘阳教教首李老，李老在通县、大兴等地颇有势力的弟子刘兴礼也被拉入天理教。[59]紫禁城内原来信奉弘阳教的太监，从此也听命于林清。林清又以青阳、红阳、白阳三教"总该归一"为号，借势将京畿屈四的青阳教统一到自己的旗帜之下。这样，林清就在京城附近整合出一支颇有实力的秘密教门，并与河南、山东等地遥相呼应。京畿天理教内流传："二人同来问情音，渝渝你我亲不亲。咱俩本是一个母，亘古至今一根根。"[60]各个阶层的人都被他网罗进来，其势力由大兴一隅向京畿、京师乃至内城推进，大兴宋家庄和桑垡村则成为北京天理教的基地。

林清起初不过"希图敛钱"，以"种福钱"、"根基钱"等名目要信徒向他交纳钱财、献地献粮。随着天理教势力的扩大，林清、李文成等人萌发了政治野心。林清事后供称：

> 我又见拢的人多，就起意谋逆。我们推算天书，弥勒佛有青羊、红羊、白羊三劫，此时白羊劫应兴。众人说我是太白金星下降，又说我该做天王；有卫辉的冯克善，该做地王；李文成该做人王。将来事成之后，天下是人王的，天王、地王就同孔圣人、张天师一般。[61]

他们定于"酉之年、戌之月、寅之日、午之时"在京畿、河南两地并举，以应民间传言"八月中秋，中秋八月，黄花满地发"之谶。[62]为了制造舆论，教徒中流传"专等北水归汉帝（按：隐指刘姓，实为以"后天祖师"自居的林清），大地乾坤只一传"[63]；宋家庄一带则传出"若要白面贱，除非林清坐了殿"的谣言。后来河南滑县教徒因官府捕杀先行发难,直鲁继之,遭清军围攻阻截。林清未得到消息,仍联络宫内太监,按期遣教徒一百四十余人(实际去的只有七十多个)进攻皇城西华门,甚至杀入苍震门内。由于事发仓促,一度使留京官员"错愕无策"。[64]但京城暴动的教徒人数太少,预期的增援又不复存在,故起事很快即被扑灭。在宋家庄等候援军和"捷报"的林清随即被捕获,经嘉庆廷讯后凌迟处死。

天理教变生肘腋,给清廷以极大震动。时在热河"秋狝"的嘉庆当即回銮,并颁发"罪己诏",称"突遭此变,实不可解",切责诸臣"因循怠玩"。其时"王公大臣集乾清门跪听",当嘉庆说到"我大清以前何等强盛,今致有此事,皆朕凉德之咎"时,群臣"皆呜咽痛哭"。[65]后来嘉庆更是告诫臣下,要"永不忘十八年之变"。鉴于此,晚清诸帝对秘密教门加强防范,但由于其基础深厚,在"辇毂重地"的北京仍是屡禁不绝,几十年间仍在潜行暗伏。清末义和团运动在京城附近的飙起,即是明证。而进入民国以后,北京秘密教门在合适社会土壤的刺激下,更转化成为会道门组织,大肆扩展。

第二节　民国年间北京地区会道门的发展

民元肇始,中国传承两千多年的帝制就此结束。但辛亥革命并未动摇整个社会的经济基础,封建思想的体系依然占据统治地位,社会上层人士的民主观念并不深入,下层民众的封建迷信思想更从未得到认真清理。同时,社会的长期动荡,灾荒连年,为秘密教门转化而来的会道门提供了良好的社会基础。而日本入侵后烧杀掳掠,包括华北在内的广大地区饱受蹂躏,也给会道门的发展带来了绝好契机。在种种因素的综合作用下,民国年间的会道门得到很大发展,1922年梁启超在《非宗教同盟》里就说到:"现在弥漫国中的下等宗教,就是我所说的拿信仰做手段的宗教,什么同善社呀,什么悟善社呀,五教道院呀,实在猖獗得很。"[66]四五十年间,北京地区[67]各种名目的会道门风起云涌,其信徒人数之多,活动之频繁,影响之大,超过了历史上的任何时期。最著名的,有一贯道、九宫道、理门、同善社等。

一、一贯道

一贯道内部对其源流有种种神乎其神的说辞,但揆之档案,一贯道应由明清一直流传的秘密教门支派衍生而来,罗教、黄天教、金丹道等与之都有或多或少的联系,嘉道年间的青莲教为其远祖,清末王觉一的"末后一著教"则是它的嫡祖。它的正式创立者，则是一贯道内推为"十六祖"的刘清虚。刘清虚以"吾道一以贯之"等乩语为托词，改王觉一末后一著教东震堂号，最终将"一贯道"之教名确定下来。

刘清虚死后由路中一掌教传道，号"金公祖师"，为一贯道"十七祖"。其手下有"十三然"即十三大弟子，"天然子"张光璧即其中之一。张光璧（1888—1947 年），原名奎生、魁生，字光璧，山东济宁人，道号天然，又称"天然子"，教内尊为"弓长祖师"、"十八祖"。据说张光璧是家中独子，从小娇生惯养，好交结当地及济宁城内的酒肉朋友，是当地有名的浪荡公子。[68] 后又从军，在闯荡南北的过程中，见识更为增加。1915 年张光璧加入一贯道，1921 年复拜"十七祖"路中一为师，由此很快当上了点传师。路中一死后，张光璧逐步夺取一贯道的教权，1930 年又借单县"八卦炉会"与孙素贞（又名孙慧明）借乩语结为"神圣家庭"，并前往济南传教。

张光璧在济南站稳根基后，即决定向华北的中心城市（北）平（天）津发展。一贯道最早传到北京是在 1933 年，与张光璧一样有当兵经历的点传师栗春旭，奉张光璧之命来北京"开荒"，首先在新开路周景成（山东人，任过国会议员、山东烟酒事务局局长）家建立了佛堂。北京一些失意的政客、军阀参加了这个北京最早的坛口，如"矩威将军"潘矩楹、军阀唐天喜、曾任袁世凯财政部长的周自齐等人，影响迅速扩大，"当时的一批贪官污吏，和退了职的军阀们，大批地参加了一贯道"。[69] 与此同时，1934 年张光璧亲自带领齐铭周等人赴天津，设立天津总坛，由亲信胡桂金负责，快速发展道务。[70] 这些可能引起了国民党政权的注意，乘张光璧前往受邀南京"点道"的时机，将其拘禁到宪兵司令部。在此期间，北京点传师栗春旭散布张光璧已被处死的消息，而天津的张五福则称愿以身家性命保释"师尊"。因此 1937 年张光璧具结获释后，即开除栗的道籍，由张五福、杨灌楚和董雪桥（即范太太）来北京接办道务，先后建立信一、德一、纯一三大坛。在张光璧的重用和支持下，张五福设在前门外施家胡同的信一坛发展最快，不久即在北新桥财神庙街建立"崇华堂"，成为北京各坛的枢纽。1939 年初，张光璧和孙素贞首次来到北京，住在崇华堂内指挥全国道务。此后又建立了"北京线"，派张五福为道长，命刘新泉、宫彭龄二人襄助，全权负责北京和周边地区道务。从此北京脱离了天津总坛的辖制，传道实力大增，道务得到很大发展。

1939 年初夏，张五福在北京开办"顺天炉会"，华北一贯道传播

的重点地区北京、天津、包头、张家口及山东、绥远等地，派出骨干
180 多人前来参加。"顺天炉会"既宣讲"道义"、"金刚经"、"仙佛
圣训"，又有考酒、考色、考气、考财等种种"考验"，并布置有"地
狱游"等名目。经过严酷的培训，"炉会"训练出 140 余位传道骨干
（其中男 140 余人，女 40 余人）。[71]这批精干的传道者，后来分赴各地
"开荒"，在兵燹天灾不断的社会土壤中如鱼得水，一贯道组织迅速扩
展到全国各地。据统计，解放初期中国内地数百种会道门组织共有道
徒三千余万人，而一贯道就达到一千五百余万，几近占到一半，成为
"全国范围内流传势力最大、活动猖獗、危害最严重"的会道门。[72]

一贯道在短短的十多年时间内大肆膨胀，"抗战中流遍整个沦陷
区，而以华北各地为尤盛"[73]，北京附近更成为重中之重。从 1937 年
起开始快速发展，到 1938 年年底北京已有信一、德一等十个大坛。
1941 年后又陆续设建了华一、兴一等十四个大坛。1943 年前后更达到
高潮，使北京成为"继天津后（一贯道）道务开展最盛的地方"。[74]由
于道内的权、钱、势都与信徒的多少都密切相关，北京一贯道的大小
坛主都想方设法加强"渡人"的工作。除了利用"飞鸾宣化"、"避劫
免灾"、"不下地狱"、"冬不挺尸夏不臭，死去升天堂"等说辞以外，
有钱有势的坛主还用尽各种手段。当老板的要求雇员成为"道亲"才
能雇用，在门头沟开煤矿的刘睿瞻就是如此。城内的坛主则以"辞
退"、"搬家"胁迫店员和住户、租户，十四区卖破料为生的马关氏就
被房东兼坛主王文泰逼入了道。北京西郊贯一坛坛主姜毓德占据了
一处水井，称不入道就不能用水、挑水，一家有人不入道就得分家另
过。丰台田各庄魏家村的坛主刘景泰是保长，在村里抓兵、派活、雇
工各个方面都歧视非道徒，还公开对村民说"不入道，村里的饭不许
吃，打短工没有你们"，"谁不入给我滚出村去！"结果全村有 83.7%
加入了一贯道。[75]经道首如此威逼利诱、软硬兼施，北京加入一贯道的
民众也不断增多。据统计，到新中国成立前夕，房山全县有一贯道徒
739 人，70 多人专以布道为业。[76]密云一县，有道徒 3000 多人。[77]北京
市内和近郊更多，丰台小屯村有二分之一的户数、三分之一的人口入
道，东河沿村入道户数和人数均占到一半。[78]当时北京有一贯道中等以
上道坛 1360 个，家庭佛坛、佛堂不计其数，道徒总数 20 余万，几乎占
到北京城内总人口的 10%。[79]这在会道门的历史上也是较罕见的。

二、九宫道

九宫道是一个以佛教名义出现的会道门组织。据道书记载，其源

系出于离卦教的圣贤道，创始人为李向善（教内又号"李傻五"）。李向善自 15 岁起跟魏王氏王真香学习圣贤道，后来声称受"老母"之命到五台山"立后天"，住入五台山的万圣寺废址内。以此为基地，他开始自称弥勒佛"九转"，大约在同治六年创立了"后天道"，即"后天九宫道"。[80]

相传李向善曾得到慈禧皇太后垂青，他在五台山南山修建的"极乐寺"悬有慈禧所赐"真如自在"匾额，本人则受封为"极乐寺丛林普济禅师"，并被召至京城讲道。由于九宫道打着佛教的旗号，又受过皇太后敕封，从而获得了迅速发展。《北京市志稿》记载道："清末五台山有普济和尚，行化华北各省及关外一带，信徒无虑数十万人。"[81] 当时许多佛寺成了九宫道的下院，像北京的正教寺、双塔寺、永泰寺、马神庙等，都曾一度是其传教之所。

九宫道分"十八天"（即十八支）与"五会"等组织，其中以"外九天"、"余九天"和"中会"势力最大。1912 年李向善去世后，以其亲信弟子李书田所领"外九天"发展势头最猛。1914 年，李书田声称自己是"弥勒佛九转十世"，在"外九天"之下设立"九大皇极"，自己居中总掌，在河北、山东大收信徒，甚至发展到东北等地，号称拥有徒众数百万。[82] 1924 年李书田又在北京成立"京师普济佛教总会"，连总统曹锟亦受法执弟子礼，赐题"道衍诸天"匾额，段祺瑞、吴佩孚等也送了匾，李书田的势力更得到迅速发展。1932 年，"京师普济佛教总会"改称"北平普济佛教总会"，推曹锟和吴佩孚为正、副会长，李书田本人任"会师"、"收元祖"，以"佛教总会"的名义大肆刊发九宫道道书，在华北各地产生了很大影响。"七七事变"后，李书田曾逃奔河南、陕西等地，次年又回到天津[83]，后来在驻济南的日军中立上了案，从此在沦陷区站稳了根基。1941 年，李书田将会名改为"未来和平宗教会"，号召信徒"献纳"钱财铜铁，换取日伪认可的证书、证章，说可以"躲劫避难"，配合了日伪搜括战争物资的需要。1944 年李书田又在北京怀仁堂成立"弥勒收元总会"，到会两万多人，下设北京、天津等支部和联络部。[84]

抗战胜利前夕李书田忧郁而死，道徒李懋五从山东郯城赶到北京奔丧，宣称"先师圣灵附体"，"弥勒收元总会"开始分裂。李书田之子李珠江后向北京国民党机关备案，恢复"北平普济佛教总会"旧名。李懋五则称自己是"弥勒佛九转十一世"的"道济佛"，成立"二治收元总会"，在河北、山东、东北等地发展。1948 年李懋五亦命人在北京市政府立案，自称"二治收元祖"，在西直门外万牲园开办"生生教养院"，又在城内石牌胡同设立办事处。

九宫道另一较大的支派"余九天"在李向善死后也不断分裂。1936 年"余九天"资深头绪李荣、徐仲三、来伯祥等成立"正字慈善会"，简称"正字会"，李荣任会长，在北京、天津、河北等地设有分会。后来徐仲三自立门户，于 1938 年在涿县成立"亲民至善会"。1941 年又有道首吴宝贤等从"正字会"中分裂出来成立"福民慈善会"，徐奎生等则拉出部分道徒加入了"兑卦"系统的"正字普济会"。"余九天"中发展较大的，还有来自"外九天"的天督胡瑞麟一支。该支由刘国俊接传后，自称普济嫡传，先将"余九天"改名"大佛教"，又加入九宫道中会会主杨万春的"五台山普济佛教会"，在北京、天津、河北等地大肆活动。刘国俊在抗战期间宣扬"中日亲善"、"大东亚共荣圈"等言论，1946 年起又与国民党军统成立"知行励学会"等组织，与当政者关系密切，因而在北京发展较快。到新中国成立前夕，"余九天"下分九领，九领衍生十八支，信徒相当可观。在北京房山一带，"余九天"自 1937 年开始建立组织，实行"谁发展谁领导"的方法，所属第十八支下面即设佛总盘和佛尊盘，有正、副盘主和正、副黑笔等名目，共招收道徒 4700 余人，分布在口头、沙窝、张坊等广大山区和平原交界地带。[85]而第三领"佛掌盘"加瑞所领一支，在房山和丰台的结合部建有大小道盘 167 个，道徒 16000 多人。新中国成立后刘国俊与十二卦卦主杨青莲等人以房山、丰台为基地，阴谋组织武装暴动，1951 年被侦破，捕获的主犯就有 31 名之多。[86]

九宫道"五会"中以"中会"最为重要。"中会"又名"头会"，初任会主是东北人陆永昭，势力主要在黑龙江和河南等地。1927 年继由杨继春主持，与齐燮元等在北京成立"五台山普济佛教会"，开始向北京发展。"五台山普济佛教会"会址设在朝阳门外老君堂，有会员约五百人。[87]他们在北京进行了多项慈善活动，又资助僧人学习藏传佛教，因而拉拢了一些名人入教，"余九天"刘国俊亦率众加入，信徒和影响都大大增加。《北京市志稿》里说，"普济和尚去世后，由其上首弟子杨子繁居士组织五台山普济佛教会，挈合同门，在五台山修建丛林十余处。数年前，朱子樵及朱绍阳等加入，颇努力社会慈善事业，而对于华北各省救灾事业、教育事业亦颇尽力，如留藏学法团所有供养费即由该会负担，并在京西万寿寺旁设立育幼园，规模颇为宏远"。[88]1935 年杨万春死后，其子杨少春自充会长，但笼络不住人心。1941 年该会理事姜子原拉出部分道徒，成立"普济念佛会"，1943 年改称"华北普济念佛会总会"，在京、津及华北各大城市设有分会。日本投降后，"五台山普济佛教会"大权落入人多势众的刘国俊手中。1946 年，国民党军统刘培中、潘文彬等人曾拉拢部分"中会"和"余九天"道徒组织"万善联合会"，在北京、天津、沈阳等地传道，但不久也陷入分裂。

九宫道各支关系错综复杂，各会名称随"天"、"会"不同而各自为政，但它们在北京都有所表现。如在九宫道内名不见经传的南会王鸿起（又名王宏起）一支，主要活动在吉林、山东、河北一带，但1930 年他也在北京阜成门内设立"五台山向善普化佛教总会"，在北京曾发展会员 528 名。[(89)]

三、理门

理门又称理教、在理教、"八方道"，也有人称作"白衣道"。关于理门的起源，教内传说各有不同。一般认为，理门有两个开创祖师，"创于羊祖，昌盛于尹师，后来发展到全国各地，历时 200 余年"。羊祖（或杨祖）名宰，号莱如（或来如），字存仁，传说是山东即墨人，明末进士，生于明天启元年，殁于清乾隆十八年。尹祖，教内尊称"尹老先师"，名岩（或岩生），又叫尹来凤，乾隆初年生，天津科牛村人（或说天津沧县永丰村人，也有的说是直隶盐山大尹村人），"受道于杨祖"，最早在邵公庄设所传道。[(90)]这些传说由于尚未见于档案的佐证，理门初创时期的情况尚不明朗。

理门的发展大约在清季光绪年间。当时京中和近畿东北各县已有很多教徒，尤以永平一带最多。光绪九年，御史李瑹曾密奏查拿直隶在理教，说是"风闻京城及直隶等处盛行在理教，以戒人吸烟、饮酒为名，互相传引，人众甚多，踪迹诡秘。又闻即系白莲教之别名。其教首在天津，应请密饬直隶总督……务将教首缉获，穷讯传教匪徒姓名"。[(91)]时任直隶总督的李鸿章则认为理门"与白莲等教聚众为非者迥然不同"，奏上"在理教请免查办折"，说"民间从其教者，约十之六七皆有身家恒业，大率手艺力役之人较多，农商次之，读书之人亦间与焉"[(92)]。这次查办遂不了了之。此后理门在京、津发展更快，到光绪十七年据称已是"直隶民间入在理会教者十室而九，地方官从未禁止"[(93)]。谭嗣同在亲身入教考察后，也说"从其教者，几遍直隶"[(94)]。

辛亥革命后，理门得到进一步发展，华北尤其是京、津一带成为理门之基地。1913 年，有"小名士"之称的安徽人李毓如与北京西郊理门闻人苑文鉴一道，集合北京各理门公所领众，经内务部准予立案，成立了全国性理门组织——中华理善劝戒烟酒总会。[(95)]此后各省相继成立分会，而以天津、上海、湖北及东北各省规模较大。他们办有《理铎》刊物，印发"理门须知"和"理门系统全书"等道书，提倡行善，积极参与各地的救济活动，因而影响迅速扩大。基督教青年会在1920年的调查显示："北京有31个在理教组织（应指31个公所——引者注），教徒多为下层社会成员。据报告，东北、直隶、山东、山西、河南、江苏诸省都有在理教组织，并向其他省份发展。"[96]其中上海理门活动积极，在1925年成立了理教联合会，后来得到了蒋介石"仰即向所属官厅呈请保护可也"的批示。1935年在国民党中央和内政部支持下，上海理教联合会又经正式批准，成立中华理教总会，以与北京的中华理善劝戒烟酒总会分庭抗礼。

理门"奉佛教之法，修道教之本，习儒教之礼，其宗旨以正心修身克己复礼为本"[97]，且"其徒以不饮酒、不吸烟为要义"[98]，在民众中颇有吸引力，"人民因其能为人戒烟癖，颇有益于世道，故皆默然认之"[99]。理门歌诀说："在理是好道，四节与四孝；学仁学义学忠道，戒烟戒酒戒奸盗。今日得取师父理，回家去把父母孝。"[100]出入理门相对容易，戒绝烟酒于人于己也有好处，因而理门戒烟酒总会"会员各地皆有"[101]。而北京是理门总会所在地，更为北方理门重镇。北京城内外共计理门公所五十余个，另有不设领众的分所二十处。其中以永定门外二郎庙悟真堂公所最为著名，这是北京理门最早的公所，尹老先师的坟就在此地，故总会将其编为一号公所。兼之有北京长春堂药店经理张子余的支持，悟真堂的经费相当宽裕，影响也随之增大。其他如南桥湾鞭子巷志怡堂、白纸坊正真观正善堂、前门外大马神庙悟修堂，以及西便门内安扶乐善公所、城隍庙志善同修公所、烂面胡同水月庵乐善合缘公所等，分布于北京各处，也是当时很有名气的理门公所。北京理门领众中既有地方闻人，也有道人、道姑等，更有普通民众。据张国禄的估计，全盛时北京理门"道亲总数可达十万上下"[102]。

理门声称其教宗旨是为了"学好"，但其上层也不乏钩心斗角。北京总会会址起初设在京西挂甲屯，会长为李毓如，实权却操于京城理门闻人苑氏父子之手。1918年李毓如离京，会长改推谢天民，苑文鉴之子苑雨农继续把持会务。因为争权夺势，谢、苑后来宛如水火。1936年苑雨农改会长制为委员制，力推与自己有交情的北京文武会首领陈永利为主席。谢天民被挤掉大为不甘，"七七事变"后辗转寻求日伪"兴亚院"之卵翼，欲以"中国理教总会"彻底改组理门。而苑少农则找到伪"新民学会"为后台，针锋相对。1939年秋，中国理教总会在中南海怀仁堂召开成立大会，苑少农则带人大闹会场。谢天民遂在鼓楼大街挂出中国理教总会招牌，次年春苑少农则以孙洪亮为会长，将会址移到城隍庙街，与谢天民相颉颃。北京理门各公所两边敷衍，两块招牌同时悬挂。苑家三代将北京理门视为囊中胬肉，不容他人染指，这一闹剧直到解放后谢天民死去、孙洪亮被人民政府镇压、理教宣布解散才告结束。

四、同善社

同善社又有孔圣教、民德社、忠恕道、中国三教合一会、中国福善社等众多名称，系由四川礼门演变而来的会道门组织。[103] 1917 年，经京师警察厅批准，在北京设立"同善总社"，并很快吸收了一批军阀官僚和绅商入社，获得政治上的庇护和经济上的支持，此后向全国各地大力扩展，曾经拥有信徒数百万，"最为猖狂一时"。[104] 北京一直是北方各省和东三省地区同善社的领导核心所在，盛极一时。

同善社的源流，同样可追溯到清末的青莲教。道光末年青莲教遭到清廷镇压，多数首领罹难，逃生者和各地的十地大总纷纷自立门户，分别发展。在此背景下，同治二年四川广安人黎晚成在四川创立礼门，以"大道无名，强名之曰礼门"，先后设立善堂 5 个号子。[105] 同善社称为"黎十四祖"，后传于袁世河，又经"慈音佛"证道师胡慧贞，至 1909 年授予彭泰荣。

彭泰荣是礼门的第三代第四任教主，同善社则尊为"十六祖"，其实为同善社的真正创立者。彭泰荣，又称太荣，字汝尊，号述古老人、龙凤山述古老人、回龙述古老人等，同治十二年（1873 年）生于四川省永川县红炉场东场口回龙屋基。1903 年，彭泰荣在綦江加入礼门，回永川后以"道德俱乐部"的名号传道，1909 年自称教主，并极力拉拢权势之人尤其是地方军阀入教，其势力很快从川南发展到重庆等地，又沿长江东下，在上海网罗了大商人朱祝封、严调楚等人。礼门由四川逐渐向全国扩散。

1910 年，礼门传到北京，北洋政府陆军部中将咨议姚济苍（又名姚博施）加入后，成立北京永定一号，拉拢了不少人。后来彭泰荣来到北京，在弟子曾桂生的引见下拜见了溥仪，随之结识了一批清朝遗老。[106] 1917 年 11 月 6 日，姚济苍、李时品、彭廷衡、叶乐民等 18 人联名向京师警察厅呈文，称："为中人以下说法，全以感发善念，救正人心为宗旨。……我中国自辛亥改革以还，于今六载，天灾人祸，纷至沓来。……济苍等念切同胞，不忍坐视，用是集合同人，共同决议，在京师创立同善社……为此呈请鉴核，并祈呈部立案，转行各省，以便进行。"当时的北洋政府内务部长已为同善社信徒，呈文四日后即获准备案。京师警察厅总监的批复称："查具呈人组织同善社，以劝善规过、正心修身为宗旨，并拟派员讲演，或施行善，系为淑己淑人起见，……核阅所拟简章，于治安警察法尚无不合，应准备案。"[107]遂在北京东城帅府胡同 6 号设立同善总社，由姚济苍出任总理兼董事长，彭泰荣为总社善长。此后，总社不断向全国各级同善社组织传达指令、通告等，并定期下发《同善总社传单汇编》，指导各地发展道务。同善社又请出国务总理段祺瑞和大总统曹锟担任同善总社的"护法"，内务部还专门通令全国各省市县政府对同善社予以保护，同善社由此向全国各地迅速推进。

同善社自称是统摄儒道释三教正统、讲求万教精髓的"正道"，既宣传民间流行的佛道两教信条，又以《大学》、《中庸》的"明心见性"来装饰门面，很快吸引了一批官僚政客和各地头面人物。王治心认为，同善社"比较悟善社高明一些，悟善社是流行在下级社会里，同善社是流行在上级社会里"[108]。同善社入道方便，因此加入者较多，曾拥有三百多万信徒，是全国第二大会道门。[109] 1927 年彭泰荣曾自我吹嘘道："吾受命以来，不数年间，遍及二十二行省及特别区域，均已次第成立。查历代祖师阐道，未有如斯之显著者。现在方方有人，可谓极一时之盛。"[110]不过同善社在北京下层民众间的传播并不显著，信徒人数远远比不上一贯道、九宫道、理门。然而作为北方总社所在地，北京同善社在全国的影响却相当之大。在同善社前期发展中，北京总社起过非常重要的作用。"九·一八"事变后，彭泰荣派遣其子远赴东北"入觐"，声称要协助溥仪复辟，并受"诏书"与"封号"。同善社随即在各地教练"神兵"，举行暴动，因而遭到国民政府的查禁。彭泰荣后来潜逃湖南，并与汪伪代表接上了头，最后到达北京。此后，彭泰荣将伪北京市长余晋龢以及汪伪其他高官如陈公博、外交部长诸民谊、卫生部长汤子瀚、日本派遣军总司令总顾问徐铁珊等人都拉入社内，海军部长任援道被授予同善社四层"天恩"，中央军校校长孙希文则委为同善社八层"顶航"。借助这些权贵要人的奥援，同善社得以在沦陷区内继续大肆扩展。1940 年冬，彭泰荣在北京召集全国号首以上骨干，商议在各地收买大刀会等组织，妄图建立武装来协助溥仪入关"登基"。1941 年，彭泰荣还特地从北京出发，到长沙、武汉、南京等地检查布置"收圆"暴动情况。1942 年 1 月，彭泰荣又在北京召集沦陷区号首开会，说"刻下灾难临头，内外魔鬼闭目杀人，佛命我带领群贤救劫救难，……将来龙华会上论功定果，群贤们到后来将享荣华富贵，福寿无疆"，决定成立四个大坛。其中北京为定国坛，由亲信王之信担任坛主，其他三处则号为"治国坛"（上海）、"护国坛"（武汉）、"辅国坛"（沈阳）。[111]彭泰荣这种以会道门来"安邦定国"的梦想，直到 1949 年全国逐步解放后方彻底破灭，北京同善社在全国的影响也迅速消失。

注释：

（1）正是基于从宗教史、社会史等研究传统与角度等的不同，其称谓就有"民间宗教"、"民间教派"、"民间秘密宗教"、"宗教结社"、"秘密结社"、"秘密教门"、"民间教门"、"会道门"等多种，由此也充分反映了学术界对其性质的不同认识。

（2）秦宝琦：《中国地下社会》，第 1 页。

（3）李世瑜：《现代华北秘密宗教》，第 7 页。

（4）马西沙、韩秉方：《中国民间宗教史》；路遥：《山东民间秘密教门》。

（5）秦宝琦：《中国地下社会》；程歗、温乐群：《近代中国的政治和社会》。

（6）邵雍：《中国会道门》。这里采用"会道门"一词作为总称，但学者一般将民国以前和民国以后的秘密宗教结社组织分别称呼。

（7）李济贤：《明代京畿地区白莲教初探》，《明史研究论丛》第二辑。

（8）朱批奏折，贵州总督张广泗，乾隆十一年八月二十九日。

（9）兰风：《祖师行脚十字妙颂》，《五部六册经卷》，第 13 页。

（10）《三祖行脚因由宝卷》。

（11）（12）录副奏折，乾隆三十三年九月二十一日直隶总督杨廷璋奏折。

（13）抄录刑部咨文，山东巡抚费金吾折，雍正七年八月二十八日。《雍正朝汉文朱批奏折汇编》第十六辑。

（14）录副奏折，直督总督杨廷璋折，乾隆三十三年九月二十一日。

（15）《史料旬刊》，第十五期，乾隆三十三年十月初一日江苏巡抚彰宝奏。

（16）录副奏折，嘉庆二十一年二月十九日直隶总督那彦成奏。

（17）《史料旬刊》第十二期，乾隆三十三年九月初十日浙江巡抚永德奏。

（18）参见马西沙、韩秉方：《中国民间宗教史》，第 178—181 页。

（19）（明）黄尊素：《说略》。

（20）岳和声：《餐微子集》，《妖首王好贤父王森旧招节略》。

（21）岳和声：《妖首王好贤父王森旧招节略》。

（22）李济贤：《明代京畿地区白莲教初探》，《明史研究论丛》第二辑，第251 页。

（23）孟森：《满洲老档译件论证之一》，《明清史论著集刊》。

（24）李济贤：《白莲教主王森王好贤不是农民起义领袖》，《文史》第十三辑。

（25）那彦成：《奏遵旨查拿石佛口王姓各犯及初审情形折》，朱批奏折，见故宫博物院明清档案部编：《清代档案史料丛编》第三辑，第7页。

（26）《红阳妙道玉华随堂真经》。转自韩秉方《红阳教考》，《世界宗教研究》1985年第3期。

（27）《弘阳苦功悟道经》。

（28）马西沙、韩秉方：《中国民间宗教史》，第519页。

（29）《康熙起居注》，康熙十一年十二月廿一日。

（30）（31）（35）朱批奏折，直隶总督杨廷璋，乾隆三十四年二月十二日。

（32）韩秉方：《红阳教考》，《世界宗教研究》1985年第4期。

（33）《清高宗实录》，卷二百六十九，乾隆十一年六月癸未。

（34）录副奏折，直隶总督那苏图、顺天府尹蒋炳，乾隆十一年九月二日。

（36）朱批奏折，给事中李培元等，嘉庆二十年十一月初九日。

（37）步军统领耆英奏折，道光十二年正月十七日。

（38）刘环之奏折，嘉庆二十一年四月。

（39）参见庄吉发：《清代道光年间的秘密宗教》，（中国台湾）《大陆杂志》，第六十五卷，第二期。

（40）步军统领耆英奏折，道光十二年正月二十一日。

（41）耆英等奏折，道光十六年二月二十四日。

（42）马西沙、韩秉方：《中国民间宗教史》，第544、1056—1059页。

（43）《古佛天真考证龙华宝经》，卷四，"天真收圆品第二十三"。

（44）黄育楩：《续刻破邪详辩》卷一，见《清史资料》第三辑，第80页。

（45）李世瑜：《顺天保明寺考》。《北京史苑》第三辑，第51页。

（46）关于这一神话的具体内容，参见郑永华：《教祖神话与明清北京秘密教门问题探析》，载《北京古都风貌与时代气息》学术研讨会论文集。

（47）马西沙、韩秉方：《中国民间宗教史》，第668页。

（48）在西大乘教里，无生老母与观音菩萨是合而为一的，所谓"无生化为观音，观音化为吕祖"，又说"菩萨即是老母，老母即是菩萨"，"观音自是无生"，均见《普度救声救苦宝卷》。《护国威灵西王母宝卷》里又将道教神祇西王母附于吕祖一身。

（49）《销释大乘宝卷》，转自马西沙、韩秉方：《中国民间宗教史》，第670页。

（50）见《醒世姻缘传》。

（51）（53）录副奏折，河南巡抚胡宝瑔奏折附件胡二引进供词，乾隆二十二年十一月二十四日。

（52）《龙华宝经》序，第4页。

（54）李世瑜：《顺天保明寺考》，《北京史苑》第三辑，第61页。

（55）《靖逆记》，卷五，林清。又见《董国太供词》，藏中国第一历史档案馆。

（56）蒋子潇：《七经楼文钞》卷五"书滑县平贼事"，转自喻松青《明清白莲教研究》，第163页。不过从"总名"二字看来，"天理教"一名的正式提出和使用，时间大约还稍微往后一点。路遥先生认为，"定名为'天理教'"的时间是在嘉庆十八年七月道口会议之后（路遥：《山东民间秘密教门》，第 153 页）。

（57）录副奏折，刘得财供词，嘉庆十八年九月。

（58）兰簃外史：《靖逆记》卷五，林清。

（59）录副奏折，刘兴礼供词，嘉庆十八年九月二十四日。并参考录副奏折，刘环之奏折，嘉庆二十年十二月十九日。

（60）录副奏折，直隶总督章煦奏折，嘉庆十八年十月十三日。转自程歗《晚清乡土意识》，第 225 页。

（61）录副奏折，林清供词，嘉庆十八年九月十九日。

（62）兰簃外史：《靖逆记》卷一，平定林逆。

（63）兰簃外史：《靖逆记》卷五，刘帼明。

（64）（65）昭梿：《啸亭杂录》，癸酉之变。

（66）《饮冰室合集》（第 13 册）之三十八，第 17 页。

（67）1928 年 6 月 20 日至 1949 年 9 月 27 日期间，北京一度改称"北平特别市"、"院辖市"、"北京特别市"、"北平市"等名称，为行文方便，统一以"北京"而不分阶段用"北平"等称之。

（68）张光华：《一贯道大道首张天然》，载《河北文史资料》编辑部编《近代中国帮会内幕》，下卷。

（69）钟奎：《万恶一贯道罪恶史》，载《北京新民报日刊》1950 年 12 月 27 日。参见李万启：《北京取缔一贯道》（上），《纵横》1989 年第 3 期。

（70）路遥：《山东民间秘密教门》，第 430 页。

（71）陆仲伟：《一贯道内幕》，第 139 页。

（72）王同：《一贯道述略》，《近代中国帮会内幕》下卷，第 566 页。

（73）李世瑜：《现代华北秘密宗教》，第 2 页。

（74）陆仲伟：《一贯道内幕》，第 19—21 页。

（75）李万启：《北京取缔一贯道》（上），《纵横》1989 年第 3 期。

（76）《房山区志》，道门，第 661 页。

（77）《密云县志》，取缔反动会道门，第 449 页。

（78）《封建地主操纵下的京郊一贯道》，《北京新民报日刊》1950 年 12 月 26 日。

（79）参见郑永华：《建国初期北京取缔一贯道工作述论》，《北京档案史料》2004 年第 1 期。

（80）参见路遥：《山东民间秘密教门》，第 288—292 页。

（81）《北京市志稿》（8），宗教志，卷一，释教一，第 37 页。

（82）邵雍：《中国会道门》，第 191 页。

（83）路遥：《山东民间秘密教门》，第 296 页。

（84）邵雍：《中国会道门》，第 385—386 页。

（85）《房山区志》，道门，第 662 页。

（86）《房山区志》，大事记，第 31 页。

（87）《北京市志稿》（8），宗教志，卷三，释教三，附北京佛教团体，第 155

页。

（88）《北京市志稿》（8），宗教志，卷一，释教一，第37—38页。

（89）《北京市志稿》（8），宗教志，卷三，释教三，附北京佛教团体，第155—156页。

（90）参见濮文起：《秘密教门——中国民间秘密宗教溯源》，第240页；王鸿逵：《理教的起源与发展》，《天津文史资料选辑》第52辑；张国禄：《我所知道的北京理门情况》，《文史资料选辑》第七十七辑，第160页；王治心：《中国宗教思想史大纲》，第231页等。

（91）李璲：《密陈直隶有在理教请饬官员缉捕奏折附片》，无时间。一本资料将此附片时间误断为嘉庆年间。

（92）李鸿章：《在理教请免查办折》，《李鸿章全集》奏稿，卷四十七，第1424页。

（93）《德宗实录》，第303卷，第7页。又见《档案史料丛编》（十二），第275页。

（94）《仁学》，《谭嗣同全集》，第71页。

（95）张国禄：《我所知道的北京理门情况》，《文史资料选辑》第七十七辑，第162页。

（96）《中华归主》，上，第75页。转自邵雍《中国会道门》，第165—166页。

（97）［日］平山周：《中国秘密社会史》，第9页。

（98）《广宗县志》，信仰民俗，《中国地方志民俗资料汇编》，华北卷，第536页。

（99）民国《霸县志》，卷二，人民志，宗教第四，第14页。

（100）"近代华北农村社会中日联合调查团"：《天津静海调查纪录》，转自程歗《晚清乡土意识》，第203页。

（101）《北京市志稿》（8），宗教志，卷七，道教二，第300页。

（102）张国禄：《我所知道的北京理门情况》，载《文史资料选辑》第七十七辑，第171页。

（103）陆仲伟：《邪教同善社》，载《论邪教》。

（104）李世瑜：《现代华北秘密宗教》，第2页。

（105）何举卿：《关于同善社反动内幕的一点补充》，《四川文史资料选辑》第16辑，第197页。

（106）贺善铎：《近代四川会道门研究》，第48页。

（107）《同善社章程》，第1、18、19页。

（108）王治心：《中国宗教思想史大纲》，第232页。

（109）陆仲伟：《邪教同善社》。

（110）彭泰荣：《回龙师尊普度语录》卷下，第15页。

（111）陆仲伟：《同善社》，第30—33页。

主要参考书目

一、正史

司马迁：《史记》，中华书局标点本。

班固：《汉书》，中华书局标点本。

范晔：《后汉书》，中华书局标点本。

房玄龄：《晋书》，中华书局标点本。

魏收：《魏书》，中华书局标点本。

刘昫：《旧唐书》，中华书局标点本。

欧阳修：《新唐书》，中华书局标点本。

脱脱：《宋史》，中华书局标点本。

脱脱：《金史》，中华书局标点本。

宋濂：《元史》，中华书局标点本。

张廷玉：《明史》，中华书局标点本。

赵尔巽：《清史稿》，中华书局标点本。

司马光：《资治通鉴》，中华书局，2005 年。

二、实录政书档案

李林甫等撰：《唐六典》，中华书局，2005 年。

《明实录》，（中国台湾）中央研究院历史言研究所，1962 年。

《明会典》，中华书局，1989 年。

《清实录》，中华书局影印本，1985 年。

《清会典》，昆岗等续修，万有文库本。

《大清会典事例》，清嘉庆二十三年（1818 年）刊殿版本。

乾隆朝《大清会典则例》，文渊阁四库全书本，台湾商务印书馆发行。

光绪《清会典事例》，光绪二十五年石印本，中华书局，1991 年。

中国第一历史档案馆所藏相关档案。

北京市档案馆所藏相关档案。

三、志书

赵万里辑本：《元一统志》，中华书局标点本。

熊梦祥：《析津志辑佚》，北京古籍出版社，2001 年。

缪荃孙辑：《永乐大典》残本《顺天府志》，北京大学出版社影印本。

《乾隆大清一统志》，上海古籍出版社《文渊阁四库全书》本。

《畿辅通志》，河北人民出版社，1989 年。

《光绪顺天府志》，北京古籍出版社，1987 年。

《北京市志稿》，北京燕山出版社，1998 年。

张宗平、吕永和译：《清末北京志资料》，北京燕山出版社，1994 年。

《房山区志》，北京出版社，1999 年。

《密云县志》，北京出版社，1998 年。

《平谷县文物志》，民族出版社，2005 年。

释智朴撰：《盘山志》，清康熙 30 年（1691 年）刻本。

蒋溥等撰：《钦定盘山志》，杜洁祥主编：《中国佛寺志》，第 27 册。

神穆德撰：《潭柘山岫云寺志》，清光绪间刻本。

湛祐撰：《敕建弘慈广济寺新志》，康熙 43 年（1704 年）刻本。

金梁著：《雍和宫志》，1953 年油印本。

李养正编著：《新编北京白云观志》，宗教文化出版社，2003 年。

［日］小柳司气太：《白云观志附东岳庙志》，东京东方文化学院东京研究所，昭和 9 年。

北京市政协文史资料研究委员会、北京市民族古籍整理出版规划小组编：《北京牛街志书——冈志》，北京燕山出版社，1991 年。

北京市民族事务委员会、北京市宗教事务局史志办公室编：《北京宗教志伊斯兰教章（讨论稿）》（内部资料）。

四、文集笔记

洪皓撰：《松漠纪闻》，吉林文史出版社，1986 年。

丘处机著、赵卫东辑校：《丘处机集》，齐鲁书社，2005 年。

耶律楚材撰：《湛然居士集》，上海书店，1989 年。

姚燧撰：《牧庵集》，上海书店，1989 年。

朱棣：《大明太宗皇帝御制集》，海南出版社，2000 年。

蒋一葵：《长安客话》，北京古籍出版社，2001 年。

刘侗、于奕正：《帝京景物略》，北京古籍出版社，2001 年。

沈德符：《万历野获编》，中华书局，1997 年。

沈榜：《宛署杂记》，北京古籍出版社，1980 年。

释德清撰述：《憨山大师梦游全集》，中华大藏经本。

刘若愚：《酌中志》，北京古籍出版社，2001 年。

刘若愚编述：《明宫史》，宣统二年（1910 年）铅印本。

俞蛟撰：《春明丛说》，清道光三年（1828 年）刻本。

赵翼撰：《檐曝杂记》，中华书局，1982 年。

福格撰：《听雨丛谈》，中华书局，1984 年。

朱彝尊撰：《曝书亭集》，上海书店，1989 年。

陈其元著：《庸闲斋笔记》，中华书局，1989 年。

徐珂编撰：《清稗类钞》，中华书局，1986 年。

秦翰才著：《满宫残照记》，岳麓书院，1986 年。

黄濬著：《花随人圣庵摭忆》，上海古籍出版社，1983 年。

李定夷：《民国趣史》，国华书局，民国四年（1915 年）。

吴长元：《宸垣识略》，北京古籍出版社，1983 年。

崇彝：《道咸以来朝野杂记》，北京古籍出版社，1982 年。

富察敦崇：《燕京岁时记》，北京古籍出版社，1961 年。

巴哩克杏芬辑：《京师地名对》，光绪二十六年刊本。

汤用彬等编著：《旧都文物略》，书目文献出版社，1986 年。

于敏中：《日下旧闻考》，北京古籍出版社，1985 年。

《清代北京竹枝词》（十三种），北京古籍出版社，1982 年。

陈莲痕：《京华春梦录》，广益书局发行，民国十四年（1925 年）。

逆旅过客：《都市丛谈》，北京古籍出版社，1995 年。

雷梦水辑：《北京风俗杂咏续篇》，北京古籍出版社，1987 年。

潘荣陛：《帝京岁时纪胜》，北京古籍出版社，1981 年。

查慎行：《人海记》，北京古籍出版社，1981 年。

让廉：《京都风俗志》，北京古籍出版社，1981 年。

顾禄：《清嘉录》，江苏古籍出版社，1999 年。

傅佳：《晚清宫廷生活见闻》，文史资料出版社，1982 年。

兰簃外史：《靖逆记》，上海书店，1987 年。

昭梿：《啸亭杂录》，中华书局，1980 年。

梁启超：《饮冰室合集》，上海中华书局，民国二十一年发行。

李鸿章：《李鸿章全集》，海南出版社，1997 年。

五、资料汇编

陈述辑校：《全辽文》，中华书局，1982 年。

张金吾辑：《金文最》，中华书局，1990 年。

《北平风俗类征》，民国丛书本。

北京东城区园林局汇纂：《北京庙会史料通考》，北京燕山出版社，2002 年。

释慧皎撰：《高僧传》，大正新修大藏经本。

释道宣撰：《续高僧传》，大正新修大藏经本。

释明河撰：《补续高僧传》，商务印书馆，民国年间影印本。

喻谦编：《新续高僧传四集》，北洋印刷局，民国十二年（1923 年）。

释赞宁等撰：《宋高僧传》，大正新修大藏经本。

释宝唱撰：《比丘尼传》，大正新修大藏经本。

释震华编述：《续比丘尼传》，民国三十一年（1942 年）刻本。

释如惺撰：《大明高僧传》，大正新修大藏经本。

唐临撰：《冥报记》，中华书局，1992 年。

释觉岸撰：《释氏稽古略》，北京图书馆出版社，2006 年影印本。

释念常撰：《佛祖历代通载》，北京图书馆出版社，2005 年。

释念常撰：《佛祖历代通载》，台湾商务印书馆，出版年份不详。

许道龄编：《北平庙宇通检》，国立北平研究院史学研究会，民国二十五年（1936 年）铅印本。

北京市档案馆编：《北京寺庙历史资料》，档案出版社，1997 年。

《道藏》，文物出版社、上海书店、天津古籍出版社。

东岳庙北京民俗博物馆编，赵世瑜主持辑录并审订：《北京东岳庙与北京泰山信仰碑刻辑录》，中国书店，2004 年。

陈垣编纂：《道家金石略》，文物出版社，1988 年。

王宗昱编：《金元全真教石刻新编》，北京大学出版社，2005 年。

回宗正编：《伊斯兰教清真寺碑帖集编》，中国文史出版社，2008 年。

李兴华、冯今源编：《中国伊斯兰教史参考资料选编》，宁夏人民出版社，1985 年。

马塞北主编：《清实录穆斯林资料辑录》，宁夏人民出版社，1988年。

彭年：《北京的回族与伊斯兰教史料汇编》，北京市伊斯兰教协会印制，内部发行。

张星烺编：《中西交通史料汇编》，中华书局，1977 年。

钟鸣旦等编：《徐家汇藏书楼明清天主教文献》，辅仁大学神学院，1996 年。

丁世良、赵放编：《中国地方志民俗资料汇编》，书目文献出版社，1989 年。

《中国思想史参考资料集》，清华大学出版社，2004 年。

《清代档案史料丛编》第三辑，中华书局，1979 年。

《清史资料》第三辑，中华书局，1982 年。

《河北文史资料》编辑部编：《近代中国帮会内幕》，群众出版社，1992 年。

《文史资料选辑》第七十七辑，文史资料出版社，1981 年。

六、译著及外文资料

中共中央马克思恩格斯列宁斯大林著作编译局编：《恩格斯论宗教》，人民出版社，2001 年。

国务院宗教事务局政策法规司编：《马克思恩格斯列宁斯大林论宗教问题》，中国社会出版社，1992 年。

［日］窪德忠著、萧坤华译：《道教史》，上海译文出版社，1987年。

马坚译：《古兰经》，中国社会科学出版社，1981 年。

［摩洛哥］伊本·白图泰著、马金鹏译：《伊本·白图泰游记》，宁夏人民出版社，1985 年。

［波斯］阿里·阿克巴尔著、张至善等译：《中国纪行》，三联书店，1988 年。

［瑞典］多桑著、冯承钧译：《多桑蒙古史》，中华书局，1962 年。

［意大利］马可·波罗著、陈开俊译：《马可波罗游记》，福建科学技术出版社，1982 年。

［伊朗］志费尼著、何高济译：《世界征服者史》，内蒙古人民出版社，1980 年。

［英国］阿·克·穆尔著、郝镇华译：《一五五零年前的中国基督

教史》，商务印书馆，1984 年。

道森编、吕浦译：《出使蒙古记》，中国社会科学出版社，1983
年。

［法］库朗热著、谭立铸等译：《古代城邦——古希腊罗马祭祀、
权利和政制研究》，华东师范大学出版社，2006 年。

［美］穆尔著，郭舜平、郑德超、项星耀、林纪焘译：《基督教简
史》，商务印书馆，2000 年。

Jean – Pierre Drege，吴岳添译：《丝绸之路：东方和西方交流的传
奇》，上海书店出版社，1998 年。

何高济译：《柏朗嘉宾蒙古行记　鲁布鲁克东行记》，中华书局，
1985 年。

卡尔·洛维特：《海德格尔与欧洲虚无主义》，哥伦比亚大学出版
社，1995 年。

《耶稣会祖圣依纳爵传》，光启编译，光启出版社，1983 年。

［美］斯塔夫瑞豪斯：《全球通史（1500 年以后的世界）》，上海社
会科学院，2005 年。

费赖之著、冯承钧译：《在华耶稣会士列传及书目》，中华书局，
1995 年。

The Catholic Encyclopedia，New York，1907—1913.

卫清心著、黄庆华译：《法国对华传教政策》，中国社会科学出版
社，1991 年。

传教慈善会编，Annales de l' Association de la Propagationde la foi.

K . S . Latourette，A History of Christian Mission in China，New
York，1929.

Van. Den. Brandt Les lazariste en Chine 1697—1935 Note Biographiques
Imprimerie des Lazaristes 1936.

A. Thomas Histoire de la Mission de Pekin – depuis l' arrivee des
Lazaristes Jusqu' a la revolte des Boxeurs paris 1926.

Octave Ferreux，吴宗文译：《遣使会在华传教史》，华明书局，民
国六十六年。

LwAllen jesuits at the Court of Peking 262—265 shanghai.

亚里士多得：《政治学》，商务印书馆，1965 年。

雷永明：《圣经思高本》，思高圣经学会，1968 年。

Jacob Taubes, Die Politische Theologie des Paulus, Munchen, 1995.

Gustav Radbruch 著，米键、朱林译：《法学导论》，中国大百科出

版社，1997年。

但丁著、朱虹译：《论世界帝国》，商务印书馆，1985年。

卡尔·施密特：《施密特文集》第一卷，上海人民出版社，2004年。

James Bryce 著，孙秉莹等译：《神圣罗马帝国》，商务印书馆，1998年。

王铁崖：《中外旧约章汇编》，三联书店，1957年。

尼·伊·维谢洛夫斯基编：《俄国驻北京传道团史料》，彼得堡，1905年。

China Mission Hand – book，American Presbyterian Mission Press，1896.

MacGillivray D. Donald，A Century of Protestant Missions in China，Shanghai：Printed at the American Presbyterian Mission Press，1907.

［日］仁井田陞等辑：《北京工商キルド資料集》，东京大学东洋文化研究所附属东洋学文献センター刊行委员会。

刘绪贻著，叶巍、王进译：《中国的儒学统治》，中国人民大学出版社，2006年。

［日］沟口雄三主编、孙歌译：《中国的思维世界》，江苏人民出版社，2006年。

［德］马克斯·韦伯著、洪天富译：《儒教与道教》，江苏人民出版社，2005年。

［美］韦思谛编、陈仲丹译：《中国大众宗教》，江苏人民出版社，2006年。

［日］平山周：《中国秘密社会史》，河北人民出版社影印，1990年。

七、今人著述

姜立勋、富丽等著：《北京的宗教》，天津古籍出版社1995年。

佟洵等：《超越禁城的神圣——原始宗教道教佛教基督教伊斯兰教》，光明日报出版社，2006年。

王治心：《中国宗教思想史大纲》，东方出版社，1996年。

赵世瑜：《狂欢与日常——明清以来的庙会与民间社会》，三联书店，2002年。

于本源：《清王朝的宗教政策》，中国社会科学出版社，1999年。

韦伯著、简惠美译：《宗教社会学》，台北远流出版社，1993年。

侯外庐、赵纪彬、杜国庠、邱汉生：《中国思想通史》，人民出版社，1957年。

杜继文主编：《佛教史》，江苏人民出版社，2008年。

任宜敏著：《中国佛教史》，人民出版社，2009年。

蒋维乔著：《中国佛教史》，江苏文艺出版社，2008年。

任继愈主编：《中国佛教史》，中国社会科学出版社，1997年。

方立天主编：《中国佛教简史》，宗教文化出版社，2001年。

王荣国著：《中国佛教史论》，宗教文化出版社，2008年。

陈垣撰：《中国佛教史籍概论》，上海书店出版社，2005年。

郭朋著：《明清佛教》，福建人民出版社，1982年。

乔吉著：《蒙古佛教史》，内蒙古人民出版社，2008年。

汤用彤著：《隋唐佛教史稿》，武汉大学出版社，2008年。

汤用彤著：《汉魏两晋南北朝佛教史》，武汉大学出版社，2008年。

曹刚华著：《宋代佛教史籍研究》，华东师范大学出版社，2006年。

吕澄著：《中国佛学源流略讲》，里仁书局，1985年。

文史知识编辑部编：《佛教与中国文化》，中华书局，2005年。

李德成著：《藏传佛教与北京》，华文出版社，2009年。

陈垣：《南宋初河北新道教考》，中华书局，1989年第2次印刷。

傅勤家：《中国道教史》，商务印书馆，1937年。

汤一介：《早期道教史》，昆仑出版社，2006年。

卿希泰、唐大潮：《道教史》，江苏人民出版社，2006年。

张宗奇：《宁夏道教史》，宗教文化出版社，2006年。

王宜峨编著：《中国道教》，五洲传播出版社，2005年。

任继愈主编：《中国道教史》（增订本），中国社会科学出版社，2001年。

卿希泰主编：《中国道教史》（修订版），四川人民出版社，1996年。

卿希泰主编：《中国道教史》（全四卷），四川人民出版社，1988—1995年。

卿希泰：《续·中国道教思想史纲》，四川人民出版社，1999年。

牟钟鉴：《中国道教》，广东人民出版社、华夏出版社，1996年。

李养正：《当代中国道教：1949—1992》，中国社会科学出版社，1993年。

胡孚琛等撰：《道教志》，上海人民出版社，1998 年（《中华文化通志》第 9 典）。

葛兆光：《屈服史及其他：六朝隋唐道教的思想史研究》，三联书店，2003 年。

葛兆光：《道教与中国文化》，上海人民出版社，1987 年。

王志忠：《明清全真教论稿》，巴蜀书社，2000 年。

李养正：《道教概说》，中华书局，2001 年。

白寿彝等编著：《回回民族的历史和现状》，民族出版社，1957 年。

白寿彝主编：《回族人物志》，宁夏人民出版社，2000 年。

白寿彝主编：《中国回回民族史》，中华书局，2003 年。

白寿彝：《中国回教小史》，宁夏人民出版社，2000 年。

白寿彝：《中国伊斯兰教史存稿》，宁夏人民出版社，1983 年。

陈垣：《元西域人华化考》，上海古籍出版社，2008 年。

冯今源：《中国的伊斯兰教》，宁夏人民出版社，1991 年。

傅统先：《中国回教史》，宁夏人民出版社，2000 年。

甘肃省民族研究所编：《伊斯兰教在中国》，宁夏人民出版社，1982 年。

金宜久：《伊斯兰教概论》，青海人民出版社，1987 年。

金吉堂：《中国回教史研究》，宁夏人民出版社，2000 年。

李兴华等：《中国伊斯兰教史》，中国社会科学出版社，1999 年。

刘致平：《中国伊斯兰教建筑》，新疆人民出版社，1985 年。

刘东声、刘盛林：《北京牛街》，北京出版社，1990 年。

路秉杰、张广林编著：《中国伊斯兰教建筑》，三联书店上海分店，2005 年。

马以愚：《中国回教史鉴》，宁夏人民出版社，2000 年。

马通：《中国伊斯兰教教派与门宦制度史略》，宁夏人民出版社，1983 年。

潘梦阳：《伊斯兰与穆斯林》，宁夏人民出版社，1993 年。

秦惠彬主编：《中国伊斯兰教基础知识》，宗教文化出版社，2005 年。

秦惠彬：《中国伊斯兰教与传统文化》，中国社会科学出版社，2009 年。

邱树森主编：《中国的回族》，宁夏人民出版社，1996 年。

邱树森：《中国回族史》，宁夏人民出版社，1996 年。

邱玉兰主编：《伊斯兰教建筑：穆斯林礼拜清真寺》，中国建筑工业出版社，2004 年。

邱玉兰、于振生：《中国伊斯兰教建筑》，中国建筑工业出版社，1992 年。

任继愈、金宜久主编：《伊斯兰教史》，中国社会科学出版社，1990 年。

水镜君、玛利亚·雅克：《中国清真女寺史》，三联书店，2002 年。

佟洵：《伊斯兰教与北京清真寺文化》，中央民族大学出版社，2003 年。

王怀德、郭宝华：《伊斯兰教史》，宁夏人民出版社，1992 年。

王友三：《中国宗教史》，齐鲁书社，1991 年。

吴云贵、周燮藩：《近现代伊斯兰教思潮与运动》，社会科学文献出版社，2007 年。

姚南强：《宗教社会学》，东华大学出版社，2004 年。

余振贵：《中国历代政权与伊斯兰教》，宁夏人民出版社，1996 年。

杨怀中、余振贵主编：《伊斯兰教与中国文化》，宁夏人民出版社，1995 年。

杨志玖：《元代回族史稿》，南开大学出版社，2003 年。

杨永昌：《漫谈清真寺》，宁夏人民出版社，1981 年。

杨启辰、杨华：《中国伊斯兰教的历史发展和现状》，宁夏人民出版社，1999 年。

张广林编著：《中国伊斯兰教》，五洲传播出版社，2005 年。

周燮藩、沙秋真：《伊斯兰教在中国》，华文出版社，2002 年。

周燮藩：《伊斯兰教的先知：穆罕默德》，中国社会科学出版社，2009 年。

徐宗泽：《中国天主教传教史概论》，圣教杂志社，1939 年。

罗香林：《唐元二代之景教》，中国学社，1966 年。

朱谦之：《中国景教》，东方出版社，1992 年。

方豪：《中西交通史》，岳麓书社，1987 年。

罗光：《教廷与中国使节史》，台湾传记文学出版社，1983 年。

顾卫民：《中国与罗马教廷关系史略》，东方出版社，2000 年。

方豪：《中国天主教史人物传》，中华书局，1988 年。

刘小枫：《圣灵降临的叙事》，三联书店，2003 年。

施白蒂：《澳门编年史》，澳门基金会，1998年。

罗光：《中国天主教历代分区沿革史》，光启出版社，1976年。

梁子涵：《利玛窦进京朝贡的时间问题》，台湾《新铎声》二十期。

徐宗泽：《中国天主教传教史概论》，上海书店，1991年。

张泽：《清代禁教期的天主教》，台北光启出版社，1992年。

白晋著、冯作民译：《清康乾两帝与天主教传教史》，台北光启出版社，1966年。

汤开建、赵殿红、罗兰桂：《清朝前期天主教在中国社会的发展及兴衰》，《国际汉学》第九辑。

罗光：《天主教在华传教史集》，台北光启出版社，1966年。

高智瑜、马爱德主编：《栅栏——北京最古老的天主教墓地》，澳门文化局，2001年。

金普斯等：《方济各会来华史：1294—1955》，香港天主教方济各会，2000年。

张力、刘鉴唐：《中国教案史》，四川省社会科学出版社，1987年。

解成：《河北省天主教历史编年》，河北省石家庄天主堂1994年印行。

陈方中：《法国天主教传教士在华传教活动与影响》。

顾卫民：《中国天主教编年史》，上海世纪出版集团、上海书店出版社，2003年。

诺尔编：《罗马教廷有关中国礼仪之争文献百篇》，旧金山大学出版社，1992年。

沈元龙主编：《近代中国史料丛刊续编》第七辑。

陈垣：《康熙与罗马使节关系文书》，文海出版有限公司，1974年。

复旦大学历史系：《古代中国：传统与变革》，复旦大学出版社，2006年。

马书田：《中国人的神灵世界》，九州出版社，2002年。

李乔：《行业神崇拜》，中国文联出版社，2000年。

林富士主编：《礼俗与宗教》，中国大百科全书出版社，2005年。

吕大吉、牟钟鉴等：《中国宗教与中国文化》，中国社会科学出版社，2005年。

侯杰、范丽珠：《世俗与神圣：中国民众宗教意识》，天津人民出版社，2001 年。

李申：《儒学与儒教》，四川大学出版社，2005 年。

吴效群：《妙峰山：北京民间社会的历史变迁》，人民出版社，2006 年。

姚安著：《祭坛》，北京出版社，2006 年。

常建华：《岁时节日里的中国：古代社会生活图记》，中华书局，2006 年。

范荧：《上海民间信仰研究》，上海人民出版社，2006 年。

张昭军：《传统的张力：儒学思想与近代文化变革》，吉林人民出版社，2004 年。

宗力、刘群：《中国民间诸神》，河北人民出版社，1986 年。

李世瑜：《现代华北秘密宗教》，上海文艺出版社影印，1990 年。

马西沙、韩秉方：《中国民间宗教史》，上海人民出版社，1992 年。

秦宝琦：《中国地下社会》，学苑出版社，1993 年。

邵雍：《中国会道门》，上海人民出版社，1997 年。

陆仲伟：《一贯道内幕》，江苏人民出版社，1998 年。

程歗：《晚清乡土意识》，中国人民大学出版社，1998 年。

程歗、温乐群：《近代中国的政治和社会》，中国人民大学出版社，1999 年。

路遥：《山东民间秘密教门》，当代中国出版社，2000 年。

濮文起：《秘密教门——中国民间秘密宗教溯源》，江苏人民出版社，2000 年。

李济贤：《明代京畿地区白莲教初探》，《明史研究论丛》第二辑，江苏人民出版社，1983 年。

贺善铎：《近代四川会道门研究》，四川省公安厅公安志办公室印，1993 年。

八、其他

《礼记正义》，《十三经注疏》本，中华书局，1980 年。

丁守和、劳允兴主编：《北京文化综览》，北京师范学院出版社，1990 年。

朱耀廷、崔学谙主编：《北京宗教文物古迹》，光明日报出版社，2004 年。

姜立勋主编：《中国文化杂说·北京文化卷》，北京燕山出版社，

1999 年。

王育成：《明代彩绘全真宗祖图研究》，中国社会科学出版社，2003 年。

吴建伟主编：《中国清真寺宗揽》，宁夏人民出版社，1995 年。

余振贵：《中国伊斯兰文献译注提要》，宁夏人民出版社，1993 年。

钟敬文：《二十世纪中国民俗学经典·信仰民俗卷》，社科文献出版社，2002 年。

《五部六册经卷》，（中国台湾）正一善书出版社，1994 年。

刘亚军主编：《图说房山文物》，北京燕山出版社，2005 年。

谭松林主编：《中国秘密社会》（共七卷），福建人民出版社，2002 年。

陆仲伟：《同善社》，社会问题研究丛书编辑委员会内部印刷，2005 年。

后 记

　　《北京宗教史》为北京社会科学院重大课题"北京专史丛书"之
一，由北京社科院历史所科研人员集体撰写完成。"北京专史丛书"由
历史研究所所长王岗研究员担任总主编，确定了各卷的基本内容和大
致篇幅。本书的主体框架，是在课题组全体成员讨论的基础上共同商
订的。撰写过程中，将全书共分为佛教、道教、伊斯兰教、基督宗教，
以及其他信仰共五篇，各篇专人负责、独立编纂。具体分工如下：

　　佛教篇，王岗研究员

　　道教篇，郑永华副研究员

　　伊斯兰教篇，张艳丽副研究员

　　基督宗教篇，何岩巍助理研究员

　　其他信仰篇，赵雅丽副研究员（其中第五章"秘密教门"，由郑永
华撰写）

　　在本课题的研究过程中，得到了北京社科院全体院领导以及院科
研处、图书馆与历史所其他同事的大力支持。中国社科院世界宗教所
所长卓新平先生、所长助理孙波先生、科研处霍群英处长提供了热情
而周到的帮助，尤其是魏道儒研究员、王卡研究员、周燮藩研究员等
于百忙之中，细致审阅了各篇书稿，并提出了宝贵的意见。谨此一并
致谢。北京宗教史内容繁杂，由于我们的水平有限，错漏之处在所难
免，希望能在今后对北京各宗教史的专门研究中不断完善。

北京市社会科学院历史研究所

2010 年 11 月

图书在版编目（CIP）数据

北京宗教史 / 王岗主编.
–北京：人民出版社，2010
（北京专史集成）
ISBN 978-7-01-009504-2

Ⅰ.①北… Ⅱ.①王… Ⅲ.①宗教史—北京市
Ⅳ. B929.2

中国版本图书馆 CIP 数据核字（2010）第 239293 号

北京宗教史
BEIJING ZONGJIAOSHI

丛书主编：王　岗
本书主编：郑永华
出版策划：张秀平
责任编辑：关　宏
装帧设计：曹　春

人民出版社 出版发行
地　　址：北京朝阳门内大街 166 号
邮政编码：100706　www.peoplepress.net
经　　销：全国新华书店
印刷装订：北京昌平百善印刷厂
出版日期：2011 年 1 月第 1 版　2011 年 1 月第 1 次印刷
开　　本：730 毫米×970 毫米　1/16
印　　张：26
字　　数：450 千字
书　　号：ISBN 978-7-01-009504-2
定　　价：70.00 元